美术课为什么要这样上

——指向核心素养本位的美术单元教学设计与实践

◎李力加／著

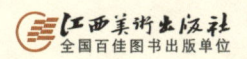

江西美术出版社
全国百佳图书出版单位

美术课

MEISHUKE

专家视频讲座

专家示范课

专家PPT课件

《九色鹿》单元课视频教学课例

序 言

2014年，国家启动普通高中课程标准修订，确立各学科核心素养，这是我国教育的创新，是新时代课程改革的方向。自那时开始，美术学科核心素养成为最新的美术教育前沿概念。伴随着对核心素养认识的逐步深入，2018年1月16日，各学科普通高中课程标准颁布，美术学科核心素养正式成为培育学生审美素养、综合能力发展、落实立德树人根本任务的育人规格，同时，成为学生美术学习学业质量水平的评价指标。2019年，国家普通高中美术新教科书出版，高中美术新课程在全国各省逐步推进。随之，义务教育课程标准修订工作全面启动。2020年10月15日，中共中央办公厅、国务院办公厅《关于全面加强和改进学校美育工作的意见》颁布，我们迎来美育的新时代。伴随义务教育各学科课程标准颁布，《义务教育艺术课程标准（2022年版）》又推出"艺术课程核心素养"。同时，各版本义务教育美术教科书修订工作全面启动。面对"核心素养、美术学科核心素养、艺术课程核心素养"这些育人目标要求，新时代深化课程改革中的美术课究竟如何上，是美术教师普遍感到困惑的事情。

从全国整体情况来看，8年以来，虽然在各类美术教师培训中，有关核心素养、美术学科核心素养、美育主题讲座，全国范围多达数百场，标以美术学科核心素养、美育主题的各类美术教育研讨会、美术教学现场观摩会，在全国各地特别多、特别"火"。但是，美术教师群体、各级教研员、主管艺术教育的行政部门，对核心素养的基本认识、对新课程理念、对美术学科核心素养怎样在课堂教学中落地，以及对美育的基本理解，尚处于浅层认识范围。在具体课堂中，学生群体并没有发生美术学习方式的转变。在小学到高中的美术课堂，如何落实美术学科核心素养目标，如何达成以美育人，如何实现面向人人的美育？说到底，美术课究竟如何育人，现实与理想之间还有太大距离。落实党的立德树人根本任务，中小学美术课育人的独特功效可以从哪些方面体现？美术课堂上，教师究竟要采用什么样的方法以美术育人？为何落实学生的核心素养目标需要采用单元化主题教学方式？这些都是美术教师群体亟需解决的问题。

核心素养本位的美术单元课程课堂教学

研究，教师需要重新学习和反思20年之前，国家启动第八次基础教育课程改革那段历史，特别需要重温教师们悉知的建构主义教育理论。无论是核心素养、美术学科核心素养、艺术课程核心素养，还是核心素养本位的美术课程，其课堂教学设计与实施，如真实问题情境、大观念、基本问题、问题串、任务群等，这些新名词、概念以及所要求转变的学习方式和教学方式，本源都与建构主义教育理论相关。以学生为中心、站在学生立场思考教学设计，是素养导向下，基础美术课程必须要改变和实现的教师教学行为。唯有教师提高自身教育站位，坚持立德树人教育观，由习惯的教师立场真正转换为学生立场思考问题，才可能出现育人的美术课堂。

核心素养、美术学科核心素养，一旦具体在课堂教学时，对于一线美术教师来说，普遍感到比较难以落实，特别是怎样发现某学习主题相关的真实问题情境，如何提炼大观念、基本问题，为何要按照疑问句方式提出问题并推进课堂学习，核心素养本位的美术课程，美术学科知识和技能怎么教，等等。2015年以来，围绕普通高中课程标准的修订，在深入学习美术学科核心素养相关概念，进行思考与研究的同时，我参与了普通高中新版美术教科书的编写工作。在此期间，和广大美术教师一样，我对新课程理念、核心素养、美术学科核心素养等如何在美术课堂中落实也曾有不解与困惑。为跟上新时代、新课标、新课程对教师自身专业成长的要求，我特别

注意强化理论学习与课堂教学实践的结合，也就是多年来一直坚持的回到"原点"的基础美术教育课堂教学研究。

这不是关于核心素养、美术学科核心素养的理论著作，而是8年以来我学习核心素养基本理念，进行反思、教学实践、再反思、再学习的醒悟与思考。本书内容包括在全国各地美术教师培训、各层面讲座中的观念解读、案例分析和理论思考，具体的美术课堂教学实践研究，回答全国各地美术教师提出的问题、对话思考和研究，以及理论学习的推演等。本书以问题为导向，采用更为详实的方式著述，解析核心素养本位的美术单元课程教学设计与课堂实施方法，包括我在全国多地进行教学实践案例分析、教学设计PPT等，均详细呈现，旨在为全国一线美术教师、教研员，提供可以参照、反思学习、实践教学的单元化美术主题研究案例。本书采用夹议夹叙、图文并茂方式，帮助教师摆脱两部西方教育理论译著某些概念转译后的晦涩，所造成美术教师阅读理解上的困难。同时，将国内教育学者围绕核心素养主题所撰写的相关论文中某些观点，进行教学实践落地的"消化"性阐释。

新时代美育目标要求和新课程改革的推进，让我们接触到一个问题："如何分辨一个善于思考的孩子？"[1]核心素养目标指向学生的批判性思维，由此激发创造性思维。美术教师如何认识和理解美术学科课程对学生的"思维启蒙"呢？核心素养本位的美术

---

[1] [美] 林恩·埃里克森、洛伊斯·兰宁著，鲁效孔译：《以概念为本的课程与教学——培养核心素养的绝佳实践》，华东师范大学出版社2018年版，第7页。

单元课程给予我们应有的答案。本书共5章，前4章内容主要以自己几年来在认真读书、学习核心素养和美术学科核心素养基本观念后的思考，针对美术单元课程如何启迪学生独特的思维方法，以详实案例解析为基础文本，教学实践反思以及单元课程设计研究、论证。具体内容有基于普通高中美术鉴赏模块某主题的单元课程设计、现行义务教育阶段美术教材部分单课时主题转化为单元课程设计，还包括为一线小学教师设计的"造型·表现"主题的单元课程等。无论在哪个学段，核心素养本位的美术课程，都是以推进学生养成独特思维方法、生发创造性思维作为美术课的育人目标，而不是那些传授某些低水平美术技能的临习课。

本书第5章"课程现场"，特别推荐江苏省苏州市工业园区美术课现场教研成果。几年来，苏州工业园区100多名美术教师在教研员沈兰老师带领和指导下，在全面完成常态美术课繁重教学任务的同时，花费大量时间认真读书、学习、研讨，着力研究核心素养本位的美术单元课程教学设计，探讨具体课堂教学的实施方法。"三人行必有我师焉"，与苏州工业园区美术教师的共同研讨，促进了我对核心素养、美术学科核心素养理解水平的不断提高。本章以完整单元课程详案和主题设计思路，为全国范围推进单元主题教学设计，实践核心素养本位的美术课程提供教学范本。

在对新时代美育育人目标学习、思考领会中，对核心素养本位的美术单元课程达成逐步深化理解。核心素养，作为落实立德树人根本任务的育人规格，应成为美术教师的共识。基础美术课程的教与学，如何达成这一育人规格，是教师必须持续研究的问题。从美术课程如何实现育人规格的视角，来理解核心素养和美术学科核心素养，可以形成以下基本认识：

核心素养：落实立德树人根本任务的育人规格；

核心素养：时代发展需要的综合育人教育范式；

核心素养：激发深度理解以及创造性思维方法；

核心素养：指向教师常态化终身学习的问题链。

总之，这是一部新时代美育目标下，体现核心素养本位的美术单元课程理念，基于课堂教学实践、"干货"满满的著作。特别感谢"课标"组长尹少淳教授、核心成员胡知凡教授两位先生长期以来对我的帮助、对著作的肯定和指导！感谢江西美术出版社，感谢刘芳社长、危佩丽编辑等为著作出版所付出的辛苦！感谢曾秋华编辑在书稿审校过程中，给予文本严谨的审订。

李力加

2022年春月修毕于云间

名家推荐

教育部美术课程标准研制组组长
教育部艺术教育委员会委员
中国美协少儿美术艺委会主任
首都师范大学博导、教授　尹少淳

《美术课为什么要这样上》，这个书名本身就暗示我们，美术课还可以"那样上"。"那样上"可能是更普遍的存在，可能是老师们习以为常的教学设计与实践方法。只是两相比较，美术课"这样上"应该比"那样上"更好，至少力加先生是这样认为的。"那样上"是惯性，是"顺水推舟"；"这样上"是陌生，是"逆水行舟"。力加先生，可着劲儿把大家往"这样上"的水道上引。

要引导大家"这样上"美术课，必须要讲清观念和价值。

要引导大家"这样上"美术课，必须要介绍程序和方法。

要引导大家"这样上"美术课，必须要提供参照的案例。

"这样上"美术课实际上是指向核心素养的美术单元教学设计与实践。上述答案在力加的书中，其中涉及了单元教学绕不开的概念，如核心素养、大观念、基本问题、真实情境、深度学习等。这些概念融进了单元教学设计的内容和过程，引导着教师们的实践行为。

一般而言，课堂教学的组织形式分为单课式和单元式，两者是寸有所短、尺有所长的关系。过去大家多用单课式，主要是其单纯，操作简单。猛然间被鼓励用单元式，原因就在于核心素养本位的美术课容量大增，能让学生从容不迫地实施深度学习，学会以美术与跨学科的方式解决问题。

所以，教师亟需学会美术单元课的设计和实践的方法，想什么来什么，这不，力加先生递上了这本书。

教育部美术课程标准研制组核心成员
上海师范大学博导、教授　胡知凡

加拿大学者麦克卢汉曾说："我们时代的焦虑，很大程度上是由于我们用昨天的方法和观念在做今天的事情而产生的。"自从普通高中美术课程标准提出美术学科五大核心素养之后，素养本位的美术课怎么上，同样也在广大美术教师中产生了"焦虑"。

李力加教授是位极其勤奋，又爱动脑筋的学者，最近由他撰写的《美术课为什么要这样上——指向核心素养本位的美术单元教学设计与实践》一书出版，为广大中小学美术教师如何通过美术课来落实核心素养，提供了解决的办法和路径。

本书的理论是依据国外正在倡导的"重理解的课程与教学理念"和"概念本位的课程与教学理念"，但李力加教授能很好地将两种理念作了融会贯通，使之更符合我国的国情和教学实际情况。

本书的关键词是大观念（也称大概念）、真实情境、基本问题、问题串和评价，其实这也是落实核心素养最重要的办法与路径。其中"大观念"是将单元内容高度概括并提炼出学生需要理解的最关键内容或观点；"真实情境"是让学生将所学到的知识、技能来解决个人生活、学习或社会工作中遇到的各种复杂问题；"基本问题"是围绕大观念而展开，也是一个单元学习内容的最主要问题，同时也是帮助学生理解大观念的关键；"问题串"是由一系列小问题组成，它们既是围绕着基本问题来设问，同时还是引导学生对本单元学习内容进行深入思考的引导性问题；"评价"是确保教学内容能否达标的最重要措施，是"教—学—评"一体化不可或缺的重要一环。

本书的最大特点是，书中的许多课例都是由李力加教授亲自带领团队指导，并经过教学实践和不断打磨而写成的。因此，本书是帮助中小学美术教师解决如何进行素养本位的教学，如何进行单元化教学设计不可多得的一本必读之书。

目 录

001 / **第一章　主体转换：育人导向的教学思想**
　　　问题：新时代需要怎样的美术教学变革？
002 / **一、新时代美术教学指向核心素养**
002 / 　（一）以往美术教学设计的历史影响
003 / 　　1."一课一练"的思维禁锢
008 / 　　2.美术学科知识结构分析
010 / 　（二）如何将"课"转化为主题单元课程
010 / 　　1.怎样设计美术主题单元课程
013 / 　　2.学习评价贯穿单元课程
015 / **二、核心素养目标下美术课堂教学转型**
015 / 　（一）核心素养对"三维目标"的超越
016 / 　　1.课程改革应运而生的"三维目标"
016 / 　　2."三维目标"与核心素养有哪些不同
017 / 　　3."核心素养"在推进方式上的领先
019 / 　问题：教学设计为何要从知识点走向单元？
019 / **三、美术教学设计与课堂实施转型**
019 / 　（一）基于学生立场教育观的转型
019 / 　　1.从教学设计文本撰写范式开始改变
023 / 　　2.课堂教学改革核心是学生主动学习
032 / 　（二）从教美术到以美育人教育理念的转换
032 / 　　1.由学科知识点到核心素养的观念转变
035 / 　　2.核心素养并不是具体美术学科知识点
037 / 　　3.将美术学科知识结构化，组成有意义的单元

045 / **第二章 提高站位：走向理解的单元教学设计**
　　　问题：何为大观念、真实情境、基本问题、问题串？
046 / **一、单元课程设计的基本要素**
046 / （一）教育观向美术育人转变
046 / 1. 大观念是什么？
048 / 2. 由"大观念"到"基本问题"
050 / （二）教学中"三维目标"的虚空状态
052 / 1. 课堂上美术知识与技能的指向性
053 / 2. 教学设计过程和一线教师对话
054 / （三）怎样由"真实情境"确立"大观念""基本问题"
054 / 1. 为何要探寻库淑兰的创作"基本观念"
056 / 2. 学科"基础观念"的本质
058 / （四）"剪花娘子"单元课程设计观念及原理
059 / 1. 设计思路与课堂问题探究
061 / 2. 如何撰写美术单元课程教学设计文本
068 / 问题："理解"对于美术学习为何特别重要？
068 / **二、理解性深度学习的单元架构**
069 / （一）民间美术主题单元教学设计构思与实践
069 / 1.《民间剪纸的秘密》设计思路演绎
070 / 2. 教学设计思绪及观念转化过程
072 / （二）学生面对学习问题时的决定因素
072 / 1. 核心素养目标指向教师的终身学习
073 / 2. 逐渐厘清美术育人的课程思路
073 / （三）《民间剪纸的秘密》单元课程设计稿
073 / 1. 单元教学目标应该具有的内涵
075 / 2. 主题一　"剪花花，为了啥"教学 PPT
082 / （四）坚守为党育人、为国育才的美育方向
082 / 1. 超越美术学科本位的教育观转变
084 / 2. 基于学科观念重构课程内容

088 / 三、知识技能结构视域下美术学科核心素养培育路径
088 / （一）美术教师自身站位决定教育格局
089 / 1. 大观念、大任务、大问题、项目化
094 / 2. 围绕一个问题组织单元课程实施
096 / 3. "发自上甘岭的家书"主题单元设计思路
099 / （二）单元设计对标美术学科核心素养
099 / 1. 核心素养·美术学科核心素养·目标设定
103 / 2. 核心素养目标背景下如何用好新教材
110 / 问题：怎样运用美术知识做正确的事？
110 / 四、评价任务是单元课程设计的关键
110 / （一）"知道—理解—做到"：美术教学评价的基础
110 / 1. 美术学科核心素养评价的本质
112 / 2. 基于学生图像识读能力学业水平质量测评
117 / （二）单元课程框架本身蕴含着的形成性评价
118 / 1. "革命文化"主题单元课程设计对话
123 / 2. 从常态美术课问题引出设计思路
124 / 3. 基于现实情境问题设计大单元课程

127 / **第三章　理解力：学生创造性思维的构建**
　　　　问题：开启人的创造力是教育本质吗？
128 / 一、理解美术文化意涵的深度学习
128 / （一）什么是基于理解的单元主题教学设计
129 / 1. 问题导向：理解美术文化意义的线索
131 / 2. 问题探究：激发学生独特思维的方法
137 / 3. 解决问题：自主运用知识技能的创造
144 / 问题：为何图像识读的感知程度决定审美判断的水平？
144 / 二、美术思维方法的基本构建
144 / （一）由图像识读到审美判断的引导
144 / 1. 中国古代绘画作品图像分解教学设计
145 / 2. 中国古代绘画作品图像分解教学设计依据及案例
152 / （二）基于学科观念重构课程内容

152 / 1. 思乡曲：《鹊华秋色图》单元设计
157 / 2. 用美术的方式解释生活世界
163 / 3. 整体提升学生的视觉图像感知能力

183 / **第四章　核心素养：价值观与文化理解**
　　　问题：解决真实问题的能力来自哪里？
184 / 一、课堂是协作解决问题的过程
184 / （一）大观念融入真实情境解决问题方法
184 / 1.《敦煌壁画九色鹿》单元课程研究
188 / 2. 激发学生批判性思维和创造性思维
189 / 3. 培育学生的创造性——项目化学习框架
193 / （二）由持久理解到整体视角跨学科学习
193 / 1. 帮助学生形成概念性理解的教学设计
199 / 2. 核心素养本位的美术课程与教师专业能力
203 / 问题：为什么说核心素养是信息化时代课程方向？
203 / 二、核心素养目标是实现理解教育的途径
203 / （一）学科观念：美术的思维方式及视角
203 / 1. 以大观念统领进行单元教学设计
207 / 2. 核心素养需要基于理解的深度学习
213 / （二）素养本位：教学设计核心课程研发
213 / 1. 在生活情境中探究美术文化
217 / 2."大祠堂中的美术课"课堂结构及实录

227 / **第五章　课程现场：苏州团队的教育实践**
228 / 程式与意蕴——《溪山行旅图》单元设计
241 / 《敦煌壁画九色鹿》单元设计
256 / 《你好，九色鹿》单元设计
267 / 《货郎图》单元设计
283 / 《五牛图》单元设计
331 / 《万山红遍》项目式学习教学案例
364 / 说"年"品"画"单元设计

著作案例：

◎ 完整案例设计与教学《民间剪纸的秘密》《鹊华秋色图》（李力加）

◎ 案例设计《发自上甘岭的家书》《捣练图》《母亲节》等（李力加）

◎ 修改案例设计《人居与环境》《民间彩色剪贴剪纸》《泰顺廊桥》《鲁迅先生》《不同物象的表面特征》《自行车》《映日荷花别样红》以及色彩系列主题等（李力加）

◎ 指导案例与教学《溪山行旅图》《敦煌壁画九色鹿》《文人画——金农》（张一驰、沈兰、李力加）、"三种文化——红色经典"系列（李力加、陈勇）

◎ 指导修改案例设计与教学实录《支撑起大祠堂的秘密》（陈楚玄、许雅静、李力加）

◎ 指导案例设计《群星灿烂》《神州之旅》《一枚硬币的两面》等（李力加）

◎ 分析案例《老魏手绘工坊》（魏瑞江、李力加）；分析民间彩印包袱（局部）（李力加）

◎ 单元课程教学实践案例《溪山行旅图》《九色鹿的故事》《货郎图》《五牛图》《万山红遍》《桃花坞木版年画》等课题（沈兰，苏州工业园区团队）

1 第一章 主体转换：育人导向的教学思想

> 问题：
> 新时代需要怎样的美术教学变革？

一、新时代美术教学指向核心素养

"核心素养",这一词语(概念)已经伴随美术教师8年时间,新时代中小学美术教学究竟是怎样的课堂形态?回顾、反思国家第八次基础教育课程改革20年的历史,可以对此命题有清醒的认识。

(一)以往美术教学设计的历史影响

常见美术课堂教学,沿袭了学校传统课堂教学设计的内容与实施顺序:

(1)明确教学主题"课题"(是一节什么类型的美术课);

(2)确定教学目标(教师期望学生通过美术学习达到什么样的效果);

(3)学情分析(学生是否具有学习当前美术课内容所需的预备知识,以及具有哪些认知特点和个性特征等);

(4)根据教学内容和学生心理特征分析确定教学起点;

(5)根据教学目标确定本课时教学内容(为达到教学目标,学生所需掌握的美术学科知识点)和教学顺序(对美术学科知识点实施教学的顺序);

(6)制定教学策略(课堂教学活动环节、进程设计、教学方法选择);

(7)根据教学目标和教学内容要求,选择与设计教学媒体、教具、学具(工具、表现媒材)等;

(8)进行教学评价(确定学生达到教学目标的程度),根据评价所得到的反馈信息,对上述教学设计中某一个或某几个环节做出修改或调整。

上述是当下优秀美术教学设计和教案文本所包含的框架内容。2000年,国家启动第八次基础教育课程改革,提出"三维目标"作为替代"双基"取向教学设计和课堂实施路径。在课程专家辅导一线教师如何叙写"三维目标"、怎样落实"三维目标"等一系列强有力教师培训中,经过众多教育学者和各学科教师课堂教学实践的共同努力,"三维目标"范式教学设计已发展成具有较完整、严密的理论方法体系。"一课一练"方式的课堂操作性美术教学法,也由此应运而生。"三维目标"和"一课一练"文本架构套路,成为各类美术公开课活动、比赛以及美术教学设计、案例评审的标准,同时,有诸多专著及教材问世,作为高师美术学(教师教育)本科专业学生必修课"美术课程与教学论"的关键内容。

20多年以来,"三维目标"美术教学设计文本程式和实践教学,在基础美术教育课程改革中呈现出许多亮点,但同时也存在明显、较大的弊病:教学观念上以教师为中心,过于强调教师的"教",忽视学生主动的"学",缺乏思维方法引领。特别是在美术这门感性特征超强的课程里,由于教师欠缺学生立场,给全体学生心灵造成的伤害同样相当严重。这种课堂教学是围绕美术教师如何"教"展开的,较少涉及学生如何自主、探究性学习的问题。按照这一方式设计的美术课堂,学生主动参与学习活动的机会少,大部分时间处于被动接受美术学科知识技能的状态,学生的主动性、积极性很难发挥。核心素养本位的美术课程,指向立德树人目标,以主题单元课程方式,大任务、项目化学习,旨在改变"一课一练"美术教学习惯,促进美术教师担负起新时代美育工程重任,力争实现面向人人的美育目标。

1."一课一练"的思维禁锢

质疑"一课一练",倡导教育观念转变,源自《普通高中美术课程标准(2017年版2020年修订)》修订、研制工作。新"高中美术课标""课程目标"明确提出:"普通高中美术课程以立德树人为根本任务,通过以美育人,引导学生以自主、合作、探究的方式参与美术学习,学会在现实生活情境中发现、提出和分析问题,综合运用美术学科及跨学科知识与技能解决问题,增强社会责任感,形成高中生必备的图像识读、美术表现、审美判断、创意实践和文化理解等美术学科核心素养。"[1] 作为国家教育法规文件,提出"引导学生以自主、合作、探究的方式参与美术学习"的课程改革要求,充分体现"强调以学生为中心","要求教师要由知识的传授者、灌输者,转变为学生主动建构意义的帮助者、促进者",达成美术教师自身教育观、学生观、课程观、教学观的转变。这意味着,美术教师应当在美术教学过程,摒弃以教师为中心、过分强调美术学科知识和技能的传授,把学生当作知识灌输对象的传统美术教学方式。此课程改革教育理念,今天来说并不新鲜,源自建构主义教育理论。2001年出版的由钟启泉、崔允漷、张华师徒三人共同著述的《为了中华民族的复兴 为了每位学生的发展——〈基础教育课程改革纲要(试行)〉解读》[2],及教育部制定的《全日制义务教育美术课程标准(实验稿)》中,都对此教育理论和课程改革观念有较深入论述和阐释。

2014年,在普通高中课程标准修订的过程中,"美术学科核心素养"开始被全国美术教师所知道。这一新的育人目标、教学方法和教学设计思想,本质上还是2000年第八次国家基础教育课程改革理念的延续。"高中美术课标""实施建议""教学设计建议""(1)倡导主题性研究型美术教学"提出:"教师需要改变单纯的知识与技能传授者的角色和一课一练的教学习惯,形成创造性地策划、组织和管理教学的'教学领导力',学会以学生为主体的主题性研究型教学设计。"[3] 这个教学建议,对标《全日制义务教育课程标准(实验稿)》(2001年版)、《普通高中美术课程标准(实验)》(2003年版)、《义务教育美术课程标准(2011年版)》等三个版本"课标"的"实施建议"。四个"课标"版本倡导应对课程改革需要,教师需要改变和构建新的教育观、教学观、学生观诸论点一脉相承(具体文本比对,在此不赘述)。这说明一个问题,美术教师教育观念的改变,并非一朝一夕的事情,而是教师终身学习、自我革命的身心历练。对教师专业成长来说,落实核心素养育人目标,是一件任重道远的事情。

"三维目标"美术教学设计,维持了"一课一练"的美术课课型。在落实立德树人根本任务要求下,美术学科核心素养(图像识读、美术表现、审美判断、创意实践、文化理解),以美育人、以美培元,这些新时代美育目标要求,美术教师几乎都能熟练背诵。但时间过去8年,在公开课和各类教学研讨活动中,"一课一练"的美术课依旧属于常态。教师并没有按照美术学科核心素养目标要求,主动转变教育观念,缺乏提高自身教育站位、转向学生立场的美术教育教学改革勇气,还是以"师傅带徒弟"的思维,教所谓美术的技术。

(1) 教材内容与编写观念滞后

第八次基础教育课程改革以来,虽然之前

---

[1] 中华人民共和国教育部:《普通高中美术课程标准(2017年版2020年修订)》,人民教育出版社2020年版,第6页。
[2] 钟启泉、崔允漷、张华:《为了中华民族的复兴 为了每位学生的发展——〈基础教育课程改革纲要(试行)〉解读》,华东师范大学出版社2001年版。
[3] 中华人民共和国教育部:《普通高中美术课程标准(2017年版2020年修订)》,人民教育出版社2020年版,第44页。

三个版本"课标"为课程改革课堂实践引领方向，但教材编写者思维依旧无法跟上时代发展对美术育人目标的要求。进入核心素养目标新时代的美术课程，《义务教育艺术课程标准(2022年版)》颁布前，老版本教材继续使用，教材内容对教师教学设计和课堂实施的误导，是由"忠实于教材"的某种评价要求造成的（图1）。

案例分析：虽然教材将主题内容标为"单元"范式，实际还是"一课一练"思维。教材内容本身，还出现严重美术学科知识点错误。教师教学设计思路被教材内容所牵制，照本宣科成为教师教学的"轻松"选择。

学科表现：运用不同的手绘线条，表现不同物象的表面特征。

观察·发现：画家用了怎样的线条来表现豪猪身上尖利、粗硬的刺？

欣赏·感受：摄影作品呈现的视觉图像状态给人的感受。

尝试·探索：木块、砖块的表现。（教材仅提供线描表现示范图，没有真实的砖块、木块图，缺乏对这两种物体的肌理视觉感知，难道说仅让学生临习教材上的画法吗？）

学习方法建议：线描手绘、自由命题画。

教材第三单元题目"写实与抽象的世界"误导教师，提问："写实""抽象"是什么意思呢？如此深奥的学科问题，确实为难学生，作为网课传授，教师采用方法：给大家提供一篇阅读材料，帮助学生理解。

教师要求学生：在阅读此帧PPT时要关注文本中红色的字。但对于五年级小学生来说，直接灌输美术学科知识、概念的方式，无法让学生对这些问题有基本认识和理解（网课本身的限制性，传递"给"学生知识、概念成为唯

案例："不同物象的表面特征"（网课）

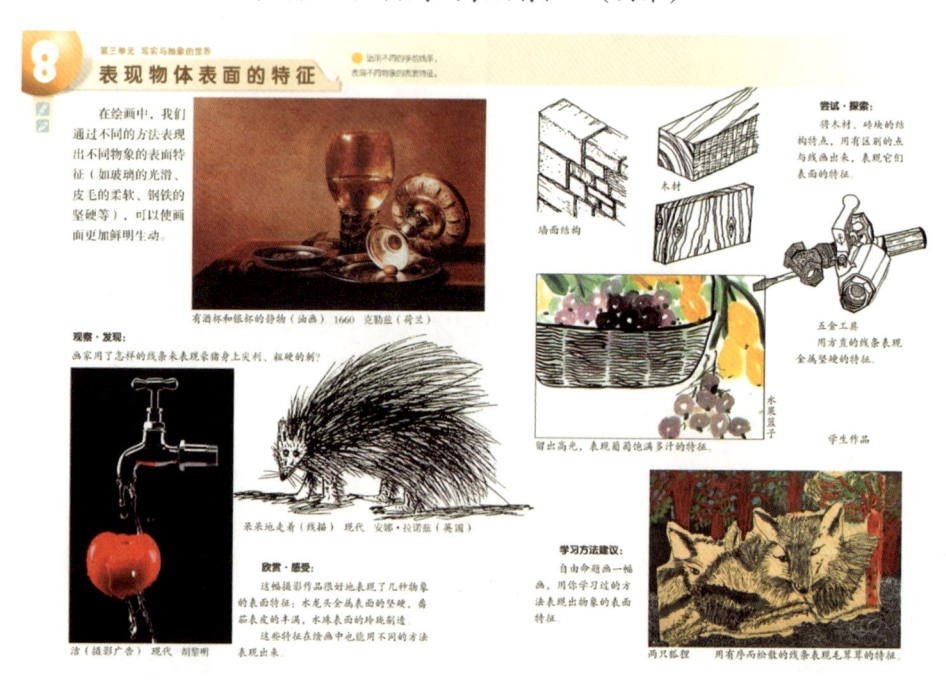

图1

一选择？）（图2）

问题1："写实"、"抽象"是什么意思呢？

资料阅读：

"写实"与"抽象"是两种不同的绘画表现形式，体现了艺术家对待物象的不同思维方式及艺术观念。西方自14世纪开始的文艺复兴时期便将科学原理应用于艺术，在平面上精确再现三维空间，注重光色变化规律，忠实于自然再现，逼真表现物象，形成了西方写实艺术。抽象表现是现代艺术发展的产物，画家摒弃基本写实与具象形式，探索内在世界的奥秘，把不可见的内在世界化为可见的视觉存在，是服务人的主体意识的艺术。

图 2

教师继续引导、提炼上述美术学科概念。但是，教师采用讲授法将两个概念复述一遍，学生们并非都可以全部理解，还需要在不断实践中深化学习和理解（图3）。

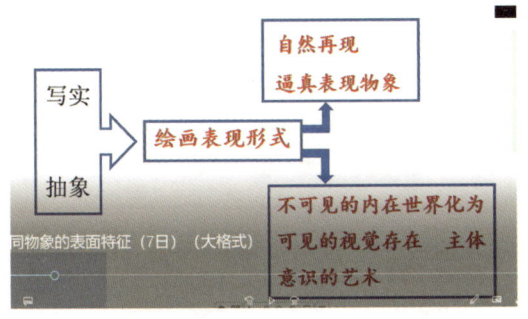

图 3

进入学习新课环节，教师以口述游戏的方式，引导学生回忆自己之前曾有的触觉感受，并描述出来（图4）。

广东版《美术》教材五年级下册 第三单元

第8课 不同物象的表面特征

图 4

屏幕呈现玻璃杯、砖头、布娃娃、仙人球4种物象的图片。下一环节，教材作品欣赏（图5）。

图 5

教师分析画面后，引导学生探讨对不同物体写生时的感受，以及画家表现时情感等问题。共同穿越历史，回到17世纪的一幅作品（图6）：

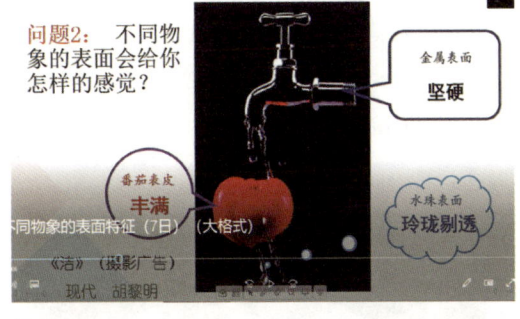

问题2：不同物象的表面会给你怎样的感觉？

图 6

此作品得出结论为"写实"。但是，此刻，教材错误出现了……（图7）

图 7

教材中安娜·拉诺兹表现豪猪的作品《呆呆地走着》，归类于"抽象"美术，是明显错误的！教材内容将教师思维搞乱了！当教师依据教材内容设计教学，照单传递这一知识点，肯定误导学生眼睛的视觉感知："这是'抽象'美术作品吗？"（图8）

图 8

教师引出第三个问题：作品用了哪些线条来表现？给你怎样的感觉？

作品欣赏后，教师说，在来课堂前的路上，老师随机带来两样东西——木块、落地的树叶。引出第四个问题：木头和树叶的表面特征怎么画出来？（图9）

图 9

（2）教师"教"美术技能的单一传递

教师线描表现示范：木块、树叶。（图10）

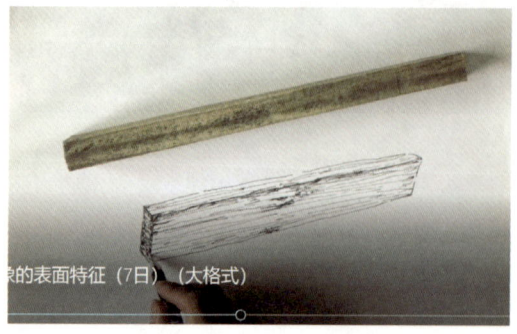

图 10

教师讲解分析。（图11）

图 11

网课，无法直接现场面对学生。启发式、学习共同体、真实问题探究等教与学互动都不可能实现。用 PPT 直接呈现美术表现技术，似乎是单一选择。美术，作为感性特征最为突出的学科，并不适合单纯用信息技术手段"教"学生，只依靠视频强行给学生"灌"美术学科知识和技能、方法等方面内容。（图12）

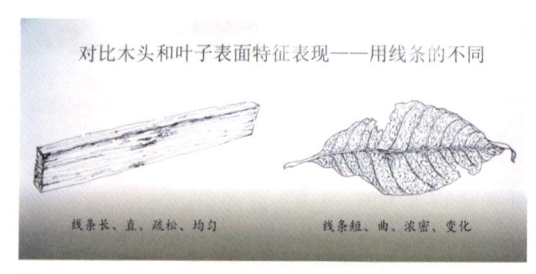

图 12

教师下达基础任务：选取下图或身边某物，画一画，说一说用了什么线画出物象的表面特征，并提供线条表现的参考素材。（图13）

然后教师对基础版作业进行分析：（图14-1、图14-2）

图13

图14-1

图14-2

下一环节，教学进入升级版任务布置。

第一个常规作业要求，呈现步骤：（图15、图16）

图15

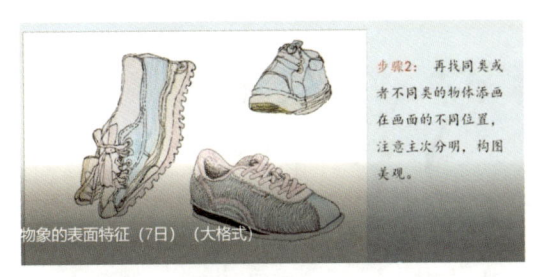

图16

步骤3：想象与联想的表现。（图17、图18）

图17

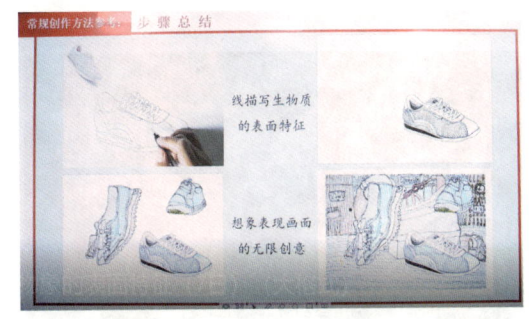

图18

教师整体分析，表现过程想象力发展创意方法参考。（图19、图20、图21）

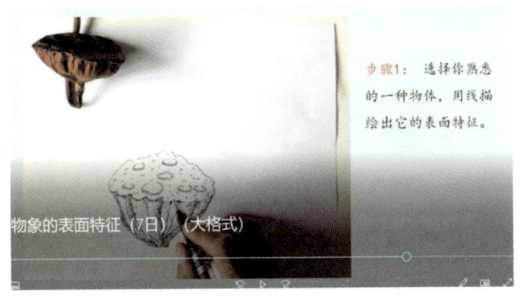

图19

图 20

图 21

方法小结，拓展欣赏环节（教材提供的作业，图 22、图 23）。

图 22

图 23

教师再布置升级版任务。（图 24）

升级版任务： 选取你熟悉的一种物体，先画出它的表面特征，然后用你掌握的方法进行创意表现，完成一幅自由命题的创意作品。

图 24

本课总结。（图 25）

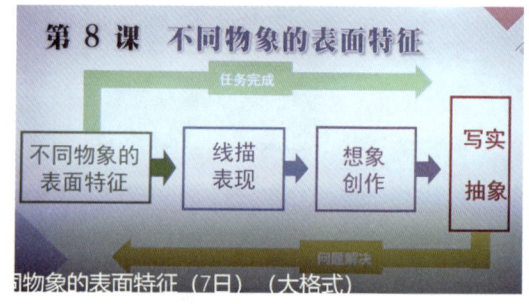

图 25

2. 美术学科知识结构分析

美术学科知识和技能作为一种知识体系，所包含的诸多要素及其关系，形成了美术学科的知识（技能）结构。按照一般知识的抽象程度，知识至少可分为三个层级，形成一种由事实或概念性知识、方法性知识与价值性知识构成的层级结构。[1] 新时代中小学美术课，实现美术

---

[1] "知识三个层级"相关论述见李润洲《学科核心素养的培育》，《教育发展研究》2018 年第 15、16 期。

学科核心素养目标，课堂上的美术学科知识和技能、表现方法等，至少呈现为三种形态：

第一，从课堂教学结果上看，由美术学科知识和技能、表现方法的历史事实，构成一种知识的概念性层级，与美术学科知识和技能的方法运用构成知识的方法性层级，同时，美术学科知识和技能、表现方法、思维方式的价值取向，构成其知识的价值性层级。这三个不同知识构成的层级结构，成为美术课堂知识和技能、表现方法的主体结构。

第二，从学生美术学习过程看，由任何美术学科知识和技能、表现方法的"价值旨趣＋问题＋方法（论）＋事实或概念性知识"，构成了一种知识体系的顺序结构。因为，所有美术学科知识和技能、表现方法等知识体系都蕴含着上述顺序结构。

第三，从美术教师课堂教学过程的结果看，由美术学科知识和技能、表现方法的事实构成了三种知识层级，即概念性美术学科知识、方法性美术学科知识和美术学科知识的价值性。三种知识层级共同构成了美术课堂知识和技能、表现方法的层核结构。

网课视频"不同物象的表面特征"，呈现的美术学科知识结构为第一种，即教材里"写实""抽象""线条""肌理"等概念，是美术学科知识和技能（表现方法）的事实，属于概念性美术学科知识。而"物体表面特征"和"线描表现"，属于美术学科知识和技能、表现方法的方法性美术学科知识。"创意表现"和"自由命题"，则为美术学科知识和技能、表现方法、思维方式的价值取向，属于美术学科知识的价值性。它们构成了本主题教学的整体知识结构。

过去很长时间内的美术课，美术教材内容、教材编写者、美术教师本身，尚未厘清美术学科知识和技能、表现方法的属性。20年多来，在研制几个版本美术"课标"的过程中，也并没有对这一作用于学科育人关键因素"美术学科知识和技能、表现方法属性"研究、分析、归纳和辨析。常态美术教学过于关注学生对美术学科知识、概念、技能、方法等表面现象的初步认识和接受的结果，教师仅仅将美术学科知识和技能界定为"经过美术家验证、美术史论家论证后的真理"，甚至还将美术学科知识和技能、方法的记录当作知识本身。正如杜威的评论——"在今天大多数人看来，知识一词的最显著含义不过是指别人所确定的许多事实和真理；就是在图书馆书架上一排排地图、百科全书、历史、传记、游记、科学论文里面的材料"[1]，从而遗忘了在课堂学习中，教师要引导学生从美术作品创作的原初意义上思考与探寻美术文化的意义。当美术教师群体持有上述思维习惯和教学行为，必然违背核心素养本位的美术课程其学科育人的规格（要求）。实际上，所有美术学科知识和技能、表现方法、思维方式等，皆是知识、技能、表现方法的创生者（历史以来的美术家群体），基于自己求知、求创新、追求生命本质意义、价值旨趣和人生阶段目标时，运用某些方法、思想与思维方式，对某些美术学科知识和技能、方法问题展开尝试性求解和探寻实践的历程。

尹少淳先生在论证如何达到美术学科核心素养目标时提出，学生自主探究、学习的美术学科知识、技能、表现方法等，都是存放在书架上的资源，课堂教学中，教师要引导学生根据解决真实问题情境的需要，自己到书架上去寻找本主题能够运用的美术学科知识、技能及方法。倘若在中小学美术教学中，教师不能基于对美术学科知识和技能、方法创生的时序性，

---

[1] 约翰·杜威著、王承绪译：《民主主义与教育》，人民教育出版社2001年版，第204页。

未能展示美术学科知识和技能、方法形成的过程，而是"掐头去尾烧中段"式地陈述知识和技能、方法，未能让美术学科知识和技能、方法的学习成为各年段学生的发现之旅、探究之旅、身心体验实践之旅，那么，学生对美术学科知识和技能、表现方法的学习就会停留在事实或概念性知识的表层，难以体会、认知、感悟事实或概念性知识背后蕴含的美术学科核心观念（美术学科知识的价值性）。

事实或概念性美术学科知识呈现为显性知识特征，方法性美术学科知识和美术学科知识的价值性，则呈现为隐性知识特征，二者融合构成美术学科知识的层核结构。基础教育中，各学科可视、可读的文化符号，属于显性的事实或概念性知识，如数学、物理、化学等课程中的事实描述、概念定义与公式原理等，语文、英语、历史等课程中的字、词、句、时间、地点、人物、事件等，思品、哲学等课程中的告诫、隐喻等，美术课程中的造型、色彩、黑白灰、比例、疏密关系等知识概念。而隐性的学科方法性知识或学科知识的价值性，则是知识创生者"化之于心、践之于行"的操作规范与价值信念，既为显性的事实或概念性知识的创生提供着不竭的价值动力，也为显性的事实或概念性知识的创生指示着学理路径。例如，美术学科知识和技能、表现方法、思维方式中的整体观察、大处着眼、细节处理，局部与整体的统一等；又如，线条、肌理、笔墨表现技能、构图、布局方法中蕴含的情感性等价值取向（信念）。指向核心素养目标的美术单元主题课程设计，美术教师需要事先分析大单元主题中美术学科知识和技能、表现方法、思维方式的属性，由对美术学科知识和技能、表现方法、思维方式等上位观念的整体把握，进入到对具体表现性体验活动价值取向的引领。

（二）如何将"课"转化为主题单元课程

如何按照核心素养本位美术课程的要求，以真实问题情境、大观念、基本问题、问题串的方式，设计和推进此"造型·表现"学习领域的"课"转化为主题性单元课程，做好基于学生理解的美术教学设计与实施？

1. 怎样设计美术主题单元课程

按照核心素养本位美术课程要求，单元课程的组织主要由真实问题情境进入，以大观念、大问题、大任务、大项目四种组织方式来完成。大观念是整个单元要确立一个观点，如何在某美术学习主题中提炼大观念，是美术教师普遍感觉为难之处。主要问题在于，教师没有从美术学科知识的价值性这一知识属性高度，审视自己所面对的美术学科知识、技能、表现方法、思维方式等。

大问题是指一个美术单元课程解决一个中心问题，整个单元围绕这一美术中心问题，关联其他学科，整体引领学生的批判性思维和创造性思维发展。大任务就是说一个美术主题的单元项目是围绕一个具体任务进行的。

什么叫美术任务呢？美术任务就是，美术课要针对美术文化的事，展开理解美术文化的学习。什么叫美术学习？美术学习就是用美术观察、美术思维、美术语言、美术表现的方式来做美术文化的事。美术的方式有三个：第一，感知与鉴赏（欣赏）；第二，思维与表达；第三，探究与表现。

（1）设计思路与框架

确立主题名称与课时，大观念下的大问题、大项目等，都是采用将知识结构化方式，有助于聚焦美术学科问题，看到主题单元题目，就知道这个单元要解决什么问题。包括单元分主题（分课时），单元课程课时很重要。

①真实问题情境

②提炼大概念（大观念）

③引导性问题

④学生需要知道什么

⑤学生可以理解什么

⑥学生能够做到什么

⑦评价指南

◆该主题教学需要思考的问题

第一，教材原本单元架构，不是依据美术学科素养目标要求设立的单元内容；

第二，网课视频第8课内容，可设计为"造型·表现"艺术实践方式为主的单元课程；

第三，什么样的大观念可以包含网课视频原本想传递的美术学科知识和技能？

◆如何确立本主题的大观念（艺术本质问题）？

儿童的造型表现学习的核心价值观是什么，美术造型表现中的艺术本质问题是什么，都要由大观念来组织。网课视频的"三维目标"美术教学设计，是按照原教材美术学科知识点来教，看似在"教"美术学科知识点，但是，学生在经过了几年的美术学习之后，没有形成对美术表现认识和理解的基本观念。核心素养本位的美术课程，不能把儿童造型表现学习的核心价值观、把美术造型表现中的艺术本质，混同于一般的美术学科知识、技能、表现方法。

原教材提出学科概念"写实"和"抽象"，假如"将错就错"，按照原教材内容进行单元课程设计转化，可确立学生需要理解的大观念是：

"自然生活中物象的表面肌理是构成丰富生活世界的要素之一。"

大观念是单元课程目标所指，是单元课程的灵魂。确立大观念一定要对标美术学科核心素养。生活中物象肯定有多样的表面肌理，需要学生以图像识读的方式，认真观察、发现、探索这些不同物象表面肌理的视觉特征。对生活物象图景（图像）的视觉感知，为之后的美术表现学习铺垫认识和理解的基础。其中，审美判断关联着学生图像识读过程的思维活动，包括初步形成批判性思维等。对标美术学科核心素养确立大观念，为学生的文化理解，为其认识、理解、热爱、献身于丰富生活世界的当下学习，为之后学习、工作等，积淀正确的价值观基础。

注意，确立美术主题单元课程大观念，准确对标美术学科核心素养，构建美术学科学习育人方式这样一条正确道路，设计文本不用再叙写"三维目标"，写出教学重难点。因为，美术学科核心素养，是一般教学重难点上位的、人的全面发展的美术学科育人目标（规格），文本再写重难点属于多此一举。

◆基本问题：

（1）怎样的美术表现是写实的？哪一类美术作品属于写实表现？请举例（此问题考量五年级学生对美术的认识）

（2）眼睛看到的物体都可以如实表现吗？（引导学生自己回答问题）

（3）写实的表现使用什么样的工具、材料？（如果要求小学生运用写实表现方法，身边的哪些工具最方便？）

设计时，去除教材第8课内容中"抽象"这个概念是一处错误。网课视频中，原有概念"写实""抽象"不呈现。仅依据第 8 课"不同物象的表面特征"内容，确立大观念，设计单元化教学，构成基于学生自主学习、实践探究理解的教学设计与学习活动。

(2) 单元主题："不同物象的表面特征"

大观念：
生活中物象的表面肌理是构成丰富生活世界的要素之一。

基本问题：
在对日常生活物体表面的观察中，发现了什么？
怎样用写实性的方法表现出物体的表面特征？

问题串：
（1）生活中不同物体的表面特征都有哪些？
（2）有哪种方便的工具和写实性表现的方法？
（3）怎样对不同物体表面特征进行写实性表现？
（4）表现之后的画面痕迹呈现出怎样的视觉感受？
（5）怎样认识和理解这一物体表面的写实性表现？
（6）你是否认为自己画作的效果属于写实性表现？

课时一：
任务 1：触摸、观看身边的物体，它们有哪些表面特征，带来什么感觉？
（1）描述自己身边不同物体（2—3 种）表面有哪些特征。
（活动设计：可以只根据触觉感受进行描述，如在黑布袋中触摸不同物体，并描述自己的感觉；网课教学这样的体验活动无法展开，可采用图像辨识的方式）
（2）哪些方便的美术工具可以写实性地表现这些特征？
（活动设计：问题探讨，最终引导学生采用最简易的线描表现方法）
（注：所有表现分别由学生进行探究。在问题导向基础上，选择 3—5 位学生，个人分别采用线描表现的方式，对某物体的表面进行主观表现，并说出这样表现的理由。同学间相互交流评价，教师担任活动的策划导演）

任务 2：运用怎样的方法写实性表现不同物体的表面特征？
（1）尝试用线描的方式表现不同物体的表面特征。
（活动设计：学生尝试用不同粗细的笔、采用不同的线描表现，画出不同物体表面特征）
（2）不同的物体表面用线表现的方式一样吗？为什么？
（活动设计：学生对于不同物体表面特征用点、线表现的个人体悟）
（注：本活动要根据问题导向，教师呈现相关美术作品，展开对话式欣赏活动，请学生发表对某作品表现的个人感受，自己决定、选择、参照某作品的表现方式，自己对身边物体的表面效果展开表现，尝试如何运用这一方法）
（3）不同的线描表现方法所产生的画面效果是怎样的？
（活动设计：辨识画面肌理，发现与总结不同粗细的笔，用不同力度，画出不同点、线等方式所产生的不同画面效果）
（4）如果选择一个恰当的词语来表述画面不同的线描表现效果，是什么？
（活动设计：结合自己与同伴的作业效果，进行评价，可以提升学生语言表达能力，以及

对作品分析过程个体审美判断的准确性、针对性）

（注：教师需要引导学生在自己亲身经历、亲身体验中，提炼出恰当的美术学科知识、概念、技能表现方法。本主题学科核心观念是"肌理"，启发学生尝试运用不同规格的笔，面对同样物体表面特征，画出不一样的肌理效果，并说明为何采用某种线描表现方法？）

评价指南

评价要点	具体表现	核心素养
◆能知道不同物体表面的差别	▲能运用触摸、观察等整体感知方法辨识物体 ▲能选择不同的笔对物体表面特征进行表现	图像识读 美术表现
◆能按照自己的想法表现	▲能运用线描主观地表现不同物体表面特征 ▲能发现同学间不同的线描表现并做出评价	美术表现 审美判断
◆能认同不同的表现方法	▲能对不同的表现方法发表自己的看法 ▲能参照某种表现方法尝试主动表现	图像识读 审美判断 创意实践
◆能深化对线描表现的理解	▲能对"肌理"这一学科形式要素有一定认识 ▲能尝试运用某种"肌理"表现自己身边的某物体表面	图像识读 审美判断 美术表现

2. 学习评价贯穿单元课程

没有评价，就没有课程。评价任务是单元课程设计的关键。大观念、基本问题对标美术学科核心素养，学习目标自然明确，评价任务随之比对美术学科核心素养，考量素养目标是否在课堂学习中得到落实。该主题的单元课程设计框架，是以学生自主探究线描的不同表现方法，如何对生活中不同物象的表面肌理进行刻画与塑造。学生的感知与表现体现在学会使用不同力度、不同粗细、不同规格的笔画出不同物象表面肌理，评价伴随整个单元学习过程，监测学生从开始用线条表达物象肌理时的混沌状态，是如何转化为较有意图的创造性表现。如学生用某规格签字笔时，由自己用笔力度的不太知晓到知晓，由线条运动轨迹方式的少知到多知，由可以按照自己意愿用某种笔进行独立表现状态的评价分析。学生在三个单元分课时里，需要经历怎样的认识、体悟、理解过程，评价始终伴随着学生自主学习，这是美术育人教学的学理。

课时二：

基本问题：

（1）用线描写实性表现不同物体的表面特征有多少方法？

（2）用怎样的线描语言表达对不同物体的表面特征特殊的感受？

任务1：运用两种以上线描笔法写实性表现物体的表面特征，完成一幅作业

（1）如何运用两种以上线描笔法选择教室中的物体进行表现？

（活动设计：学生运用两种以上线描笔法，自主选择教室中某物进行表现）

（2）探究不同规格的笔以及不同力度对不同物体的表面特征进行表现

（活动设计：运用不同规格的笔，采用不同力度，对不同物体的表面特征进行主观性表现，如某同学衣服、帽子局部，运用两种以上不同规格的笔，自己有意识地表现，分析最终画面效果，自主提炼表现方法）

（注：分小组集体运用某规格的笔，运用不同的表现方式和不同的力度，完成不同画面效果的作业，学生作业展示过程相互评价，并阐述自己的观点）

任务2：欣赏相关美术作品，发现用线描表现物体表面的特殊方法

（1）尝试新的线描表现方法，对物体的表面进行有意图的表现。

（活动设计：在欣赏美术作品的启发下，学生主动尝试新的线描表现方法，与自己之前的表现不一样，画出有表现意图的画作）

（2）线描的表现方法是如何表达作者的情感与价值取向的？

（活动设计：学生感知表现与体悟，并阐释自己为何选择某种线描表现方法，将某物的表面特征画成某种画面肌理的样态，自己的某些想法是怎样实现的）

（意义指向：不同的线条形成的画面肌理、形式构成要素，表达了作者不同的情感与价值取向，任何学科技能、表现方法都是主观的）

评价指南

评价要点	具体表现	学科素养
◆能选择不同的线描表现方法	▲能运用两种以上线描表现笔法写实性表现不同物体的表面特征 ▲能选择不同规格的笔，运用不同的力度，针对不同物体的表面特征进行刻画	图像识读 美术表现
◆能透过欣赏感受，分析、发现线描表现语言	▲能从相关美术作品欣赏中提炼出线描表现语言，并尝试运用表现不同物体的表面特征 ▲能体悟到不同的线描表现语言代表了创作者的不同情感	图像识读 审美判断 美术表现
◆能认识理解美术表现语言的主观性	▲能比较分析赏析自己和同伴的美术作品，从中发现线描表现语言的不同 ▲能理解美术表现语言的情感性和价值取向	图像识读 审美判断 文化理解

课时三：

基本问题：

（1）用什么方式将不同物体的表面特征整合为一幅作品？

（2）怎样运用相关美术形式要素进行有主题的创意表现？

任务1：如何以身边熟悉的物体表面为素材，展开想象与联想的表现？

（1）选择两种以上不同物体表面特征，如何进行组合后想象或联想表现？

（活动设计：将两种以上物体进行组合，在物体原有形态、表面特征基础上展开想象或联想，有特殊寓意地对其表面特征进行主观表现）

（2）选择自己身边的物体，在充分表现表面特征基础上展开添画。

（活动设计：学生选择自己身边的物体，在表现其表面特征的基础上，自主添画，使得物体表现承载更丰富的意思）

任务2：截取身边熟悉的物体表面为局部表现素材，运用肌理、图形、节奏、黑白、韵律、对比等形式构成要素，按照自己掌握的方法进行有主题的创意表现

（1）认识、理解相关美术学科形式构成要素，能够有创意地运用。

（活动设计：将自己学习过的相关美术学科形式构成要素，运用到所表现的物体上，形成有创想意义的作品）

（2）发现生活中物体表面现象，运用掌握的方法进行有主题的表现。

（**活动设计**：发现生活中物体的表现现象，如树皮、杨树的自然疤痕，运用本单元学习里已经掌握的美术学科表现方法，进行有主题、有创意的表现）

（注：思维方法引领下的表现方法迁移、自主运用）

评价指南

评价要点	具体表现	核心素养
◆能以不同物体的表面特征为素材进行整合表现	▲能将两种以上不同物体的表面特征用写实性表现方式呈现并整合，引发联想或想象构成作品 ▲能选择身边不同物体的表面特征进行写实性表现，并运用添画的方式构成一幅作品	审美判断 美术表现
◆能截取表现素材，运用形式原理自主创意表现	▲能截取不同物体的表面特征作为局部单元素材，整合运用各种形式要素自主创意表现 ▲能发现、选择身边生活中不同物体的表面特征，运用掌握的方法进行有主题的创意表现	审美判断 创意实践
◆能基本理解和初步运用美术表现的形式要素	▲能主动归纳美术表现的形式要素，运用掌握的表现方法进行主题创意表现 ▲能在相关美术作品欣赏中，提炼出美术表现形式要素，并在自己的表现中应用	图像识读 审美判断 创意实践 文化理解

单元主题大观念是美术学习的目标指向，学生的学业质量水平评价，始终伴随单元主题大观念的目标指向。核心素养本位的美术单元课程设计，当在确立好单元课程的主题大观念（目标）后，马上跟进写出如何评价。如果设计文本上没有评价，就等于该单元课程的主题大观念（目标）无法落地。确立单元课程的主题大观念目标，撰写出如何评价任务，可以矫正单元课程的主题大观念目标是否写得准确、恰当。应根据大观念统领下的基本问题撰写评价任务，验证本单元课程的主题大观念目标取向。评价任务设计好之后，在设计后续任务群的教学过程时，可以整合单元课程教学与评价，即把已经设计好的具体评价任务嵌入大单元每个主题的任务群教学过程中，使得单元课程的课堂教学体现"教学评"一致性。所以，在美术单元课程设计中，评价任务设计是整个课程承上启下的关键因素。

二、核心素养目标下美术课堂教学转型

（一）核心素养对"三维目标"的超越

2014年，普通高中课程标准开始修订，"核心素养"逐渐成为热词；2016年9月13日，《中国学生发展核心素养》总体框架发布；2018年1月16日，普通高中课程标准（2017年版）颁布。学科核心素养目标不仅成为深化普通高中课程改革的关键词，而且，全国各地义务教育阶段美术课程与教学，也都以发展学生的美术学科核心素养为目标，展开教学研究。美术学科核心素养归根结底，是美术课程的育人规格。在听（观摩）每一节课时，都需要想一想：这位老师的课这么上到底有没有体现育人规格？究竟有哪些育人价值？还是仅停留在"传递低水平技能"？新时代基础教育中的美术教学，

要从"低水平技能传递",转变到以美育人、以文化人的正确方向,要体现出美术的学科育人价值。

1. 课程改革应运而生的"三维目标"

主题式、单元化教学,并不是新时代课程改革提出的新东西。2000 年,国家第八次基础教育课程改革,特别倡导主题式、单元化教学方式。当年,有一本教师都要读的书:《为了中华民族的复兴 为了每位学生的发展——〈基础教育课程改革纲要(试行)〉解读》。明确课程改革"两个为了"目标,"实施以创新精神和实践能力为重点的素质教育,着眼点是改变学生的学习方式",提出"在研究性学习的过程中,要求学生改变学习方式,必然要求教师改变教学观念和教学行为。而改变学生的学习方式和教师的教学方式,正是提倡研究性学习的双重目的。事实上,这也是我国教育面对未来社会和知识经济时代,在确定发展战略时的必然选择"。[1]反思:20 年前倡导"教师改变教学观念和教学行为",为何在核心素养新时代重提?课改走过 20 多年,并没有真正落实"两个为了"目标。教育现实:虚假繁荣的表面成果,大于扎实地为了全体学生的身心发展(育人)!

从美术课程来看,2001 年,《全日制义务教育美术课程标准(实验稿)》颁布,标准指出:"在推进素质教育的过程中,越来越多的**人认识到美术教育在提高与完善人的素质方面所具有的独特作用**。尤其是美育列入教育方针以后,美术教育受到了空前的重视,迎来了新的发展机遇,进入了重要的发展时期。同时我们也应该看到,我国义务教育阶段的美术教育还有许多不能适应素质教育要求的地方,如课程综合性和多样性不足;**过于强调学科中心,过于关注美术专业知识和技能**;在一定程度上脱离学生的生活经验,难以激发学生的学习兴趣。这不利于学生形成基本的美术素养,制约了我国义务教育阶段的美术教育事业的发展。因此,必须通过课程改革,促进美术教育在我国基础教育体系中发挥更积极的作用,为国家培养具有民族精神、创新精神和审美能力的现代公民。"[2]2001 年版"全日制美术课标"指出的问题,至今在学校和社会中还普遍存在。

2001 年版"全日制美术课标"明确:"**人的全面发展是人类努力追求的教育理想**,美术课程不仅作为美育的一个重要门类促进这一理想的实现,而且,美术课程本身就包含情感与理性的因素、脑力与体力的因素,所以在促进人的全面发展方面,其作用是独特的。"课程改革伊始,为了实现"人的全面发展"这一教育理想,为了推进和落实基础教育课程改革"两个为了"目标,将"三维目标"作为课程改革课堂实践中教学目标达成的教师教学行为范式。"三维目标"在改变"双基"美术学科取向,推进美术课堂教学改革,引领美术教师"改变教学观念和教学行为"过程中,力争做到"改变学生的学习方式和教师的教学方式"的教学变革,努力实现"提倡研究性学习的双重目的"[3]课程改革目标。20 多年来,"三维目标"在课堂教学实践中,已经成为各学科教师群体习惯的教学设计文本格式和课堂实施路径。但是,课程改革教育目标并未实现。

2. "三维目标"与核心素养有哪些不同

新时代美术课程,教师要由核心素养教育

---

[1] 钟启泉、崔允漷、张华:《为了中华民族的复兴 为了每位学生的发展——〈基础教育课程改革纲要(试行)〉解读》,华东师范大学出版社 2001 年版。
[2] 中华人民共和国教育部:《全日制义务教育美术课程标准(实验稿)》,北京师范大学出版社 2001 年版。
[3] 同上。

观的高度，重新认识、理解、分析"三维目标"的历史作用。20多年前，教育学者构想出一个可以通向"全面发展之人"的、教学实践运用方法"三维目标"，目的是突破之前几十年"双基"取向的学科教学痼疾。今天来看，"三维目标"作为培养"全面发展之人"的教学设计手段，作为回应"怎样培养全面发展之人"的教学方式，一直在尝试用课堂实践回答这一重大问题。但是，需清醒地看到，当年提出以"三维目标"教学设计，并作为课堂教学教师的行为范式，仅仅是将学生的全面发展作为推进课程改革话语展开的前提。虽然在各学科课堂教学中全面应用"三维目标"，但并没有直接回答全面发展的学生是什么样的，也没有看到教师用"三维目标"教学行为范式如何评价和培养出"全面发展的学生"，更没有正面回答"全面发展的人"应该具备哪些基本素养。如20多年来的美术课，并没有关注一个孩子经过9—12年中小学美术课的学习，最终应该获得哪些美术素养。这是"三维目标"与核心素养在育人目标上本质的不同。实际上，"核心素养"是立德树人根本目标中的育人规格，即基础教育应该培养出具备核心素养的学生（人）。

核心素养，明确指向"应该培养什么样的人"这一关系国家发展、人类命运的重大问题。中国学生发展核心素养，不仅回答了"教育要培养全面发展之人"，而且回答了全面发展的人是什么样的，即应该具有哪些核心素养。21世纪核心素养，作为世界各国都在追求的教育目标，未来培养什么样的人，由价值取向决定。国家对实现这个重大问题的课程改革思路和战略布局，是从第八次基础教育课程改革开始的。历史不能割断，国家基础教育课程改革为了实现"全面发展的人"之终极育人目标，经历了两个历史阶段。从2000年开始，为第一阶段，当年颁布"课程方案"和"中办""国办""教育部"系列文件等，是以努力推进素质教育为目标的课程改革。第二阶段，从2014年开始，普通高中课程标准修订，研制各学科核心素养；2016年，《中国学生发展核心素养》颁布；特别是党的十八大提出"立德树人"，全面深化课程改革；2018年，全国教育大会提出"五育并举"；2019年9月10日，习近平总书记在教师节接见优秀教师讲话；2020年10月15日，中共中央办公厅、国务院办公厅《关于全面加强和改进新时期学校美育工作的意见》等，全部指向落实立德树人根本任务的目标。可以说，核心素养是落实立德树人根本任务的育人规格。所以，核心素养是对"三维目标"的超越。美术教师需要遵循不忘本来、吸收外来、面向未来的教师专业成长学习思路，认真研读20年来我国基础教育课程改革发展历史，反思由"三维目标"时期走向核心素养新时代，美术课究竟应该如何育人这一关乎国家发展的重大命题。

3."核心素养"在推进方式上的领先

"三维目标"、核心素养在概念提出、价值旨趣、颁布推广、实践效应方面有着不同的推进方式。2000年，各学科"课标"研制，那时，是先有了"三维目标"这一称谓（概念），然后直接到学校进行教学实践尝试，但是，对这一概念的学术界定、内涵澄清、理论体系，都是在之后若干年经过不断研讨、争论才完善的。课改最初几年，关于"三维目标"的讨论争议等相关研究论文达上百篇之多，很多教育研究者对"三维目标"提出质疑。包括在一线教师培训中，对如何叙写"三维目标"文本、什么是"行为动词"、如何用"行为动词"等，进行广泛的教师培训。再则，钟启泉先生作为国家第八次基础教育课程改革首席专家,对"三维目标"的讨论、争议等问题一直没有发声,直到10年后,他才公开发表对"三维目标"的观点。

核心素养的推进则不同。2013年,辛涛、姜宇、刘霞在《北京师范大学学报(社会科学版)》发表《我国义务教育阶段学生核心素养模型的建构》,认为"学生核心素养是从人的全面发展角度出发,体现'促进人的全面发展,适应社会需要'这一要求,按照学生发展规律,规定了一定教育经历后其必须拥有的基本素养和能力,解决的是'培养什么样的人'的教育问题"。2014年4月,教育部《关于全面深化课程改革 落实立德树人根本任务的意见》这一法规文件中,"核心素养"首次出现,并被摆在深化课程改革、落实立德树人根本任务的首要位置,成为修订课程方案、课程标准和研制学业质量标准的重要依据。《中国学生发展核心素养》,作为教育部哲学社会科学研究重大课题、教育部人文社会科学重点研究基地重大项目,由北师大林崇德教授团队多年研究完成。2016年9月,《中国学生发展核心素养》研究成果以国家重大课题(重大项目)组名义正式向社会颁布。2014年,普通高中课程标准修订,"核心素养"这一概念普遍在各学科教师培训中,经由不同学科专家分别阐释和推进,迅速成为全国教师中广泛传播的热词。高中课标修订过程,研制并推出各学科核心素养,采用概念论证、辨析先行,颁布前推广、阐释同步范式。可以看出,"核心素养"与"三维目标"推进方式不同,是先概念论证、辨析,再颁布推广实施。

高中课标修订工作,在凝练各学科核心素养过程中,首先提出,核心素养是指学生的必备品格和关键能力,不是看你学过什么,而是看你是否具有了在生活情境中运用的能力。提出,核心素养要可学习、可测量。达到核心素养目标的学习,将"教学评的一致性"放在重要位置。2015年,教育学者刘良华教授认为,对"核心素养的界定一部分是对的,但断言核心素养必须是可测量的,这不对。相反,真正的核心素养比如智慧、勇气、节制等是无法测量的。能够测量的素养只是一些比较表浅的、简单的、平庸的素养,比如读写算的技能"。他说:"美术素养方面,你是专家。我赞成你的思路,现代美术教育越来越降低美术的艺术素养而使美术沦落为某种技术技能。"[1]教师群体现状是,尽管当下学生美术学习成效距离美术学科核心素养目标的整体要求相差甚远,但是,美术教师对"图像识读、美术表现、审美判断、创意实践、文化理解"的背诵却都很熟练。为什么?

20多年来,基础教育课程改革始终存在一种错位现象。教师在一直没有真正明白何为课程的情况下,即进行课堂教学改革,造成"课程"与"教学""两张皮"现象。教师的教学观是由其教育观、课程观决定的。教师的教育观没有彻底变革(育人目标确立下的课程观),课程改革后的课堂现状还是所谓对学生进行知识与技能的训练(反映在文化课程中很突出,以升学为本位的应试能力训练)。反映在美术课中,则往往是以美术教师为中心的自我观照(在公开课中特别突出),完全忘记学生的生命需要,频繁出现不是以促进人(学生)的发展为根本目的的反教育行为。功利主义价值取向控制学校教育(校外教育),教师功利欲望爆棚,遮蔽人的良知,丧失教育灵魂。

随着2020年中央"两办"《关于全面加强和改进新时代学校美育工作的意见》颁布,核

---

[1] 2015年,研制美术学科核心素养过程,与刘良华教授对核心素养问题的微信谈话节录。

心素养、学科核心素养内涵定位更加明确，即"价值观+必备品格+关键能力=核心素养"。进入核心素养时期，中小学美术课要深入思考何为"全面发展的人"这一育人目标的内涵。全面发展的人，中国哲学的阐释：修身、立德、立功、立言。坚持在立德树人根本任务要求下，培育学生美术学科核心素养（关键能力），采用五育并举或五育融合的课程实施策略，实现以美育人、以美培元、全人发展目标。"核心素养"不仅是对"三维目标"的全面超越，作为立德树人根本任务的育人规格，"核心素养"与"三维目标"原本就不是同一层面的概念，不能将两者放在一起相提并论。

问题：教学设计为何要从知识点走向单元？

三、美术教学设计与课堂实施转型

（一）基于学生立场教育观的转型

1. 从教学设计文本撰写范式开始改变

20多年前，"三维目标"横空出世，让"双基"学科取向教学的教师突然感觉不适应。今天来看，划分与确立"三维目标"，似乎是为了让学生成为"全面发展的人"所抛出的权宜之计。20多年时间过去，很多美术教师还没有从根本上认识和理解"三维目标"。因为，大多数情况下，教学设计文本呈现"三维目标"是一回事，实际的教师教学又是另外一回事，"两张皮"现象严重。遇到教育行政领导检查要求时，一些教师习惯于从网络上下载一个类似主题的文本，采用"摹抄"加文本"改良"方式应付检查。多年来，"三维目标"的教学设计，多停留在

一种表面的外在应对形式上，呈现出一种不太走心的状态。在课堂教学中，真正对"三维目标"认识、理解层面的教师是少数，悉心研究美术学科教学如何才能育人的教师则更少。教学时，教师往往偏向所谓美术学科"知识与技能"的传递，忽略"过程与方法"的操作与考量，更忘记教育本质是建构学生应该有的正确的"情感、态度和价值观"。

案例：在诸多教学现场课点评以及美术教育讲座中，我曾多次反复要求教师："任何美术学科表现技能、方法中，均蕴含着某位艺术家在运用这些技能、方法时的情感、态度、价值取向。教师在教授某种学科表现技能、表现方法时，要从艺术家为何运用这些技能、方法时的情感、态度、价值取向方面引导学生。不能将美术学科表现技能、方法的教授变成单一临习、不进学生脑子的、僵化的、低水平的美术技术。"又如，某教师用吴冠中先生表现江南民居的水墨作品为范作，带领学生尝试水墨表现，但教师却没有引导学生深度赏析和理解。常态课堂上，教师就让学生对临吴冠中画作里的笔墨，但没有分析吴先生为何在屋顶的墨色表现时，不是用毛笔，而是用板刷；其表现工具为何不一样；为何吴冠中先生作品"青瓦白墙"（黛瓦白墙）民居屋顶的那一抹墨色，是吴先生用板刷蘸不同浓淡的墨"刷"出的。吴先生那种水墨表现技艺蕴含着他面对江南景致时太多的情感、态度、价值取向，也就是他作为艺术家的独特想法。这些属于价值旨趣的美术学科知识和技能、表现方法，是由艺术家的想法（思想）左右着其作品诞生的核心要素。因而，美术课究竟如何育人，并没有在学校美术课堂得以真正落实。

2014年，伴随普通高中课程标准修订，"美术学科核心素养"这个新名词、新概念开始让

教师们知道，已经进入核心素养时代。但8年来，全国各地有数百场之多各类教师培训、专题讲座活动，真实问题情境、虚拟情境、"大概念"和"大观念"这些新名词在讲座中交错出现，基本问题、小问题、问题串、主动探究学习等，这些词语使得教师们的思绪不断在转换和理解过程高速运转。究竟何为面向人人的美育？如何实施核心素养的教学？怎样在真实问题情境中，用学习过的美术知识和技能、方法等，解决生活中的问题？怎样转变"一课一练"的习惯性课堂传递，向单元化、跨学科综合课程迈进？核心素养本位的美术课程教学设计文本如何撰写，如何转化为课堂教学行为？美术单元课究竟该怎么上？

面对真实问题情境，在大观念、基本问题、小问题引领下，学生自主探究学习活动，"知道—理解—做到"[1]模式的呈现，由探究单元主题的本质，直接面向学生对美术学科问题本质的理解水平。核心素养目标指向的美术课程，教学设计文本的改变，是面向人人的美术学习，是对美术文化的深度理解，是对跨学科知识的整合与探究。原本教学设计文本中"教学目标"（三维目标）、"教学重点"和"教学难点"等，根据走向理解的美术单元教学设计理念，不仅被单元课程的主题大观念所涵盖，而且，在学生应该、可以、能够"知道—理解—做到"递进层级当中，不同层级问题顺序已经高位替代原本所谓"三维目标"导向。因而，由学生生命本体感悟出发的主动美术学习，在"知道—理解—做到"的不同层级感知和体验过程，学生进行深度学习的概率大大增加。

案例：库淑兰剪贴剪纸一课，原教学重难点："欣赏库淑兰的剪纸艺术，尝试运用她独特的拼贴方法、色彩搭配、构图形式，合作完成一幅彩纸剪贴剪纸作品。"从文本看，暂且不论述此重难点的确立并不严谨之处。但其教学指向，仅仅是低水平模仿和临习库淑兰的表面表现方法。

基于理解的、核心素养本位的美术单元课程教学，以"知道—理解—做到"范式，构成分层级目标评价，这一指向，可以用布鲁纳"目标分类"理论做初步解释，摒弃"一课一练"固化思维，由此搭建深度学习的框架。教师要明白，短短40—45分钟课堂，不可能完成对美术（艺术）本质问题的探究。（图26—1）

案例：良渚古玉

（注：2015年，美术学科核心素养提出后，某教师此教学设计与教学获得某省会城市美术公开课比赛一等奖）

教学设计思考：新时代基础美术教育课程改革，是互联网+教育革命和信息化产业更新的时代要求。这一背景下的美术课，面对不同年段学生，其生活世界是"图像（图片、影像）作品的消费者"这样的广泛群体。美术教师自身更是一群特殊的"图像（图片、影像）作品的消费者"。如何在"图像文明"中更有意义地生活，应该是每个普通公民需要认真思考的价值观问题。《义务教育艺术课程标准（2022年版）》之美术学科标准，将"欣赏·评述"列为4个艺术实践活动方式之首，每一学段均以注重发展学生审美感知和文化理解素养的"欣赏·评述"为起点[2]，帮助学生提升"图像识读""审美判断""文化理解"基本素养。如，学生的眼睛能否在教师PPT演示过程，看明白良渚古玉图像，是本主题教学的第一个关键点。（图26—2）

学情分析中，教师关注到当代学生图像识读的原有经验。互联网信息技术不断革命，使

---

[1] "知道—理解—做到"的出处源自"KUD"，见林恩·埃里克森、洛伊斯·兰宁著，鲁效孔译《以概念为本的课程与教学——培养核心素养的绝佳实践》，华东师范大学出版社2018年版。

[2] 中华人民共和国教育部：《义务教育艺术课程标准（2022年版）》，北京师范大学出版社2022年版，第49页。

| 教学目标 | 1. 初步了解良渚文化的历史、地域分布等知识，感受良渚文化玉器的特征。
2. 通过对良渚文化玉器在材质、色彩、造型、纹饰等特征的欣赏、描述，以及利用适当工具表现良渚文化的玉器或者神徽，提高审美评述能力和造型表现能力。
3. 激发学生对良渚古玉的探究兴趣，培养热爱古老文化的情感，增强对传统文化的传承及对文化遗址的保护意识。 ||
|---|---|---|
| 重难点 | 教学重点 | 欣赏了解良渚古玉的造型、纹饰特征 |
| | 教学难点 | 用简短的语言描述良渚古玉的造型、纹饰特征 |

图 26—1

| 学习者分析 | 良渚文化在浙江省有很高知名度，但对于本课的学习者——小学四年级学生，良渚文化在以前的学习经历中，并未有很多接触，甚至没有接触，只有少部分学生可能听说或去过良渚博物馆。
因此本课对于大多数四年级学生来说是对良渚文化认知上的新开始，也正因如此，一方面有助于激发学生对认识良渚文化和玉器的探究兴趣，产生对良渚玉器所代表的中国良渚文化的全新的认知，另一方面，通过对良渚古玉欣赏方法的学习在心中建立传承与保护中国古老文化的情感。 |
|---|---|

图 26—2

得我们看到的图像（图片、影像）越来越多，甚至越来越烂（滥）。在诸多图像（图片、影像）普及化泛滥的生活状态里，所有公民生存环境几乎都处于一种被别人"滥用"性质的掌控之中。人们随时随地地在浏览图像（图片、影像），同时也在不断地制作图像（图片、影像），即刻在破译着各种各样的图像（图片、影像），在个人思考中，以自己价值判断解释着映入眼帘的图像（图片、影像）。美术课对学生视觉审美感知的价值引领，成为首要培育的素养。(图 26—3)

良渚文化，作为教科书内容，是一个可以持续理解的美术文化主题。新时代美术单元课程，不能以一种完全"自然的"方式来解读图像（图片、影像），要启发学生在观赏中深化思考、审美判断，自主提出问题的方式理解作品图像（图片、影像），引导学生从良渚古玉的文化意义方面，参与对该主题视觉图像(图片、影像)的识读和内在理解。单元课程教学设计思路：

图 26-3

学生应该知道	学生可以理解	学生能够做到
良渚文化就在自己生活中	良渚文化的产生及其环境	有兴趣探究良渚文化及历史
常见的良渚古玉基本形制和纹饰	良渚古玉的形制和纹饰意义	对良渚古玉形制和纹饰意义进行个人解读与阐释
良渚玉琮的形制和纹饰	玉琮纹饰的象征意义	对玉琮纹饰造型进行解析
玉琮纹饰造型与同时代器物造型样态的关系	玉琮纹饰造型与同时代器物造型样态关系的原因	用综合材料对玉琮纹饰进行造型表现（合作及个人）
由良渚古玉了解良渚文化产生的原因	良渚古玉及文化产生的原因	对良渚古玉及文化产生的原因做独立判断与分析

上述学生"知道—理解—做到"设计思路，仅仅基于某个侧面对此主题关联的文化、历史问题进行梳理。构成单元课程时，由教师自主把握。此单元主题设计，基于学生立场，学生通过2—3课时主动探究，才能真正实现"图像识读""审美判断""文化理解"等粗略的素养积淀。与其相反，获得省会城市美术公开课比赛一等奖，考量、评价点则基于教师立场，执教教师比赛时的现场表现是评价关注点，往往忽视学生群体的主动学习、自我探究和独特思维方法的构建。

从原主题"三维目标"看，知识与技能目标"初步了解良渚文化的历史、地域分布等知识，感受良渚文化玉器的特征"，在一节40分钟的课中，依靠教师讲授和播放剪辑后的良渚文化视频，直接灌输给学生，学生的视觉接受水平可否全盘照收，是个问号。按照核心素养目标要求，应该说，初步理解程度都达不到。

作为过程与方法目标，"通过对良渚文化玉器在材质、色彩、造型、纹饰等特征的欣赏、描述，以及利用适当工具表现良渚文化的玉器或者神徽，提高审美评述能力和造型表现能力""欣赏、描述，以及利用适当工具表现"，属于一课时教学过程教师要教的方法内容，但能否让学生"提高审美评述能力和造型表现能力"，难以评价。也就是说，本课时学习后，学生这两方面能力究竟有没有提高依旧是问号。

情感、态度和价值观目标"激发学生对良

渚古玉的探究兴趣，培养热爱古老文化的情感，增强对传统文化的传承及对文化遗址的保护意识"，目标叙写点抓得比较准。但是，对有没有达到此目标，依旧很难评价、考量。这是"三维目标"与核心素养本位的美术单元教学设计、课堂实施、学习评价最大差别。

一般课堂常态是依靠PPT进行教学，图像识读过程的视觉判断，成为学生美术课学习的第一感知。学生对良渚古玉的美术学科知识点如何学习与把握，也是依靠自己眼睛的读图水平来决定的。辨别图像过程的独特思维方法，是学生美术学习中最重要的能力。这里，关联到一个重要问题：美术课堂教学与学生自主发展辩证关系。教师的教学，要想方设法促进学生自我"主动生长"。基于学生立场的教师，会引导学生在观赏作品伊始，利用真实问题情境，启迪学生自己主动学习的心理状态瞬间发生，会用恰当语言诱发学生在美术活动中自己去尝试错误，能鼓励学生在尝试错误中逐渐学会思考、学会学习。

看到了什么，这是一件啥东西？
自己以往有没有见过这样的物件？
有没有发现：这个物件上还有纹饰，一幅今天看来形象奇特的图像。

大屏幕呈现玉琮图像，要成为促进学生个体"主动生长"的美术课堂教学改革的线索，教师不能在教学开始阶段直接告诉学生"良渚古玉"这几个字，要以"做中学"（学生眼睛观赏体悟中的独立思考）作为课堂常态，要针对大部分学生并不了解良渚文化这一现状，以真实问题情境为导向，以大观念、基本问题、问题串，刺激学生眼睛在感知图像过程中产生主动的探究欲望。

需要表扬的是，2015年，执教本主题教学获一等奖的是入职3年的新教师。当时教学属于讲授法，包括40分钟课堂语言，都提前预设好，按照课时分秒计划，背诵式推进。从比赛课堂效果看，教师自身展现的风采，对教学主题设计的把握，都相应达到某种高度，这一赛事对新教师来说，是成长历练过程。但对于学生群体来说，自然就成为教师课堂表演的群体性"道具"。当美术教师站在学生的立场，就会不得不承认，对于学生，自己了解、知道得太少、太少。教师需要激励、唤醒和鼓舞学生，以此满足学生群体中每个独立的生命本体，在课堂上、在社会里、在未来随时出现"被承认的欲望"，以及他们所共同拥有的"无休止的虚荣心"，或者在学生期已经相当多的"权力意志"。教师只有关注了学生在美术学习中这些独特生命生长中的心理状态，美术课堂才能出现真正促进学生本体生命发展的好状态。

2. 课堂教学改革核心是学生主动学习

落实面向核心素养目标的美术学习，最大难点在于，教师要改变教育观念，在思想上提高教育站位。教师要认真学习中央"两办"《关于全面加强和改进新时期学校美育工作的意见》，要仔细研读"课标"，思考如何将"课标"要求转化为自觉的教学行为。绝不能无视"课标"这一新时代美术课程与教学的法规文件，不能把"课标"扔在书架上不阅读。"课标"组长尹少淳先生在若干次全国性美术教师培训中，都曾专门论述过此问题，"课标"对于很多美术教师来说，变成与己无关、丢在书架上、落满灰尘的旧书。2001年之后，迄今美术课程标准文件已经有5个。5个"课标"文件中，都提及"面向人人"的美术学习，都提及"以学生为中心"的教育观，都涉及三方面问题：第一，关注每一个个体(学生)的独特性、复杂性。

第二，关注学生个体之间的差异性、多样性、关系性。第三，学生的主动学习要由引导学生回归生态开始。在儿童美术教育领域（校内、校外），几乎所有教师都在谈教学要遵循儿童生长规律与心理特点，会用皮亚杰的"发生认识论"装门面。但从美术教科书开始，儿童美术学习发生教学原理，被少数美术特长学生的展示平台所遮蔽。课堂教学实施、教学评价等，呈现为表现技术的单一传递。

案例：自行车局部线描写生

教材、教研员、教师对于"造型·表现"艺术实践活动方式的常规认识与教学实施，停留在教儿童（学生）画画的习惯思维，传递如何画的美术学科知识和表现技法，成为教学常态，某视频课截图分析：（图27）

图27

在"一课一练"方式的单课时，安排自行车发展历史知识等内容赏析。（图28）

典型的"事实覆盖型知识"呈现与传递。网课形态几乎没法避免这种直接传递。（图29）

整个基础美术课的社会大环境决定，如果课堂上没有教师的示范，没有呈现出如何"教"的细节，就是认定本教学不完整、欠缺必要的教学环节，这种视频网课状况属于教师不得已而为之。（图30-1、图30-2）

可以看出，为了体现细致教学，教师下了很大功夫。

图28

关于圆的各角度变化

图29

不同的车胎表面纹理

凹纹理   凸纹理

图30-1

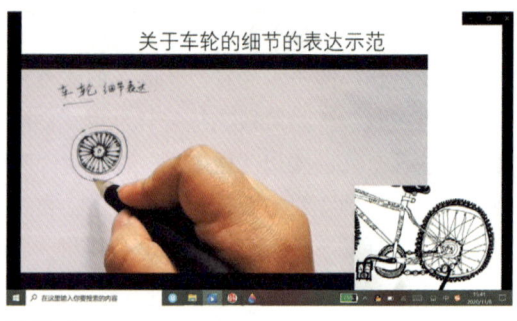

关于车轮的细节的表达示范

图30-2

教师示范车轮细节。（图31）

教师对主题教学的思考已足够全面。但这一教学示范，按照儿童视觉图像感知表达的认

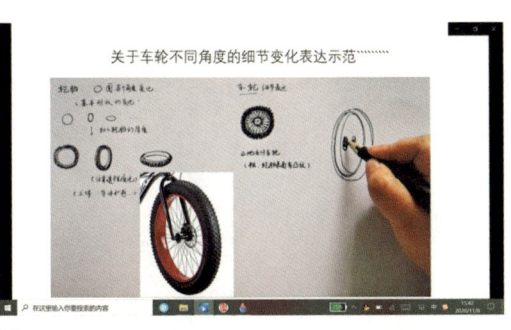

图31

知心理，应放在初中学生的写生课中。因为，儿童的视觉感知心理是一种整体性直觉，这种示范对其线描表现的制约要大于教学引领。（图32）

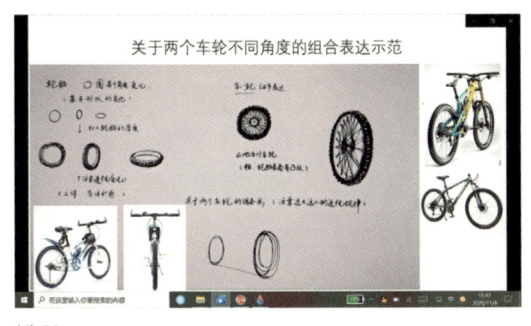

图32

单元课程设计建议：自行车与摩托车

问题情境：

在一个记录达·芬奇生平的视频中，有一幅他设计的类似今天自行车形态的草图，自行车究竟是谁创造的？是达·芬奇吗？还是其他人？自行车带给人们的方便有哪些？

大观念：

自行车是人们生活中的好帮手(代步、运物、健身)

基本问题：

（1）自行车除了在生活中使用，还能够带来什么？

（2）如何用简便的工具、媒材表现身边随处可见的自行车？

注意，此设计看上去似乎可以，但还不是大单元的教学设计。因为，此设计与前面设计的"大观念"不符合。下面为重新修改文本：

基本问题：

（1）如何用线描（美术）的方式表现自行车？

（2）怎样在表现自行车这一主体物的过程中传达某种想法（观念）？

小问题：

（1）写生自行车的秘诀有哪些？

（2）是从车轮的局部入手还是从其他地方？

（3）怎样用线条来表现自行车？

单元课时：3—5课时

主题1：我家的自行车

主题2：自行车的局部样态

主题3：艺术家眼中的自行车

主题4：废旧自行车如何处置

学生应该知道（线造型语言、构成要素）：

形态、线条、节奏、疏密、形式构成、空间表达

学生能够做到（整体理解水平）：

观察（方法）、思维（方式）、欣赏（感悟）、表现（手段）、发想（创意）、动手（构成）、联想（发散）

真实图像问题情境：20世纪自行车在社会生活中的状况。26年前，我画，他也画。20年后，他说："画画是个手艺，艺术如同科研。"（图33）

生物化学博士随便玩玩的小画，因为掌握了可以跟专业人士开玩笑的手艺。思考：什么是儿童在小学、初中阶段应该掌握的表现能力？什么是美术素养？图为生物化学专业博士李昊同学在南京大学读书期间，与南京艺术学院、南京师范大学美术学、设计学专业人士聚会时，

图 33

随手画的默写，这幅默写震惊了专业人士。（图34）

图 34

生物化学博士随便玩玩的小画，因为掌握了可以跟专业人士开玩笑的手艺。什么是能力？什么是素养？

图 35

李昊同学如是说："画画就是一个手艺，我就是玩玩，全仰赖您当年栽培，让我有跟专业人士开玩笑的机会。

"我倒是认识几个美术教育和设计的朋友，我的手艺还算不让人吐血。艺术和画画两回事咯，艺术跟我的科研倒是一回事。"

李昊博士童年时代的线描及1998年在中国美术馆展出的作品。（图35）

意象思维产生原理： 视觉心理学研究，将头脑中关于外界事物的形象称为表象。表象是人在感觉和知觉的基础上形成的，表象与感觉、知觉同属于感性认识的具体形式，它是人通过对自然的观察、分析、记忆所保留下来的客观事物的影响并将其贮存于大脑之中的印象。一般小孩子为何在画中经常出现某种概念化图形，就利用了自己惯常所见的形象，特别是自己同类的形象概念进行综合、推理、判断。这是缺乏美术欣赏学习的引领，改善其大脑中图像记忆储存的样式。所以，大量美术作品图像识读后，伴随儿童个体自主思维，其审美态度必然发生改变，对文化的理解也自然深刻，由此进行的美术表现必然与众不同。儿童自身的美术核心素养目标才可能达成。为什么《义务教育艺术课程标准(2022年版)》美术课强化"欣赏·评述"艺术实践方式？感知与表达，感知是第一位的，学生没有基本的图像识读积淀，缺乏观察丰富生活世界体验，内心生发出特定的思维瞬间不足，其他的技能、技法、表现方法等都是空话。

案例，感想： 在欣赏了瑞士电视台《绘画艺术探秘》第一集之后，让同学们写出自己的体会，是一种提高小孩子记忆加工水平和思维方法的有效措施。当时李昊同学写道："一些外行认为，只要一幅画很像绘画对象，这幅画就是好画。难道，绘画就是像照相机一样原封不动地把物象'搬'到画上吗？那何必画画呀，直接用照相机就得了。我看，绘画是表达作者对物象的一种感情。就像写文章要表达一种感情一样。"（1998）

儿童写生作业证明：小孩子在整个儿童期画线描写生时，并非需要教师按照成人美术表

现的规格、学科要求、作画顺序、表现方法等去教。儿童自己就会画。（图36、图37）

关键点：美术欣赏引导与儿童自我视觉感知系统的培育，要在下笔动手作画之前。要以

图 36

图 37

对美术作品、生活世界丰富物象的视觉图像感受引领，启迪儿童独特的思维方法，以此指导自己的线描表现行为。

主题1：我家的自行车

基本问题：怎样用线描的方式表现自行车？

小问题：

（1）怎样观察自行车？
① 从未如此仔细地观赏自行车？
② 自行车的结构是怎样的？

（2）从自行车的哪个部位开始落笔？
① 在画纸的哪个部位落笔呢？
② 是局部详细刻画还是怎样？

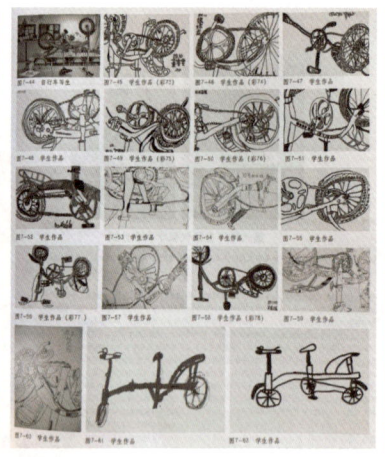

图 38 北大附小学生在 2010 年的线描写生作业

（3）运用怎样的线条表现自行车？

① 自己画出的线条需要和他人一样吗？

② 密集的线条可以产生怎样的画面效果？

学业质量（评价）：

（1）自行车的形画歪了怎么办？

（2）纸上自行车画不开怎么办？

（3）为何画不准形的作业还要表扬？

（4）什么样的画作是好作业？

主题2：自行车的局部样态

基本问题： 为何要表现自行车的局部形态？

小问题：

（1）自行车的哪个局部值得深入表现？

① 写生自行车局部有什么价值？

② 不完整的形态具有美感吗？

（2）自行车中轴、脚蹬及链盘的形态如此复杂该怎样表现？

① 眼睛对自行车局部的观察与具体表现如何转化？

② 画面中出现很多杂乱的线条、形态怎样处理？

学业质量（评价）：

（1）用线描表现自行车中轴、脚蹬及链盘的形态体现怎样的美感？

（2）如何用线条把握局部的深入刻画与形态之间的节奏、韵律？（图38）

儿童线描写生并非需要教师在课堂上直接教授。教师的责任是：

其一，提供写生资源的信息；其二，提供对作品的赏析；其三，恰当地提示和引导；其四，作业的随堂评价和指导；其五，和同学们一起"狂"。

教师提供更丰富的主题图像信息，激发学生生发出更多创意思维，作业也会呈现更多样态。（图39）

图 39

主题3：艺术家眼中的自行车

大观念： 艺术家眼中自行车蕴含着更多意义

基本问题： 为何自行车某局部成为作品元素的构件？

（1）为什么自行车局部拆解后可以构成新的意义？

（2）艺术家作品告诉我们一个什么道理？

如图，此案例是美术教师都熟悉的内容，如何进行教学设计和学生学习活动，各位教师肯定都有自己的创想与独特思路。（图40）

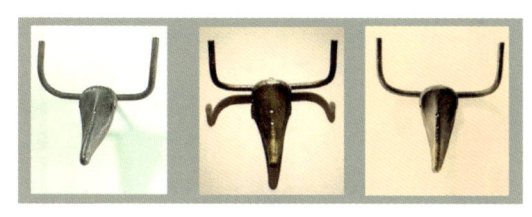

图40

主题4：废旧自行车如何处置

真实情境：在大学校园、街区某些自行车存放点，总有一些缺少部件或是损坏的自行车被丢弃在一边，有的已经生锈、残破不堪，有的乱扔乱堆。这些废旧自行车如何处置？

大观念：通过创意组合，生活废弃物可以转化为新的艺术形态

基本问题：打散、组合、重构可以令废旧自行车传递出什么意涵？

小问题：

（1）将多部废旧自行车以及部件用打散、组合、重构的方式组合，将表达出怎样的意义？

（2）废旧、零件残缺、生锈的自行车可以怎样重新应用？

（3）打散、组合、重构的方法有哪些？

图像识读：引发学生联想，可以怎样创作？（图41、图42）

思考：教育的价值判断不同，教育结果就会大相径庭。核心素养本位的美术课程，倡导学生面对真实生活问题情境，在大观念、基本问题统摄下，自主探究学习，实现美术文化和价值意义的转化；如果还是将美术学科知识、技能前置，真实问题情境、大观念、基本问题、问题串等只是作为一种工具，这背后体现了不同的教育价值观，这种价值观背后有强大的文

图41

图42

化牵制力。

这就是"天地交融"的美术教学特别需要把握的关键点。（选自尹少淳先生讲座截图，图43、图44）

● 何求"天地交融"的基础美术教育与教学？

美术教育的价值在于唤醒每一个孩子身心

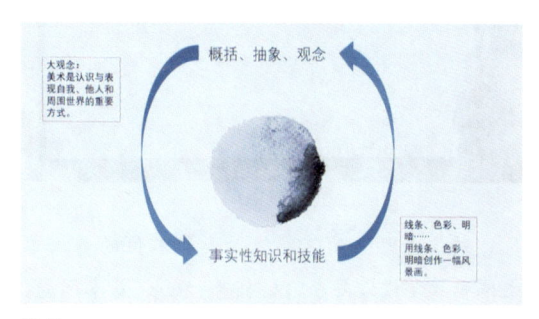

图43

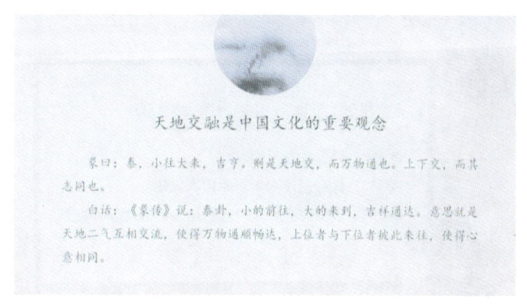

图44

已有的潜能和独特思维方法，帮助他们找到隐藏在自己体内的特殊使命，即个人内生性的驱动力。对于人的成长而言，一个孩子一旦主动认识到自己未来将成为什么样的人，就会从内心激发出无穷的动力去努力实现自己生活、生命生长的目标。

基于核心素养观的美术学习，是在真实情境引出的问题导向下，学生自主进入一个观察、发现、思考、辩论、批判、体验和领悟的过程，学生在此过程中，逐步掌握发现问题、提出问题、思考问题、寻找资料、得出结论的技巧和知识。虽然他们学习的内容可能不够深、不够难，也不够广，但只要是学生自己领悟的知识点，不仅终身难以忘记，而且往往能够举一反三。

案例：特级教师魏瑞江执教"老魏手绘肖像坊"

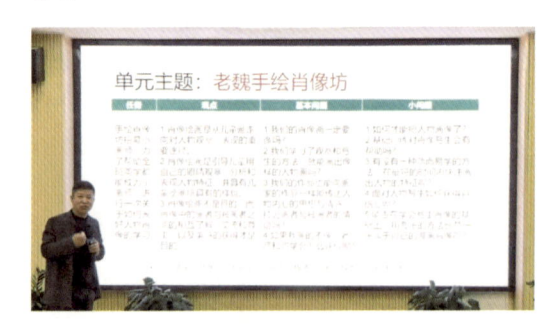

瑞江老师全面落实核心素养本位的美术单元课程教学设计要求，以"任务、观点、基本问题、小问题"，构成整个单元推进的脉络。

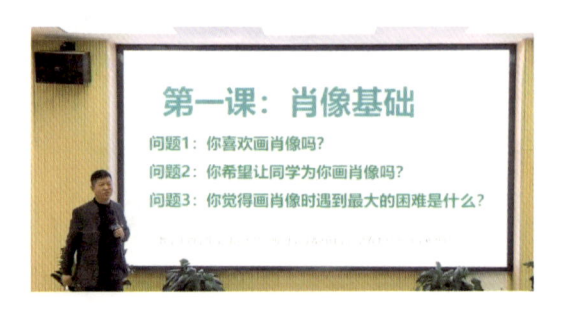

第一课时中基本问题下的问题串，特别有针对性，突出瑞江老师的"学生立场"，这是新时代深化课程改革的方向。

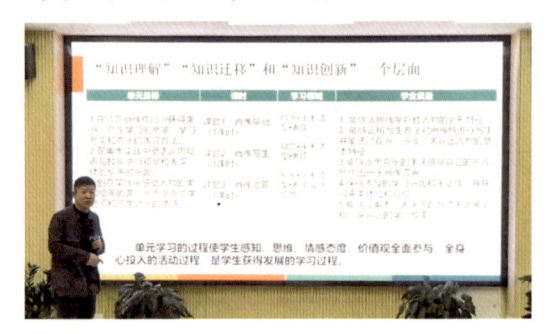

在单元目标统领下，课程按照《义务教育艺术课程标准（2022年版）》要求，以"欣赏·评述"艺术实践活动方式贯穿学习全过程，不仅联结"造型·表现"艺术实践活动方式，同时，联结"设计·应用""综合·探索"艺术实践活动，联结跨学科活动。

具体教学指导，瑞江老师特别关注儿童期心理生理发展的规律，充分尊重儿童原发性表现潜能，其教学示范的方向性指向学生发展。

肖像画写生或者表现，并非单一的美术学科表现活动。更重要的是肖像画这一单元主题系列课程推进，是每个学生对于生命的尊重和逐步深化理解。

在论证单元课程设计小结中，瑞江老师特别强调"对学生的学习天性深层次的尊重"这一原则。为核心素养目标在美术课中的实现奠定了教育观、学生观、教学观基础。

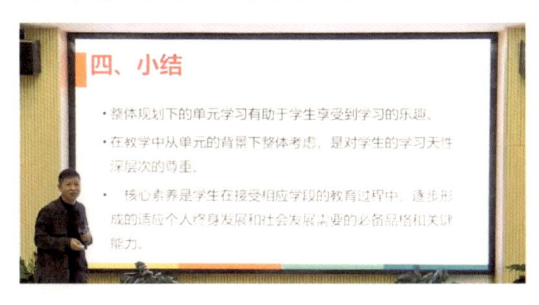

论证：

尝试以 UBD 理念，论证特级教师魏瑞江之《老魏手绘肖像》单元课程

目标导向的教学设计，体现美术学习本质

基于 UBD 理论，《老魏手绘肖像》单元课程教学，通过梳理小学生画肖像主题的"学科核心观念"——"用线条表现生活中人、事、物的形态"，明确预期的美术学科知识技能、理解建构和迁移应用的教学目标，提出关键问题，如在瑞江老师第一课时的"肖像基础"中，其4个基本问题是：

（1）我们的肖像画一定要像吗？

（2）我们学习了观察和写生的方法，就能画出像样的人物画吗？

（3）我们的作品也能像画家的作品一样传达人物内心的思想与情感，拉近画者与被画者的情谊吗？

（4）如果我画得不像，老师和同学会怎么评价呢？

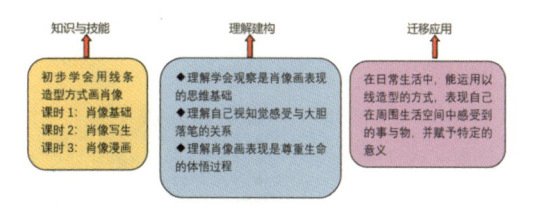

分析：

所谓"UBD"，即"追求理解的教学设计"。可参照阅读著作《追求理解的教学设计》，该理论在架构单元课程方法上倡导逆向设计，以教学预期目标为设计的起始，先预设评估标准，再设计学习活动，使学生真正理解他们所要学习的美术学科知识，并把所学的学科知识迁移到新的生活环境中，自主解决问题。

整合思考，参照以概念为本的课程与教学思路，如何基于理解的美术学习，《老魏手绘肖像》单元课程主题的"知道"和"理解"可以这样设计：

分析：

传统美术课的教学目标重在美术学科知识和技能的掌握上，而 UBD 的教学目标侧重在学生内在能力的发展上，同时兼顾美术学科知识和技能的掌握。教学目标是美术课堂教学的出发点和回归点。教学目标的制订是否准确清晰，不仅会影响教师开展教学，而且也会在很大程度上影响学生最终美术的学习效果。将 UBD 理论融入小学美术课堂教学，需要教师打破常规教学模式，选择学生应当持久理解的内容（艺术表现本质问题）合理地整合原教材内容，重点帮助学生对美术学科知识和技能的理解建构，为迁移应用美术知识奠定基础，促进学生对美术学科知识深层次的理解，从而提升在新的生活情境中学生对美术学科知识和技能的迁移应用能力。

学生需要掌握和做到：
- 观察时眼睛要在物体对象"溜来溜去"
- 凭自己视觉观察记忆迅速落笔表现
- 运用点、线条和触感肌理表现对象
- 画肖像过程是体悟和尊重生命过程

需要掌握的美术观察表现方法和学习内容

分析：

所有的美术学习活动都应该围绕《老魏手绘肖像》单元课程主题的教学目标而展开。清晰明确、具有适当挑战性的教学目标，能促使教师进行逆向设计，发展可以由教—学—评一体化的课程教和学。本单元教学方法主要采用教师引导、师生共同对话、学生自主探究尝试的方法。因而，以UBD理论有效地论证本单元课程教学设计中对肖像画学习目标进行分类，根据目标创设具有真实情境的驱动问题，进行相应的教学设计和评价设计，教师充分考虑学生学习目标的实现度，在学习活动过程中及时有效地对学生手绘肖像作业进行评价，促进学生不断反思、整合美术学科知识和技能表现时自己的应答，帮助学生自主地理解建构起美术"学科核心观念"的层级和思维联结。

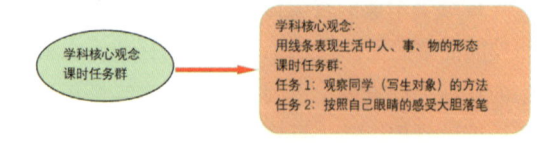

学科核心观念课时任务群 → 学科核心观念：用线条表现生活中人、事、物的形态 课时任务群：
任务1：观察同学（写生对象）的方法
任务2：按照自己眼睛的感受大胆落笔

分析：

UBD理论所倡导的单元课程教学目标是，帮助学生经由本单元主题的探究活动"学会如何学习肖像画"和"学会如何开展肖像画学习"。依据UBD理论对单元课程《老魏手绘肖像》教

学目标进行分类梳理、明确课堂教学的"学科核心观念"、制订出清晰有挑战性的教学目标，是教学设计中选择评价证据、整合教学内容的依据。由此证明，特级教师魏瑞江及其名师工作室团队，在单元课程教学设计和课堂展示中，帮助学生将所学美术知识和技能迁移应用到真实生活情境，有效促进学生的主动学习和理解，发展了学生的美术学科核心素养，同时，验证了尹少淳先生"天地交融"的美术教育思想。

（二）从教美术到以美育人教育理念的转换

1. 由学科知识点到核心素养的观念转变

从2001年开始，在"三维目标"要求下，如何叙写教学目标文本、如何用"行为动词"等培训的辅导下，在各级各类教学比赛、评审的促进下，全国各学科教师写出的教学设计和教案文本，基本上是一个套路。由课题、教学目标，教学重难点，教学过程（导入、创设情境、讲授新课、课堂对话、随堂指导等），以及教学评价、布置作业等环节构成。同时，还不断出现教师采用从网络上搜集、下载类似文本，随便修改一下，然后上交，参加各级别教学设计、教学案例评审，竟然也可以获奖的现象。上述问题说明：其一，美术教师队伍中，仅将教师工作作为饭碗、混饭吃现象严重；其二，美术课教学根本没有落实面向人人的育人目标；其三，这些年看到的、表面非常惊艳的美术课作业成果，大多是少数美术优等生的作业，有些还不是学生的真实课堂作业。

审视20多年以来基础教育学科教学设计、教学案例文本现状，华东师大崔允漷教授讲座的观点是"有八大问题"，其中一点："教学

过程，导入、创设情境、讲授新课……主语是谁？全是老师。试想医师写的病历、开的处方，它的主语是谁？肯定是病人。可见，医生是以患者为中心的，而老师写教案是以自我为中心。这反映了教学与医学的专业差异……"实际上，崔允漷先生论述并未触碰问题的根源。《普通高中美术课程标准（2017 年版 2020 年修订）》明确提出"从双基到三维目标，再到学科核心素养"，这是一个教育观念转变的过程。但是，如果美术教师在教学行为上只截取"核心素养的概念性口号"，并不改变自己的教育观。具体课堂教学中，依旧按照教师中心，"一课一练"方式单一传递美术知识与技能，教学设计文本依旧是老面孔。

问题来了，教育目标变了，从"双基"到核心素养，美术学科知识和技能从突出位置下降为"下位"，美术学科核心素养是"上位"。"课标"组长尹少淳先生讲座时，教师都说明白了，但在实际教学操作层面还是照旧按老一套行事。教师的确不明白，教学设计与课堂实施，如果美术学科知识和技能不作为教学重难点，自己真感到教学无从下手，"教学没有抓手"。

案例：映日荷花别样红

熟悉的诗句，似曾明白的主题，怎么设计成单元课程呢？

教材内容，是典型"一课一练"方式。此主题内容，如果作为核心素养本位的美术课程，怎样转化为基于学生理解的深度探究与学习呢？（图 45、图 46）

设计思路：

真实问题情境：

夏日里的荷花，是很多同学都见到过的生活景致。小明同学很奇怪，为何如此平常、有时会视而不见的荷花，被很多美术家作为主题来表现呢？请小芳同学帮助回答这个问题。

图 45

图 46

大观念：意境——是中国传统审美观的重要范畴

基本问题：杨万里诗《晓出净慈寺送林子方》表达了怎样的意境？

（1）这首诗词的语言描述给人带来怎样的视觉联想？

①自己生活经验中有与该诗词相似的感受吗？

②怎样理解该诗词的意境所引发出的形象思维？

（2）在夏日阳光照耀下的荷花颜色呈现出怎样的色彩？

①"接天莲叶无穷碧"的"碧"是一种怎样的"绿色"？

②"映日荷花别样红"中的"红"是如何表现的？

③两句诗中表达的色彩给我们带来怎样的感受？

教学设计、备课时教师关于"意境"的思考：

意境是指抒情性作品中呈现的那种情景交融、虚实相生、活跃着生命律动的韵味无穷的诗意空间。意境由两部分组成：一部分是"如在眼前"较实的因素，称为"实境"；一部分是"见于言外"较虚的部分，称为"虚境"。虚境是实境的升华，体现着实境创造的意向和目的，体现着整个意境的艺术品位和审美效果，制约着实境的创造和描写，处于意境结构中的灵魂、统帅地位。但是，虚境不能凭空产生，它必须以实境为载体，落实到实境的具体描绘上。

莲叶、荷、无穷碧、别样红，这些意象组合起来便成了一幅融情于境的画面：字面上句句写物、写景，实际上句句都在意象抒情，可谓写物、写景之语皆为情语。问题来了，指向核心素养目标的美术教学，依靠什么组织教学？美术学科知识和技能放在一节课"下位"的位置，怎么展开教学活动呢？单元课程设计究竟该咋整呢？还是不明白！

任务群设计

任务1：请某位同学即兴背诵语文课曾学习过的杨万里诗《晓出净慈寺送林子方》。同学们共同品读此诗，体悟诗句中描绘的景致，引发联想与想象（首先，跨学科思维，以杨万里的诗引发学生的形象思维与联想）。

任务2：分别查询，曾见过哪些表现荷花的美术作品？介绍给同学们赏析，表述自己对某件作品的感悟，同学们共同讨论，从作品呈现出的画面语言展开描述与分析。（潘天寿、齐白石以及教材中呈现的作品）

任务3：探讨"意境"的内涵。由诗词、画作两方面整合的视角，思考"意境"何为。

比较画家们在表现荷花的水墨作品中是怎样运用色彩的。

单元内容设计

主题1：夏日荷塘、光色感知

基本问题：夏日阳光中的荷塘给人以怎样的视觉感受？

（1）强烈色彩对比从哪里体现出来？

（2）"碧"之绿、"别样红"的色彩如何表现？

主题2：诗情画意、超以象外

基本问题：诗句的描述给人带来何种联想？

（1）"毕竟"不同的夏日荷塘图景是怎样的？

（2）"无穷"的艺术空间采用怎样的表现方式？

主题3：绚烂之极、归于平淡

基本问题：如何用水墨表现生活景致中的对比色？

（1）怎样理解"无色而具五色之绚烂"？

（2）如何用水墨表现"大红大绿、精彩绝艳"的景象？

教师的问题又来了。阅读三个分主题设计思路，怎样体会和理解主题单元课程设计？通过学习，学生如何才能落实核心素养？教材中原本"一课一练"画荷花的技能学习，属于低水平临摹教学，根本无法启迪学生图像识读、自己视觉感知基础上的独特思维，更无法引发学生对该主题蕴含的中国画"意境"这一内涵展开深度学习。"映日荷花别样红"主题单元设计建议，清晰、深入地阐释了为什么采用单元化教学设计与教学实施，可以落实学生获得美术学科核心素养。诗中的"碧"字，"别样红"之描绘，乍一看，应该属于语文课的学习内容，解析"碧"字和"别样红"，似乎是语文知识。

但是，在美术主题单元课程中，用视觉感知思维方式来体悟古诗中的"碧"字和"别样红"时，需要用跨学科思维迁移的方式，美术、语文学科相互关联，由古诗词语言引发学生的形象思维，深化对诗意的理解。在三个分主题中，有一种步步深入的递进关系，引领学生对"意境"这一大观念展开主动探究，使自己对"意境"的理解逐步得以清晰。这样的美术学习，每个环节都是围绕艺术创作的本质问题展开的。

2014年以来，教师们接触"核心素养"和"美术学科核心素养"概念之后，对其本质认识和理解并不到位，内心总是纠缠在某课时如何传递某项美术学科知识和技能（表现方法）这些具体问题上。教师对于普通高中美术课程标准修订中推出美术学科核心素养，其目标价值指向并没有基本认识。无论核心素养还是美术学科核心素养，教师感觉在实际课堂教学中有着"不落地"的心理。需要厘清的一个主要问题是"美术学科核心素养"，其本质目标是：美术学习如何为培养"全面发展的人"做出美术学科的贡献。核心素养、美术学科核心素养以及各学科核心素养，包括新出台的"艺术课程核心素养"，所有核心素养的内涵都是公民素养，并不是指某项学科专家的素养。也就是一个孩子学习9—12年的美术之后，所积淀的能够可持续发展之素养，并不是作为美术家、美术工作者的学科专业素养，而是作为一个完整的人，能够可持续发展所需要的品质：诚信善良、遇难而进、坚忍不拔、勇于探索、积极向上、乐观开朗、做事严谨、秩序感、遵守法纪、崇尚美好……

2. 核心素养并不是具体美术学科知识点

核心素养是育人的规格（要求）。其中，价值观必须排在首位。单元课程"映日荷花别样红"的学习，学生能否由古诗某诗句引出形象思维的联想，与多位中国画家表现荷花主题的水墨画作品赏析过程，生发出由作品图像识读到自主审美判断的心理感受状态？就图像识读来说，积极、正确的视觉审美价值取向，决定了一个学生的精神品格，由此建构其独特思维方法支撑下的美术表现关键能力，为之后逐渐形成的文化理解奠定基础。20年来的美术课从"双基"到"三维目标"，并没能从根本上解决美术课如何育人的问题，并没有为全体学生构建起中国传统文化、革命文化、社会主义先进文化的课堂学习视觉场域。因而，中央"两办"《意见》，对于以美育人、以美化人、以美培元教育目标的要求，是为了改变以往学校美育所处的一种空泛口号状态。中小学校美术课确立核心素养目标，要将不断引领和积淀学生视觉审美价值引领，作为以美育人的基础工程。图像识读、审美判断、文化理解的层层递进，以美培元的身心润泽直指长期以来美术课的问题根源。这一教育观念的转变，是历史的必然，将改变教师从"我是教美术的老师"这一狭窄认识，转变为基础美术教学改革的研究者，教学观要提升到以美育人高度，在观念改变、思维进步、建构单元课程实践体系过程中，向着实现教学评一致性的课程学习目标不断努力。

"映日荷花别样红"的主题单元是课程体系，是一个大的学习单位，并不是某种美术学科知识点。教材里讲的每一笔怎样画，怎样构图，每一种墨色、色彩怎么表现，在大单元中属于最下位的东西，所有表现技能、方法，都是基于某种创作观念、思想，基于画家的情感、创想以及特殊情境而运用的。"映日荷花别样红"单元主题是以大观念"意境——是中国传统审美观的重要范畴"，衍生出大问题："杨万里诗《晓出净慈寺送林子方》表现了怎样的意境？"来组织学生的学习目标、基本问题、小问题以及蕴含在其中的美术学科知识点等要素，单元课程是一个相对独立或完整的学习单位。因而，具体的教学活动与学生学习活动，由"任务群"这一大任务构成，形成一步步推进。

需要注意的是，核心素养本位的美术单元课程教学设计，并非不教美术学科知识和技能，而是在大观念引领下，启发学生对单元基本问题的探究过程，用美术学科知识和技能、表现方法等主动探究解析艺术问题的本质。如：

主题1：夏日荷塘、光色感知

基本问题：夏日阳光中的荷塘给人以怎样的视觉感受？

（1）强烈色彩对比从哪里体现出来？

（2）"碧"之绿、"别样红"的色彩如何表现？

在主题1探究活动过程，学生解析夏日阳光下的荷塘给人带来何种视觉感受，需要学生自己运用色彩知识"对比"（概念），来阐释对这一生活感受的认识、理解。教材原本思路，是借用"映日荷花别样红"诗句、主题，直接采取向学生灌输色彩对比的知识和技能，安排相应的色彩表现临习活动。指向核心素养目标的美术单元课程，则是首先转换教育观念，由教师立场转为学生立场，学生需要根据自己眼睛等整体感官的直觉感受，结合之前习得的美术学科知识和技能、表现方法，对夏日阳光下荷塘中荷花与荷叶、天空、水面等整体环境产生的色彩对比现象，做出自己的判断和分析；对古诗中描述的"碧"字所呈现出的某种倾向性的绿色，做出自己的基本认识和分析。此环节，有色彩运用的实践体验活动，学生要亲自使用颜料盒中不同的颜色，尝试表现出自己认为的"碧"这种颜色感觉。实际上，无论是"碧"之绿，还是"别样红"，在生活中、在美术表现中，都不是单一的，而是人的身心整体感受所带来的某种意象。无论诗人、画家，面对夏日阳光下荷塘场景，都是以当下自己的整体感受进行个人的情感表达与审美表现。因而，从主题1基本问题和两个小问题引发的，必然是基于理解的视觉审美培育过程。对古诗词描述的"意象"逐步理解，促进了学生在课程学习中自身核心素养的积淀，美术课的独特贡献，是整合与跨学科的。

◆**构建课程意识**

美术单元课程教学设计，标志着美术教学的专业逻辑起点并不是某项具体的美术学科知识和技能以及表现方法，而是学生怎样认识、理解、学习美术独特的思维方式。美术单元课程的核心元素，不是具体的美术学科表现内容，如怎样画荷花，而是构成课程的主要因素——经由美术学习过程学生的自主发展。从宏观上讲，课程是美术单元主题教学设计的逻辑起点。教材、教师、教学方法、教学设备（教具），以及时间、目标、内容、情境、任务、活动、评价等要素，是构成整体单元课程的关联性因素。当美术教师真正具有了课程意识，就不会再以美术学科知识和技能、表现方法等狭隘的学科视角看待美术教学了。因为，任何学科教学的终极目标，都是学生的自主发展。"三维目标""一课一练"，在特定的历史发展时期，有其提出、实践、改革推进以及存在的理由，为基础教育美术课程改革做出了历史贡献。核心素养、美术学科核心素养、艺术课程核心素养、美术关键能力，这些指向"全面发展的人"之育人的规格要求，需要在教师自身的教育观念先行基础上，以教育理论指导、引领、推进新时代美术课教学实践的变革。至此，为什么美术课要这样上？基于理解的美术深度学习，其教学设计为何要从美术学科知识点走向单元课程？指向美术学科核心素养的课堂教学必须要单元设计吗？教师的这些问题（疑问）应该有了明确答案。

3. 将美术学科知识结构化，组成有意义的单元

当教学设计思路从美术学科知识点转向单元课程，就是美术教师自身提高教育站位，改变美术教学格局的实际行动。当教师站在大单元、大观念、大任务、大问题、大项目水平看美术课程，就能看到美术学科核心素养。如果美术教师还驻足在美术学科知识点水平上，只能看到"同学们，今天画什么、做个什么"等。这是美术教师的教育站位，决定其美术课堂教学的格局。

进入新时代，新课标、新课程、新教学，美术教师要向"一课一练"的教学传统及习惯思维发起挑战。单元是进阶性的。在真实问题情境推动下，大观念、基本问题、小问题（问题串）构成单元主题课程的推进线索，体现出学生的自主探究活动从易到难、从一般到复杂的思维进阶、理性发展过程。面对每个美术文化主题，教师自己如果不在备课与教学设计阶段下气力先自学、反思和深入研究，就无法确立大观念、基本问题，形成有递进层级的问题和小问题，也无法提出引导学生自主探究问题的方法，指出相应的探寻问题路径。美术教师要反思自己怎样才能摆脱低水平模仿的美术教学，如何摒弃直接向学生灌输美术学科知识技能"师傅带徒弟"的课堂。美术教师要研究用何种方法启迪课堂中学生自主探究学习的欲望，用什么样的提问可以引发学生的批判性思维，怎样评价课堂中学生的美术学业质量。

（1）色彩主题单元设计与大观念

案例：色彩的对比、调和、冷暖

反思教材内容，应对课程改革的需要。以育人目标导向，分析以往美术教材的内容，基本编写思路是以成人美术学科知识和技能、表现方法的"简化版"方式，构成义务教育阶段的美术学科教科书。选择某版本教材色彩主题的内容，整体思考单元设计。（图47—1、图47—2）

纵观各版本义务教育美术教科书，教材编者（大学教师、教研员、中小学美术教师、美术编辑），采用想当然方式，自己认为何种美术学科知识和技能应该教，而去组织教材内容。

图 47—1

图 47—2

按照布鲁纳的学科结构主义论点，每个学科都有自己的"系统"，如果用主题（人文主题或议题）包裹美术学科本体（尹少淳先生语），那么，目前通行的美术教科书所欠缺的，恰恰是儿童艺术心理学、认知心理学、发展心理学等相应支撑。也就是说，现行义务教育美术教科书知识技能体系结构，内容遴选及教学，并没有以儿童各年段艺术发展心理为依据，没有以儿童特有的视觉思维方法、生命自然生长状态为教材学科内容选择标准。

单元课程设计确立主题大观念之前，教师需要思考下列问题：

第一，基础教育中的任何一门学科，儿童学习了这门学科后，能否在成人之后变得更优秀？美术课亦如此，美术学习究竟对儿童成人之后有什么用？美术课上，学生学习色彩这一主题，对其日后的成长、生活、工作有什么帮助？

第二，大观念是美术学科教学与学习的核心，大观念是艺术本质问题，大观念帮助学生将各个学科知识点联系起来。色彩，这一美术学科内容，备课前教师要研究其核心意义是什么。是色彩知识吗？是色彩表现技能和方法吗？

第三，色彩这一主题内容与生活关系紧密，"一课一练"学习方式无法对色彩的本质意义进行探寻。单元课程的主题大观念能够引导学生对色彩问题进行自主、持续探究和深度理解。理解，是核心素养背景下，学生个体实现深度美术学习的关键，是课程推进的关键要素。

◆ "色彩"单元课程设计思路

其一，将原教材中美术学科知识点色彩的"对比""调和""冷暖"等概念隐藏起来，提炼大观念与基本问题。由大观念和基本问题贯穿整个色彩主题单元，创设关联学生生活经验的真实问题情境。

其二，依据基本问题设计相应问题串（小问题），将学生的探究活动分课时展开。同时，根据上述活动内容，设计学生本单元学习的学业质量评价标准。

大观念1：生活中不能没有色彩

大观念2：再平凡的生活也不能没有色彩

大观念3：生活中的色彩赋予我们联想

新时代的美术课，倒逼教师自身要持续认真看书、学习、思考，要研究用什么方法才能解决学生自主探究美术问题，怎样促使学生在课堂上发生基于理解的深度学习。对于色彩问题的探究性学习，是学生个体对该主题（议题）发生质疑、探寻、思考、尝试性体验、实践研究，最终做到逐步理解的过程。如："没有了色彩，生活将会怎样？"对这一问题的探寻，就是走向理解的美术学习。教材中原有几课的学科知识点都包容在这个问题当中，它不仅能够启迪学生课堂当下的感知与体验，而且，随着问题探究的深度不断推进，还能够生发出直抵心灵的价值震撼。核心素养，直接指向如何培养"全面发展的人"这一终极教育目标。（图47—3）

图47—3

(2) 从色彩知识点转化为理解色彩

①采用讲授法、灌输式教学，课堂上由教师告诉学生"色相环"这一知识点。学生的课堂状态是在被强行接受的过程。核心素养目标

下的单元课程，以大观念统领，围绕基本问题探究学习，在真实问题情境中，联结学生生活经验，逐步理解"色相环"这一概念和知识点，而不是懵懂接受教师所给的色彩知识。

②理解"色相环"，"就是从它与其他事物间的关系中对它进行观察：注意它是如何运作的，它产生怎样的结果，它的起因是什么"。[1]这样探究式学习，美术课堂就必然超越教材版面简单呈现的那些色彩的知识点，引导学生在对色彩问题的探寻中，自主进行推理、关联、联想、尝试性表现，以及在生活中应用色彩。

问题：在生活中，人们对于色彩的应用并非都以"色相环"为坐标，这个知识点有何用处（在《向日葵》一课中，教材安排了"色相环"这一知识点）？

学生如何理解这一问题呢？设计课堂活动，由学生自主阐明对"色相环"这一美术学科知识点的认识，教师启发学生要通过强有力的生活故事生成对"色相环"的见解，同时，借鉴生活里的现象，解析这一学科知识点。由此，探究性学习、深度学习必然要发生，因为，自主探究活动破除了"一课一练"对学生思维的禁锢，引导学生走向自主思考与探究活动。由对"色相环"这一学科知识点的阐明，引申理解色彩的意义：让生活更加美好！

下一环节，全体学生共同反思基本问题：没有了色彩，生活将会怎样？

应用：怎样在新的、不同的、现实的情境中有效地使用"色相环"这一知识。将色彩这一美术学科知识与新的生活情境匹配，是学生遇到的真实生活世界的新问题和新任务。学生对"色相环"这一美术学科知识点认识、理解、应用的评价，需要由学生在新的生活情境中解决新问题的过程展开。

内容整合：图 47-1、图 47-2、图 47-3 与图 48-1、图 48-2、图 48-3 的内容，《用色彩画心情》《色彩的冷暖》《色彩的对比》《色彩的调和》，整合构成色彩大单元课程，以大观念、大任务、大问题方式呈现，将原本局限于色彩知识和具体技能表现，转到以观念为中心的概念性视角，聚焦色彩主题意义探究，并开展事实层面和概念层面的协同思考，形成对问题的理解，学生阐明的对象是色彩主题内涵和意义，而不仅是做出一种貌似合理的解释。由此完成深度学习。（图 48-1、图 48-2、图 48-3）

感知与表现，是美术学习的核心要素。感知与表现，是美术学习中一对"恩爱夫妻"，绝对不能分离。感知与表现，依据学生原有生活、学习经验，在单元主题、大观念、基本问题的统领下，学生发生对单元主题蕴含的美术文化基本感知，在质疑中主动探究问题，形成个人的初步理解，生成自由表现的动手尝试与体验。每个学生的生活区域，处于一种特殊的视觉图像环境，学生所有的经验，都与自己生活区域特有的视觉图像环境直接关系。在造型表现体验活动中，学生视觉图像感知所形成的旧有经验，即储存在大脑中的视觉记忆形象，对其接受教师指令的某项表现活动自己动手时，有必然的影响。这是学生生存状态里图像环境的作用力。如，学生常说："老师，我不会画。"学生视觉图像环境作用下的个体审美判断，将学生的思绪控制在某个狭隘的角落。即"画得像个什么"。对于色彩主题来说，学生眼睛对于色彩的原本感受基础，是其进入美术课程专门研究色彩大主题的"障碍"。色彩的视觉审美价值引领，是一门很深的学问，涉及哲学、心理学、人类文化学、美学、民俗学以及美术

---

[1] 约翰·杜威 著，伍中友 译《我们如何思维》，新华出版社 2010 年版，第 137 页。

图 48-1

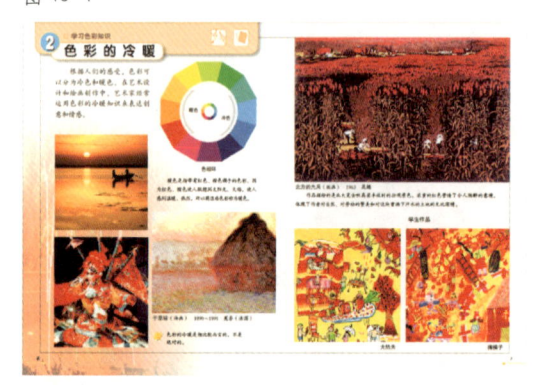

图 48-2

图 48-3

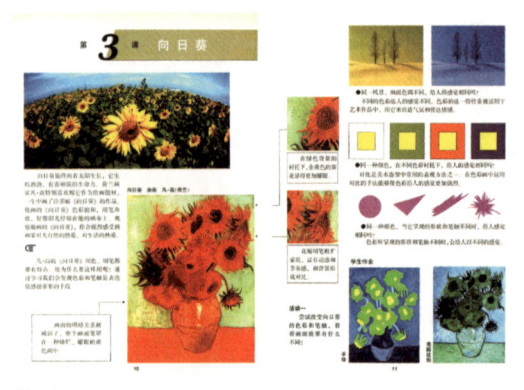

图 49

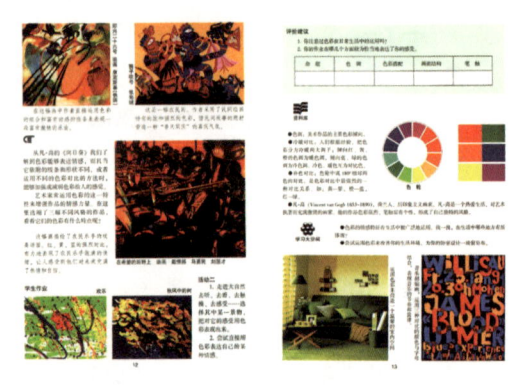

图 50

(3) 转换"一课一练"教材内容及教学设计

《色彩的对比》《色彩的调和》《大自然的色彩》《生活中的色彩》《向日葵》等，教材编写者按照"一课一练"思维方式，采用每课硬性传递美术学科知识点方式呈现内容。课程改革初期，淡化学科要求下，当时教材编写出现以人文主题为统领、人文主题为"明线"、美术学科知识为"暗线"的编写呈现方式。如，"向日葵"为人文性主题，该课第一页码提示语，色彩与情感表达的关系。义务教育"课标"（2011年版）发布后，教材修订，采用回归美术学科知识和技能本体的"矫枉过正"，突出了学科知识点。因而，在后三个页码中，学科内容变化为直接要求学生画对比色的向日葵，

学多门学科。原教材中，把色彩知识点分开，按照技能表现的范式单一传递，从根本上将学生和色彩本质之间人为地设置"鸿沟"，违背了培养"全面发展的人"这个教育目标。（图49、图50）

以及画"同类色"的向日葵练习。这样的后果，学生在缺乏"感知与表现"视觉审美心理引领、体悟情况下，直接照收美术学科知识和技能。教材明显出现色彩表现的价值取向与色彩表现知识和技能"两张皮"现象。教材在"给学科知识"的作用下，色彩知识点训练要求将主题价值意义遮盖，教材连一句启发学生对色彩感知体验启发的提示语都没有，完全属于眼中没有学生的做法！依据核心素养本位的美术课程要求，利用原课内容素材（作品图及生活图片、提示文本等），将教材单一传递学科知识技能方式，直接转化为一个大主题单元课，形成大观念、大主题、大任务、大问题、大项目、少而精的课程范式。

题目："向日葵——色彩的情感与表达"

大观念：色彩的情感力量

真实问题情境："向日葵"，是同学们童年或幼年时期美术活动中已经了解过的一个主题，它带给你什么样的记忆？为什么说向日葵形象和颜色能够表达人的情感？你知道这位特别会运用色彩表达自己内心想法的艺术家吗？

基本问题：为什么说色彩具有情感力量？

（体现大问题、大任务、大项目特征）

主题一：向日葵的记忆

基本问题：哪位艺术家最喜欢画向日葵？

小问题：

①为什么说从表现"向日葵"的作品中能够感受到艺术家对生活的热爱？

②为什么说色彩和笔触是艺术家表达情感的重要手段？

③不同色调的向日葵给人带来怎样的感受？为什么？

④都说色彩能够产生某种力量，能否尝试运用不同色彩表现阐释此观点？

主题二：色彩的情感力量从哪里来

基本问题：不同的色彩给人带来怎样的感觉？

小问题：

①同一物体（物象）、景致的艺术作品，色调不同，给人的感觉相同吗？

②在生活中，不同的色彩会给人带来哪些特殊感受？

③艺术家运用不同媒材表现色彩时又会给人带来什么样的感受？

④尝试变化自己在色彩表现实践活动中的媒材、表现方式，作业效果会发生怎样的改变？

主题三：怎样运用色彩的情感力量

小问题：

①不同色彩的表现方式与运用规律有哪些？

②不同风格美术作品中，其色彩的特点是怎样的？

③你是否注意过色彩在生活中运用的经典范例？举例阐明。

④运用色彩的情感力量这一原理，尝试给自己的居所设计三块不同色调的窗帘布，论证为何会有不同的视觉效果及心理感受。

《色彩的对比》《色彩的调和》《色彩的冷暖》三课内容完全可以整合为单元课。单元课学习考察学生学业质量水平指的是，学生在大观念引领下，感悟生活中的色彩，探究色彩对比、调和的原理，尝试体验色彩对比、调和的表现方式，运用色彩对比、调和冷暖的原理，解决真实生活中的问题时，怎样逐步形成视觉审美价值观念、必备品格和关键能力。这一单元课设计，意味着教学目标的升级，原先每课当中"逐个"知识点的"了解""识记""理解"等目标退出历史舞台。新的教学大观念、基本问题、问题串探究活动，关注的是学生运用"色彩的对比""调和""冷暖"这一美术学科知识，自主做事、持续地做事，而且能够正确地做事，强调的是美术学科知识点从理解到应用的转化，重视的是美术学科知识点之间的联结及其运用。由此看，核心素养、美术学科核心素养，倒逼教学设计思维和课堂教学的变革，要从设计怎样掌握某课时中的美术学科知识点，转变为设计一个主题大单元。从教师带着学生低水平临习色彩知识点相关技能、方法，转化为，教师启发学生体会、认识大观念的意义、内涵的初步理解中，以自己的生活经验为基础，在自主感悟色彩现象的过程，体验色彩对于人类生活的作用，反思、品评艺术家色彩表现与人类情感的交织关系，逐步形成对色彩视觉审美的价值取向，并能够以自己的理解方式，做出对单元主题大观念的主观阐明。（图51、图52）

《大自然的色彩》《生活中的色彩》两个

图 51

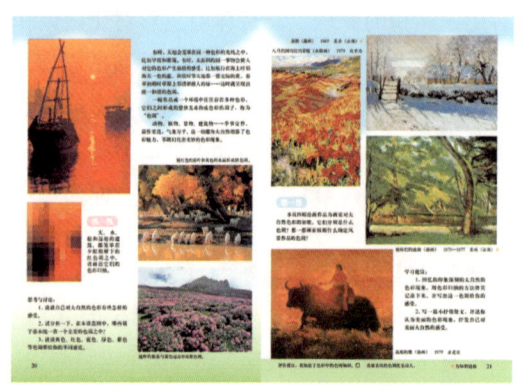

图 52

色彩（主题）课，按照核心素养目标，也完全可以整合为大单元。

教材内容整合，建议按照"理解：洞察力，批判性思维"的设计思路。先对两个教学主题进行分析，保留现有内容中可用的素材，教师要自主深入研究，如何设计出引领学生面对真实问题情境，以大观念、基本问题、任务群、问题串展开探究活动的学习方案。为何这一单元的"理解"，定位在"洞察力"和"批判性思维"呢？两个原主题内容，一个是自然，一个是生活，都需要以激发学生深入观察的方式，引导其发生"洞察：批判性的、富有洞见的观点"。这样的视觉感知水平，比一般的图像识读更深入，随之的审美判断能力特别重要。学生观察到自然生活物象中的色彩变化时，启发他们质疑问题，是这一单元课程深化理解的关键。因为，对自然中色彩变化现象生发疑问和探寻，从批判性思维角度看，具有洞察力的学生，是有能力揭示各种似是而非的、未经检验的假设或结论的。当学生具备或能够获得视觉审美的洞察力时，他们就会站在一定的距离之外，批判地审视那些习惯性的信念、感觉、理论、诉求，或对本能经验所带来的判断进行质疑和推翻。美术学习（教学）的核心是，构建学生独特的思维方法，美术学习的关键是形成学生的独立思考。没有思维和思考的美术课堂，教师所有教学行为都是失败的，这毋庸置疑。学生能够自主探究自然中的色彩变化或是生活中的色彩应用，蕴含着诸多跨学科知识。色彩问题对于学生的人生发展来说，从视觉审美价值观的确立，到自己对自然和生活中色彩现象的判断分析，再到色彩在生活中的运用，色彩对社会经济发展中产品设计、产品销售、产品为民生服务等几个层级的发展性关注，是学生可持续发展中必备的价值观、品格和关键能力。（图53、图54）

图 53

图 54

小结："一课一练"教学方式，造成长期对美术课究竟"培养什么样的人"价值认识上的缺失。缺乏批评性思维，只能是造成缺乏创造性思维的人，最终造成缺乏创造力的人。国家创新力无法实现的本源，是美术课育人功能的失职。美育之"**审美教育、情操教育、心灵教育**"三个维度是美育内涵原有内容，"**丰富想象力和培养创新意识的教育**"维度，是新时代美育工程所要求新的育人目标。美术课特别需要让学生对**美术核心观念和思维方法**有正确认识和深度理解。摒弃上述3个版本美术教科书中"色彩"主题"课"的思维，以及"一课一练"的教学套路，转向核心素养目标育人要求，将色彩知识主题按照大主题、大单元、大任务、少而精课程架构，尝试将《大自然的色彩》《生活中的色彩》两课合并为单元课。提炼大观念、基本任务、小问题和任务群方式进行重组与设计。

大观念：自然生活世界原本就是五彩缤纷

基本问题：如何感受和表达自然生活世界五彩缤纷的色彩？

小问题1：如何感知自然生活世界的色彩？

任务1：我们的眼睛是如何感受色彩的？

小问题2：多彩的大自然蕴藏着哪些色彩规律？

任务2：在自然生活世界中发现色彩的规律

小问题3：运用怎样的方法归纳自然生活中的色彩？

任务3：归纳生活中的色彩

小问题4：能否像听音乐那样找到色彩的调性？

任务4：跨学科联结：由音乐调性到色彩的色调

小问题5：如何运用不同的色调表达生活中的物象？

任务5：尝试运用不同色调表达自然生活物象

小问题6：色彩对于我们的生活品质为何特别重要？

任务6：探究色彩对日常生活的作用和影响

小问题7：色彩对于每个人内心的影响是一样的吗？

任务7：阐明色彩对于个人心境的影响和对生活的作用

小问题8：为什么我们的生活不能没有色彩？

任务8：论证色彩与生活、人类社会发展的关系

美术课需要培养具有正确价值观念、必备品格与关键能力的人。色彩主题单元课程，将学生、教师、教材、时间、目标、内容、情境、

任务、活动、评价、教学环境等要素整体结构化，对原教材进行结构性改组，将美术学科知识点从零散状态整合，提炼出"少而重要"的大观念，组成一个有意义的大单元。学生通过对色彩主题大观念的理解、大任务的学习探究，能否使用主题大观念解决生活中问题，是判断学生是否达成理解的前提和基础。美术学习中，理解力本身就是一种核心素养，理解力是一种高级能力，理解力是学生自主解决问题的能力。

案例：中国民间色彩谱系的价值认同

习近平总书记指出："文化是民族的精神命脉"，色彩单元主题内容素材的整合与设计，要从美术学科色彩要素本身的局限中提升出来，与中国民间美术文化紧密结合，组织构成更具视觉审美价值建构的单元课程。如民间彩印包袱（局部）的色彩运用（图55—图58），凝聚了中国老百姓审美观和文化传承，老百姓之所以这样搭配民间彩印包袱上的色彩与纹饰，说明其内心有着中华乡土文化强大的凝聚力，正如习总书记所说"文艺的民族特性体现了一个民族的文化辨识度"。[1] 学生对老百姓日常生活物品色彩、纹饰的审美价值认同与对民间美术文化的视觉辨识度，必须通过美术主题单元课程给予建构。因而，在色彩单元主题课程设计时，以民间彩印包袱作为情境创设素材，引入单元主题基本问题，在对其色彩、纹饰图像识读、审美判断基础上，逐步探究其背后支撑造物（造型）活动的乡土文化根基和精神追求，认识民间彩印包袱色彩、纹饰里的乡土中国和文明，理解中国民间色彩之美，充分挖掘色彩单元主题课程的育人价值。

大观念：

民间彩印包袱的色彩搭配及审美观体现了民族的文化辨识度。

基本问题：

为什么民间彩印包袱色彩搭配与老百姓的生活（美感）经验密切相关？

"课标"要求：

以注重发展学生审美感知和文化理解素养的"欣赏·评述"为起点。

引导学生理解"美存在于生活中"。

学生应该知道：

民间美术色彩之美来源于对日常生活的感悟。

学生能够理解：

乡土生活文化视觉审美的地域性特征。

学生可以做到：

（1）辨识彩印包袱色彩搭配的地域性特征，认同民间美术色彩视觉审美价值；

（2）尝试借鉴、运用民间彩印包袱色彩搭配范例，进行艺术实践探究活动。

图 55 　　　　　图 56

图 57 　　　　　图 58

民间彩印包袱4幅局部图，选自中国国家博物馆"到民间去——潘鲁生民艺展"

---

[1] 习近平：《在中国文联十一大、中国作协十大开幕式上的讲话》，《人民日报》2021年12月15日。

2 第二章 提高站位：走向理解的单元教学设计一

问题：
何为大观念、真实情境、基本问题、问题串？

进入新时代，新课程、新课标的育人目标是"核心素养"。核心素养、美术学科核心素养，都属于育人规格。美术教师面临的问题是：美术学科怎样育人？这是美术课最大难点！涉及到教师自身如何认识与理解"课程和教学"。

《普通高中美术课程标准（2017年版2020年修订）》，确立美术学科核心素养"图像识读、美术表现、审美判断、创意实践、文化理解"，基础美术课同时进入核心素养本位的课程改革。《义务教育艺术课程标准（2022年版）》确立艺术课程核心素养，"审美感知、艺术表现、创意实践、文化理解"。学生"艺术课程核心素养"的形成，在美术学科艺术实践活动体验中，需要积淀"图像识读、美术表现、审美判断、创意实践、文化理解"五大关键能力。

一、单元课程设计的基本要素

核心素养、美术学科核心素养、艺术课程核心素养，作为中小学美术课育人规格要求，教师的具体课堂教学行为，是否落实在美术学科核心素养目标的本质上，那就是一节美术课教师究竟采用什么方法育人，某美术主题的课堂教学是怎样落实以美术育人目标的。

（一）教育观向美术育人转变

1. 大观念是什么？

"观念"，是学生在美术学习和实践中所形成的对生活世界、对美术事物本质和规律的一些见解、一些观点、一些思想。如《材料结构的改变——设计》，美术课上，教师启迪学生们拿起课桌上的一张白纸，按照自己的想法，折、卷、揉、搓等，或整合上述方式，改变了一张白纸原本的材料结构状态。这是设计思想产生的原点，设计思想就是大观念。美术独特的思维方法（观念），创想、创意等是大观念，美术课的育人本质指向学生对于学科观念（概念）的理解。

美术，是一种独特的思维方式和方法。人类历史上所有的视觉造物、所有美术作品和艺术创造，蕴含着创作者独特的思维方式和方法。创作者思想中，包含观察方法、表现方法、探究方法、创作意识等，这些是推进人类社会不断发展和进步的动力，这就是大观念。长期以来，美术课存在的问题缺憾，就是没有培养学生对美术独特的思维方法、对前人所有的艺术创造思想，形成初步认识与理解，没有对这些人类创造思想进行深度学习和迁移。

为什么核心素养本位的美术课程，需要对真实问题情境生发的质疑以大观念统领展开自主探究性学习？为什么需要在对基本问题、小问题不断探究中，激励学生自己和同学间的互动学习和探寻？如《材料结构的改变——设计》，此观念引发的系列探究活动，由一张普通白纸或者颜色纸，带给学生思维、思想认识上的改变，结合动手过程的实践体验，同学相互间的辨析，改变纸张方式的奇妙想法、改变纸材结构技巧产生的原理，等等。持续质疑、反思、批判性思维、实践体验、成功喜悦、创意表达等，都不会在短时间内忘掉，学生通过这样的美术课，可以形成对设计了解、认识的基本"观念"。[1] 学生课堂中所感知的美术作品、前人的艺术创造中，作品蕴含的美术学科概念、规律、创作原理这些东西，以大观念统领的范式，在单元课程里得到持续推进，在学生大脑中内化与升华。学生在解决真实生活问题的时候，就会运

---

[1] 概念是一类事物的共同属性和本质特征在人的大脑中的某些反映，是抽象的。在小学阶段，用"概念"，太抽象了，所以用"大观念"这个词。

用这些"观念"解决问题。（图1—1、图1—2、图2）

图1—1

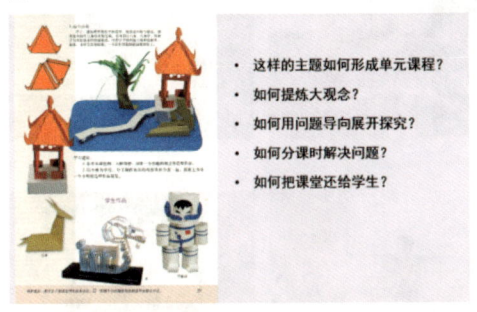

图1—2

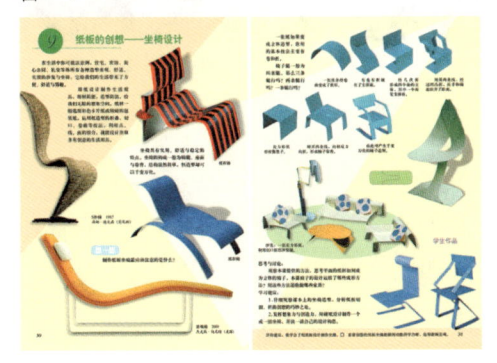

图2

案例：纸板的创想

设计思考：

帮助学生形成美术学科核心素养，需要在课堂教学中引领学生的思维观念。培育和养成美术独特的思维方式（观念）特别重要，包括观察方法、表现、探究方法等，是学生形成核心素养且与美术学科联系非常重要的路径。美术课需要解决的问题，是培养学生群体形成美术的独特思维方法。

核心素养本位的美术主题单元课程，旨在引领学生形成独特的美术思维方法。这个思维方法也可以称为批判性思维——有人叫审辨性思维。其最核心是常说的创造性思维、创造力，是国民群体特别缺乏的基本素养。

如何形成？首先，是基于生活事实证据的思维，基于证据和逻辑，这个证据要能够经得起检验，可以辨别真伪。国家要强盛，要发展，这个思维方法的形成，必须把美术学科课程的专业知识技能体系与中小学学生群体（乃至个体的认知规律、学习发展的身心实际状况相结合），要关注学生群体发展的实际情况，与其相结合形成促进学生核心素养发展的美术课程。

设计初稿：单元主题：纸板的创想，生活中的纸板，纸箱板能啥用？

大观念：材料结构的改变——设计。

基本问题：纸板材结构的改变能带来什么？

主题：纸板的创想

基本问题：如何改变普通纸板材，实现自己创意？

小问题：

①纸板材的折叠变化出什么？

②卷曲纸板材可以产生什么？

③纸板材剪切、折叠、卷曲又能够变化出什么？

④怎样运用改变纸板材结构的方法表达自己的创想？

◆**设计反思**

创新（创意）是一种高阶思维，创新能力对于国家未来发展至关重要。大家都明白，在儿童和青少年时期培育"创新""创意""创造力"非常重要。国家从上世纪90年代开始提出自主创新、提高自主创新力、建设创新型国家，后来，钱学森先生提到"创新人才培养"的问题等。但是，美术课现状是常态化的低水平临摹+抄袭！！！

可将原教材两节课内容整合，改变"一课一练"思维，转换到启迪学生构建"思维创意""思维方法"的单元课程路径。将纸板材如何表现的所谓学科"知识技能""表现方法"，隐含在大观念"材料结构的改变——设计"中。在美术活动过程，学生的主动探究，既是一种教学方式，也是一种学习方式。2001年基础教育课程改革，把"探究"作为综合能力，设立"综合·探索"学习领域。学生自己的主动探究学习，如果不作为美术学科核心素养培育过程重要的教学及学习方式是有问题的，涉及美术课与学生创造力发展问题。

实现以美术的育人目标有两个维度：正确态度——责任感和价值观，以及美术的独特思维方法。这包括四方面内容：第一，好奇心、内在动机；第二，严谨求实、基于践行证据的态度；第三，质疑、创新（创意）的态度；第四，合作分享的态度。"纸板的创想"单元课程，帮助学生建立自己独立的思维判断体系，激发、引导学生独立面对真实的生活世界，尝试、学习批判性思考，学习基于真实问题情境质疑过程探索自我，构建起自己独立的思维判断能力。

2.由"大观念"到"基本问题"

近些年，"非遗"是美术教师较关注的教学内容，也是国家特别重视、坚定文化自信的方向。"泰顺廊桥"，是获某省小学美术公开课一等奖的课，如何帮助教师转变观念，将此主题设计成指向核心素养目标的美术单元课程呢？

◆设计思考

①作为"非遗"经典，廊桥制作工艺（技艺）等是不可能在学校课堂上学会的，"非遗"主题进课堂，教师究竟需要向学生们传递些什么？

②非物质文化与学生发展，是一个重大命题。非物质文化遗产的创造"观念"，就是学生在美术学习和实践体验中所形成的对视觉造物、对美术事物的本质和规律的一些见解、一些观点、一些思想。（图3—1、图3—2、图4—1、图4—2）

图3—1 　　图3—2

图4—1 　　图4—2

③廊桥制作工艺，作为一种民间工艺文化，无论教师教学之前怎样跟随"非遗"传承人学习和练习某项廊桥搭建技能，无论教师在公开课上将某项技能演示得多么精彩，学生群体只能发出"啧、啧"的惊叹和露出羡慕的眼神，教师如果想传递这一工艺绝技，学生是无法在课堂现场学会廊桥制作工艺的某项技能的。（图5—1、图5—2）

图5—1 　　图5—2

④民间工艺文化作为一种思维方式，因为与人们的日常生活密切相伴，而显得平凡。如龙泉青瓷、东阳木雕等的技艺精湛，都是非常平凡而自然的追求。但是，这些"非遗"主题内容的教学与学生发展（育人效度）比较起来，究竟缺乏什么？这些主题学习该如何提炼大观念，如何确立基本问题，构成单元课程呢？

⑤文化：生活、生存方式，工艺文化——生活的智慧。非物质：精神、思想、意识。内涵：中国原始造物艺术延续而来的工艺文化。从其伊始，便与人们的社会生活有着密切的关系。器物所体现的技艺与尺度构成的物与物、人与人关系的和谐空间，不断地规范和调整着人们社会生活的行为方式和思维方式。

提炼大观念与确立基本问题需要从上述内涵中思考及研究。"非遗"主题教学设计时需关注"某物"本身的实用性。因而，基本问题的设计有以下视角：

①工艺性之美和美术性之美的差异在哪里？

②器物在成为工艺性的器物时，表现了怎样性质的美？

③带有工艺性质的美是如何深入表现的？

④廊桥制作工艺体现了民间工匠怎样的智慧？

美术活动、美术课学生的感性体验是第一位的。在视觉图像信息技术飞速发展的社会环境下，"非遗"主题如何与学生的感受体验和心境活动发生关联？如何更强化学生在美术活动中的切身体验？视觉感知体验必然不断产生质疑、疑问，问题导向成为探究学习的基础。面对急剧变化的当今社会，每个人都是以问题为导向进行自主学习。因而，教师仅依靠自己的演示，将廊桥基础搭建模型呈现在课堂上，学生们几乎没有体验，怎么办？（图6）

图6

● 设计思路

学生应该知道、理解：

①廊桥是南方地域百姓生活中特有的建筑造物形式

◆廊桥是南方地域百姓生活息息相关的木质建筑。

◆廊桥是中国桥梁建筑史上的一颗璀璨的明珠。

◆廊桥制造工艺对世界桥梁建筑史做出重要贡献。

②廊桥的产生与制造工艺凝聚了当地工匠的集体智慧

◆廊桥制造工艺中物理的承重原理是怎样的？

◆廊桥桥体及桥廊建构技术在当下生活中的应用。

◆如何用替代性材料尝试体验廊桥制作工艺？

学生应该做到（略）

◆学者的反思

在一个社会文化发生着急速并强有力转型的时代，扯破嗓子高喊保护传统遗产更像是情感纠结者自我的抚慰与安魂。其实，已然决别又恋恋不舍的那个时代一去不返，物质生活的破旧立新也会把大量过去的文化产品淘汰，一小部分痴心的守望者简直就像拆迁工地上的钉子户——孤独脆弱的良心如何担当传承历史文化的沉甸甸的责任感?

再见传统：传统，有人视之为命脉，有人认为与己无关甚至忽略它；有人说它是历史沉淀的精华，也有人认为它是文化迂腐的残渣；有人甘愿当它的守望者，也有人将它当成赌注……每个人都可以选择自己面对传统的方式。但是要知道，对于今天和未来，传统就是滔滔江河之源泉滋润万方，它不能被某个私人或集群占为己有，如果有谁在那里拦水断流或制造污染，不管有意无意，天理皆不能容。

——吕胜中[1]

教师备课、单元课程教学设计过程，研读吕胜中先生的上述论点，对于如何提炼主题大观念、确立基本问题、引发学生主动探究问题的思路都有帮助。

（二）教学中"三维目标"的虚空状态

案例：剪花娘子（彩色剪贴剪纸）

民间美术主题，与"非遗"主题属于一类内容。"剪花娘子库淑兰"，是美术课常涉及的主题（人物）。此主题（人物）学习到底应该帮助学生解决哪些对民间美术文化的基本认识和理解呢？怎样可以通过该主题的教学（学习），真正地触动学生们的内心呢？进入新时代，"课标"要求指向核心素养目标的美术单元课程，但美术教师思维状态与教学行为，依旧停留在"一课一练"、以教师为中心向学生单一进行剪纸技能传递的思路。无论备课时提前想方设法进行怎样的设计与教学计划，但在40—45分钟课时内，学生对库淑兰彩色剪贴剪纸技能表现的理解和认识，无法达到理想的效果。这是

图 7

为何？美术课有限的课时量，单一传递剪纸技能的教与学，必然令课堂处于低水平徘徊状态。（图7）

教师要改变教育观念，要从自己习惯的教师立场向学生立场转换。要改变"我是教美术的教师"现状，向教育研究者转变。教学设计要思考如何做到以学生为本，怎样以主题单元课程方式不断推进学生自主学习。如何帮助学生群体能够理解单元主题的大观念，引导学生主动探究哪些基本问题？学生完成单元课程的主题学习后所要具有的文化理解是什么？

2000年，国家启动第八次基础教育课程改革，随之，"三维目标"成为课程改革中教师必须面对的新概念、新实践。自提出"三维目标"，到如何叙写"三维目标"，再到对"三维目标"概念本身的论证和论争，20年以来，"三维目标"一直处于教育研究学者辨析的焦点问题。搜索"知网"，关于"三维目标"的论文，有数百篇之多。第八次国家基础教育课程改革首席专家钟启泉先生，直到课改10年后才推出论文《"三维目标"论》[2]，提出"三维目标"

---

[1] 吕胜中，微信对话，2018年10月14—16日。
[2] 钟启泉：《"三维目标"论》，载《教育研究》2011年第9期。

体现了教育思想的进步。"课堂教学必须从'三维目标链'的教学设计做起,这种变革的核心课题是从教案设计到学案设计的重心转移,从显性学力到隐性学力的重心转移,从个体认知到集体思维的重心转移。"尽管"三维目标"已经深入全国教师教学生活,几乎所有教学设计、案例文本,都可以套用"三维目标"写作范式,但在实际课堂教学中,还是无法整体落实。关键在于 20 年来,美术教师在叙写"三维目标"和"教学重难点"时,没有以整体思维架构,使得三个目标割裂,或者说单独突出"知识与技能"目标。如库淑兰彩色剪贴剪纸教学设计实施案例的"三维目标"文本(图8):

三、教学目标:
1. 知识与技能:欣赏库淑兰的剪纸艺术,尝试运用她独特的拼贴方法、色彩搭配、构图形式,合作完成一幅彩纸剪贴剪纸作品。
2. 过程与方法:通过欣赏、观察、思考、讨论、体验等艺术活动,自主、合作探究库淑兰的剪纸艺术特点,学习理解她独特的表达方式。
3. 情感、态度与价值观:体会库淑兰剪纸的艺术魅力,培养学生热爱生活的思想情感,传承和发展民间美术的艺术。
四、教学重难点:欣赏库淑兰的剪纸艺术,尝试运用她独特的拼贴方法、色彩搭配、构图形式,合作完成一幅彩纸剪贴剪纸作品。

图 8

对于一线美术教师的教学设计思路和文本,不能按照大学"美术课程与教学论"的文本规格去苛求。用"行为动词"去表述"三维目标"等文本叙写方式和要求,美术教师也不可能都做到。当然,一线美术教师也没有精力思考和研究,为何要用"行为动词"叙写"三维目标"文本的道理,更不明白这样的叙写要求对于实际教学呈现有什么关系。在美术教师特别关注的"知识与技能"目标中,"欣赏库淑兰剪纸艺术","欣赏"一词属于学习方法,库淑兰剪纸艺术"独特的拼贴方法、色彩搭配、构图形式"是美术知识与技能。但是,学生剪贴纸表现学习的结果,如何评价剪贴纸学生作业,成为课堂中难以解决的焦点问题。另外,大多数教师在叙写"情感、态度和价值观"目标时,多用空泛、虚化的词语陈述,例,"学生热爱生活的思想情感",这种目标描述以及学生课堂上的表现,怎样在具体课堂学习体验中进行评价呢?不能评价的学生美术学习目标,对于课堂教学来说有何意义?以下为《彩色拼贴画》一课教学目标、重难点(图9):

三、教学目标:
1. 知识与技能:欣赏各种拼画作品、了解拼画的艺术形式。
2. 过程与方法:学习彩纸拼贴、泥塑、绘画等方法创作美丽的拼画,提高学生综合表现的能力。
3. 情感、态度与价值观:通过画一画、剪一剪、拼一拼,培养学生团结互助的合作学习精神。
四、教学重点:用不同的方式完成单张图的创作,并将单张图拼贴成完整的拼画。
五、教学难点:小组合作,探究完成具有创意的拼画作品。

图 9

无论是以库淑兰剪纸还是以彩色拼贴画作为教学主题,教师在架构自己教学设计文本时,心理状态都属于一种不能说出口的"两张皮"。即教学设计与案例文本是纸面文章,而教学却是另外一回事。课堂上学生的剪纸学习学业评价又是空的、无法落实的,仅仅是写在纸上的东西。一节美术课 40 分钟,即便是常态的、单纯的彩色剪贴纸表现技能实操课,学生也很难完成多种彩色纸片的粘贴。最多只是每位学生选取某个局部形态,体验一下库淑兰的表现方法与过程,彩色剪贴纸作品是无法完成的。学校美术课的课时限制,使得美术技能表现课型无法实现面向人人的美术学习,这是一个普遍存在的问题。从美术学科知识的价值旨趣来讲,库淑兰彩色剪贴剪纸的核心本质,并不是她用不同彩色纸剪出的各种物象的局部形,也不是多层彩色纸粘贴组合形的过程,也不是整幅作品的视觉图像,而是她为什么要这样表现的创意(思维方法、她的独特想法),是她独特想法作用下的多种色彩纸材造型叠加构成的运用意图,画面整体视觉效果的组织。反映作品本质的问题才是课堂上应该启发、引导学生自主感悟和探究的重点。

1. 课堂上美术知识与技能的指向性

本主题学习目标，是引导学生主动思考与探究为何其他乡村婆姨大多是用单色红纸直接剪花造型，而库淑兰则不同，采用多种彩色纸剪出某物象大形中的若干局部图形，再围绕基础图形，不断用其他颜色纸剪出近似形态，作为主形态的叠加累积和形态集成，这种将基本形态单元化、不同形态模块化的集成处理方式，最终整体构造出她心中念想之"意"（叠加组合形）。库淑兰表达自己心境的主题创作方法，究竟是源自一种怎样的考虑？她的表现创意、独特想法、纸材造型运用方式，以及多种形态、色彩整体组合画面的视觉图像构成，是库淑兰彩色剪贴剪纸技能表现的内涵与本质。以往中小学美术课堂上，学生并没有对这些本质问题展开探究，因而无法理解其深刻的文化意涵。问题原因是，教师自身并没有从怎样认识和深度理解库淑兰彩色剪贴剪纸背后的文化、社会、乡土中国的历史进程等方面思考教学、设计问题、尝试体验，缺乏先期的研究性学习。教师只是狭隘考虑课堂上如何教剪贴剪纸的技法。将库淑兰彩色剪贴剪纸作品图像的表面形式作为学生应该掌握的剪纸表现技能，误导学生对彩色剪贴剪纸表现技能的基本认识，缺乏对作品蕴含的民间美术文化的深度理解。这是一种普遍现象。所以，尽管"三维目标"作为中小学美术课教学设计文本范式，但在具体教学实施中，无法达到美术课育人、育心、立德树人的目标指向。

分析库淑兰彩色剪贴剪纸，其主题创意、作品主要造型和若干单元形、如何在多层纸片局部形态组织粘贴中，以叠加方式塑造整体"形"，局部形态的色彩搭配、作品画面整体形态、色彩的组合构成等具体操作层面，均是库淑兰自己特有创意思维（独特想法）指令作用下，由主题构思、画面整体架构、每个单元形和局部图形基础模件的准备（大小不同图形、颜色、数量），外加浆糊熬制、工具、操作时间等若干过程。可以说，对库淑兰创作构思观念的探究，对其作品表现制作方式的体验学习，并不适合在40分钟课堂内完成。这些都是美术教师不曾重点思考与研究的问题。也就是说，美术（艺术）表现技能的尝试性学习，需要强大的时间支撑。义务教育阶段某种美术技能的表现体验，在常规课堂时间，全体学生无法正常习得。面向人人的美育课程，究竟需要给予学生哪些学习内容，需要"课标"制定者、教材编写者、教研员和美术教师认真考量。

从上述分析来看，"三维目标"作为教学设计框架和内容文本构成的要求，教师面对任何教学主题，都可以轻松地上网搜索相关文本，套用某种写作范式应对性完成。因而，有教育研究者对"三维目标"在教学实践中的应用提出质疑："'三维目标'已经是一个耳熟能详的话题，也是课程改革重要创新点之一。如此普遍而又常规的要求，历经近十年的研究与试验，在教育实践中却依然遭遇落实不理想的尴尬，教学中的三维目标内涵究竟如何解释？三维目标如何来科学准确表述？如何在实施中落实和评价三维目标？"[1] 基础教育课程改革走过20年时间，课堂教学如何落实"三维目标"，是至今并没有解决好的具体问题。关键点在于，基础教育课程改革以来，"三维目标"并没有应对和解决学科如何育人的问题。也就是说，

---

[1] 王月芬、徐淀芳：《论三维目标的设计、实施与评价》，载《上海教育科研》2010年第2期。

"'三维目标'自提出以来,之所以备受争议和责难,其根本原因在于'三维目标'立足于'完整的人'的发展而忽略了回答'过程与方法''情感态度与价值观'到底是谁的这一问题。"[1] 就库淑兰彩色剪贴剪纸主题为例,缺乏了对美术学科知识、技能、表现方法内涵梳理和知识层级的分析,课堂上的"过程与方法""情感态度与价值观"就成为空泛的无本之木。

2. 教学设计过程和一线教师对话

李:库淑兰为何剪纸?剪纸对她的生活有何用?她家境清寒、生活拮据,剪纸不当吃又不当喝,剪纸干啥呢?如果她的生活里没有剪纸,将会怎样?她的剪纸为何与县文化馆剪纸创作组的其他婆姨剪纸不一样?用彩色纸拼贴方式进行表现,究竟是源自她怎样的想法?

师:我有一个问题请教您!上课时最早出现库淑兰的作品以及对她的介绍,会不会给孩子们一种心理压力?我想孩子完成作品之后,再一起分析库淑兰的艺术人生,比如您说的库淑兰为什么剪纸、剪纸对她有何用、不能当饭吃为什么还要剪等等问题去探究,最后结束课。

李:不是让你上课一开始讲此问题,而是在真实的情境中,用问题导向决策单元设计,这是库淑兰彩色剪贴剪纸的本质问题,要通过学生自主探究解决,不是学生剪个团花就是美术课。等新的国家艺术课程标准思路下发,你们会蒙了!

师:是,我们更关注的是知识技能。(图10)

思考1:如果库淑兰某件作品中"多少个"彩色纸图形可以归类于美术学科知识和技能,是否不要用讲授法直接告诉学生,引导学生自

图10

主探究应该更好。对于"剪花娘子库淑兰"这个主题(人物),在美术课堂里,到底应该帮助学生解决哪些对民间美术文化的理解呢?如何才能让本主题真正地触动学生们的内心?学生需要在本主题的学习过程中思考哪些基本问题?学生所要形成的视觉审美价值观和文化理解究竟应该是什么?(图11)

图11

思考2:在教师习惯的"一课一练"教学方式中,这一帧PPT中民间配色谚语属于上课时需要传递的美术知识,但是,在指向核心素养目标的单元教学中,此知识点最好不要这样直接给,而是要在真实问题情境中,关联学生对色彩视觉感知的直觉心理,在文化理解的基

---

[1] 李润洲:《"三维目标"研究的回顾与创新》,载《教育科学研究》2016年第9期。

础上，主动探寻这句谚语为何产生，为何百姓们都乐意用这样的色彩进行表现。新时代美术教学，要求教师一定要改变教育观念，在教学设计伊始，由习惯以教师立场思考问题，转变为学生立场。美术课不是单一技能表现的低水平传授，而是引领学生群体对民间美术文化审美价值的认同，逐步形成深度文化理解，在学生对库淑兰彩色剪贴剪纸本质内涵自主探寻其价值意义的基础上，弘扬中华文化传统观念，这是构建学生群体审美价值观的育人工程。

核心素养：价值观＋必备品格＋关键能力，是党的立德树人根本任务中学科育人的规格要求。常态美术教学现存的、教师惯用的"技术操作化"目标取向，向学生传递所谓美术专业"术"的教学，在新时代核心素养本位的美术主题单元课程中，需要彻底转向。教师要在启迪学生身心内在创造潜能不断释放、激发批评性思维上下气力，要在课堂学习过程中帮助学生构建独特思维方法，以美术文化润泽学生心灵、提振视觉审美价值精神上深入践行，使美术课真正成为以美育人的教育。教师怎样认识自我、理解"三个超越"，践行超越学科，走向育人，超越教材、关联生活，超越课堂，面向未来的新时代课程改革。

（三）怎样由"真实情境"确立"大观念""基本问题"

1. 为何要探寻库淑兰的创作"基本观念"

（1）"剪花娘子的想法"

什么是"剪花娘子的想法"？乡村老百姓在民间剪纸（民间美术）创作时，其造"形"呈现出的视觉样态，带有明显的民间集体意识倾向，构成其群体视觉审美标准和社会价值。老百姓之所以将民间剪纸纹样称为"花样"，婆姨们聚集在一起"剪花花"的意涵说明，老百姓共有的美好追求，是通过"花儿"体现审美追求的。一个民间剪纸花样在乡间流传中共同喜好的倾向性，构成作品样态形象的表现方法、剪刀技法的熟练程度、作品使用功能的适应性等创作要素。对于库淑兰彩色拼贴剪纸来说，她创作时的原初想法，她的表现意图、样式和构成作品的方法等，就是她剪纸造"形"视觉样态的"基础观念"。（图12、图13）

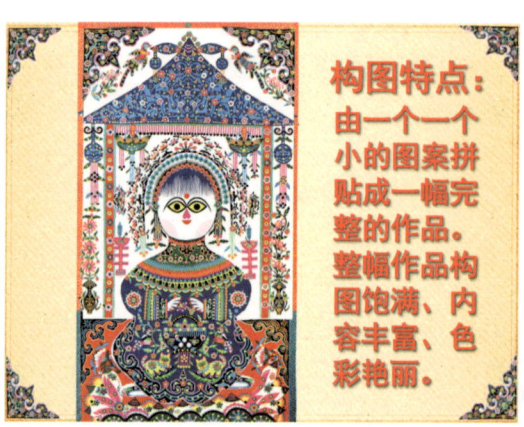

图12

图13

所有民间剪纸造"形"视觉样态中，都蕴含着特殊的"基础观念"（大观念）。

（2）大观念——美术学科"基础观念"

剪纸花样在本村和邻村等乡里不断传递的过程中，发生着"流传就是一首歌"的生命希望和不懈追寻的故事，百姓们寄托美好生活之向往，在年年岁岁的"花样"流传中不断延续。因此，在生活相对贫困的时代，经济发展落后制约乡村文化生活的现实环境中，山乡村落里民间剪纸的流传，体现了精神适用和物质使用的两种功能价值。百姓们在历史的、现实的各种集体意识活动约束下，形成了民间艺术表现的创作思维方法，以及选择、判断、集体认同的审美价值标准。

乡村百姓的审美眼光遵循着自己生活常态及思维观念。当他们拿起剪刀创作着那些"花儿"的时候，其自我意识、个性的情感表达，是从相对恶劣的自然环境、相对封闭的社会状态所给予的各种卑微感情束缚中得以解脱出来，其内心得到净化、精神得以升华。婆姨们"剪花花"时所得到的心灵慰藉和情感的归宿，唯有她们自己才能感悟到，这是她们之所以剪纸的心理动机。

案例：很久以前，陕北一位巧婆婆说："天空从来就不空，那里边啥都有呢。"这让人想起也是很久以前陕北另一位巧婆婆给我（吕胜中先生）说的话："我什么都不想，心里头空空儿的。"

天意不空，神秘莫测变幻无穷应有尽有，却让人无法兜揽它的全景。人心要空，你说要有自己的精神空间，但身心的容量极其有限。有如思想资源的库房，如果不能及时地清理整顿，则必定充满垃圾，你就无法接通天相神蕴、万象更新的意境。巧婆婆她们真的是人类生命中的智者，平淡的语调流露深邃的哲悟。千万不要以为心灵手巧的老婆婆只会剪个纸花花，或者说，随着她们手中生出心花，天理在民俗中化为良知。[1]

民间剪纸"花样"在各村落女性群体之间（民间剪纸创作者多为女性）流传，不同的婆姨、婶子、大妹子、姑娘在拿到新"花样"后，除了"照样子剪"的重复形态审美活动之外，某个女性对"花样"形态、寓意的细小修改，或整体调整，会在新的乡间流传过程中，得到其他女性创作者的认同或再次复制形态中的修改或调整。因而，民间剪纸"花样"的创作基础观念，是乡村百姓集体审美意识的视觉图像呈现。注意，审视库淑兰彩色剪贴剪纸作品，造型、构图、色彩、拼贴形态与方法等，仅属于民间美术"基础观念"之下的表现方式（手段）。

（3）为何需要基于理解的美术学习

陕西民间剪纸（库淑兰以及同时代的婆姨们）中，某个剪纸花样呈现出来后，在老百姓视觉审美引发的"快感"，形成的瞬间心灵解脱，是一种个体和集体的身心解放——既是对当时恶劣自然现实和相对滞后社会状态现实压抑的抗争，更是一种对美的自我追求、对未来美好生活之向往、对自己梦想中幸福生活的期待，是其独立思索的理想状态，更是一种对家庭、后代子孙价值取向的视觉导引。民间剪纸"花样"所形成的本原审美价值期待，是经由每家（窑洞）窗户纸上透着光映照出某"花儿的形"，老百姓们心灵的精神期许由窗棂子上外置的视觉呈现样态，与自己身心意识的内生交互而行，

---

[1] 吕胜中先生微信案例，2021年8月29—30日。

最终走向不断地内省。（图14）

　　走向育人的美术课，美术教师要想办法促进全体学生在系列单元课堂中内心被触动、心灵被净化。学生视觉审美价值取向要发生改变，哪怕很微小的变化！（图15、图16）

　　教学实施问题反思：教师在执教"剪花娘子"库淑兰一课时，常常会设计一个环节，引用网络上某几段库淑兰生前贫困生活场景的视频、记者采访片段以及煽情的描述话语，播放给学生看与听。但是，教师却没有从挖掘库淑兰创作观念的高度，提炼出彩色拼贴剪纸为何让当今时代的人感到视觉震撼的本质意义。具体实践环节，当教师执教行为陷入到对彩色剪贴剪纸具体拼贴顺序、搭配样子、有多少层彩色纸以及多少数等所谓技能层级中的时候，势必出现学生肤浅地临习、"抄作业"方式的课堂状态。全体学生不仅无法形成对库淑兰彩色剪贴剪纸创作观念的认识和理解，而且，也无法达到教师满意的、全体学生都能够提供"优秀"课堂作业的展示效果。

2. 学科"基础观念"的本质

　　美术"学科结构源自人对世界日益深入的理解，它们将文化知识组织起来，建立联系，赋予意义"[1]。实际上，任何学科的学科结构都是灵活的"基础观念"，而并非那些固定的学科事实，其本身具有可理解性。库淑兰彩色拼贴剪纸，造型独特，色彩对比强烈，寓意富有情趣，视觉感受震撼，有别于一般民间剪纸的视觉样态。其表现元素来自她窑洞里多个纸浆簸箩中那些彩色"碎纸片"。

　　库淑兰之所以能够创新民间剪纸的造"形"样态，基于她的独特想法（独立思考）：将婆姨们剪碎的、落满地的纸片利用起来，表现出与其他婆姨不一样的、自己感觉更好看（更美）的"花样"。库淑兰思考的是，使用多种彩色纸进行组合拼贴，不局限于一张红纸的剪花花。

（1）本主题"大观念"提取原理分析

　　在旬邑县文化馆组织的妇女剪纸培训班，产生独特创意的想法，是库淑兰剪纸作品之所以珍贵、之所以具有强烈艺术感染力的原因。**库淑兰内心创造彩色剪贴剪纸质朴的想法、看法**，就是学科结构中提及的灵活的"基础观念"，婆姨们集体剪花时，那些散落在地下的纸片刺激了库淑兰的眼睛，她的独特想法（创作思想），构成该主题剪纸教学中的美术学科结构。

　　确立和提炼这一学科结构，本主题美术学

图14

图15

---

[1] 张华：《论学科核心素养——兼论信息时代的学科课程》，载《华东师范大学学报（教育科学版）》2019年第1期。

科知识"彩色碎纸片的拼贴方法、构成形式"等单一的知识技能,具备了与内在价值(表达自己生活情感)和自身统一性(与库淑兰原发性创造想法的统一)。备课时,教师面对库淑兰作品,如果提炼出作品蕴含的学科事实的"基础观念",设计出的单元教学脉络必然指向学生艺术课程核心素养目标。如果教师自身教育站位低,眼光仅局限在彩色剪贴剪纸某个造型用几层彩色纸、都有什么形来组合,学生肯定不会获得创造性思维。

(2)依据学科结构"基础观念"设计课程与教学

在一切教育中,提出与探究"基础观念"(大观念)的核心问题,是让教师所教授的学科知识如何保持鲜活(生命力)、避免陷入知识惰性化的关键点。人的心灵是基于个体生命的、活的有机体,教师必须时刻警惕,不能让"惰性知识"充斥在自己的教学过程中。库淑兰以及其他的剪纸婆姨,剪纸时肯定是处于对幸福生活充满期望、对未来充满美好向往的视觉审美状态,她们的期望和向往是基于每个人鲜活生命体的心灵意识。美术课上所谓"惰性知识",是由零散的美术学科事实、低水平剪纸技术表现所构成的,仅适应学生身心情感外部单一操作的需要,并不是能在生活中应用和解决真实情境中问题的知识。如执教"库淑兰剪纸"主题教学,大多数教师的设计与教学实施,只是狭隘地盯在如何拼贴彩色碎纸片的局部思维,如"彩色纸片有多少个""是什么形的""如何粘贴"等。这类剪贴纸的知识和技能本身是僵死的、惰性的、无用的、无生命的,根本没有触及库淑兰彩色拼贴剪纸的本质——人的生命需要、情感需要、精神需要这一核心观念,无法引导学生自主思考问题和主动探究作品的价值意义。

案例:带领研究生对库淑兰作品局部进行图像分解设计,由观看作品提出问题展开思考,再对作品局部色彩表现分解,引发新的思考。(图17-18)

无论教学PPT如何用数字化方式呈现,但教师的站位,决定了这种教学设计和课堂实施肯定无法实现面向全体学生的以美育人目标。设计这一主题,教师需要站在观念形态的高度,

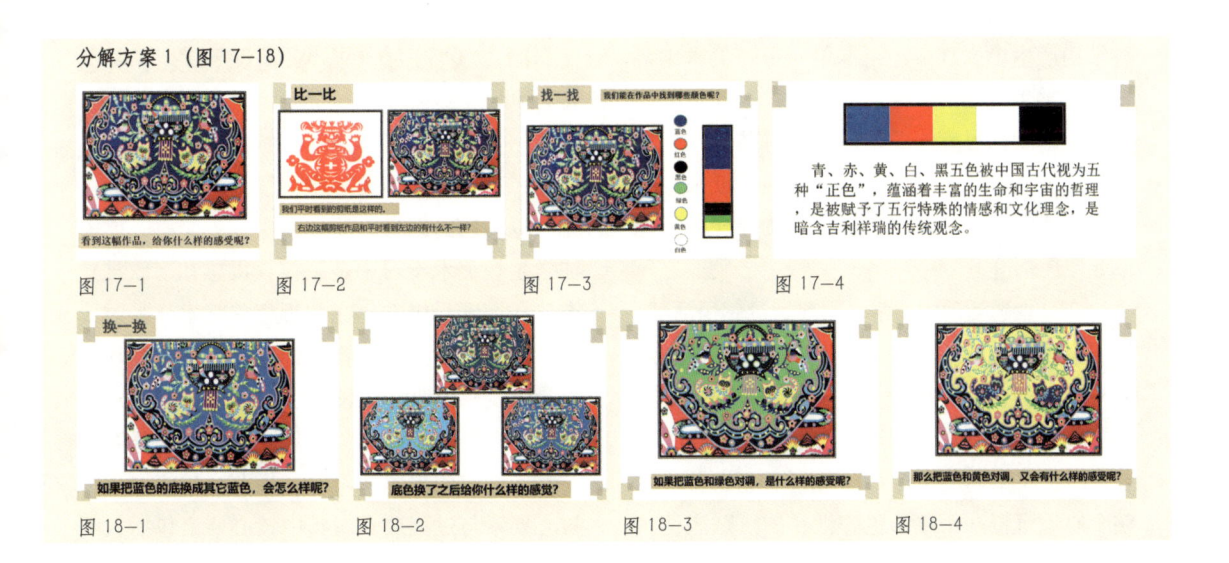

分解方案1(图17-18)

图17-1　图17-2　图17-3　图17-4

图18-1　图18-2　图18-3　图18-4

分解方案2（色彩，图19-1）

色彩1　色彩2　色彩3　色彩4　色彩5　色彩6
色彩7　色彩8　色彩9　色彩10　色彩11　色彩12

自己首先思考与认识库淑兰的创作观念，探寻其作品为何具有与其他婆姨不一样的视觉震撼力，提炼库淑兰彩色剪贴剪纸学科结构"基础观念"，采用单元化、分课时、推理式的活动展开深度理解的美术学习。"库淑兰原发性创造的想法"和"彩色纸片剪贴怎样表达个人情感"，是本主题单元学科结构的基础观念，又称"大观念"。教学由学生群体自主探究库淑兰创作观念问题的活动出发，既可转化为在感受这一主题过程中学生年龄阶段的特征，又可转化为在体悟库淑兰作品内涵、意义时学生的个性心理特征。不同年段学生可以随着年龄增长和个人境遇的变迁，不断对本主题蕴含的学科结构产生个人理解。当本单元主题美术学科知识与学生生活建立起内在联系，教学就回归到学生主动探寻库淑兰创造彩色拼贴剪纸的本原想法，逐步深化理解彩色纸剪贴剪纸来源于她对生活的独特感悟这一创作本质观念的主题单元课程轨道上。

在分主题活动中，学生需要通过感悟活动，以形象思维的方式，体会库淑兰眼睛（视觉经验）看到的引发的想法，联想库淑兰把想法变成彩色剪贴剪纸花样的现实图景，她一边哼唱着民间歌谣和地方戏曲（眉户剧、秦腔）片段，整个心境沉浸在手中彩色碎纸片的拼贴表达：

"空空树，树空空，空空树里一窝蜂"……此刻创设的情境活动，教师要引导学生摆脱自己日常生活经验的局限性，超越琐碎的学科事实或信息"彩色纸碎片""拼贴方法"，在选择、理解这一学科观念的基础上，与自己日常生活中情感释放的心理活动相联系，引导学生进行自主深度探究，逐步学会运用"专业"视角理解生活事件或现象的方法。

教师要启发学生认识和理解库淑兰创作时的原初想法，尝试体验怎样运用艺术表达自己的内心感受和想法。（库淑兰作品局部色彩图像分解，研究生陈亦飞、蒋璐璐设计）

（四）"剪花娘子"单元课程设计观念及原理

"基于问题的美术学习"，是以学生为主体，以问题的思考、质疑、探寻为中心，更关注学生在美术学习中是怎样获得感知（欣赏）方法和实践思维的。在赏析相关美术作品时，引出问题、由问题串构成课堂主动探究活动，引导学生积极地将某些学过的美术知识和技能，运用到某一特定的问题情境中，实现有效学习。"基于问题的美术学习"包括两个层级要素：核心要素与过程要素。其中核心要素包括教师提出"问题的内容指向""问题情境的真实性"，以及教师所提问题和"美术学科的相关联系"；过程要素包括对问题引发的"思考探究""认识推理"和"自我反思"。这样的教学引导，是激发学生批判性思维、创造性思维的基础。有教师问：学生原本不知道库淑兰，也不会彩色拼贴剪纸技法，怎样把之前某些学过的美术知识和技能运用在特定的问题情境中？

1. 设计思路与课堂问题探究

（1）怎样的剪纸方式表现个人情感更充分？库淑兰进行彩色剪贴剪纸的创想，主要来源于她的生活经历，其次是参加县文化馆组织的乡村妇女剪纸创作学习班。县妇女剪纸创作学习班这段生活经历，原本蕴含着剪纸表现技能的"专业性"。单元课程推进伊始，教师需要带领学生挖掘影响库淑兰剪贴剪纸创作的本原观念，进而才可以对其作品样态有基本分析和深度的理解。库淑兰彩色剪贴剪纸之所以具有创造性，之所以比常见的民间剪纸更有视觉冲击力，就在于她当时的想法超越了县文化馆剪纸学习班"剪花花"的"专业性"辅导！

（2）库淑兰原发性的创作想法。可以联想：县文化馆组织乡村婆姨进行民间美术创作，不仅是剪纸创作，还有刺绣、农民画、麻布绣等多种民间美术。今天从所能查询到的与库淑兰作品及她本人生平相关的著作中，尚无法得知她当时的创想究竟来自哪里。但是，单元主题课程提炼"基础观念"："库淑兰原发性创造的想法"和"彩色纸片拼贴怎样表达个人情感"，是推进课程深入发展线索。她心里想的、嘴上唱的、手上粘贴的、眼睛观看中不断生发出的愉悦心境，由课堂上学生自主探究活动，形成认识美术学科观念个人化的路径。单元主题活动要从"彩色碎纸片如何拼贴"这种低水平照抄库淑兰作品样子的课堂临习现状走出来。

（3）库淑兰剪纸作品与日常生活。探究作品蕴含的学科基础观念，既与不同年龄学生的阶段心理、生理特征相结合，又与儿童的独特个性相结合，使之与儿童个体生活经验相连接，帮助学生在本主题活动中学会运用美术学科视角理解、认识问题（生活中废纸片的创造），探究自己面对社会生活真实问题，不断发展学生的学科理解力和解决生活问题的能力，实现美术学科观念的个人化。教师要清楚地认识，任何老师不能替代学生的美术学习，不能剥夺学生的主动学习。教师是启发和促进学生主动探究美术文化的推进者。教师要提前设计出"为什么要学习库淑兰剪贴剪纸这一单元课程"的反思支架和路径，便于学生自己去感知和思考。

这是剪纸吗？瞧！看上去，这位老奶奶的作品与其他奶奶、婆婆、婶子的剪纸不太一样噢！画面上有好多颜色、好多形状的物体哟！（图19-2）

梳子、鸟儿、叶子、花儿、花篮、猫咪……这些形象都是剪出来的吗？老奶奶用了什么样的方法呢？是我们曾经学过的对称折纸再剪出的花样吗？

教学时，教师先不要想具体的学科技能表

图19-2

现问题,要从库淑兰剪纸作品蕴含的"基础观念"入手,逐渐走向基于"文化理解"的探究活动。问题串设计可以从作品细节中发现,如梳子、猫、鸟、如意、花、点等,在作品中的文化寓意是什么?问题可围绕这些形象(符号)展开。

改变观念:

(1)问题设置是否站在培育学生视觉审美判断价值取向的角度来考虑?

(2)美术课不是单一低水平表现技能的传递,而是对学生视觉审美价值认同引领、启发深度文化理解、弘扬中华文化传统观念、价值观构建的育人工程。

长期以来,基础美术课中把太多鲜活的美术学科知识和技能变成了让学生死记硬背的事实,"美术"教科书诸多内容,导致学生美术活动的浅层学习,单一讲授法灌输美术学科知识和技能的教学大量占课堂主导地位。这些教学习惯和思维定式,是需要坚决改变的。教师自身如果不改变,学生群体肯定无法在美术课中培养核心素养,更不能带领学生走入对民间美术文化的深层学习,并会阻碍学生的可持续发展。在视觉图像传达信息化时代,如果美术教师还用向学生灌输美术学科知识和技能的方式教学,将严重阻碍全体学生身心进步、阻碍整个社会发展。因为,在上世纪90年代中期以后,我国社会随着市场化经济发展,社会发生了巨大变化。但是,同时出现了人生价值取向的世俗化问题,学生的人生发展用工具理性代替价值理性。在具体的、功利的目标下,国民,特别是学生、年轻人的人生发展价值取向出现扭曲,反映在基础美术课中,就是仅仅追求学生美术作业、美术活动的功利性,美术教学成果表面文章、虚假成效盛行,不仅污染教师,更污染毒害学生群体。

因而,美术课堂上,那些把美术学科知识和技能、库淑兰彩色剪贴剪纸表现方法,当作僵死的学科知识和技能、固定表现方法的教学存在、课堂传递,与库淑兰的心灵、独特想法,与陕北剪花花婆姨们的人性本质是相违背的,与其作品的意义背离。因为,任何人的人生都不能用工具理性思维和方式去设计,更不可能是提前设定出来的。教师用表现库淑兰悲苦、艰辛人生的这些视频,以及采访者的访谈,在课堂某环节播放给学生看的时候,忽略了一个重要问题,即库淑兰为何创造,特别是忽略了带领学生们主动探究问题:库淑兰创造时的心境是怎样的?

库淑兰生活如此贫困和艰苦,又受到"家暴"和各种生活境遇的打击,她在进行彩色拼贴剪纸创作之前的人生,自己和他人都无法为她设计,也无法为她"请命"。教师用工具理性的价值取向面对库淑兰主题单元来备课,本质上是不对路的。任何人的人生不会跟着某种设计去走,而是所谓的人为"设计"必须跟着人生发展与社会变革走。库淑兰在开始进行彩色拼贴剪纸创作后的人生经历中,并不是外人为其设定一个个具体的人生目标,而是她自己在剪花花这一探索中,自己的心境中突然闪烁出的兴趣点,激发了她要与别的婆姨们不一样的想法,她的这段人生转折,这段在彩色剪贴剪纸中获得的快乐、心灵慰藉、人生感悟、对幸福生活的向往和对未来的憧憬,都源自她的兴趣点。因而,美术研究者把库淑兰称为民间美术的天才创造者。但是,此问题的根源和本质是:没有兴趣就没有天才,说库淑兰是民间美术的天才创造者,她的创作天才、思维创想、研究者给她归纳出的艺术形式等,首先是因为她对那些碎纸片感兴趣。

对于"库淑兰彩色剪贴剪纸"美术单元课程,教师在进行教学设计时,不能老是去想让学生剪出什么、做出什么像库淑兰作品某视觉样态的作业。教师教育观严重滞后的问题反映出，其思绪还停留在"做这事有用还是没用""学这一课到底完成什么作业"的固化思维上。艺术，恰恰是一种在有的时候看上去没啥用的东西，但没有用的东西恰恰是有大用的。库淑兰生活并不富裕，但她的剪贴剪纸，她口哼秦腔，眼观画面，手贴色纸，整个身心沉浸在"空空树，树空空"之状态，外人看上去的确没啥用，但在她的作品问世后的几十年里，持续不断的大用在生成、生发、生长，这就是艺术的力量！

库淑兰在每次创作过程，她的心理状态是沉浸其中、游戏彩色纸片，重塑自我美好形象——"我就是剪花娘子"的全身心愉悦。她作品背后蕴含的道理（价值意义）是：游戏是人生的最高境界，人只有在游戏状态里面，才能超越生活、超越人生带来的不顺心、困难、痛苦，超越平日里时常烦扰自己的焦虑感。如有美术教师在讲述库淑兰生活时，曾描述她从山崖跌下，在荒野山坳中昏迷几十小时，最终被人发现，被救回家后又惊人地活过来。虽然这段描述在课堂上可能会引发学生的共情，但是，美术单元课程学生自主探究学习的目标是引导学生独立思考与判断，如何认识、理解库淑兰创作时其心境的那种自主游戏状态。那种超越自己、超越当下、超越以往，以一种喜悦心态、创造的兴奋沉浸在自己努力之下的作品中。

为何核心素养本位的美术单元课程，是当下和未来美术育人的方向？为何美术学科核心素养、艺术课程核心素养，在课程中是上位？为什么美术学科知识和技能、表现方法等是下位？培育素养，就是帮助学生成为有智慧的人。人的核心素养、智慧，看上去好像没有直接的用处，教学生画个什么、做个什么，似乎是立刻能够看得见的东西。美术教师可能以为自己教了美术学科知识和技能，是让学生学本领、学知识。这种理解不说是完全错误，至少是相当肤浅的工具理性思维，是影响学生正确价值观形成的障碍，是影响美术课为党育人、为国育才教育目标实现的短视行为。

而提及学生的核心素养、智慧，这些内在元素，就如同撒在汤里的盐一样，看不见，摸不着，但品得出来。核心素养、智慧之大用，是帮助学生逐步成为"全面发展的人"，在基础教育、普通高中教育阶段，必须要持续积淀价值观＋必备品格＋关键能力。美术教师必须把握育人目标，全体学生的人生之发展，不是靠工具理性思维设计出来的。人类社会历史发展中的视觉造物、美术文化的发展，原本就带着人的永续探究本能、社会生活交流本能。如果把美术学科知识和技能、表现方法等，在美术课堂上变成死记硬背的事实，用记忆、背诵的方式来记住它们，用低水平临摹的范式模仿它们，就是抑制学生童心和人之本性。

2. 如何撰写美术单元课程教学设计文本

尹少淳先生在相关美术学科核心素养主题讲座时，曾针对是否还叙写"三维目标"、"三维目标"与美术学科核心素养什么关系、如何撰写基于核心素养目标的美术单元课程教学设计，呈现三种美术教学设计的文本框架。（图20）

第一种方式，保留"三维目标"结构与框架，另外加上核心素养的表述。

第二种方式以美术学科核心素养为主要文本内容，外加"三维目标"的表述。（图21）

第三种方式按照核心素养背景下单元教学基本思路，由一级指标和二级指标构成教学设计文本。（图22）

图 20

图 21

崔允漷先生 2021 年 7 月讲座的观点认为："20 年前，三维目标是里程碑式的进步，但在实施过程中出现了问题：第一，20 年前我们就没有讲清楚三维目标是一个整体。三维目标是什么：知识与技能（双基）、过程与方法、情感态度与价值观。一线老师一操作、有些专家一操作，就变成三条目标、三类目标。第二，三维目标从逻辑上不是一个层面，知识与技能、过程与方法、情感态度与价值观都像是举例说明。"[1]

以库淑兰彩色剪贴剪纸主题作为原素材，

提出以下设计思路：

（1）单元主题《黄土深处的歌》

主题涵盖：情感、乡土文化、民俗、人性、审美取向、价值观、美术表现。

学生需要理解：库淑兰彩色拼贴剪纸的文化内涵和精神意义（图 23）

此帧 PPT 是帮助一线教师转化教学思路，提高教育站位，根据其教学中的一个片段，截取作品鉴赏图，重新进行图像分解，提出问题

图 22

---

[1] 崔允漷：《新一轮义务教育课标的修订，即将带来哪些教学上的变革？》，见中国教育智库网官方账号，2021 年 8 月 15 日。https://view.inews.qq.com/a/20210815A0100400

图 23

导向。此设计思路可以为整个大单元设计提供基础。按照"学生应该知道""学生可以理解""学生能够做到",采用"教学评一致性"的文本、实践、评价脉络框架进行设计。以下为本单元主题设计初稿:(图 24)

问题导入:
(1)之前是否见过这样的剪纸作品?
(2)在作品中看到了什么?
(3)对作品颜色有什么感觉?

基本问题:

库淑兰用什么样的剪纸表现语言谱写出独特的视觉审美之"歌"?

设计思考: 库淑兰剪纸作品表现的是永恒的人生主题。她用千百个小小的彩色纸片、纸点、纸叶、纸花瓣等,歌颂着万物,赞扬着生命,祈祷着幸福,寄托着爱心、内心的向往!在自我的"立象以达意"中,表达她对生活的各种体悟、对美好未来的向往、对心灵的慰藉。

问题:她的视觉审美创造用了与其他婆姨哪些不一样的表现方法?

问题:她的作品是以怎样的视觉图像方式震撼生者的?

问题:彩色剪贴剪纸仅仅是颜色好看吗?还有其他更深刻的意义吗?

问题:在创作过程中,库淑兰为何一边粘贴着每个局部形态的色纸片,一边唱着陕北地方戏剧唱腔呢?这些戏文和彩色剪贴剪纸有关系吗?

彩色剪贴剪纸,是库淑兰的独特创造。探究其创造奥秘、情感寄托和文化意义,是本单元主题活动的要点。(图 25、图 26、图 27)

学生需要理解:库淑兰彩色拼贴剪纸的文化内涵和精神意义

引导性问题	学生需要知道、理解什么	学生能够做些什么
▲看上去这是一种什么样的作品?	知道: ◆民间剪纸中的彩色剪贴剪纸,作者:库淑兰	能够: ◆描述作品呈现的基本特点,创作者的基本情况
▲作品内容表现了什么?	理解: ◆剪花娘子,是库淑兰生活中比拟自己的象征	能够: ◆认识"剪花娘子"的象征意义,此"称誉"对于库淑兰人生阶段的重要性
▲作品用了什么样的表现方法?	知道: ◆彩色纸重叠拼贴的方法,是库淑兰的创意	能够: ◆尝试用彩色纸重叠拼贴的方法表现自己的想法
▲作品局部形态表达了什么意义?	理解: ◆作品图形寓意吉祥、祈福、美好、向往等	能够: ◆尝试运用某种物象形态表达自己想传递的寓意
▲作品表达了什么样的情感?	知道: ◆与库淑兰人生经历紧密相关,她的创作想法和精神寄托	能够: ◆感悟库淑兰人生经历与创作生活,基本理解老百姓的精神期许和审美需求

图 24

问题导向、问题探究、问题理解、方法迁移

大概念（大观念）与基本问题	学生需要知道和预期理解
黄土深处的歌	这是一曲什么样的民间美术之歌？
库淑兰何以自誉为"剪花娘子"呢？	用自己的心和情感表达美好事物？
库淑兰作品能够归类为民间剪纸吗？	是彩色剪贴画，还是民间剪纸呢？
库淑兰作品的表现语言有哪些特点？	剪、贴、形态叠加构成、色彩搭配
库淑兰构成作品的形式、方法分析	形态表现寓意、色彩搭配与构成口诀
美术活动中孩子们向库淑兰学什么？	剪、贴、叠加表现等技法重要还是念想？
库淑兰是什么样的人？是艺术家吗？	普通乡村婆姨、黄土高坡塬上人

图 25

图 26，作品局部　　图 27，作品局部

（2）探究过程学生可能涉及的问题

①库淑兰的悲剧人生在现实生活中无法得以正常发展，于是其作品表现转而以"巫术"的形式加以演绎，本质上还是她的人格层次中的自性。如同"抓髻娃娃"一样，其作品创作本质也是基于"巫术"即艺术发生学中的"巫术说"。

②如果库淑兰的一生没有当时特定年代乡土贫瘠的生存环境，没有贫困，没有家暴，生活幸福美满，或许就没有后来的彩纸拼贴剪纸。

③库淑兰是具有创造力的人。她和很多妇女都在旬邑县文化馆美术工作者指导下，开始民间剪纸创作，唯独她想到了把大家剪下来的彩纸碎片搜集起来，拼贴出这样的彩色剪纸，之后，县文化馆号召其他妇女都向她学习。

④更悲哀的是，库淑兰及其作品被艺术界消费了那么久，众人赚得盆满钵满，她自己却贫苦而终……（她和她的作品被当代太多人消费！！！）

单元分主题

主题1：创作班里生念想，七彩纸屑诉真情

主题2：剪花娘子把歌唱，"空空树上一窝蜂"

主题3：流传就是一首歌，童心赋彩塑理想

任务群：

①探寻彩色剪贴剪纸是如何诞生的

②彩色剪贴剪纸在传情达意方面比普通剪纸有何种优势

③分析库淑兰作品视觉审美意象

④探究库淑兰作品创作过程与文化内涵

⑤以儿童自己的方式进行彩色剪贴剪纸实践

⑥如何有创意地进行彩色剪贴剪纸表现

跨学科学习

拓展：

（1）库淑兰创作时为何口读民间歌谣或唱地方戏片段？

（2）民间剪纸与民间文艺之间有何种关系？

（3）尝试将童谣与彩色剪贴剪纸表现实践

融合

迁移：

（1）彩色剪贴剪纸的表现形式如何在现代生活设计当中运用？

（2）彩色剪贴剪纸的视觉表现形式如何在戏剧、影视表演活动中应用？

背景素材：

20世纪80年代末，西安美院杨学芹先生到旬邑县访问库淑兰时，遇到一位手持剪刀边走边剪花的村女。杨先生问她是不是在学库淑兰的剪纸，她说："库淑兰是打心里剪出的，那是学不来的。"她的每一幅作品，都不是形式游戏，而是贯注生命的精心之作，是灵魂的外化。"陕西省，三水县，白鸡下了个黑鸡蛋。"

此故事环节告诉我们：朴实的乡村妇女、老百姓，真正懂得艺术的真谛。基础美术教学，面对库淑兰等"三种文化"主题，如何启发学生从知道、认识、逐渐理解其文化发生的原因入手，再由原因的探寻逐步进入到对作品的分析、理解，再到尝试性学习，是应该把握的方向。记住，教师要摆脱输入"结论性学科知识""表现技能方法"的陷阱。在不断对"美术文化历史"探究的过程中，深度理解民间剪纸的"艺术本质"问题，引发学生自身独特"思维方法"的建构。

中小学美术教学，输入、传递"结论性学科知识"和"表现技能方法"，是一个永远无法实现面向人人美育目标、巨大的教学陷阱。唯有在引导学生视觉审美感知的基础上，对美术作品、美术现象本质意义"文史探解"的自主研究、探寻方式，才是学生身心得以涵养的美育过程。此过程核心：基于学生生活经验的体验、共鸣、反思、内化。

核心素养本位的美术单元课程设计框架

单元主题	标题或单元概述			
观念（道理、原理）				
真实情境	背景素材		学生前测	跨学科联结
基本问题	引导性问题		小问题	问题串
课程目标	知道		理解	做到
课时主题	主题1		主题2	主题3……
任务群	任务1		任务2	任务3……
表现性评价	水平1		水平2	水平3……
重要内容（知道）	理解作品	回应作品	评论作品	创造实践
关键技能（做到）	理解作品	回应作品	评论作品	创造实践
知识迁移				
单元评价	是什么		为什么	怎么办

案例：剪花娘子库淑兰

单元主题	黄土深处的歌：剪花娘子库淑兰 **单元概述：** 同学们已经学过民间剪纸。你是否见过或想过，为何自称是"剪花娘子"的陕北婆姨库淑兰，用不同于一般常见民间剪纸的方法，进行剪纸创作？她究竟是怎样想的？她是如何用不同形状的彩色纸片拼贴出自己内心的想法的？你是否想知道她的表现方法是怎样生发的？她的生活经历与剪纸创作表现有着何种关系？ 本单元结束时，你会知道，社会文化和地域是怎样影响她的剪纸创作的；你将理解彩色剪贴剪纸和其他民间剪纸一样，有着独特的表现意图；你将学会运用彩色剪贴剪纸表现方法尝试表现自己的心情和生活；你将更深刻理解艺术来源于生活的道理；你将对库淑兰和她的作品做出自己的评价。		
观念（道理、原理）	库淑兰原发性创造表现的想法 彩色纸片拼贴怎样表达个人情感？		

真实情境	背景素材	学生前测	跨学科联结
教师给同学们播放陕北婆姨库淑兰的生活视频，大家内心被其当年贫困生活的状态所震撼。小芳同学用颤抖的声音发问：老师，她的生活如此贫困艰辛，为何她的剪纸却是这样五彩斑斓、绚丽夺目？她是怎样想的，又是怎样表现的？	●《剪花娘子库淑兰》（上下），汉声出版社1997年4月版（台湾省台北市） ●陕西师范大学"妇女文化博物馆"中库淑兰原作图像资源（原作拍摄图） ●相关网络视频	▲知道、学习过民间剪纸吗？ ▲你印象中的民间剪纸是怎样的？ ▲你认为民间剪纸是艺术吗？ ▲你是否见过彩色剪纸？	◆陕北的地域文化、风土人情 ◆陕西省旬邑县及其周边的民俗 ◆民间剪纸与民间文学、戏曲的关系 ◆彩色剪贴剪纸在现代生活设计中的应用

基本问题	引导性问题	小问题	问题串
●库淑兰用什么样的剪纸表现语言谱写出独特的视觉审美之"歌"？ ●作品表达了什么样的情感？ ●她的彩色剪贴剪纸仅仅是颜色上好看吗？还有其他更深刻的意义吗？	◆看上去这是一种什么样的作品？ ◆作品的内容都表现了些什么？ ◆这是我们曾经学过的对称折纸再剪出的花样吗？	▲这是剪纸吗？ ▲作品用了什么样的表现方法？ ▲作品中的局部形态都表达了什么意义？ ▲她当年家境贫困、生活艰苦，为何创作的剪纸如此绚丽多彩？	★老奶奶用了些什么样的方法呢？ ★梳子、鸟儿、叶子、花儿、花篮、猫咪……这些形象都是剪出来的吗？

课程目标	知道	理解	做到
●库淑兰人生经历、创作想法和精神寄托 ●库淑兰作品表现语言有哪些特点? ●库淑兰是什么样的人?是艺术家吗? ●应该向库淑兰学什么?	◆民间剪纸中的彩色剪贴剪纸,作者:库淑兰 ◆彩色纸重叠拼贴的方法是库淑兰的独创 ◆库淑兰作品能够归类于民间剪纸吗?	▲剪花娘子,是库淑兰生活中自己比拟的象征 ▲作品图形寓意:吉祥、祈福、美好、向往等 ▲通过对库淑兰人生经历与创作生活的感悟,理解中华民族的历史与百姓的精神期许	★描述作品表现的基本特点,以及创作者的基本情况 ★认识"剪花娘子"的象征意义,此"称誉"对于库淑兰人生阶段的重要性 ★尝试用彩色纸重叠拼贴的方法表现自己的想法或创意
课时主题	课时1: 创作班里生念想,七彩纸屑诉真情	课时2: 剪花娘子把歌唱,"空空树上一窝蜂"	课时3: 流传就是一首歌,童心赋彩塑理想
任务群	任务1: 库淑兰彩色剪贴剪纸是如何诞生的 任务2: 与普通剪纸比较,彩色剪贴剪纸在传情达意方面有何优势	任务3: 研究库淑兰作品的创作表现材料与方法 任务4: 分析库淑兰作品的造型寓意和色彩搭配特点	任务5: 尝试有创意地进行彩色剪贴剪纸表现 任务6: 分析库淑兰彩色剪贴剪纸作品视觉审美价值与时代意义
表现性评价 协同思考 深度理解	水平1 ▲能跟随单元学习进度,完成课堂学习 ▲能提出相关问题,但思维还停留在事实性水平	水平2 ◆能解释个人立场,并认可同伴的观点 ◆能将事实性知识联系到作品表现观念上	水平3 ●能明确表达自己的观点,并用多个实例提供支持 ●能扩展思路,运用不同学习策略实践
重要内容(知道)	理解作品 库淑兰彩色剪贴剪纸蕴含的意义和情感	回应作品 库淑兰创作彩色剪贴剪纸时独特的想法	评论作品 库淑兰彩色剪贴剪纸的色彩搭配	创造实践 库淑兰彩色剪贴剪纸的表现语言
关键技能(做到)	理解作品 库淑兰彩色剪贴剪纸原发性创造的表现想法	回应作品 彩色纸片拼贴方法怎样表达个人情感	评论作品 彩色剪贴剪纸与一般剪纸表现形式的不同	创造实践 尝试用彩色剪贴剪纸表现方法表达心情
知识迁移(跨学科)	民间剪纸造型与民间文学、戏曲关联中形象思维的发散	彩色剪贴剪纸在现代设计中的应用(平面与造型设计)	彩色剪贴剪纸表现形式应用于戏剧、影视等艺术表演活动

单元评价	是什么	为什么	怎么办
	●作品凝聚了库淑兰的精神寄托和对美好生活的向往 ●民间剪纸(美术)是"乡愁"情感最重要的载体、乡土历史文脉的传承	◆库淑兰用彩色剪贴剪纸造型方式，表达自己情感（所思所想、所见所闻） ◆体悟彩色剪贴剪纸，打捞文化记忆，深化对家国的爱	★彩色剪贴剪纸的造型寓意、色彩表现是老百姓集体审美意识的呈现 ★对民间剪纸的文化理解，注入时代感的文化内涵

问题： "理解"对于美术学习为何特别重要？

二、理解性深度学习的单元架构

核心素养目标的单元教学设计，按照"知道—理解—做到"的脉络架构，通过大单元整体学习，学生可以达到以下三个方面的学习效果：

第一，"知道—理解—做到"：刺激学生主动探究。

第二，"知道—理解—做到"：引发学生自主学习。

第三，"知道—理解—做到"："教学评"的一致性。

理解性深度学习是发展核心素养、美术学科核心素养、艺术课程核心素养，逐步形成美术关键能力的前提。基础美术课程的深度学习，是建立在学生对于美术文化、艺术本质问题认识、理解的基础上的，通过解决真实问题情境中的某个点，进行思维方法的可迁移学习。如民间美术（民间剪纸）主题单元，启迪学生探究民间美术为何有着自己的"造型体系"这一问题，一定是对民间美术造型本源的理解性学习。为何在梅洛·庞蒂相关著作《塞尚的怀疑》《眼与心》中，特别关注现代绘画以及儿童画的关系，

在梅洛·庞蒂的思想脉络中，塞尚与儿童在绘画与透视法问题上存在着深刻而根本的呼应，而民间美术（民间剪纸）造型与现代绘画思维、儿童画思维方式的相似性（呼应），是学生在民间美术单元主题课程所需要深入探究、走向理解性学习的焦点问题。

在民间美术主题单元中，学生针对民间剪纸造型本源问题进行深度学习后，就能够摆脱事实本位的教育价值观和知识观。如在探究塞尚绘画作品与儿童绘画作品时发现在画面表现层面，学生作业呈现出类似的不符合线性透视法规则的形式与结构特征，这样的结构特征同时在民间剪纸造型中频繁出现,为什么会这样？对这一问题的质疑和持续探究，自然引导学生的美术学习走向理解本位的知识观。学生这样探究性的学习过程，对这一问题更为本质方面的理解在于，塞尚绘画、儿童绘画表达、民间剪纸造型表现，都揭示着作为文化源头的存在意义的厚度不断被阐明，让基础美术教育的课堂学习变成建立在文化理解的基础之上。所以，指向核心素养目标的美术单元课程，要求把所有的学习主题中的美术学科知识和技能、表现方法等，转化或者提升为关注美术作品背后的大观念（艺术创造的基础观念）。基于主题大观念的单元课程和教学设计，是理解性深度美术学习的必然要求。

（一）民间美术主题单元教学设计构思与实践

1.《民间剪纸的秘密》设计思路演绎

（1）教学设计时教师的深化思考

民间美术（民间剪纸），是一个在任何学段都需要实施的教学主题。《普通高中美术课程标准（2017年版2020年修订）》课程"基本理念"第一条："以美术学科核心素养的培养统整课程内容、学习方法、评价方式、教科书编写和教学资源开发等。帮助学生在现实中通过图像识读获得美术知识和有益信息，联系生活进行美术表现，形成良好的审美判断能力，发展创新意识和创造能力，认识丰富的文化现象，坚定文化自信，主动适应丰富而复杂的现代生活，更好地全面发展。"[1]因而，如何在真实情境中引导学生运用美术知识与技能解决问题，成为教学设计时需要着力思考的首要任务。"民间美术'老土'"，这一真实情境，成为打开单元教学设计之门的钥匙。

◆提取大观念指向

艺术本质、创造观念、思想意识。民间美术的本质是什么？

表达情感？吉祥、祈福、美好愿望还是技能？

具体问题：民间剪纸的本质是什么？来自乡村炕头上的民间剪纸是艺术吗？

由评价"民间剪纸是什么"贯穿整个单元教学来审视自己的教学设计。

◆课程的育人导向

民间美术文化的教育传承，最终目标是引导学生由课程主题意义的学习、理解，养成基本的国家认同意识。这是不同年段学生价值观形成中，美术课程所必须给予的视觉审美教育，实现不了这样的目标，就是空谈所谓美育。

国家认同包括：在民间美术文化（民间剪纸）鉴赏体验的持续滋养下，学生内心深处对于"有国才有家、有家才有我"的家国情怀产生深刻体会及真切感悟，美术课程价值观取向的育人、学生文化自信的养成目标有的放矢。

（2）提炼本单元大观念的若干思路

①基于"家"的创造（炕头上的艺术）
②在清贫生活中诞生并代代相传
③基于生活需要、精神寄托的造型活动
④物质生活匮乏与精神需求丰满（二元对立）
⑤体现向往美好生活的"中华美育精神"

◆实现学习目标，由学生体悟以下主题内涵、意义展开

整个陕北，存在着一个优秀的"中华美育"传统——民间剪纸。在那经济欠发展、百姓生活相当拮据甚至有些艰苦的岁月里，为何整个陕北的老百姓们，都保持着一种源自心灵的审美习惯（生活习俗）——"剪纸"（剪花花）呢？

◆单元主题学习结论（学生需要知道）

民间剪纸（剪花花）是老百姓的审美追求，是其滋养后代质朴的表现载体！对这个问题的深层追问、不断探究，是国家美育工程中基础性育人目标。这是基础美术教育（普通高中美术教育）、社会美术教育，一个必须将"中华美育精神"具体落实在学生心灵中的美术课程主题。

①任何民间美术（民间剪纸）的产生，都是老百姓在艰辛的生活境遇里，心里始终有着

---

[1] 中华人民共和国教育部：《普通高中美术课程标准（2017年版2020年修订）》，人民教育出版社2020年版。

对于美好生活向往的精神支柱！这是中国人精神世界里的"魂"。

②学生需要在美术课持续接受民间美术文化的润泽，自己体悟出"人民群众（老百姓）对于美好生活的向往"，正是中国共产党人所执着追求的"不忘初心"的奋斗目标。

③"人民群众（老百姓）对于美好生活的向往"，是中国民间美术文化不断产生、延续的基础。

2. 教学设计思绪及观念转化过程

从 2016 年开始，反复探寻何为核心素养本位的美术主题单元课程教学设计。2017 年元旦，在陕北考察途中，按照尹少淳先生提出的"剥离法"或"包裹法"教学设计方式，依据真实问题情境，本单元课程设置 3 个探究主题：

主题一：读懂老百姓的生活

主题二：纹样的象征和隐喻

主题三：民间美术与当代生活

主题一：读懂老百姓的生活

真实问题情境：新的一年快到了，柯大嫂又在剪着自己的"花花"……为什么？由图像识读，引出基本问题——剪花花为了啥？预计学生本主题学习之后，需要达成的认识和理解：

通过单元学习，期望学生内心能够形成的答案：民间剪纸反映了"人民群众（老百姓）对于美好生活的向往"。

任何民间美术作品的创造过程，老百姓的表现（创作）心理和念想，都是基于自己对未来美好生活的向往。"剪花花"是老百姓们每一个美好念想的实现过程。

美育目标的具体落实，必须从帮助学生建立起国家认同这一坚定价值观取向的教育目标努力做扎实每一步。民间剪纸的技法、表现样式、剪出个作品等，都是次要的，而学生（小、中、高）价值观的构建才是终极目标。

基本问题：

（1）地理、自然环境、历史以来的生存状态，是陕北民间剪纸产生的主要原因吗？我国其他地方也有剪纸啊！

（2）陕北的民间剪纸是不是伴随着清贫的生活而产生的？

（3）随着社会转型不断推进，经济迅速发展，陕北民间剪纸是否会完全消亡？

◆ **设计反思**

（1）民间美术文化的主题课程，与国家认同价值观构建的关系是：培养什么人、怎么培养人的问题。课堂上，学生尝试剪纸表现实践活动，其目的是育人。用什么方法培养人？通过欣赏、感知民间剪纸的造型，实践性表现活动等为载体。

（2）教学目标的实现，以引导学生爱家乡、尊重农民的创造开始。学生具备爱家乡的基本认识，要从理解老百姓追求美好生活的淳朴念想开始。老百姓寄托念想的"物"——剪纸（花花）、刺绣（虎头帽、虎头鞋、肚兜等）、民间玩具等，这些实在物都是美好念想这一精神意识的载体。

（3）在如此艰难的生活境遇、如此恶劣的自然环境中生存的老百姓，为何心中一直有着追求美好生活、幸福生活的念想呢？这就是习总书记所说的中国梦的具体而实际的内容，这是老百姓祖祖辈辈都在追求的美好生活及未来之梦想。他们剪花花的时候，把自己所有的精神寄托都凝聚在剪刀尖儿上，刺绣的时候都凝聚在针尖儿上，等等。

（4）学生在反复体悟、自己主动探究这些追求美好事物背后意义的时候，当学生感受民间美术图像形态诸多审美体验和润泽之后，学生的价值观通过具体课堂活动，帮助其实现内化和构建过程。这是民间美术文化的教育传承与学生价值观养成的因果关系（美术学科知识技能与育人目标实现的关系）。

主题二：纹样的象征和隐喻

基本问题：

（1）为何同在陕西，民间剪纸中表现"鸡"的形象如此众多？

（2）为何陕北（延川、安塞）民间剪纸里"鸡"的形象和渭南地区不同？

（3）不同造型的剪纸，寓意着什么？老百姓能从剪纸中获得什么？

民间剪纸究竟怎样成为当地老百姓日常生活里的一部分？

具体问题探究1：这两只鸡形象的剪纸都来自安塞县，同学们辨识、比较一下，两只剪纸"鸡"的外形、神态、纹饰、动态、表现语言等有哪些相同与不同之处？

具体问题探究2："咦，这只鸡的形象好奇怪啊，为何鸡的身子上站立个小孩？""看啊，小孩子的双手各有着一只鸡！这是为啥呢？"

（学生自我分析造型中运用的象征、隐喻，引出对民间剪纸的深化理解）

具体问题探究3：乡村妇女剪花时都用了哪些表现语言？

（1）可以用对折方式剪吗？

（2）用什么样的方法剪大形呢？

（3）大形里的纹饰用了什么表现语言（镂空的方式）？

（4）具体纹饰蕴含的象征意义有哪些？

◆设计反思

习总书记说："始终把人民对于美好生活的向往，作为中国共产党人不忘初心的奋斗目标。"中国民间美术的所有表现样态，都是人民（老百姓）向往美好生活的具体表现载体。教育传承工作要始终在引导学生们理解、认识祖祖辈辈的中国老百姓这种朴实、纯真的审美情怀、精神追求上下气力。由此，达成孩子们对于家乡的爱、对于乡土中国百姓生活的精神回归、表现体验。

基本问题与问题串：

问题1：作为民间美术的一个种类，民间剪纸对于乡村老百姓的生活来说，究竟有什么意义？

问题2：民间剪纸对于今天的人来说，是否属于已经过时的美术形态？

问题3：怎样用民间剪纸的创作思想、表现方式美化今天的生活？

民间剪纸（民间美术）主题单元"知道—理解"

学生应该知道	学生能够理解
民间剪纸产生于乡村的事实	民间剪纸产生于乡村的内在意义
各地民间剪纸生存状态的事实	民间剪纸生存状态与民俗文化意义分析
民间剪纸的基本造型样态（美术学科表现问题探究）	民间剪纸基本样态与独特造型原理的合理性
民间剪纸创造者多为女性（文化人类学意义思考）	民间剪纸创造者的坎坷人生与经济文化的制约
民间剪纸的基本表现技能（技巧、技能中蕴含的情感、态度）	民间剪纸基本表现技能与民俗文化意义的融合

（主题三文本略）

（二）学生面对学习问题时的决定因素

教学设计提出的基本问题、小问题，基于民间剪纸主题的不同探究（研究）视角，旨在课堂上激发学生们不断生发出个人的质疑、观点、看法或论述。课堂上对基本问题持续探究的本质意义是唤起学生个体的"思考""思辨"和独立判断，逐步走向个人独特"思想"的建构。对基本问题、小问题（问题串）的不断探问和解析，不是为了完成教材里的"答案"，更不是"同学们，今天我们剪团花"，或是"用学生的手，完成教师的某个设计出的想法"。注意，解决问题绝不是那些教科书（教材、教参）中的标准答案，也不是网络上立刻"百度"来的东西（"度娘"在指向核心素养目标的课堂上暂时没有用）。

在民间剪纸主题单元课程中探究问题和解答问题，要紧密围绕对民间美术的创造意义、民间美术造型本源的深入理解，学生对问题的回答不能"想当然"，教师需要引导到学科脉络上，能够运用特定的知识和技能、表现方法对问题进行思辨。如主题二：纹样的象征和隐喻，老百姓在民间剪纸中为何寄予了如此多的寓意？这些寓意的表现采用哪种表现形式、方法？（如何镂空更具有美感，老百姓说"看着心里敞亮"。）对这些问题的不断探究，学生提出解决问题的思路、方案。这样的美术学习，能不提高学生的美术学科核心素养吗？！

1. 核心素养目标指向教师的终身学习

◆**新的教学设计思考**

教材中，民间美术为一个单元主题。但是，民间美术范围之广、内容之浩瀚，用一个单元若干版面肯定无法承载。民间剪纸内容在教材"民间美术"单元里仅有3个页码，选择民间剪纸内容作为主题，就可以设计成一个大单元、大主题、大任务、大项目、少而精的课程架构和实施原则，内容相当丰富，意义内涵特别深刻，完全体现新时代核心素养本位的美术单元课程样貌。教学设计时，重新架构内容，不按照教材版面顺序，教师需依据个人的储备与理解，组织内容，梳理素材，按照核心素养目标要求进行设计。从以往美术学科知识单一传递的习惯，转化为大单元、大任务、大问题探究的课程设计，关注学生核心素养的形成。

（1）单元主题任务，由评价学习任务逆向设计，引导学生如何自主学习。

（2）学生获得素养是个推论，是否获得素养，是学生自己"悟"的。

（3）学生的主体性在反思中强化。要设计反思支架，强化学生反思。如"民间美术'老土'"，真是这样吗？教师要设计反思此问题的支架，帮助学生自主反思问题，深化理解，深化感悟，达到深度学习。

问题情境（真实情境、虚拟情境）：

民间美术特色教学几年来在各地各级学校开展得很红火，学生们对民间美术有了不同程度的理解与认识。但是，7年级+班新近由上海转入一位同学，他的父亲看到孩子学校开展这样的美术活动，找到校长说："都什么时代了，还让孩子学这样的东西？这样土的东西把我的孩子引向何处？！"

该学生家长还不罢休，冲着校长说："你把你们那位美术老师张老师找来，让他给我讲讲这些东西有啥好，学这个对孩子有啥用。"

◆**设计思考**

美术教师太缺少对中国美术文化的深度研究，缺少文化自信，缺少美术教育理论与实践教学的互动。因为缺少互动，所以缺少真实鲜活的、真正育人为本的美术教育教学资源。一般大学的研究者往往容易从书本上找话语，特别是从西方语境中找论点，而不是从生活实践中、从基础美术教育学生的学习生活实践中提炼。基层美术教师所缺乏的是自身对这个方向整体的认识与理解。这里，涉及教师自身终身学习、持续研究、深化认识和理解的力度。指向核心素养目标的美术课程，不可能像"三维目标"时期那样，教师随意从网上下载某文本，就进行一节课的教学。要教师自身花大力气努力去做，目前看，这样做的美术教师，全国还太少，希望更多的美术教师参与进来。

2. 逐渐厘清美术育人的课程思路

● 真实问题情境——学习任务（任务群）——必要的美术学科知识和技能——操作指导——解决任务的方式——学习评价

教师要从以往单一传递美术学科知识技能的教学，转化为关注学生如何达成核心素养的单元课程设计。美术课是一列火车，火车头就是大观念。需要注意：整列火车是从驱动教学的问题情境出发，火车头是朝向核心素养目标开进的动力源，而不是学科知识技能的源头。如果把火车头理解为知识技能的车头，就依然在美术学科知识的铁轨上，而不是核心素养的轨道上。

民间剪纸主题单元的美术课堂，如果学生通过学习活动，自己连中国人的特质都不明白，连中国美术文化都不了解，学生连文化自信的基本认识都建立不起来，怎么能够说是育人的美术课呢？经由这个单元主题的教学设计与课堂推进活动，教师要深入研究中国美术教育的道路，研究用中国美术教育的话语（中华民族话语）与世界对话。

◆**教学设计时教师自我学习素材遴选**

浩瀚的中国民间美术文化中，究竟选择什么样的（哪些地区的）民间剪纸作为学生视觉审美学习主题内容？中国民间剪纸，属于多民族老百姓家庭、村落、社区传承的活态文化传统。铰剪纸、贴窗花，涉及节日文化空间、民间文化习俗等。构成本单元主题的作品，以陕西、山西、甘肃、河南、河北、山东等省市为主的我国北方乡村民间剪纸为赏析主体。

◆**设计思路**：学生自主的发现、探索、体验之旅。

◆**主要资源文本**

（1）《中国民间剪纸报联合国教科文组织"人类口头和非物质遗产代表作"图像文本——中国民间剪纸天才传承者的生活和艺术》，山西人民出版社

（2）《黄河十四走（上中下册）》，汉声出版社（台湾省台北市），广西师范大学出版社（新版）

（3）《黄土高原母亲的艺术（81—83）》，汉声出版社（台湾省台北市）

（4）《剪花娘子库淑兰（上下册）》，汉声出版社（台湾省台北市）

（三）《民间剪纸的秘密》单元课程设计稿

1. 单元教学目标应该具有的内涵

（1）民间剪纸，是中华民族普通老百姓借以寄托情感的、最为常见的审美图像造型表现载体。

（2）如何看明白民间剪纸，如何理解、认识民间剪纸发生、创作、表现、寓意及与老百姓生活的关系，是我国国民教育中必须解决的、

基础的视觉审美教育课题。

（3）民间剪纸的秘密，以单元主题探究的形式，引领叙述走进普通百姓的自主造型表现，从质朴的剪纸表现语言中，探寻赋予丰富情感寄托、有着深刻意义内涵的中国民间美术文化。

学生需要了解与探究的主要问题：

（1）中国民间剪纸体现了中华民族艺术传统的文化心理，蕴含着乡土社会本源的生命哲学观、文化信仰价值、原初文化思维、传统艺术叙事。

（2）不了解中国农民和农村历史的状况，就不了解中国，不了解世代乡村农民为传承主体的民间剪纸，就不会真正理解中国艺术的文化根脉，更无法认识和理解中国人的精神世界和基本的审美发生。

（3）尽管当今时代已经如此变幻，但不忘初心是基础美术课程学习特别需要把握的方向。由"民间美术'老土'"这一真实问题情境，引领学生对看不懂的民间剪纸呈现出的视觉样态展开主动探究，深化主题理解，进行深度学习。

大观念：

民间剪纸，是中华民族普通老百姓借以寄托感情的、最为常见的审美图像造型表现载体。

基本问题：

（1）学习民间剪纸有何用处？

（2）现代生活还需要民间剪纸吗？

小问题：

（1）民间剪纸产生在哪里？

（2）民间剪纸的作者是什么人？

（3）生活相对贫困的老百姓为什么剪纸？

（4）民间剪纸采用什么样的表现方式造"形"？

建议课时： 4—6

单元分主题设计框架（图28）

主题一：剪花花，为了啥

基本问题：为何要剪花？（剪花为了什么？）

探究思考：剪的什么花？（民间剪纸的视觉呈现，呈现后带给老百姓内心什么感觉）

小问题1：怎样剪花花？（民间剪纸的基本造型语言：镂空）

探究思考：镂空的纸片为何有这样大的视觉魅力？

小问题2：民间剪纸是艺术吗？

教学目标：

（1）知道和了解民间剪纸产生的原因。

（2）探究民间剪纸是用怎样的方式表现老百姓的情感的。

（3）尝试体验民间剪纸的表现技法。

主题二：花非花，什么样

基本问题：民间剪纸都有什么花？（民间剪纸的内容、表现题材）

探究思考：为何是这样的花？（民间剪纸的造型特点分析和研究）

小问题1：民间剪纸的"花儿"是图案吗？

小问题2：民间剪纸为何可以这样表现？（很多剪纸传人剪纸时为何不画稿，"心里出"呢？）

需要解决的基本认识：民间剪纸不是"画"，更不是依据画稿来表现的。

探究思考：民间剪纸的"熏样"就是"花稿"（画稿），最早的"花样"是谁的？

探究体验：民间剪纸代代相传的方式。

主题三：花从心里出，样从剪下生

基本问题：百姓们记忆里见过的东西怎样变成纸片上的花？

探究思考：剪花的法子有哪些？（探究老百姓纸上镂空的表现方式、造型语言）

小问题1：民间剪纸上镂空出的形象是我们眼睛看到的实在物吗？

以概念（观念）文本的课程与教学设计

大概念（大观念）：民间剪纸是艺术吗？　　　（主题一设计思路）

引导性问题	学生需要知道什么	学生能够做些什么
◆民间剪纸产生在哪里	▲自然环境相对恶劣、经济条件相对滞后，生活相对艰苦，为何剪花花的时候会如此开心？ ▲剪出的花花给老百姓内心带来什么？	▲初步思考、辨析民间剪纸产生的原因。 ▲探寻民间剪纸呈现样态的视觉感受和审美效果。
◆如何剪花花	▲剪花花的方法是把纸片镂空。 ▲老百姓剪出的是啥样的花？ ▲是否认同老百姓剪出的大形和掏出的花纹？	▲选择1种镂空表现形式进行初步实践（练习）。 ▲辨识民间剪纸的大形与掏花子的表现样式。
◆剪花花，为了啥	▲了解民间剪纸的创作主体，乡村妇女群体的创作生活。 ▲没有学过美术、进过美术学院的乡村妇女，他们剪出的花样是艺术吗？	▲剪纸花样寄托着妇女们和百姓的心灵期望。 ▲初步理解老百姓追求美好生活念想凝聚在自己的剪刀上。

图 28

探究思考：百姓们的剪纸花纹为何要这样剪？（民间剪纸的造型原理？）

小问题2：花儿是怎样从百姓们心里不断出来的？（民间剪纸造型方法探究）

主题四：母亲的艺术

探究体验：一把剪刀的魔术。

基本问题：如何认识和理解"透光、透亮、透气"？为什么说"三透"法是民间剪纸的核心造"形"方式？

探究体验：参照"三透"法进行自主、探究性表现。

小问题1：母亲们在剪纸中凝聚了什么？

小问题2：她们是如何用剪纸技能表达心中的念想的？

探究体验：阴阳剪的绝技如何玩？选择两种剪法的作品体验探究。

主题五：中华民族的彩色童年

基本问题：黄土高原上的老大娘们都是怎样自由创造的？

探究思考：小纸片上究竟蕴含了多少艺术形式和表现品质？

小问题1：为何要请这些老大娘为美术学院的师生上课？

小问题2：难道说画家们还不如老百姓会艺术表现吗？

探究思考：他们的民间剪纸是艺术吗？为什么？

2. 主题一 "剪花花，为了啥"教学PPT

教学PPT设计制作：张馨月　李力加（图29、图30）

任务1：初识民间剪纸

基本问题（问题串）：

什么是民间剪纸？

民间剪纸诞生在哪里？

PPT左上角标注"任务"，以问题引入，启发学生在图像识读中思考和独立判断。

图31为陕西省澄城县柯田英大嫂家窑洞外，当我带领"浙派名师"班教师前往，谁也想不到，离县城只有18分钟左右的车程，映入眼帘的竟然是这样的景致。

民间剪纸的作者是哪些人？

他们专门学习过美术吗？

这是两个引发学生思考的问题，旨在暗示民间美术与学院美术之不同。采用动画"飞入"方式，呈现两位陕北婆姨剪纸的图像。（图32—1、图32—2）

图29

图30

图31

图32-1

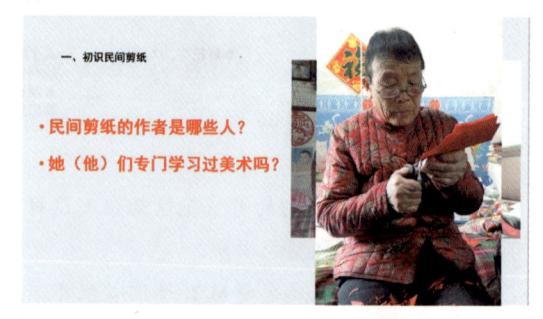

图32-2

图33

思考：

自然环境、生活条件相对艰苦，为何剪纸的时候她是这样的开心？

千百万位母亲、大嫂、阿姨……年复一年地剪纸究竟为了啥？

老百姓给自己的剪纸取了一个名字，叫什么？

"剪花花"！

剪的什么花？

此帧PPT（图33）的问题，采用动画"飞入"逐条呈现，以步步深入的方式启发学生思考与回答。当追问学生"剪的什么花？"之后，学生会自然脱口而出"窗花"（这是一般的认知常识），由此，顺势呈现吕胜中先生PPT中的陕北窗花图像（图34）。这一设计是教学主题备课预设与课堂生成相结合的一个范例。

任务2：探寻民间剪纸的秘密

剪出的花呈现出来，给老百姓内心带来什么感觉？（图35）

进入任务2后的三张图像，采用将剪纸婆姨郑大娘剪花的局部图＋飞鸟图＋图像资源，整合出这一过程。

图34

二、探寻民间剪纸的秘密

· 剪出的花呈现出来，给老百姓内心带来什么感觉？

图35

图像案例：大剪刀、小红人，带来了什么？

（模拟情境：学生在陕北老家生病后，老人为其剪"小红人"驱病魔，隐喻艺术发生学中的"巫术说"，但教师不明确讲述此概念）（图36）

这是一组动画呈现、经由图片"挖路径"后的组合图。为2009年春节期间，在陕北考察民间美术时，柯田英大嫂当时给"课标"组长尹少淳先生演示剪"抓髻娃娃"小红人时即刻拍摄。此刻，教师配合手中"小红人"纸样道具，和学生聊天中，引申出模拟的故事："假如我们班某同学的老家在陕北，假期到了，父母将自己送回老家。某一天，某同学病了，他的奶奶或阿婆悉心照料他，喂水、吃药、做可口的饭菜。还剪出很多这样的'小红人'，放在炕上身体周围，嘴里还不断念叨着一些听不懂

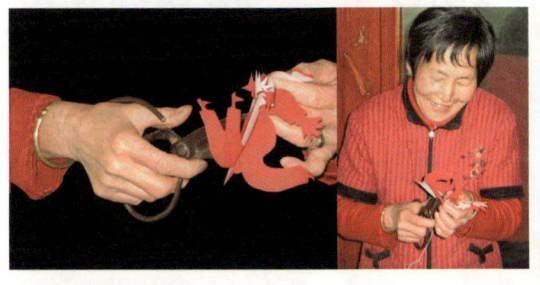

大剪刀、小红人，带来了什么？

图36

的话语……不几天，该同学的病就好了。"

这个虚拟的故事，暗示和隐喻艺术发生学中的"巫术说"。教师手中的"小红人"道具，屏幕上连续呈现的剪纸过程图像，共同构成一种情境。

图像识读：民间剪纸基本的造"形"方式——将纸片镂空。（图37）

任务3：作品选例图像识读（图38-1）

剪纸花样辨析：剪出啥样的花？

（由剪纸花样的"大形"辨识百姓的剪纸之花为何物？）

辨析剪纸大形之后，在学生图像识读疑惑中，引出大形中的镂空纹。（图38-2—图38-4）

由剪大形的红纸形态，动画呈现局部镂空纹的形态，引导学生在识图中独立判断，反复针对陕北婆姨剪纸中的要领"剪大形"和"掏花子"进行自主探究。教师同样在手中持一红色卡纸的"大形"与局部形，在学生赏析判断过程，课堂巡视，为学生提供更清晰的形态判断。

问题串（小问题）：

剪出（镂空）的究竟是些什么？

这样剪，看上去带来什么感觉？

大嫂、母亲、奶奶们为何这样剪？（图39）

大嫂、奶奶到底剪的什么？学生反复猜测、自主判断，或发生课堂争辩，在学生们讨论最热烈的时候，呈现此图，课堂上一片哗然！（图40）

讨论：

大嫂、母亲、奶奶（阿婆）们剪出的"形"态是生活里见到的，还是自己心里所想的？（图41）

这是艺术观念问题，是本课时（主题）中要集中力量探究的问题。当然，在短短的课堂

图37

图38-1

图38-2

图38-3

图 38-4

剪出（镂空）的究竟是些什么？

这样剪，看上去带来什么感觉？
大嫂、母亲、奶奶们为何这样剪？

图 39

图 40

图 41
大嫂、母亲、奶奶（阿婆）们剪出的"形"态？是生活里见到的，还是自己心里所想的？

时间里，不可能有对问题的明确答案，也无法对争辩的问题做更深入的探究，但对这一问题的深入思考，必然会让学生有深刻的课堂体验，对问题的探究自然延伸到课外。

任务 4：表述自己观点

问题串：

你认同本剪纸作品的"大形"吗？

说说对此剪纸花纹的（掏花）看法——

此剪纸里最多的花纹叫"锯齿纹"。（图 42）

五、初浅探究体验

· 尝试探究一种镂空语言——
· "锯齿纹"怎样剪？

图 42

此环节安排学生对剪纸造型中的"锯齿纹"表现方法进行探究。如何可以剪出这样的花纹？老师不准备示范，请同学们在抽屉里取一张小红纸，探究怎样剪。

任务 5：初浅探究体验

尝试探究一种镂空语言——

"锯齿纹"怎样剪？（图 43）

我们所体验的镂空语言，可能仅仅是很多表现方法里的几种，大嫂、母亲、奶奶（阿婆）们剪花的时候太自由（太随性）了，他们的剪刀之下，会产生更多种镂空表现方式。

图 43

有的老师提供了 3 种剪"锯齿纹"的方法（图 43 中左图），但是，学生可以自己探究出如何剪的方法（图43中中、右图是两位同学自己探究剪出时高兴地呈现）。教师的语言提示：是否需要先折纸再剪？可否不折纸直接用"掏花子"的方式剪？请同学们自己探究何种方法可以剪出"锯齿纹"。

师：我们所体验的镂空语言，可能仅仅是很多表现方法里的几种。

大嫂、母亲、奶奶（阿婆）们剪花的时候思绪上太自由（太随性）了，他们的剪刀之下，会产生更多种镂空表现方式。（图44）

这件作品中，有几种纸片上镂空的方法？

图 44

此环节要求学生课后延续对其他镂空方法的探究和练习。

任务6：作品比较分析

作品表现方式探究分析

这件作品中，有几种纸片上镂空的方法？

比较：此民间剪纸的"形"同前一幅剪纸作品中的"形"，有哪些不同？（图45-1）

此作品呈现时，学生会表现出特别喜欢的意愿，说明学生的视觉审美感知还是对与生活中真实小狗形象更为形似的剪纸作品感兴趣。这是学生中的普遍现象。

这幅作品中，有与前一幅作品里相似的表现语言吗？

请找出来，描述其相同与不同之处。（图45-2）

这两幅作品，你更喜欢哪一幅？为什么？

比较：此民间剪纸的"形"同前一幅剪纸作品中的"形"，有哪些不同？

图 45-1

这幅作品中，有与前一幅作品里相似的表现语言吗？请找出来，描述其相同与不同。

图 45-2

这两幅作品，你更喜欢哪一幅？为什么？两件民间剪纸作品有优劣之分吗？

图 46

两件民间剪纸作品有优劣之分吗？

赏析比较，是对学生视觉审美感知的引领。教师不发表倾向性意见，由学生们自己判断和讨论。（图46）

质疑与思考（图47）

（1）这些产生于偏远山乡里、炕头上的民间剪纸是艺术吗？

（2）如果看不明白怎么办？是什么原因造成自己看不明白的？

（3）会欣赏民间剪纸作品的眼光从哪里来？

质疑与思考

- （1）这些产生于偏远山乡里、炕头上的民间剪纸是艺术吗？
- （2）如果看不明白怎么办？是什么原因造成自己看不明白？
- （3）会欣赏民间剪纸作品的眼光从哪里来？

图 47

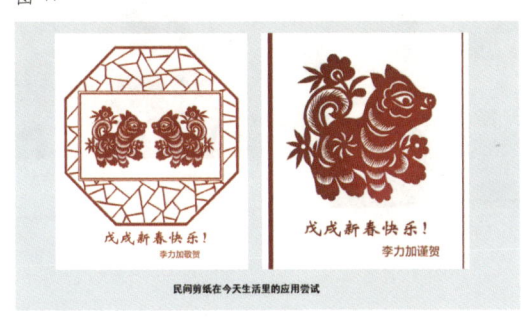

图 48

图 49

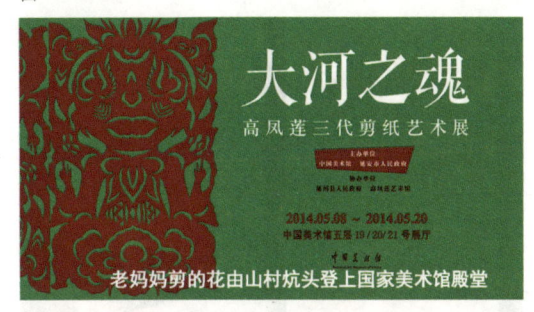

图 50-1

图 50-2

3个问题关联本主题大观念的认识、辨析和理解。

民间剪纸在今天生活里的应用尝试

呈现两幅以民间剪纸花样制作的电子贺卡。（图48）

教师提问：即将到来的春节是农历什么年？学生会立刻回答：狗年！分别呈现两张民间剪纸贺卡，老师设计了两款不同的电子贺卡……

任务7：初步相识母亲

感恩母亲——千百位祈福美好生活而剪花的老妈妈！

从哪里可以看到她们的原作？可否见一见老妈妈呢？

（呈现中国美术馆"大河之魂——高凤莲三代剪纸艺术展"相关展览图片）

老妈妈剪的花由山村炕头登上国家美术馆殿堂

我国民间剪纸申报联合国"非遗"首席传承人高凤莲向中国美术馆捐1000多幅剪纸作品，时任中国美术馆馆长范迪安先生向她颁发捐赠证书。（图49、图50-1、图50-2）

在陕西省延川县一个山头顶部的村子里，我曾看望这位剪花妈妈……（图51-1）

她对我说："剪纸是自己的事，心里有了才剪。"（图51-2）

但是，在我离开她家之后的第17天，她就因病永远离开了我们……

图像识读与结语：

这是蕴含着中华美育精神的心灵之花、希望之花、追求美好生活之梦的幸福花……（图

图 51—1

图 51—2

图 52

本课时小结：剪花花，为了啥
下一课时：花非花，什么样
期待和同学们继续探究——

图 53

图 54

52）

　　课时小结：剪花花，为了啥
　　学生回答：为了幸福！（自发产生共鸣）
　　下一课时：花非花，什么样
　　期待和同学们继续探究——
　　（图53、图54）
　　（本单元主题一"剪花花，为了啥"，已经在全国小学、初中、高中实践教学20场以上）

（四）坚守为党育人、为国育才的美育方向

1. 超越美术学科本位的教育观转变

　　超越美术学科本位，实现立德树人教育目标，是新时期美术课程必须把握的方向。习近平总书记强调："教育是国之大计、党之大计。要从党和国家事业发展全局的高度，坚守为党育人、为国育才，把立德树人融入思想道德教育、文化知识教育、社会实践教育各环节，贯穿基础教育、职业教育、高等教育各领域，体现到学科体系、教学体系、教材体系、管理体系建设各方面，培根铸魂、启智润心。"加强学校美育工作中，如何实现美术课为党育人、为国育才，立德树人目标？指向核心素养目标的单元课程教学，需要超越学科，走向育人。《民间剪纸的秘密》单元课程设计和课堂实践，充分诠释了美术学科育人的教学路径。

　　民间剪纸主题教学超越学科的首要任务，是教师要摆脱长期以来单纯传递剪纸技法的低水平临习教学。如："同学们，本节课我们学剪窗花。"又如："对称剪的方法有……"这种"一课一练"方式的美术课，不仅无法让学生获得民间剪纸的表现技能，而且，对民间剪纸的理解也仅仅停留在某个图形如何剪的局限性模仿，根本没有形成对民间剪纸造型形态赏析、评述、判断、评价等视觉审美文化含量的层面，更谈不上对民间美术文化的深度学习与理解。美术"学科结构源自人对世界日益深入的理解，它们将文化知识组织起来，建立联系，赋予意义"[1]。任何美术学科知识和技能、表现方法的学科结构都是灵活的"基础观念"，而并非固定的美术学科事实，其本身具有可理解性。民间剪纸作为传递中华美育精神的一种历史文化载体，其技能表现和造型表达，在乡土婆姨为主体的创作者独特创想作用下，用剪刀和简朴的纸材构成其特有的学科结构。

如何启迪主动思考的学生？关于"大概念""大观念""基础观念"，如何理解？8年来，围绕核心素养主题，不同专家在不同场合讲座中，对"大概念"有不同的称谓和解析。"大概念"一词，在普通高中课程标准修订过程的全国性讲座中，开始被美术教师所知道。随着威金斯和克拉斯韦尔《追求理解的教学设计》，埃里克森和兰宁《以概念为本的课程与教学：培养核心素养的绝佳实践》两本著作介绍给美术教师们，大概念、逆向思维、UBD评价体系、理解、深度学习、概念为本、KUD模式等具体内容，这些名词、文本思绪和操作化方面的问题，逐渐被教师们知道以及认识。教师教学观念上的转变，应该基于什么是真正的学生主体、什么是学生立场而展开思考，也就是坚信以学生为中心的教育理念，发现善于主动思考的学生，激发其批判性思维。在基于大观念、指向核心素养目标的美术单元课程中，为学生自主探究学习而进行教育变革。

"大概念"是西方语境的词语，威金斯和克拉斯韦尔解释了对于分辨事实性知识和感性知识如何"理解"的过程，埃里克森和兰宁"采用以观点为中心的概念为本的课程模式，推动学生从事实性知识走向概念性理解的学习"[2]。自普通高中课程标准修订到义务教育各学科课标修订过程，相关文本中倡导用"大观念"，学科"基础观念"这一词语源自张华先生文章论点。任何学科结构中都有灵活的"基础观念"。不仅是民间美术（民间剪纸），如油画作品学科结构中同样有自己灵活的"基础观念"，在中国画中也有。有很多美术教师反馈，不清楚何是"大观念"，也不明白在某个单元主题名称确立后，自己怎样提炼和确立该主题的大观念，更不明白怎样在"大观念"统领下，进行主题单元课程的教学设计。实际上，作为美术教师，由美术学科视角相对容易上手。提取"基础观念"很重要，但大多数老师对此感觉很难。原因在于很多教师思维状态还停留在所谓美术学科本体角度，只看到教学内容表层的美术知识和技能以及表现方法等，没有从学科结构中提取基础观念的意识，更谈不上提取方法。

所谓学科"基础观念"，就是帮助教师在面对一个单元主题时，能够有一个基于美术学科本位（结构）的思维线索。可以更快一些对指向核心素养目标的美术课程提炼大观念有入门之路。任何美术学科的"基础观念"都是需要持续理解的，不同的艺术作品都存在自己的"基础观念"。美术家（包括民间美术创作者），其作品为何要这样表现，为何这样创作，有自己独立的、灵活的"基础观念"为支撑，也就是作品背后有自己的创作思想、意图。对"民

---

[1] 张华：《论学科核心素养——兼论信息时代的学科课程》，《华东师范大学学报（教育科学版）》2019年第1期。
[2] [美] 林恩·埃里克森、洛伊斯·兰宁著，鲁效孔译：《以概念为本的课程与教学：培养核心素养的绝佳实践》，华东师范大学出版社2018年版，第2页。

间剪纸，是中华民族普通老百姓借以情感寄托的、最为常见的审美图像造型表现载体"这一大观念的持续探究和理解，学生就会知道文化和人是如何影响民间剪纸创作的。对"库淑兰彩色剪贴剪纸的文化内涵和精神意义"展开独立思考与判断，学生就能够对以库淑兰为代表的中国剪纸天才创造者们，为什么能够在生活相对贫困、经济还不发达的年代里，内心一直有着对美好生活的向往这种念想、精神支柱。主题单元课程的教学设计，要由此美术学科结构的线索，作为提取单元主题中的大观念，以此引导学生围绕大观念引出的基本问题，形成学生持续地自主探究和持续理解。

大多数美术教师的习惯思维，仅是看到某个教学主题需要传递的美术学科知识技能本身，如剪纸技法、"锯齿纹""柳叶纹"等。原教材中的教学主题也都是按照美术学科知识和技能、表现方法的传递，作为构成教材文本、脉络架构，以及设计教学、实施教学的逻辑。但是，指向核心素养目标的美术课程和学生的学习评价要求，确立"一课一练"的教学无法使学生发生深度学习。因此，现行教科书主题如果按照核心素养目标要求，进行大单元设计与教学实施，就需要教师放弃自己首选美术学科知识点的习惯思绪，先思考此主题中美术学科知识和技能、表现方法的发生是基于何种美术学科"基础观念"的。也就是"回到原点"，回到事物发展的本质这一逻辑线索，如追问某件艺术作品，它为什么产生，为什么这样，怎么可以做成（表现成）这样，作品背后的意义、内涵是什么。

如教师在讲"印象派"学科表现"点彩"技能这一主题的时候，就需要先从外光是如何影响画家们观察生活事物的角度，是怎样启迪他们创作想法的源头出发，提取出其采用"点彩"

表现技能生成的观念，是依据那个时代的一群艺术家的某个艺术观念而产生。教学设计时，先不要从怎样画点彩的具体表现技能进入，先不能直接灌输"点彩"具体方法，要先从外光影响下生活物象的色彩发生怎样的变化，从人的眼睛（视网膜）与生活物象之间的感知角度，启发学生研究和探究问题的本原，引出"点彩"的表现技能。如"艺术家通过其独特的技术和创意来表达自己对自然景色的看法和想法"。同时，还要引导学生探究究竟是在怎样的历史背景中产生了"印象派"，如"产生'印象派'作品反映了那个时代的文化"，其背后支撑着群艺术家创作的哲学观念是什么。以提取某个学科灵活的"基础观念"方式，进行单元主题设计和教学，就是这样一个道理。

对中国画表现的单元课程教学设计和学习更是应该这样。要从中国人特有的人与大自然相融的观念（天人合一）出发思考问题。如为什么在中国的古诗词中，呈现了大量的这种观念，中国人特有的观照世界的方式。这是中国人特有哲学观念下对生活世界、对自己、对社会的认识。由此，才有了中国画表现技法的产生。教师要提前研究这些技法是如何为实现古人自己的观念、"意念"服务的。如："为什么说以线造型是中国古代传统绘画特有的表现手段？"美术学科知识点也是同样的道理。指向核心素养目标的美术单元课程教学，教师需要提前这样思考和深度研究，绝不能陷入美术学科表象的、单一的低水平技能传递。而且，在当今时代，有些技能和方法已经不用再强行灌输（教）给学生了。

2. 基于学科观念重构课程内容

义务教育课程标准修订中，确立的课程基

本原则有一条是要"少而精"。美术课程中何为"少而精"？做到这一点，最重要的是要以美术学科"基础观念"去重构课程内容。提取美术学科"基础观念"要做到两点：第一，要把某美术学科结构具体到某个概念、观点上。也就是美术家、创作者、人的思维方式或者观察世界的一种概念、观念、观点的视角，然后把具体的美术学科知识和技能以及表现方法等与观念、观点联系在一起。所以，指向核心素养目标的单元美术课程一定要形成"大观念"来重构课程内容；第二，要让美术学科"大观念"回到真实的生活情境当中，融入真实的问题情境，与基本问题相联系。当学生基于这个美术学科大观念，以自主探究问题、步步推进方式，理解真实情境中的问题时，就会自己找到逐步解决前进中问题的方法。这就是新时代美术课程改革要求，"凝练美术学科观念，创设真实问题情境，亲历美术学科实践，积淀学科核心素养"。即一个让学生通过合作而学习，通过探究及问题解决而学习，把探究、问题解决和合作紧密地融合为一体，让美术教学和学生的课堂探究活动变成一种师生共同协作式解决问题的过程。这样的美术学习肯定属于深度学习水平，形成学生可迁移的学习思维方式。（图55）

图 55

案例："吉祥纹样"

这是依据教材内容真实课堂，某学校现场听课实录。教师在认真地教，学生生源也特别好，为何学生的作业还是达不到教师的期望呢？原因是，撇开核心素养、美术学科核心素养，不谈单元课程设计这些新教育观念，仅从美术学科技能教学来讲，教师本身对学科表现的要点也并没有全面把握。教材上这些吉祥纹样的民间剪纸，其学科表现要点是，在创作者（老百姓）一种民间美术表现结构"基础观念"下而产生的。教材主题"吉祥纹样"剪纸学科知识点为"对称"，这是教材想传递的美术学科知识点和技能表现的具体内容，其学科本质是由"剪大形"这一老百姓剪纸表现时的"基础观念"统领，当一张红纸经由纸张折叠、落剪之后，随之"大形"呈现，再深入剪，纹样细节才可能凸显。学生虽然按照教材及教师的范作临习，但是，并没有明白和理解老百姓剪纸表现"基础观念"是先"剪大形"，后"掏花子"的创作表现结构顺序，故学生照着范作先画出形再剪出作业却无法达到理想的效果。学生自己对作业效果也是不满意的。（图56、图57）

图 56

图 57

美术课学习，教师当然需要传递美术学科知识、技能和相应的表现方法，但教学绝不是把成人已经总结好的外部知识和技能，原封不动地传递给学生，对全体学生进行"一丝不苟"的机械训练。另外，所有具体的美术技能实践学习，在一个课时肯定无法达到理想的作业效果，"一课一练"最终的课堂样态是"一课一不会、一课遗忘"。美术学习离开强大的时间支持是空话。（图58）

图58

讨论1：为何要单元设计？案例呈现出的课堂状态说明，学生在课堂学习中，出现疑难问题，教师怎样面对学生的疑难问题，引导学生自己找到可以解决的思路，制定解决问题的方法假设等，再由学生通过个人实践行为去突破、解决这些问题。这就是教师们常常挂在嘴边的话，杜威先生提出的"做中学"，实际上是学生个体的一种"做中思维"，其强调的是思维。因而，这些课堂上学生自主发现问题、想办法解决问题的过程，必须依靠单元课程的持续推进方式才能够完成。"一课一练"传统教学范式及单课时教学，根本无法解决学生的思维方法，也无法解决全体学生动手实践作业都能够达成教师满意的效果！没有激发学生产生独特思维方式的美术课堂，没有形成和建构起学生独特思维方法的美术课，肯定不是以美术文化进行育人的课，不是指向核心素养目标的课。

在40分钟里，尽管教师提前讲述了民间剪纸的文化意义，讲述了吉祥纹样的部分内涵，仅仅是靠灌输方式给学生这些知识（文化），学生在课堂上也不可能全部听入耳，因为，没有在真实问题情境中，针对问题解决发生自主探究学习、主动的学习，学生都是坐着听教师讲，这样课堂内容和课堂形态不可能触动学生的内心。另外，本课在技能表现环节的时间分配，也不够用，美术课的课时不足，是美术课堂教学始终解决不了学生个体美术作业表现效果的原因。同时，又总按照"一课一练"范式强行实施教学，全体学生在课堂上美术学科技能表现体验操作，是在一种并不理解为什么要这样表现的情况下，仅采用低水平临习方式，对相应的美术学科知识和技能、表现方法等认识不到位。（图59、图60）

讨论2：为何听课过程我随手撕出一个剪纸纹饰的"大形"？此"大形"的作用在何处？说明和暗示了什么？指向核心素养目标的美术课程，倡导单元学习和基于理解的深度学习。但是，此单元并不是美术学科知识和技能、表现方法的单元、内容单元，而是学生自主学习单元，是学生美术学习活动的基本单位。随手"撕出大形"，隐喻民间剪纸中婆姨们所说的"先剪大形，再掏花子"，这一学科结构"基本观念"是本单元学习主题，从"美术学科知识技能单元"到"学生自主学习单元"的一种教与学的思维转换。目的是立足学生的自主学习与发展，以大观念的方式组织"学生自主学习单元"，随手"撕出大形"，看上去很生活化，但在学科

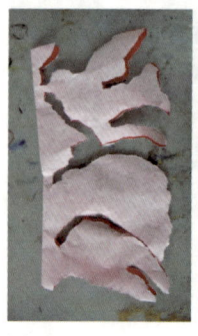

图59　　　　　图60

逻辑中体现出单元课程学科实践活动较为丰富、立体的活动性和开放性特征。当学生接受了教师随手"撕出大形"的视觉传递信息，某种心理暗示会启发学生，自己手中的剪刀比教师"随手"的撕纸更专业、更学科。这一心理转换过程将走向基于理解的对称剪纸学习活动，呈现为生活化问题情境。

讨论3：为何要以大单元设计，形成学生自主探究问题的深度学习？因为，唯有教学主题单元化，将主题内容结构化处理，在不同的课时中，完成不同的任务，形成对大任务、大主题、大单元主题的不断理解和持续探究，学生才可能真正进行深度学习。有了基于理解的深度学习，学生才能领悟单元主题弘扬的价值观，才能将学科知识转化为能力。建议，指向核心素养目标的美术单元课程教学设计，在大单元框架下，需要安排专门课时，引领学生练习美术学科表现技能和方法。不能以公开课里所看到的那样，一堂40分钟的课里，什么环节都有，什么都接触一点，什么也没有学会。还是需要在大单元主题框架下，将美术学科知识技能进行结构化处理，用项目化、任务群的方式，一个课时集中力量、时间突破和解决一个问题。

在主题内容方面，"三种文化"是教师必须把握的"四个自信"主题单元课程方向！"三种文化"以及中国传统美术内容博大精深，是基础美术教学中需要持续强化的一个点。如何在"三种文化"和中国传统美术主题单元课程学习中激发学生的深度学习，教师自身终身学习的力度如果跟不上的话，真是相当难！如民间年画（木版年画）主题，不少美术名师和教师都在上此主题的公开课。但是，民间年画主题的课还缺少什么呢？为何无法指向核心素养目标呢？缺少的就是民间年画学科"基础观念"统领下的单元课程设计。

学科"基础观念"案例：

民间年画，是中国传统文化岁时风俗中不可缺失的精神食粮，也可以说是中国文化遗产中分量最重的一部分。因为，说近了，数百年来，有无已数计的民间年画作品，在家家户户中形成的生活化的、自然方式的"画展"，有着代代相传的观众……崇尚大美的中国人（家庭、老人、孩子、中年人、族群），持久地、年复一年地徜徉在年画的历史长廊，陶冶情操，润泽心境，逐渐文质彬彬。所以，在美术教学中，请教师不要单一地将民间木版年画叫作"艺术"，因为，那个时候，它是中国百姓世代众生灵魂的寄托……美术课程需要探寻"民间年画在世代生活中对于百姓家族群体的教育意涵"这一大观念。

小结：

（1）在民间文化主题的感知体验中，确立育人的文化价值观与美术的"术"之习得之间的协调、整合发展，是通往理想的美育目标的基础。对儿童的感性能力得以唤醒、培育过程其艺术素养之审美感知水平的评价，体现了美术教育对儿童（人的）感性能力培养的基础性、不可替代性价值。学生的审美感知水平，决定其表现体验水准。

（2）以大观念、基本问题为导向，面对真实生活情境中如何解决问题，提出单元大任务，启发学生用美术思维自主解决问题。强化学生思维方法的迁移，引导学生举一反三等。说出和背诵上述教育理念很简单，但具体在美术课堂落地，有很大难度。教师要把握美术的视觉性特征，教学要引导学生基于图像识读的审美判断，统摄美术表现和创意实践，为落实文化理解奠定基础。

（3）以美培元，这一目标要求是学会视觉感知的教育。将学生原有的视觉感知习惯，经由对"三种文化"视觉图像资源的自我探寻和不断浸润，构建学生的视觉文化感受力、文化价值观，这是美育目标在学生群体全员全过程得以具体落实的基础。由此引领学生树立正确的历史观、民族观、国家观、文化观，陶冶高尚情操，塑造美好心灵，增强文化自信。

普通高中各学科课程标准界定"学科核心素养是学科育人价值的集中体现，是学生通过学科学习而逐步形成的正确价值观念、必备品格和关键能力"。[1] 以高中美术"课标"对美术学科核心素养的定位，做以下推论：学生所具有的美术学科核心素养（义务教育阶段为关键能力），是学生通过普通高中、义务教育阶段美术课学习而逐步形成的，那么，美术学科本身自然要具有相应的对应物。学生之所以能通过美术学科知识和技能的学习，逐步获得与形成美术学科核心素养，是因为美术课程本身的跨学科渗透、关联、沉淀，全面体现着美术学科知识和技能、表现方法的创生者、教科书编写者所聚焦的核心素养。从这个意义上讲，厘清美术知识、技能、表现方法的学科结构，教学设计时，教师才能够对美术知识、技能、表现方法的学科结构有不同构想和创意，这直接影响全体学生对美术学科核心素养的认识、理解和培育。只有这样，学生才能通过不同阶段美术学习，将美术学科知识和技能、表现方法的创生者、教科书编写者所聚焦的核心素养转化为自己的核心素养。

美术学科知识、技能、表现方法，作为一种知识体系，包含着多种要素及其相互关系。美术学科知识和技能体系所包含的诸多要素及其相互关系，形成了美术学科知识和技能、表现方法的学科结构。从美术学科知识和技能、表现方法的学科结构来看，普通高中美术课程、义务教育艺术课程美术学科，学生应该把握的美术学科核心素养，可呈现为两种形态：一是从历史以来作品/物的结论与结果上来看，可分为事实或概念性知识技能、方法性知识技能、价值性知识技能，由此构成了美术学科知识技能的层级结构；二是从美术作品/物的呈现表现与展现方式及过程上看，可由美术作品/物的"价值旨趣+问题提出+方法（论）+事实或概念性知识"，构成美术学科知识技能的顺序结构。

三、知识技能结构视域下美术学科核心素养培育路径

（一）美术教师自身站位决定教育格局

长期以来，在"双基"目标下，美术教师对课堂教学认识的局限，用教师是否"教美术"技能作为评价标准。从"双基"走向"三维目标"前10年的课程改革，美术教师对《全日制义务教育美术课程标准（实验）（2001年版）》的质疑，聚焦在课程理念淡化美术学科本位取向，提出美术课程具有人文性目标。不少美术教师认为，强调人文性的美术课，自己的"田"被其他学科教师"耕作"了，美术课没有了"术"，不知道怎么上。2012年3月，《义务教育美术课程标准（2011年版）》颁布，美术教师普遍反馈，新修订"课标""回归"了"美术本体"。之后10年似乎是"教"学生临习"美术"之"术"的美术课占据上风。但是，20年前尹少淳先生提出"走向文化的美术课程"，与2014年高中课程标准修订注重美术学科核心素养，在美术教育目标和育人教育理念上更趋于一致。

从美术学科历史发展来看，美术学科知识和技能、表现方法等是人类认识生活世界、创造新生活、新视觉图景的结晶。将"认识结晶论"

---

[1] 中华人民共和国教育部：《普通高中美术课程标准（2017年版2020年修订）》，人民教育出版社2020年版。

作为美术学科知识和技能、表现方法发展历史的结论，不仅在于其经得起美术历史的哲学思考与逻辑的证明，而且在于其经得起人类历史上美术创造者前赴后继、诸多创作经验的验证。小学美术教材中，有一技能表现课"大师画，我也画"，跟着前辈绘画大师临习，属于符合美术历史发展逻辑、能够进行实践经验验证的美术学科知识和技能。但是，美术学科知识和技能、表现方法，不论是偏重于逻辑证明的理性主义知识观，还是侧重于实践经验验证的经验主义知识观，对于学生群体的生命发展和成长来说，美术学科知识和技能以及表现方法，则都应该服从于儿童个体身心发展的规律，服从于人类美术文化发展的历史。

人是具有反思意识与能力的。所有儿童，直面人类的美术创造，开始认识、了解和逐步理解、接受历史以来前人总结的美术学科知识和技能时，在探讨为什么要这样画（这样表现）时，如果遇到一位"明师"（明白育人道理的教师），通过真实问题情境，大观念统领，在对基本问题探讨中，回顾、探寻某种美术学科知识和技能以及表现方法怎样创生的过程，逐步揭示出这一美术学科知识和技能得以创生的方法、思想与思维，这样，可以逐渐形成对一种新型的美术学科知识和技能类型——方法性知识的认识和理解。学生还可以在此基础上，进一步追问历史上的艺术家（为了生命需要而不断视觉造物自主表达的人）为何能够创生出这样的美术学科知识和技能，如库淑兰彩色拼贴剪纸，并不是民间剪纸常见的技能和表现方法。一旦学生经历了对其自主探究性学习过程，就能够汇聚成另一种新型美术学科知识和技能类型——价值性知识。义务教育、普通高中教育美术单元课程学习，学生对美术学科知识技能体系不同层级的体悟，美术育人目标的实现，将由此通过对美术学科知识和技能、表现方法等知识层级的研究性学习过程，关联方法性知识，最终理解美术学科知识和技能的价值性，从而得以真正达成作为全面发展的人所应该有的正确价值观、必备品格和关键能力。

案例：来自上甘岭的家书

单元课程设计前的思考：

（1）如何创设（依据）真实的问题情境展开单元教学设计？

（2）美术教师需要特别关注火热的社会生活。

背景素材：

2020年10月24日是中国人民志愿军抗美援朝出国作战70周年纪念日。《中国青年报》微信公众号刊发一组图片"九宫格"，是江苏省的白发老太太李曼捐赠给中国人民革命军事博物馆的珍贵展品：她的哥哥、中国人民志愿军战士李征明当年在抗美援朝战场前线那硝烟弥漫的上甘岭战壕中写给家人的信。（图61、图62）

《中国青年报》公众号的这组图片，可以立刻唤起我们对当时情景的系列联想，根据此情境可即刻设计一个大单元主题思路初稿。

1. 大观念、大任务、大问题、项目化

核心素养本位的美术单元课程教学设计，关联普通高中教科书"美术"《美术鉴赏》（人美版）教材单元主题，形成初步设计思路：

烽火连三月，家书抵万金。

教材单元主题的大观念：

为人生而艺术

基本问题：

为什么说家国情怀是中国现代美术重要的精神品格？

图 61

图 62

图 63

图 64

小问题：
这是几封怎样的家信（家书）？
家书表达了怎样的内容？
家书是在什么背景下写的？作者是什么人？（图63、图64）

公众号上刊发的家书图片与文字说明，提供了本主题单元课程教学设计的素材和教学资源线索。由此真实的生活案例，为提炼单元主题的大观念、基本问题、设计思路铺垫了基础。此刻，教师首先考虑的并不是单元主题中的美术学科知识和技能、表现方法，也不是相关美术作品，而是单元主题蕴含的价值意义，以及此价值意义如何转化为学生可以领悟的思想。

书信图片中的内容细节，作为主题单元教

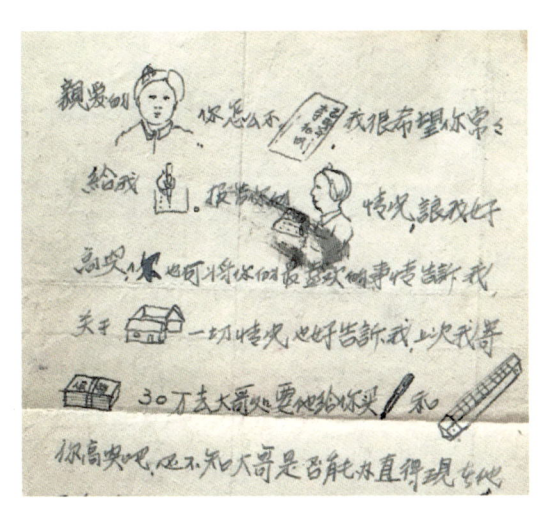

图 65

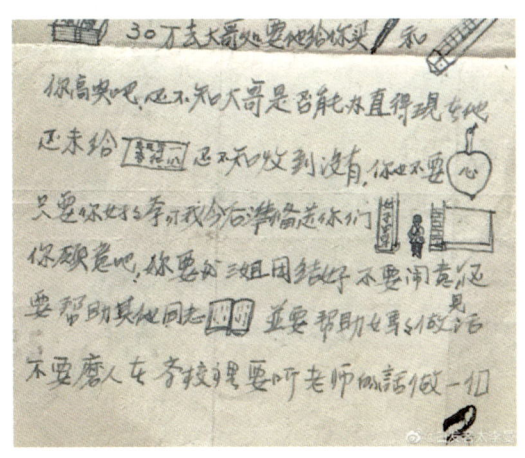

图 66

学设计问题线索，教师需要提前学习、分析、查阅、研究相关资料。由此提出相关问题，作为推进大单元课程中，以大任务的范式解决大问题，引导学生完成美术课程的大项目。（图 5）

如书信的局部呈现，"亲爱的妹妹"，出现"妹妹"的形象，"你怎么不"给我写信，"写信"出现信封的图像。"我很希望你常常给我"写信，呈现"书写"时的图像形态。"报告你的"和家里的"情况"，此处出现"家"的图形以及画出了"妹妹"的侧面形象。"让我好高兴，你也可将你的最喜欢的事情告诉我"，"关于"家里的"一切情况也好告诉我"，此处的"家里"画出一组房子和院舍的图形。"上次我寄"人民币（图形）"30 万去大哥处，要他给你买"钢笔（图形）和口琴（图形）。这句话的"人民币"画了一叠钱的图形（当时新中国刚刚成立，人民币的币值还没有进行转换）。书信中"钢笔""口琴"都画出了具体的形象。

分析： 从对书信文字和图形的图像识读来看，本主题单元课程蕴含的美术学科知识和技能主要是一种识知。上述图形（图像）解析文本，表现为教师在主题单元价值观念的引领下，

由备课、教学设计伊始，自己要首先澄清本主题单元课程的研究问题，力求运用某些研究（探究）方法、思想与思维，最终学习目标是要力求学生通过本单元课程，不仅仅是获得某种事实或概念性知识。大家都应该明白，美术学科知识和技能以及表现方法等，并不是上天赐予学生们的现成物，而是学生基于真实问题情境探究学习过程自主创生的产物。以往的美术课，过于关注学生认识的结果，如本主题单元课程的美术学科知识和技能为"手绘"书信，在现行多版本美术教科书里，都有手绘主题的课，这些教材的"手绘"内容，仅仅是将这一美术学科知识和技能界定为"经过美术家实践论证过的真信条"。这说明以往美术教科书的编写，遗忘了或者根本没有意识到应该从美术学科知识和技能以及表现方法的原初意义上探寻问题的本质。因为，所有的美术学科知识和技能皆是知识创生者（学生）基于自己求知的价值旨趣，运用某些研究（探究）方法、思想与思维，对本主题单元课程大问题的尝试性求解过程。这才是美术学习的真谛，育人育心，使人的能力得到提升。（图 66）

对白发老太太李曼保存了近 70 年的这些书

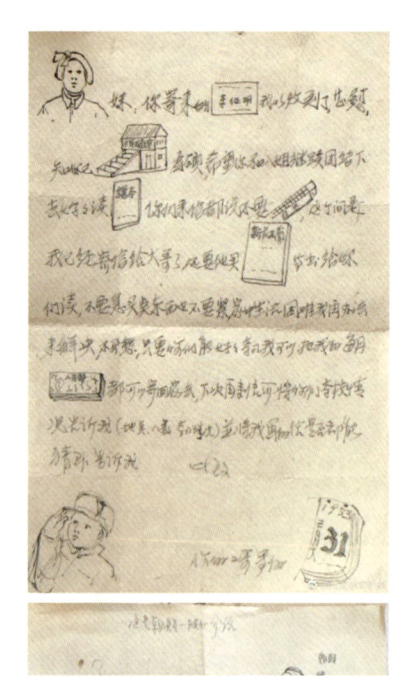

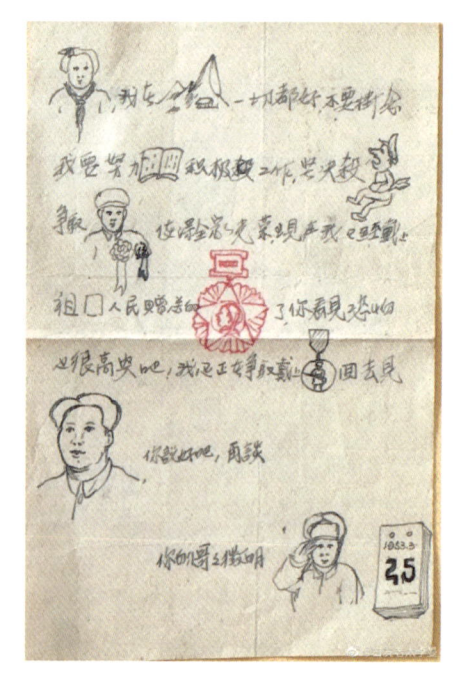

图 67

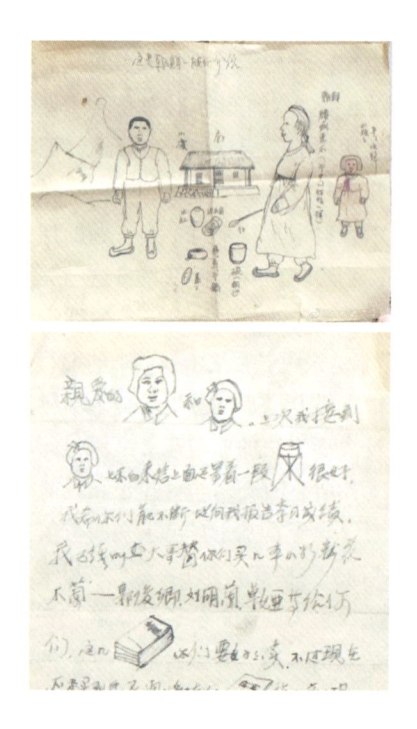

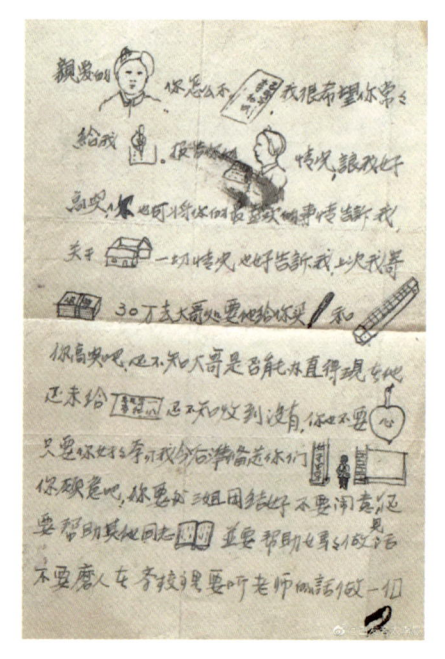

图 68

信图片的图像识读、解析，欣赏感知、描述分析，是生发问题探究的心理基础，这一单元主题课程设计时，需要首选的学习内容和任务。（图67、图68）

◆ **背景素材反馈**

在根据社会生活中真实问题情境进行单元课程教学设计时，教师需要对相关背景素材进行梳理。《中国青年报》公众号刊发"九宫格"图片内容时，美术教育领域各位老师针对这一内容，发表对此社会热点问题的共通观点：

这不就是当代徐冰的"地书"么，向英雄致敬！——段鹏博士

英雄手绘家书让人感动！——谢丽芳

这就是美术，这就是美育，是大美！——龙念南

我们的美术老师需要在火热的社会生活中捕捉闪光点，与自己的美术教学内容融合，这样的教学才能真育人。此案例我全部截图做成真实的情境、大观念、基本问题，为什么说家国情怀是中国现代美术重要的精神品格？——李力加

这组书信内容，特别自然与生活化，每一个剪切的局部图内容，在构成单元课程教学设计时，都可以应用于学生思考和探究学习，为学生自主解决问题提供了非常好的学习线索。以下截图中书信的描述、手绘图形非常感人：

妹妹：我在前线（"上甘岭"图形）一切都好，不要挂念。我要努力学习（书的图形），积极工作，坚决杀"敌"（图形），争取"立功受奖"（描绘出自己戴着大红花和奖章的英雄形象），使得全家光荣。（图69）

这段书信截图，可以让我们深切感受到一位志愿军战士，为了保家卫国，在前线战壕中的真实心理活动。书信中，上甘岭的图形描绘特别生动，山头、山势都刻画出来了；"努力

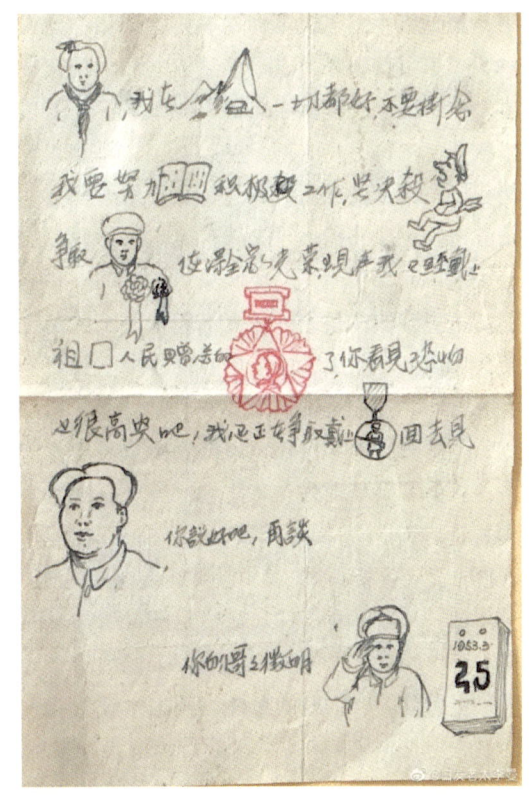

图69

学习"便画出翻开的"书"图形，非常形象；还有战士联想到自己"立功受奖"的英雄形象，高大、向上。这些书写与图形描绘，伴随欣赏者的图像识读、自主判断，内心在震颤。

现在我已经戴上祖国人民赠送的抗美援朝"奖章"（红笔画出的奖章大图形）了，你看见恐怕也很高兴吧！我还正在争取戴上"杀敌立功、战斗英雄奖章"（奖章图形中有手持钢枪的展示形象）回去见"毛主席"（毛主席头像）。（图70）

这一截图中的书写与手绘图形，让我们深切地感受到，一位志愿军战士保卫祖国的赤胆忠心和坚强信念，以及对于祖国亲人的深深思念之情。

公众号上提示，李征明烈士的妹妹将这些

书信捐赠给中国人民革命军事博物馆和中国人民大学家书博物馆。这一信息为之后如何架构本主题单元课程提供了新的素材线索。需要美术教师关注的是，公众号这样说：这一张张"表情包"家书令网友看哭。这是媒介用了社会性语言来陈述家书的表现方式，美术教师设计这一主题单元课程时，需要从美术学科知识和技能、表现方法的角度，从美术表现语言的角度架构本单元。因而，从《中国青年报》公众号"九宫格"图片呈现结果看美术学科知识和技能，此刻的美术学科知识和技能以及表现方法等，就会仅仅呈现为一个命题，所遵循的是命题逻辑，"手绘"作为美术学科知识和技能、表现方法的要素，成为美术教师需要抓住的"学科本位"。教师对于这一组书信图片所蕴含的美术"学科本位"要素的识别，表现为由美术学科概念、内容主题的命题与美术学理论综合因素所构成的判断体系。（图71、图72）

但是，当教师从美术如何育人的过程来审视书信，其所蕴含的美术学科知识和技能以及表现方法，则呈现为一种对本主题单元课程大观念、基本问题意义的求解。美术教师在实施课堂学习时，所遵循的是一种问答逻辑，表现为此主题单元课程中美术学科知识和技能、表现方法等，是由书信图像的"视觉审美价值旨趣＋问题探究＋研究性学习方法（论）＋单元主题结论"这样的自主探究学习脉络。当美术教师能够如此看待、理解美术学科知识和技能以及表现方法，那么，美术学科知识和技能、表现方法就能够成为基于求真、趋美与臻善的视觉审美价值旨趣，学生群体围绕书信图像引发的某些问题，运用某种探究方法，而获得经过论证的、正能量价值取向的真信念。这就是核心素养本位的美术主题大单元课程教学设计，对于美术如何育人的方法与实践。

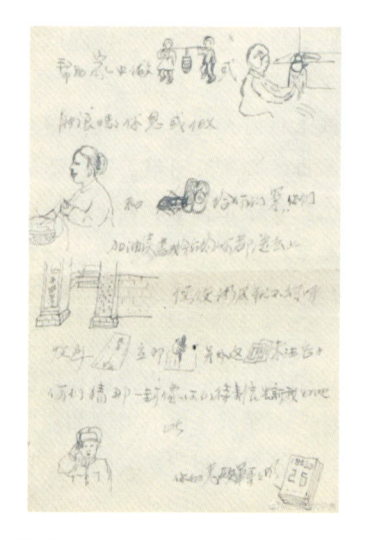

图 70

图 71

图 72

2. 围绕一个问题组织单元课程实施

如何围绕"家书"这个问题组织单元课程实施呢？教师自身的教育格局起关键作用。教育格局是指美术教师对于社会热点问题的敏感度，对于美术本质的理解水准，对于美术如何育人教育观的认识和理解水平。

（1）教科书内容与社会主题

普通高中教科书"美术"《美术鉴赏》（人美版）第六单元：时代之境——中国现代美术，主题二：为人生而艺术。"为人生而艺术"可以作为"书信"单元课程大观念，基本问题可以是"为什么说家国情怀是中国现代美术的重要精神品格？"。这可以成为"书信"单元课程基本问题的核心观念。同时，基本问题"为什么说中国现代美术是时代的镜子？"同样可以在本单元课程中应用。（图73）

教师如果直观地、不假思索地浏览教材版面内容，在视觉图像方面（教材中的美术作品）似乎找不到与"书信"主题相关的作品。由此引出新时代美术教师教育观视角转换，如何分析、研究、使用教科书问题。

透过现象看本质，是解决问题的重要方法。根据教材单元主题、基本问题，紧密关联火热的社会生活，是设计美术主题单元课程的一个诀窍。阅读新版高中美术教科书内容，可以直接迁移到小学、初中美术单元课程，任何学习主题教学设计可以由此举一反三。火热社会生活中真实问题情境，是与大观念、基本问题内涵密切吻合的。当中国人民志愿军抗美援朝出

图 73

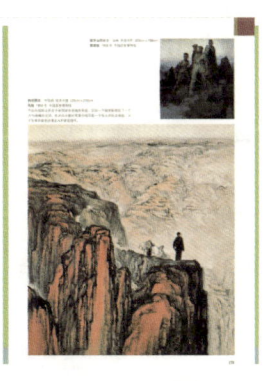

图 74

图 75

图 76

国作战70周年这一现场活动"书信"（家书）的图像资源在"朋友圈"迅速传播时，高中《美术鉴赏》教材单元课程主题内容即刻与其融合，在教学设计确立大观念、基本问题后，与抗美援朝这一重要历史事实相关的美术作品相当丰富，马上可以纳入单元课程资源。（图74）

大观念、基本问题，是单元课程设计的核心。这些作品都体现了本单元主题大观念和所要探究的基本问题，可选作品内容丰富。（图75—图79）

图77

图78

图79

（2）美术教师的责任：美术如何育人

此单元课程教学设计，依据高中《美术鉴赏》教材第六单元主题二已经确立的大观念、基本问题的"疑问句"（尹少淳先生论点），结合火热的时代生活，连接学生的生活经历，关注刚刚发生的社会政治时事，确立真实的问题情境，由此展开教学设计。段鹏博士发微信说："美术和生活的结合，绝非只是一个呼吁和号召。李老师可以在此方面多做强调和引领啊，'源于'生活，'高于'生活，素养才能真真正正地入脑、入心！！"

2014年以来，尹少淳先生一直在讲：核心素养本位的美术课程，"核心素养是上位，学科知识与技能是下位"。志愿军战士李征明在上甘岭战役牺牲前的家书，属于用美术的方式表达自己对家乡亲人的爱、挂念、丰富的情感等，"手绘"表现是美术学科知识点。但是，在单元课程教学设计的时候，不能从直接教授、传递"手绘"这一美术学科知识点（暗线）进入课堂，而要转变为以战士书信中蕴含的家国情怀入手，从志愿军战士爱祖国、爱人民的崇高价值取向（明线）入手，展开对这一本质问题的深层次意义探究。这就是美术学科知识和技能以及表现方法等的价值旨趣。这提示美术教师，研究美术课如何育人的教学设计思路，是单元课程主题的价值意义，包裹着美术学科知识和技能以及具体表现方法等。学生所有的学习活动，都是为了理解单元课程主题的价值意义目标而层层推进。（图80）

3. "发自上甘岭的家书"主题单元设计思路

单元主题：发自上甘岭的家书
主题1：写给祖国亲人的信

图80

主题2：战壕中无尽的挂念（思念）

主题3：祖国妈妈的好儿子

任务群：

（1）识读战士手绘书信。（2）分析书信构成元素。（3）书信怎样表达情感。

在三个任务中，引导学生们图像识读，深入分析这位中国人民志愿军战士的家书，当年在战壕（坑道）中他采用了什么方式表达自己的情感，书信中的图形是如何手绘的？从书信中可以看到什么形象？是怎么画、怎么写的？文字、图形与书信整体的关系是怎样构成的？……这是本单元课程的探究重点，直接指向单元主题的价值意义。

设计要点：包裹法

美术学科的知识和技能等要素要包裹在大观念——战士浓浓的家国情怀之中。这就是尹少淳先生所讲的"包裹法"。在几个版本初中《美术》教科书里，都有"手绘"类单课时内容，但是，这些课的教学指向，仅仅是传递怎样画手绘的技能、方法，如构图、线条、造型等，直接陷入学科知识技能小圈子，与核心素养本位的美术单元课程育人要求相背离。

教学设计素材拓展：与影视作品联结。本单元可以搜集到、选用的素材有，央视连续纪录片《较量》《为了和平》等，2020年电影《金刚川》，2021年最热电影《长津湖》、电视剧《跨过鸭绿江》，2021年最新纪录电影《1950他们正年轻》等，还有1950年以来表现抗美援朝主题的诸多美术作品等。同时，关联2021年9月相关新闻报道《英雄回家——中国人民志愿军版〈错位时空〉》《老战友，要回来了！》以及"为志愿军烈士寻找亲人"报道中"志愿军烈士遗物"图片等。学生实践性表现作业可以有几个思路：用手绘方式表现自己的生活、情感体验，用手绘的方式表现家乡，用手绘的方式表达自己生活成长中感恩的人，等等。

◆**教学设计思考**

（1）如果按照习惯教学方式，有的教师教学设计时可能直接引用段鹏博士的留言：此书信如同现代版的徐冰"地书"，将此概念采用灌输方式直接给学生，还会解释性地向学生灌输，什么叫作"地书"，等等。这样教看上去似乎很美术学科本位，但触及不了学生的心灵（灵魂），弱化了单元主题的价值观目标。

（2）美术，是人用视觉的方式，自主解释世界、创造世界的独特手段！当年在上甘岭阵地上，志愿军战士李征明的书信里，可能说不出（画不出）一些美术术语，也没有讲什么是线条的美感，什么是形象塑造。但是，他的书信为何打动人？他信中画出战斗英雄佩戴奖章的形象，欣赏时我们的心在颤抖！

（3）为什么龙念南老师当时在公众号留言强调说"这才是美育，这就是美术"？核心素养本位的美术单元课程，如何将美术学科知识和技能等自然地与单元主题的核心价值观融合在一起，如何在引导学生自主探究活动中，触动学生的内心生发感动，是单元课程教学设计和教学实施中的一个巨大难点！

●本主题单元课程"知道"和"做到"

学生应该知道：

（1）家国情怀是中国当代美术重要的精神品格。

（2）手绘书信是志愿军战士表达浓浓情感的一种特殊方式。

（3）尝试用手绘书写方式表达自己对生活、亲人的情感。

学生能够做到：

（1）初步理解"为人生而艺术"的基本内涵。

（2）分析志愿军战士的手绘书信运用了哪些美术语言。

（3）想一想手绘书写方式的表现还有哪些形式和方法。

（4）尝试用1—2种手绘书写方式表达自己的情感或记录自己的学习生活。

论点： 美术学科核心素养，是对21年（2000年课标研制启动、2001年全日制义务教育美术课程标准"实验稿"颁布实施）以来，所提出、要求的课堂教学"三维目标"的一个必然超越。美术教师需要持续思考何为价值观＋必备品格＋关键能力（美术学科核心素养）。《义务教育艺术课程标准（2022年版）》"美术学科标准"中，将"欣赏评述"作为四类艺术实践方式首位，有着深远教育引领意义。落实学生眼睛"视觉的关心态度"（审美价值观），养成学生整体"感知觉的敏锐度"（基本能力、"五感"的整体感受），拓展学生视觉经验、增强思考和表达能力（左膀右臂）：

观看方法—美术学科能力—思维方法

◆美术学科核心素养（关键能力）误解之辩

（1）作为基础教育阶段的美术课，其本质并不是单一专业美术技术、某项美术技能、表现方法的习得，而是学生通过美术课体验活动，养成人生发展需要的基本能力（想象、思考、联想、创造、表现、计划、严谨、解决问题）。

（2）基础教育阶段的美术课，其本质并不是追求课堂作业的完成度，也不是追求美术社团作业的精彩度，而是通过美术学习，培养学生的人格特质（自主性、感受性、追求完美的细腻度、开放向上的心态、坚忍不拔的自信心）。

（3）基础教育阶段的美术课，其本质并不是为了让学生学会某些艺术形式分析，而是经由美术的学习，培育学生的人文素养（参与，沟通，合作，尊重，包容，多元价值认同，对生命、自然、环境、社会的关怀）。

（4）基础教育阶段的美术课，其本质并不是让全体学生习得专业的美术知识，而是以美术的方式，参与社会生活实践的体验(生活实践、精神性生活价值、文化、生态、社会关怀、民俗、社会文化艺术活动、生活美感体验、自我反思与行动力）。

小结：义务教育阶段的美术课、普通高中美术课（虽然部分学生未来有美术专业选择），并不是学习美术的教育，而是"通过艺术的教育"，这才是育人的美术课。加强学校美育工作，实现美术课为党育人、为国育才，落实立德树人根本任务，需要超越学科，走向育人，指向核心素养本位的美术课程教与学。

（二）单元设计对标美术学科核心素养

核心素养本位的美术课程改革，《普通高中美术课程标准(2017年版2020年修订)》和《义务教育艺术课程标准（2022年版）》，共同目标是培育学生核心素养。一般美术课教学目标从"双基"演化为"三维目标"，是一次革命性转折，由"三维目标"再到"学科核心素养"（核心素养），发展趋势就是逐渐超越"双基"对学生个性的桎梏，将教学目标提升到美术学科知识和技能的方法性层面，以解析美术学科知识和技能、表现方法的价值性。基于美术学科知识和技能以及表现方法的层级性，用价值观引领教学设计。

1. 核心素养·美术学科核心素养·目标设定

任何美术教学活动，应该直接关注学生（学习者）面对各种问题情境所涉及的美术知识（思维方法、思想）生成和持续改进过程。探究性教学（学习）应该以学生的思维方法、思想生成和持续改进为中心，而不是以完成某种活动任务为实施中心。质疑：长期以来，看到的美术课都是如何上的？

课堂讲授，是采用最多的教学交往方式。以班为单位进行美术教学，教学内容按照学年、学期分成许多既有系统联系又相对独立的部分，形成各节课，每节课都在统一固定的时间（课时）内进行。教师作为美术学科知识和技能、具体表现方法的权威，在教学交往之中处于主导地位，主要通过讲授方式向学生传递美术学科知识和技能，而后根据预先设定的统一标准进行评价。美术教学中，教师与学生群体为达成一定的教学目标，需要展开一定的交往互动。交往互动是教学活动的社会基础，师生之间以及生生之间的交往互动方式，在很大程度上决定了一种教学活动的性质和功效。但是，美术学科学习中教师的主导性限制了学生群体与教师的全方位生成交往。学生总要在美术教师规定的学科表现范围内，按照教师的指令，完成美术作业和相应的学业学习评价。美术，这个原本最具启迪学生创造性思维的学科，反而沦为抑制学生身心发展的死板规则，这是一个悲哀。核心素养本位的美术单元课程，是改变这样现状、引领学生实现成为"全面发展的人"终极目标的美育之路。

（1）设计时美术学科核心素养如何落地

实现美术学科核心素养目标是学生通过对美术文化的自主探究学习，形成正确价值观念、必备品格和关键能力。美术学科核心素养目标达成的单元课程教学是育人为本、转识成智与情境嵌入的教学设计与课堂实施。美术学科核心素养落地之一："美术素养（艺术素养）"——视觉审美价值观。

案例：《溪山行旅图》
课程目标：改变学生不愿意欣赏中国古代传统山水画的视觉污染现状，逐步形成正确审美价值观念。

问题情境：

某教师执教《中国古代传统山水画》一课，大屏幕呈现北宋范宽作品《溪山行旅图》（图81），教师开始引导学生欣赏（鉴赏）作品。此刻，一位同学举手。教师："请说。"某学生："老师啊，看这个干吗？黑乎乎的，棕土色、黑色，看也看不清楚，看这个，还不如看照片。"

课堂现场出现叫声等起哄噪声，大家一片哗然……同学们眼光全部聚焦在这个现场挑战教师教学内容的同学身上，面对如此尴尬、有点失控的课堂瞬间，教师该如何应对？

●**确立美术学科核心素养教学目标**

单元课程教学目标的素养立意：从有机统一到分解整合。

单元课程教学内容的深层追问：从显性知识到隐性知识。

基本问题：

当今时代的人为什么要欣赏（鉴赏）中国传统的山水画？（审美判断、文化理解）

究竟如何看明白中国古人的山水画？（图像识读）

从赏析古人山水画作中可以获取些什么？（文化理解）

●**教学设计思路和目标确立原则**

当面对一个亟待探究的问题时，将如何思考解决？反思：为什么按教师习惯"三维目标"式的思路设计教学，会导致课堂上教师讲得越多、学生越困惑的课堂结果？原因：除了脱离学生主动学习的教违背了教师之教的本意外，另一个原因在于，教师自身作为美术学业有专攻的人，其对美术课学习内容的理解与把握，是从个人的已知到已知，就直接向学生灌输，而学生对美术课内容主题的学习与掌握则是从未知到有知，学生对美术的认识处于混沌中的似懂非懂。但教师却没有从美术作品发生的本质原因，作为学生认识、理解美术的出发点，造成学生在9—12年义务教育、高中教育美术课里学了美术，但始终没有明白美术是什么，美术的发生又是为了什么，当下以及未来时代发展美术有什么用。

教师习惯的美术教学设计，多是基于美术学科知识和技能（表现方法）的事实或概念性知识，认为这些都是历史以来中外美术家和美术史研究学者已经确定的事实，是他们已经提炼、概括出有美术学科事实或概念性知识。但是，教师缺乏对这些事实和概念性知识背后所蕴含知识的价值性基本认识，更缺乏用方法性知识来解析这些事实和概念性知识的价值性。

思考：教师自身从对美术学科的已知到已知的教导是容易的，而学生群体从未知到有知

图81

的学习则是困难的。核心素养本位的单元课程，要求美术表现技法的习得由学生主动探究学习来获得。很多教师提出，学生原本不知道什么是中国古代传统山水画的核心概念，怎么让学生自己主动探究问题呢？教师要想令教学设计切合学生个体发展的需要，让学生感到美术学习的愉悦，就应将教学设计中教的起点锚定在学生的已知上，让学生对此主题的学习从已知到有知，因此，单元课程教学设计的思路就不是教师的教导思路，而是学生的学习思路。

关键词：锚定

注意：此刻"锚定"所提及学生的"已知"，并不是美术学科知识和技能（表现方法）等狭隘视角，而是基于学生身心视觉感知系统的整体水平。自主探究性学习的要求，是2000年课程改革伊始提出的方向。学生在某个美术主题中，通过眼睛观赏与思维，发现问题和解决问题而建构知识的过程。按照这一思路，应该把美术学习活动设置到有意义的问题情境中，教师或学生针对所要探究的领域提出感兴趣的问题，学生通过不断解决问题和发现新问题，自主学习、运用与所探究问题有关的美术知识，形成解决问题的技能，并形成自主学习的能力。这是核心素养目标下美术教学所要求的学生学习方式改变的一种课堂样态。

(2) 问题的分析与界定——问题导向与目标

锚定学生整体视知觉感受系统已知水平（现实情境中的问题），设立问题串：

● 自己曾经在照片中看到的山水是怎样的？

● 自然生活中亲眼观看山水是怎样的感觉？

● 为何不习惯欣赏或不愿意体悟古人的山水画？

● 这幅古人山水画带给你怎样的感受？是"不如……"吗？（图82）

范宽《溪山行旅图》所描绘的是北方山的形态，因而，在单元课程教学设计时，图像选择必须以北方山体图片的局部和整体呈现，来调动学生整体视知觉感受，启迪身心感悟和自主表达。这是基于摄影图片和范宽作品的比较研究。（图83）

注意：在美术课堂的视觉感知与表达探究活动中，问题的解决往往并不是一次性完成的，不是得到一个答案而后就告终的。如现实生活世界中的问题，常常牵涉到非常复杂的关系。感知北方山体图像时，学生的认知资源不可能一次性地处理对山体局部和整体的全部关系，而只能先在某一个视觉感知水平上考虑其中的

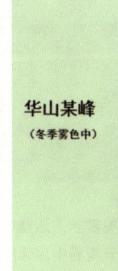

图82

图83

一些关系，形成对问题一定程度的理解。如对于山体出现的山石纹路，引发不同皴法的表现，学生在对这个问题理解水平的基础上，又能够看到更深层次的、更复杂的关系。当教学能够引导学生不断去追问该问题背后的问题，使问题的空间随着问题解决过程而延展。学生个体图像识读能力实现核心素养目标的距离，就会逐渐缩短，美术教师有否这样去设计和实施学生的美术学习呢？

讨论： 美术学科核心素养之所以不等同于美术学科知识和技能（具体表现方法），就在于美术学科素养强调的是学科概念、学科结构的基本观念、学科方法、创作思想与思维以及学科价值旨趣。长期以往，教师习惯于将美术学科知识和技能（具体表现方法）等内容视为美术学科知识的全部，遗忘了美术学科知识和技能（具体表现方法）内容所隐含的方法、思想与思维及其价值旨趣。单元教学设计的要义在于，通过创设问题情境，围绕某个特定主题或目标，将相关美术学科知识和技能进行重新整合，引导学生经历一个相对完整的知识创生的过程。

（3）构成本主题单元课程内容的原则

美术学科知识和技能的思想和价值取向，知识和技能内容、形式，知识和技能旨趣，这三个层级构成美术学科知识完整体系。《溪山行旅图》主题，首先解决的美术学科知识点问题是：学生的价值取向（美术学科知识和技能的思想和价值）。由学生不愿意欣赏（鉴赏）"看古代中国传统山水画，还不如看照片"的问题入手，逐步引导学生对作品画的是什么（美术学科知识和技能内容）、对古人是怎样画的（美术学科知识和技能表现形式）展开探究，再连接作品的意义（美术学科知识和技能旨趣），逐步达到深度理解中国美术文化。（图84）

如何整体观看，是美术鉴赏学习活动中最为重要的一个视知觉感受环节。教师要帮助学生，在对作品图像细节的仔细观看中强化眼睛的感受力，即学生的主体性学习，由此进入美术鉴赏（欣赏）的深度学习。

◆ **可探究的观念与问题**

仔细观赏画作，思考，这是一座怎样的山？

仔细观赏作品，画作如何体现出古人"道

如何观看，是美术鉴赏学习活动中最为重要的一个感知环节。教师要帮助学生在对作品的细节观看中深化感受，由此进入美术鉴赏的深度学习。这是一座怎样的山？

图84

生自然"思维？

如何理解"师古人不如师造化，师造化不如师心源"？

你能够感受出作品"远不离座"神品的称誉吗？

思考：

实际教学活动中，那些为了探究而探究的美术课，教师往往对探究的问题、过程和方法等做太多的预先设定，限制了学生对探究活动的管理权。真正的探究应该鼓励学生自己在探究过程中不断提出更进一步的问题，从而自然地展开更进一步的探究。学生的问题所指即探究所向。

学生美术学科核心素养的培育，需要透过显性的"事实或概念性"美术学科知识和技能的学习与习得，让学生把握美术学科的本质，习得、感悟美术学科的"事实或概念性"知识和技能背后所蕴含的"方法性知识和技能"（美术学科的方法、思想与思维）以及"价值性知识和技能"（美术学科"作品"的价值意义）。《溪山行旅图》作品本身就是"事实、概念性知识和技能（具体表现方法'雨点皴'）"等。真实问题情境表明，学生发生拒绝学习这一美术学科知识和技能（作品）的情绪，因而，教师对此教学主题单元课程目标的确立，从"价值性知识和技能"（美术学科"作品"的价值意义）探寻出发，反推对"事实、概念性知识和技能"的学习。

2. 核心素养目标背景下如何用好新教材

落实美术学科核心素养目标的美术学习，需要教师以改变自己的教育观、学生观作为教学改革的基础，真正以学生为中心，改变以往教学中灌输美术学科知识、概念的教学方式。

教师要站在全人发展角度，超越美术学科来思考问题，要研究学生经过美术学习，究竟有没有构建起自己独特的思维方法，有没有形成基本的批判思维，有没有逐步具备面对生活世界的质疑、发想、创想、创造性思维。学校美术学习的目的并不是让学生获得某些低水平的美术学科知识和技能。

课程改革对美术教师要求：核心素养观背景下，教师自我学习水平及程度是能否上好课的决定因素。美术教师要始终处于不断读书、学习、跨学科理解的生活状态，从"教"与"学"的转换持续研究自己，研究美术教学设计如何能够引导学生在课堂上主动探究学习。育人的美术课，需要教师真正以学生为中心，在开启学生对美术独特思维方式逐步理解的基础上，帮助学生构建独立思维、主动思维、批判性思维的基本能力。这样，才能真正落实美术学科核心素养。

核心观点（大观念）：

美术，是一种独特的思维方法。

美术，是认识与表现自我、他人和周围世界的重要方式。

案例：人美版《美术鉴赏》第二单元"图像之美——绘画艺术"，主题一："程式与意蕴——中国传统绘画"

教材文本结构分析：高中新课程 5 个版本新修订教材中，这是唯一采用"单元—主题"范式的文本呈现结构。为何不用以往的"课"作为基本结构呢？就是避免美术教师教学观念和思维定式，在核心素养本位的美术单元课程中，不能再以"课"的结构、"一课一练"方式思考教学设计和实施教学。

教材单元下设置"主题一、二、三……"，每个主题内涵丰富，教师阅读教材、考虑自己的教学设计时，不能将某"主题一"或"主题二"

当作以往的"课"来理解，而应该在每个主题中自主选择内容，添加教材内容之外的素材，重新架构成若干大单元教学设计文本，并由此引导学生自主展开深度探究学习。如本主题"程式与意蕴"本身就是大观念。"程式与意蕴"可以统领对中国画的整体认识和理解。但是，具体教学内容不能将主题一内中国古代山水画作品都纳入某个课时的教学，而需要依据教材提供的"疑问句"线索和脉络，选择所要构成大单元设计的作品（内容），重新架构成准备实施的单元主题。

（1）教材单元主题何谓"大单元"？

《美术鉴赏》共有六个"单元"，属于美术文化主题内容特别丰富、视野宏大的"大单元"。每个单元里，主题一、二、三本身也属于"大单元"，因为主题内容含量太大、太多。如主题一：程式与意蕴——中国传统绘画，其内容本身可以细分为五类主题，可设计出不同的大单元教学主题课程展开深入探究，也可以整合其中两至三类内容进行单元设计。

教材 P28—29 两个页码中的内容，归类于中国传统绘画的历史渊源，如果用单元课程范式构成教学设计，可将两页码内容整合，然后选择 彩陶、岩画、汉画像石（砖）或者帛画等某一个点，展开深度鉴赏学习的单元设计，由 3—4 课时形成独立单元课程，由某个点的不断推进式探究活动，持续验证基本问题"为什么说中国传统绘画的历史源远流长？"。上述每个主题内容，都远不止用 3—4 课时就可以完成探究任务。教科书架构，体现和论证指向核心素养目标单元课程教学要求，由"大目标""大任务""大问题""大单元"到"少而精"。（图85）

当然，这两个页码内容可以由一条中国美术文化发展的历史脉络串联起来，延伸到第 30 页中的两件绘画作品，对一个点进行深入探究，在历史文化的大单元中逐步推进，这样的单元课程设计学生可用 5—6 课时学习时间完成。无论是某个点进入的单元课程，还是由历史脉络串联起来的单元设计，都需要围绕着主题"程式与意蕴"这一大观念的解析和论证展开，学生自主探究活动，需要建立在解决对此大观念的认识、理解和确立中国传统美术文化价值观方面。（图 86）

自第 31 页开始，教材内容集中在中国传统绘画方面，在"程式与意蕴"这一大观念统领下，教学设计可以分为四类主题内容。其中 P31—38 是中国传统山水画（包括拉页呈现的郭熙作品）；P39—41，为中国传统人物画；P41—45 为中国传统花鸟画；P46—49，是中国传统绘画以线造型的主题研究。可以设计出四个大单元课程，构成一个学期中"少而精"的课程体系。

以往美术鉴赏模块教学，有太多按照笼统讲述中国传统绘画方式的教学例子，这种教学内容安排，学生无法展开深入的自主探究学习活动，只能泛泛了解中国传统绘画，无法深入理解。在推进落实学生核心素养目标课程改革中，强调"真情境""大目标""少而精"的方向，因此，教材上述内容分类，可以为不同主题单元课程设计提供一个直接进入深度学习的路径。如在中国传统山水画这几页中，可选择的内容很多，以《溪山行旅图》为主题，是其中一个选择；也可以拉页中的郭熙作品《树色平远图》作为一个专题大单元，由此作品结合分析郭熙的系列作品，让学生对"程式与意蕴"这一大观念进行探究和论证。又如，某教师对于教材中主题一最后一个问题特别感兴趣，"中国传统绘画中的线条为什么有独特的地位和作用"，

图 85

图 86

就可以从这个视角构建单元设计的思路，遴选出若干山水、人物、花鸟作品，包括书法作品，整合为一个相当厚实的大单元课题，引导学生们去探究和研习。但这一主题的设计需要由分析具体作品如何用线条表现，来阐释"线条为什么有独特的地位和作用"。

（2）"程式与意蕴——中国传统绘画"教学设计建议

"程式与意蕴"本身就是大观念。"程式与意蕴"统领对中国画的整体认识和理解。但是，具体教学内容设计不易将主题一中呈现的中国传统山水画作品都纳入某个课时教学里，而需要依据教材提供的"疑问句"线索和脉络，选择所要构成大单元设计的作品（内容），重新架构成准备实施的单元主题。（图 87）

◆ 疑问句和陈述句

《美术鉴赏》教材各单元所有题目均采用疑问句方式。此创编方式正面解读"课标"组长尹少淳先生论点，指向美术学科核心素养目标的单元课程教学设计，教师自身首先需要"将陈述句转换为疑问句"。

陈述句：长期以来，对于美术学科知识和技能（表现方法），均作为事实性知识和概念，因而，陈述句成为之前表述美术学科知识和技能的常态。表达的内容属于事实性知识、技能、概念。一直以来的美术教学，教师习惯采用灌输式讲授法，将自己掌握的某些美术学科知识、相关概念、技能、表现方法等，直接告诉学生群体，觉得这就是完成教学。但是，需要注意的是，用单一讲授法实施美术鉴赏教学，恰恰犯大忌：**任何美术鉴赏（欣赏）体验都是主观的，**都是基于鉴赏者自己图像识读过程的感知、认识、体验和个体初步理解，**美术鉴赏（欣赏）学习最需要学生依据自己的感悟，分别发表对作品的描述、分析、解释、评价，**而不是教师将某些美术学科专门家、研究学者撰写的美术史上已有结论文本直接灌输给学生。

疑问句：以问题为导向，启发和引导学生探究某个美术学科知识、概念、技能、表现方法等。例如："中国画的主要艺术特征有哪些？"（教材 P31）

单元主题：程式与意蕴——《溪山行旅图》

大观念：中国传统山水画蕴含着中国人独特的观照世界的方式

问题情境：

某中学美术课，教师在黑板上书写本课教学主题：中国传统山水画鉴赏。当大屏幕上呈现出《溪山行旅图》时，有个同学举手："老师，看这个干吗？中国古代山水画我们看不懂，黑乎乎、泛旧的褐黄色，看这个还不如看照片！"话音一落，同学们为他的当面向教师质疑给予一片叫好声，顿时教室里一阵骚动……

基本问题：

● 究竟怎样看懂一幅中国传统山水画？

● 如何理解中国传统山水画中蕴含的独特程式与人文意蕴？

学生应该知道、学生能够做到：

◆ 基本把握如何观赏中国传统山水画的方法。

◆ 了解构成中国传统山水画的独特程式，以及作品蕴含的人文意蕴。

◆ 了解中国传统山水画创作风格与时代背景、作者个人经历的关系。

◆ 构成中国传统山水画的图绘表达（经营位置、母题形态的时空构成、图式内容、笔墨语言、皴法）。

◆ 中国传统山水画表现的形式原理（物象形态、画卷布局的对称与均衡、对比与和谐、节奏与韵律、虚实关系、三远空间、留白）。（图88）

学生能够理解：

▲ 中国人独特的观照世界的方式。

▲ 中国古代山水画独特程式所传递的人文意蕴。

主题1：观化融万象

基本问题1：古人面对自然景物的观看方式与我们生活常态中观山景一样吗？

① 顶天立地的大山布满画卷，带来一种怎样的观赏感受？

② 如果用一两个词语表述自己当下观赏画作时的感觉，会选择什么？

③ 同样是立轴画卷，与李成《晴峦萧寺图》比较有哪些相同和不同之处？

注：此环节问题是基于教材版面基本内容"两幅"作品比较赏析展开。先由学生眼睛观看作品的第一感觉着手，描述对画卷的视觉感受及内心被触及的信息发生关联。再经由两件同样是立轴画卷的比较，引出不同点和相同点。此刻引发对"程式"的初步思考探究线索。

基本问题2：《溪山行旅图》呈现出的山体、

图 87

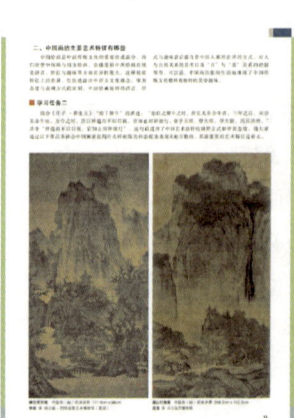

图 88

树木、景致是怎样表现的？

①分析画卷中观看景物的视线焦点大概有几个？为何这样布局？

②如果按照画卷呈现出的不同视线焦点行走，现实生活中将会是怎样的？

③画作采用这样的经营位置体现了作者怎样的意图？

注：问题的探究由分析画卷经营位置展开主动探究。引导学生发现和找出范宽这样安排画卷中不同景致的方式（这是某种"程式"），依靠教具和学具的帮助，学生在实践性体验中，认识与思考古代绘画作者是如何将现实生活的"实物"转换为自己寄托某种意念的作品（画卷）的。在学生探究过程中，教师将根据学生个体的不同感受，激发他们生成新问题的探索路径。

注：本主题课时教学对应的美术学科核心素养是图像识读、美术表现、审美判断、文化理解。在不同的基本问题和问题串中，上述素养在学生学习中体现的程度不尽相同。（图89）

图89

主题2：山貌日高古

基本问题1：《溪山行旅图》是怎样运用时间与空间进行表现的？

①画卷为何采用分三段方式来表现山体与树木？

②画卷中山体图形在不断地推后过程，画面形成怎样的布局？

③古人为何不按照眼睛所看到的真实景物直接画出来？

注：此问题环节要利用数字化技术进行更精细化的图像分解，同时配合教具、学具的应用实践，引导学生围绕中国古人特有的时空观问题展开探寻。看似都是美术学科问题导向，实质指向是画卷背后的特有的观照世界的方式。

基本问题2：中国传统绘画的程式表现了中国人怎样的时空观？

①在中国画立轴作品中三段重叠方式是中国传统绘画中哪种程式？

②还有哪些中国古代绘画的立轴画卷采用这一程式来表现？

③这样的程式是如何表达古人的时空观念的？

注：安排学生分小组活动，将《溪山行旅图》与同时代以及之后时代中国传统绘画中的立轴作品进行比较、分析、解释、评价，探寻和找出立轴画卷特有的表现程式（经营位置），提炼出自己所认为的基本程式，并由古人这些程式的具体运用，发现其是如何体现出特有的人文意蕴的。

基本问题3：画作如何强调和体现了怎样的人文意蕴？

①行走在大山之中的作者当时想表达一种怎样的心境？

②画作的哪些方面可以体现出"高"与"古"的境界（线条、笔墨、皴法）？

③能否在下列《二十四诗品》中选择自己认为恰当的"品"评价画卷？

（"雄浑""沉著""高古""劲健""豪放""自然""精神"）

注：教师安排前测问题，学生提前阅读相关文献，对中国传统绘画人文意蕴做自己理解的功课。依靠数字技术素材，展开时空穿越的思考，体悟古人的生活追求。由画卷的具体表现（线条、笔墨、皴法），探寻何为"高古"。有前测问题的铺垫，教师呈现后测问题的学习单，对《二十四诗品》中5—6个"品"的内涵展开论证。此环节为跨学科学习探究。

主题3：察物之明理

基本问题1：中国山水画体现了什么样的创作理念？

①为什么古代画家面对自然山水的时候不强调对自然景物的描摹？

②为何观者眼睛会伴随着画卷中实际在变动的视点产生不断联想与想象？

③是否赞同研究学者做出该作品"无可超越的崇高与雄伟性"评价？

注：由前两课时的探究活动，将研究思绪拉回教材的基本问题——中国山水画体现了什么样的创作理念？通过多幅中国传统绘画作品鉴赏的比较分析，论证中国古人特有的时空观，包括具体的"三远法"如何应用在画卷中，可由立轴画卷的分析，扩展到手卷（长卷）的分析。

基本问题2："观化"究竟是一种怎样的精神状态？

①何为"观化"的内涵？

②"我，便是山！"表达了作者怎样的心境？

③观照真实生活中的山水，如何理解山水画卷的真精神？

注：结合课时1探究学习中对"观化"的初步理解，更进一步对"观化"的内涵展开深入探究，强化自己的认识和理解。由虚拟想象案例"我，便是山"的情境，研究中国古代文人在以山水表达个人情怀的当下，究竟是一种怎样的心理状态，究竟想用山水寄托自己的什么？由此逐步强化理解山水主题画卷的真精神。

基本问题3：为什么说"高古"是中国美学的核心概念？

①画卷中山体形象犹如矗立的纪念碑，作者为何这样处理？

②看似平凡的画卷主题为何能够体现出崇高与雄伟的视觉感受？

③作者这样表现山体等景物究竟想表达什么？说明什么？

注：此环节再次回到作品《溪山行旅图》的深度鉴赏，重新审视作品的视觉性带来的身心震撼，由对崇高、雄伟的中国美学精神内涵展开思考、辨析、论证，体会"高古"作为中国美学核心概念的合理性。用画卷中的局部分析深刻解析这一观念，回答本单元主题的大观念：为什么说"中国传统山水画蕴含着中国人独特的观照世界的方式"？

观点：

基本问题和问题串属于教学设计后每课时学习活动中学生自主探究问题的纲，教学设计时教师提炼出基本问题和问题串，实现"纲举目张"。每个课时所有学生自我学习的活动环节，均可按照上述各主题课时基本问题及问题串提出的线索进行具体化设计，让学生的主动探究

评价要点	具体表现	学科素养
◆从图像识读的角度，知道该作品表现形式、基本特点，知道中国传统绘画程式和蕴含的人文意义。	▲能知道作品的基本面貌、表现方式、中国传统绘画的程式、创作背景、人文内涵。	图像识读 审美判断 文化理解
◆能对作品进行视觉感受基础上的描述、分析，做出自己的解释、评价。	▲能够基本把握美术鉴赏的方法。 ▲能从对作品的图像分观赏分析中了解作品的构成形式、内容细节与内涵呈现的样式。	图像识读 美术表现 审美判断 文化理解
◆能以本画卷的赏析为基础，对中国传统绘画的时空观、人文性基本理解。 ◆能够用中国美学的相关论点解析作品蕴含的人文意义。	▲能知道和理解"高古"的内涵。 ▲能知道和理解"观化"，能初步运用化的思维方式，对作品具体细节作出自己的阐释。	图像识读 审美判断 文化理解
◆能以跨学科学习方式，结合语文、历史课的学习，对中国传统绘画的理解更加全面、整体。	▲能结合作品的鉴赏学习，阅读《二十四诗品》等相关中国美学著作。 ▲能自主搜集资料，运用语文、历史课的学习内容及方法，对中国传统绘画做出更深刻的理解，能尝试用哲学思维与同学们交流自己对该作品的看法，发表自己的观点。	图像识读 审美判断 文化理解

图90 本单元学业质量评价

学习在问题导向引领下真正落地。（图90）

（3）深化教育教学改革

按照教育部教材局原局长申继亮"三个转化"论点，分析本单元课程设计。

"怎样的教学算好的教学？实际上，难以找出一堂好课的统一标准。一节课上完了，怎么来看待这节课？这既是一个比较大的理论问题也是一个实践问题。"评价环节，可围绕是否实现三个"转化"来进行判定。[1]

第一个"转化"：教材和现实之间是否实现了相互转化。"学生在课本上学到的内容，是否能够对现实社会做出解释、预测和改变，解决问题。"

教学设计解析1：真实情境中，学生说看不懂中国传统绘画、不愿意欣赏和鉴赏传统绘画，黑乎乎、褐黄色的，看也看不懂。经由本主题探究性鉴赏学习，学生能够用图像分解的方式（教具与学具应用性探究活动），对如何看明白作品有自己的亲身实践，这个过程是用学到的内容，针对现实社会中学生群体看不懂中国传统绘画作品的现象、问题，在图像识读的体验活动中，自主审美判断的探究和对问题的不断思考，形成个体的判断及一定程度的文化理解，达到改变、提升自己原有价值取向的效果。

教材内容主旨意义"程式与意蕴"，从美术学的学科领域（高高的殿堂）台阶走下来，与学生的生活紧密关联，同时，真实情境成为单元课程的教育资源，真实情境中反映出的问题，成为探究活动线索。

第二个"转化"：具体和抽象之间是否实现了相互转化。"思维最根本的特质是概括，如何通过具体的现象、事例去引导学生认识到事物的本质和规律，这就是一个从具体到抽象的问题。"在教学中，数字化不应被泛化。现代技术与教育的融合是为了更好地促进学生去认知世界、去思考，而不是替代学生，压缩他的思考过程。

教学设计解析2：主题"程式与意蕴"，大观念"中国传统绘画中蕴含着中国人独特的观照世界的方式"，都属于抽象的、"天上的""理念的""艺术本质"的观念（概念）。学生对这些抽象的价值观念理解、认识、内化，需要经过具体的图像识读探究活动，认识到中国传统绘画这一事物的本质与创作规律。教学活动中，教师所运用的数字化技术对画卷进行的图像分解处理，学生所使用的平板电脑等现代技术设备等，都是与学生鉴赏活动中个体眼睛的切身感受发生紧密契合，视觉思维被问题串不断唤起，激发了学生更好地运用手中能够利用的设备和网络信息环境，帮助自己更好地去认知《溪山行旅图》，更深入地去思考中国艺术精神的核心问题。学生思维与思考的空间，在信息技术、现代技术设备的帮助下，更加强化了。评价学生最终的鉴赏学习效度，要从这些方面去考量。

第三个"转化"：问题和答案之间是否实现了相互转化。教学不能仅限于帮助学生形成问题解决能力，找到问题的答案，而是要培养他们提出问题、发现问题的能力。"要形成一个良性的、闭合的循环——由问题解决出答案，由答案提出新问题。这才是我们培养能力，落实思维型教学的基本表现。"

教学设计解析3：本单元问题设计，是开放性的，鉴赏学习活动中学生基于问题的主动探究，是对美术学研究中若干学者观点的发散

---

[1] 申继亮：《教学改革如何在"深化"上做文章？》。第三届全国思维型教学大会在北京举办，与会人员围绕基于核心素养的课程教学内涵与策略进行探讨。教育部教材局一级巡视员申继亮在发言中围绕"如何让教学改革走向'深化'"这一主题，用"三句话"分享了他的看法。新华网客户端 https://baijiahao.baidu.com/s?id=1682039718939758708&wfr=spider&for=pc

与探讨。教师设计教学活动依据问题导向、教学前对《溪山行旅图》和中国传统绘画方面所把握的素材内化程度，决定了教学活动中对学生主动探究时问题的调节、持续引导和某些答案的再启发程度。目的是帮助学生逐渐养成自己提出问题、发现问题、再持续探究的思维方式。在这样的问题探究和不断发现问题、解决问题过程中，逐步实现落实思维型教学的目标。

小结

（1）执教这一单元课程，对于教师自身来说，持续、深入读书学习要成为自己教师生活的一部分。要将自己的学科专业目标导向由个人单一的美术学科表现能力积淀，逐步向面向学生思维发展的养成这一目标转化，随之而来的就是教师自己的读书学习要常态化，要深入进去。相信持续的自我修炼肯定能够帮助美术教师自己的学科专业表现从"以技入手"的熟练走向"以文载道"的高度。

（2）对于学生来讲，实现美术学科核心素养目标，按照华东师大崔允漷先生"核心素养是自我悟出来的"的观点，就需要美术教师少给学生讲授美术学科知识点、练习基本技能等，而需要在单元主题中，以真实情境问题为导向，以大观念为引领，以基本问题为自主探究学习的线索，不断向学生提出各种各样的问题，用对话性学习方式，引导学生结合以往阅读、已有储备，引发思考与质疑，不断生发批判性思维，在自主探究问题和同伴研修问题过程，自己对这个主题系列问题得出结论，启迪学生主动思考。这样的美术鉴赏学习，需要学生自我阅读、思考和写作的量很大，但很少被要求去背诵什么东西。

问题：怎样运用美术知识做正确的事？

四、评价任务是单元课程设计的关键

（一）"知道—理解—做到"：美术教学评价的基础

美术学科核心素养主题单元课程学习评价究竟是怎样的？美术学科核心素养评价的本质是什么？普通高中课程标准研制，提出学科核心素养这一育人目标，旨在引导教师对学科育人价值的反思，明确学科育人目标，转变学科学习方式和育人模式。义务教育课程标准修订，提出艺术课程核心素养目标，同样指向学科育人目标。思考：美术课学习对学生们来说究竟有何用(学生学美术为了什么)？"知道—理解—做到"为单元课程学习评价的基础。

1. 美术学科核心素养评价的本质

美术学科课程学习过程，本质上是学生逐渐获得人类历史上积累的优秀文化观念、方法、工具和资源，从自己的生活经验出发，与丰富的世界产生互动，向理性自觉地认识世界和参与社会活动的思维和心理发生转变的过程。

学生真实美术能力（素养）：美术学科核心素养，是在反思美术学科本质观的基础上，对美术育人价值的凝练，是学生在课程的主动学习中形成的。能够灵活整合学科观念、思维方式、探究模式和知识体系，应对和解决各种复杂的、不确定的现实生活情境的综合性品质。说学生形成了某种美术素养，现在看还有点遥远，究竟什么是学生真实的美术能力呢？

◆**学生真实性美术学业成就第一个特征**：能够在感知、体验美术文化的基础上，根据个人的认识创造知识，而不仅是再现他人知识或对他人的知识做出反应。

反思： 美术课学习，学生是否都在复制、再现他人的美术学科知识和技能（表现方法）？是否在对教师给予的美术学科知识和技能（表现方法）做出低水平反应（呈现和具体心理）？这是考量学生美术学科水平和能力的基本行为指标。

在版画学习中，教师所给予学生的版画表现的知识和技能，学生体验和实践中有否形成个体的理解与认识。此处学生创造知识的行为，体现在能够对具体刀法表现某个主题过程时的个性表达。教师评价学生作业时，不要求其版画（木刻技艺）的专业性，而是要特别看重学生在自我表现时的兴奋点，特别审视学生画作呈现出的特殊性（偶然而为之），或是将错就错的作业画面效果。（图91）

◆**学生真实性美术学业成就第二个特征：**

图91

图92-1

能够在美术活动中质疑问题，并开展严谨探究，深刻理解问题，采用新颖方式整合或重组已有知识，创造新的知识。

反思： 之前以及当下看到的学生在美术课堂中的行为表现、学生的课堂作业、美术展厅中的作业、学生的美术表现实践活动中有否开展严谨的探究？能否深刻理解问题？美术课之后，有没有采用新颖方式整合或重组已有知识，创造新知识呢？

问题1：现在看到的全国各地学校美术工作坊展示出的"丰硕"成果，是全体学生自己动手完成的作品吗？

问题2：学生们在美术课学习之后，自己能够把美术学习中获取的能力迁移并应用于日常生活中处理现实问题吗？

此工作坊呈现的作品，肯定不是学生真实的美术能力所致，完全是成人为了获取美育政绩而制作出的应对上级部门检查的。（图92-1、图92-2）

◆**学生真实性美术学业成就第三个特征：** 具有超越评价的审美、实用或个人价值，即对个体和社会都有价值的观念、方法、方案或产品。学生的真实性学业成就不只是习得事实性的美术学科知识、技能和概念，而是能够运用这些知识、技能或概念解决复杂的现实性问题之行

图92-2

为。

反思： 各省市已经开展的诸多艺术考评（考试或测评），让学生们死记硬背美术史知识、画家、画种、美术流派等书面文本，学生也不见得已经习得这些事实性的美术学科知识、技能和概念，学生的应考（应测）仅仅是为了对付上级教育行政部门的某种检查吧！中央"两办"《意见》中提及"知技合一"美育目标的评价，但在各省市的美育评价（测评）中，还是偏向以往"一课一练"方式的"一课一测"，并不符合国家美育评价面向人人的教育目标。

2. 基于学生图像识读能力学业水平质量测评

学生美术欣赏（鉴赏）学习能力如何评价？美术欣赏（鉴赏）应有的学习状态是，学生应该知道和能够理解，美术，是认识与表现自我、他人和周围世界的重要方式。美术欣赏（鉴赏）的学习状态，其本质是主观的基于个人视觉感悟的身心体验唤起经验联想的，有感于作品、生活事物外界等刺激内心发生"感觉"的心理状态。"欣赏·评述"是艺术实践活动的起点，对标"图像识读"核心素养。

（1）美术欣赏（鉴赏）教学中为何避免"讲授法"？

①学生个人的视觉体验、心理感受、欣赏（鉴赏）、了解美术作品过程的主动思考、知觉美术作品的行为，是美术欣赏（鉴赏）课教学的核心。

②学生提出自己对作品的质疑、表达对作品的看法、评述作品内涵，并得到属于自己的美感经验，这是美术欣赏（鉴赏）课程意义的体现。（图93）

◆问题辨析

①美术史是关于美术作品之学问与知识的历史（背景）、美术家生平的相关素材的整体研究。

②美术批评是审美主体站在视觉审美的立场上，对美术作品进行描述、分析、解释、判断的工作。

◆美术"欣赏"活动的特征

欣赏活动具有主观的、个性的、自由的、

• 深圳中学特级教师房尚昆采用的方法是"对话式"美术鉴赏方法中的两种方式。其一，学生们对美术作品的讨论；其二，学生们回答同学（小先生）或者教师提出的关于美术作品的问题，发表个人的观点。

图93

图为广东省特级教师、正高级教师房尚昆老师在2002—2004年的课堂教学状况。学生主体性学习、对话性学习和协同性学习的深度学习课堂，虽然我在各种讲座中推荐房尚昆老师的教学，但至今也没有在全国形成这一氛围。

图 94

自主的、自觉的、自为的、浪漫的、想象的、创造的等表现特征。同时，欣赏活动是学生（人）的个性思想、独立精神与自我情感的体验本能和自然灵性。

（2）对作品特征和艺术要素的识别

课堂上有效美术欣赏（鉴赏）学习，需要美术教师引导学生运用图像识读方法，自主地识别构成一件作品的各种艺术要素及关键特征，由此深入地对美术作品加以认识和理解。在真实问题情境中，以大观念、基本问题、问题串、单元化教学设计，实现单元学习目标。因为，教学设计将对美术作品图像的识读过程，进行分解处理，作品图像呈现出的各种艺术要素及特征，所蕴含的意义、价值旨趣等，都通过问题激发学生在观看过程要主动探究，方能够看明白作品。（图 94、图 95）

案例：

大观念： 幸福是奋斗出来的（习总书记论点"奋斗本身就是一种幸福"）。

基本问题： 为什么说"幸福是奋斗出来的"？

相关主题作品：

油画《夯歌》，王文彬作品，表现了什么样的劳动场景？表达了劳动者的哪些特征和什

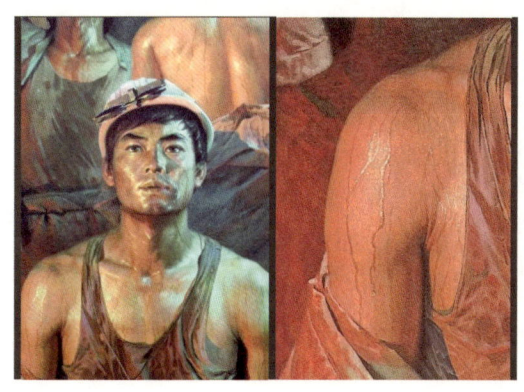

图 95

么样的情感？

油画《钢水·汗水》，广廷渤作品，"钢花飞溅"的画面背景，衬托出一位钢铁工人的形象，表现了……教师要采用这样的问题思维范式，将作品内涵、意义，用疑问句提出，由此构成单元课程设计的基本结构。以下为油画《夯歌》问题串：

①作品表现出什么样的人物动态？五个人物向心环状体态形成怎样的画面效果？

②你能从画面中感受到"劳动号子"（唱着民歌打夯）的节奏和韵律吗？

③作者运用了怎样的光与色彩的表现方法，在对作品画面氛围的颜色特殊表达、处理中，营造出欢乐的劳动场景？

④在五位妇女的头部、肢体、衣着上，作

者是如何表现逆光效果的？

⑤画面环境（天空、山体、大坝地面）的色彩与人物色彩形成怎样的关系？

⑥创作者在作品中寄予一种怎样的情感？塑造的劳动妇女形象表现出何种时代精神？

（注：这些问题，属于教师对作品赏析设计时即兴思考的，在教学设计过程，还需要查询作者王文彬当年创作该作品时的背景素材，包括作品展出、中国美术馆收藏、各历史时期的美术学者对该作品的评价和研究等。然后，再次审视和思考究竟设计出怎样的问题，引发学生的图像识读活动。）

单元大观念蕴含核心素养。如本主题单元课程中，如何欣赏、鉴赏作品涉及学生图像识读的关键能力，分析作品如何表现，涉及美术表现能力，作品内涵分析涉及文化理解能力，等等。

(3) 学生为何看不懂美术作品

现存问题：人的日常视知觉（眼睛）在看美术作品时，经常在一种强烈的功利目的支配下，要求个体观看快速简捷，并尽快得出判断和结论，也就是所谓的"视觉辨认"，"是什么"，"像什么"，"画的什么"。如果学生这样看可就糟糕了！

学生如何看明白木刻刀痕这一基本的木刻版画表现技能？这样的刀痕中可以蕴含什么样的意蕴？用这样的刀法（刀痕呈现）能够表达创作者怎样的情感？（图96）

学生面对美术作品时的视知觉（眼睛）观看状态，必然会出现问题，即视觉观看的狭窄性和概略性特征。育人的美术课，需要改变学生这样的视觉状态，走向审美价值引领，生发能力建构、促进必备品格逐步形成——美术学科核心素养。

①学生日常视知觉（眼睛）观看会出现的问题

观看的狭窄性：观看美术作品的视角局限于和个人身心功利因素有关的特征及部分。人的日常视知觉（眼睛的看），一般会追求观看效率而变得极其快速，为了快速，总是在观看的时候偏向自己熟悉的东西，而忽略不熟悉的；视线会偏向（集中在）与自己切身利益相关的东西，而忽略那些与利益无关的东西。具体表现：在一定时间里，学生这样的视知觉观看只对自己熟悉物象（作品）的类别、样式做出反应，或在自己熟悉的 A 或 B 两种可能性中做出选择。

木刻刀痕是学科表现技能。刀痕具有特殊的美感，学生能够识别出来吗？

图 96

学生这样的视知觉（眼睛观看）反应，由其课堂上观看之后的发言就会立刻显现。

改善学生视觉观看时的狭窄性。教师在单元课程的设计与实施过程，安排专门课时，带领学生尝试练习木刻版画的刀法，体悟刀痕与木味，同时，大屏幕呈现美术家版画作品的"刀痕"画面，引导学生进行视觉辨析："你觉得作品画面中，美术家使用了什么刀才会出现这样的刀痕？""这样的刀痕给你带来怎样的视觉感受？""你觉得这件版画作品将表现怎样的主题？"通过这样的图像识读，引导学生个体生发独特的思维判断，对作品发表自己的看法，由此系列主动探究活动，深化对版画作品的视觉图像感悟和理解水平。（图97）

观看的概略性：是学生的视知觉（眼睛的看）通过迅速对眼前画面或物象进行大体扫描，区分这一事物（形象、情节、内容）所属于什么种类。当做出这种区别后，视知觉就到此结束，不再追究其他细节，也不深入挖掘。从心理学分析，学生是用已有概念和范畴（记忆、印象）去同化眼前的视觉样式，当观看任务归类之后，本次看作品的视知觉就完成任务，没有顾及作品的审美表现及细节。

"感知与表现"是一对"恩爱夫妻"，绝对不能分离！"课标"组长尹少淳教授的生动隐喻，验证着学生美术学习的核心本质。课堂截图的视觉审美观看过程，由图像识读、审美判断、美术表现三个能力养成的层级，整合学生对作品理解的视角，提升学生的视知觉感受与体验水平。（图98）

课堂图像识读、审美判断环节，教师不直接呈现赵延年先生著名作品《鲁迅先生》画面的整体形象，采用先图像识读木刻刀痕的方式，对学生视觉思维进行一步步引入，逐渐形成整体感悟。学生对木刻刀法这一视觉元素有了不断深化的认识和理解，再对作品的意义进行深度理解必然会更加容易。

小结：用日常视知觉观看方式去探索艺术作品的审美要素，显然很不对路。儿童（学生）就很难触及作品的形式和色彩的表现特征，无法进入作品。

②对作品图像呈现的视觉特征和艺术要素的识别

美术课堂上，如何引导学生从以往的传递式、接受式教学所造成的现状——透过作品画面情节、故事、熟悉的形象等基本要素织成的外衣，转化、进入到对作品图像的形式、内容、情感表现、文化意义、价值取向层次上，来挖掘美术作品的基本学科要素，或者是构成美的元素，由此对作品展开深入理解，是美术教师以美术育人的职责和具体引领所在，也是教师充分发挥自己艺术修养的地方。

识别美术作品视觉图像特征和内涵的艺术要素需要语言的支撑。美术欣赏、鉴赏学习活

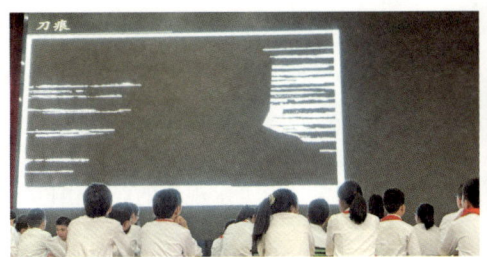

图 97

图 98

动中，教师引导学生正确地运用词语，是不可缺少的学习。学生对某件美术作品的图像识读、欣赏描述、作品风格分析、引发自己思维的质疑和批评性判断、趣味争辩、历史性比较、有效的评价本身，都离不开对学生评价（美术批评）字眼、词语的恰当使用。在美术欣赏（鉴赏）教学里，语言可视为第一老师。

案例："九色鹿的故事"（整体教学设计见第6单元）

苏州工业园区斜塘学校5年级学生，在三位教师带领下，学习"九色鹿的故事"单元课程。其中，第一课时，奚秀云老师带领同学们对自己不熟悉的敦煌壁画进行观赏并描述画面（虽然上海美术电影制片厂的动画片《九色鹿》是一部非常著名的影片，但在当下视觉图像的信息化时代，小学生竟然没有观看过这部影片）。在安排学生们仔细赏析课桌上的敦煌壁画缩小版打印稿之后，奚老师先后邀请9位学生到大屏幕前，分别进行壁画图像局部观赏的描述和分析。

对于从未见过敦煌壁画的学生来说，识读作品时，分别对壁画内容做出了"有关动物生活的故事""从画面上的人物动作看，似乎驯服动物？""究竟是猎杀动物，还是……？""感觉人太贪婪、越来越坏！动物越来越少。""这个故事的后面，似乎是关于人的行为改善？！"等表达。

有一位同学专门描述和分析画面中的"国王和王后"，他说："这两个人应该是国王和王后。"奚老师问："你是怎么看出来的？"学生说："在这两个人面前，有一个跪着的人，不是一般的人都能在其前面跪下，说明其是国王和王后。另外，从这两个人的服饰和头饰也可以看出，包括这两个人的胳膊上，都戴有很多装饰物，平常的人不会这样。"（图99）

图99

学生对于敦煌壁画的观赏、描述,语言平实，看似并不复杂，但对于学生自身来说，这种观赏与描述、初步分析，是特别可贵的视觉感受和思维辨别体验。在常见的美术课堂，学生基于图像识读、审美判断的主动探究活动太少。

（4）美术欣赏（鉴赏）与美术批评

观点：

①引导学生在课堂上把欣赏（鉴赏）的视觉感受之所得，用自己批评画作特有的语言说出来，就是美术批评。

②不管是对美术作品欣赏(鉴赏)还是批评，都需要一段有指导、有步骤和连续学习的过程。这需要"真实问题情境—大观念—基本问题—问题串—解决问题—探究问题"的单元化课程学习顺序，构成深度学习。

③学生在对美术作品欣赏（鉴赏）和批评活动中，乃是艺术和语言的碰撞点和交融处。学生越是熟悉语言和熟练运用语言，就越有利于他们对艺术的理解。

◆课堂上学生美术观看经历的行为特征

学生个体在课堂中美术观看的经历由以下行为构成：

观看—思考—质疑—表达

学生群体在课堂中美术观看的经历由以下行为构成：

观看—对话—分析—判断

◆对学生真实美术能力（素养）评价的反思

反思1：美术文化对于人的影响，体现在对某美术文化价值观的认同。日常美术课，能否真正达成让学生重视不同知识、方法或态度在美术文化深层意义上的整合和运用，关注学生在复杂的开放性问题情境中的综合表现呢？

反思2：当下美术学习是否强调学生在美术学科知识和技能应用过程，形成灵活有效的问题解决方式呢？是否体现主体性学习、对话性学习？

反思3：学生们在美术活动中是否学会如何与他人合作，如何计划、监控和评估学习方案和进程，如何自主学习和终身学习呢？（图100）

◆美术学科核心素养的评价

图100

首先，美术学科核心素养远比美术学科知识和技能（表现方法）更具有综合性，在具体内涵、意义和表现机制上也更为复杂。其次，美术学科核心素养是更为高阶的抽象概念，是学生个体内在品质或特征。它指向学生个体在复杂的开放性情境中的外在表现，但其本身并不等同于这种表现。

美术课堂上，学生美术学科核心素养是否形成无法直接观测，但是，可以通过学生在具体学习任务中的实际表现加以推测（测评）。要确保这种推测的合理性，美术教师就必须要充分了解所测美术学科核心素养的内涵和外延，建立核心素养与具体任务上外在表现之间的关联。如图像识读，其达成内涵既包括学生对某件美术作品的视知觉判断，特别包含了对作品生发出的意义内涵有个人主观的认识与解释，在此基础上，引发了学生审美判断能力的提升，或是审美判断格调发生变化。同时，文化理解的认识层级也在初步建立，或是发生了变化。如对民间剪纸的识读、认识和理解，对中国古代传统山水画的识读、解析和理解。

（二）单元课程框架本身蕴含着的形成性评价

核心素养本位的美术单元课程，本质上归属建构主义学习理论影响下的教与学关系，提倡在教师指导下以学生为中心的学习，包含情境、协作、会话和意义建构四大要素。由于事物的复杂性和问题的多面性，设计美术主题单元课程框架后，教学时需要注意对同一教学内容，在不同时间、不同情境下，为了不同教学目的可以用不同方式加以呈现，力求做到对美术文化的内在性质和社会历史之间相互联系的全面了解和掌握。也就是说，学生可通过不同途径、不同方式进入同样美术主题单元课程的学习，从而获得对同一美术文化中同一问题多方面的认识与理解。单元学习评价贯穿在对每个主题"知道—理解—做到"的持续活动过程，包括学生个人的自我评价、学习小组对个人的学习评价。如评价学生面临现实问题的解决方法，从学生表达，考量其对某单元主题自主学习的认识和理解力以及是否形成批判性思维能力；同时，主题单元的学习过程就是解决问题的过程，即由该过程可以直接反映出学生的学习效果。评价内容包括，个人对小组合作学习做出的贡献，是否完成对主题单元所探究问题之中美术学科知识和技能的意义建构。美术主题单元课程的形成性评价，除了独立于教学过程的专门评价单外，教师需要在单元学习过程中随时观察并记录学生的表现。

1. "革命文化"主题单元课程设计对话

浙江省特级教师陈勇，带领其名师工作室团队的教师，进行"革命文化"、红色经典课题的教学研究，开发出 16 个教学主题。建议，首先申报教育教学研究课题："革命传统主题的单元教学任务群设计与实施研究"。"任务群"，是新颁布各学科义务教育阶段课程标准，以及基于核心素养目标的课程改革方向性举措。何为"任务群"？美术活动中如何以"任务群"设计单元课程，需要陈勇带领团队教师先认真学习、研究，然后同步进入课堂实践。

陈勇查阅学习普通高中语文"课标"任务群设计思路，设计出本主题单元研究的思维导图。建议，在研究课题中，引出"革命历史""红色经典"两个方向，设立相关任务群，用大观念统领，结合学生生活经验，展开自主探究学习。按照"少而精"方式，选择性筛选教学内容，首先考虑哪些是学生必备的美术学科知识和技能，哪些可以不用学，组织和重构课程内容。要求，设法创设真实或者虚拟生活情境，引导学生在问题情境中学习如何解决问题。以宏观的美术任务群作为基础，然后再进一步深入，把课题内容按照任务群范式构成。

陈： 谢谢李老师。我再去做细化，以革命传统为一个点。对任务群，我还是不能很好地理解，尤其是在做具体的教学实践展开时。看了语文任务群的研究，发现有些任务群是基于学科要点展开，有些是专题或主题，有些是活动。任务群的理想状态应该是一种集内容、方法、效果于一体的总和表述吗？如果是，要从哪个分类维度去思考更好？比如说学习过程是不是任务群的一个部分？

李： 要从单元课程的人文主题出发，理解任务群。特别是红色经典和革命文化主题，设计视角要从育人角度出发，不是从学科本位出发，设计的任务群是要由育人方向（高度）出发。出发之后，主题当中美术学科知识点、技能、表现方法等要包裹在这个革命文化、红色经典主题的大观念当中，也就是尹少淳老师之前几年在关于核心素养讲座中所说的"包裹法"。

大观念与基本问题的提炼需要基于作品蕴含的美术学科核心观念，发现问题和提出问题。如红船精神是中国人民争取自由、解放的……这是大观念（美术学科核心观念、是作品视觉图像背后的意义）。

基本问题：为什么说红船精神是……？由基本问题引出对美术作品中蕴含的学科知识点、表现方法、为什么要这样表现等问题的持续探究和理解。本主题中图像识读、美术表现、审美判断、文化理解等学科核心素养目标，是具体化的指向，大单元设计的基础要由对素养目标的落地，展开课程架构，体现跨学科、关联性、对艺术作品本质理解的课程设计思维。学生对这一主题的不断探究，直接指向价值观建构和认同水平的评价（图 101、图 102）。

美术学科知识点、技能、表现方法等都在单元课程人文主题的大观念里边包裹着。也就是说，解决某任务时，如主题"南湖红船"这个单元课程主题，作品《启航》蕴含的美术学科知识点、技能、表现方法等，如果这个单元学生需要动手实践活动的话，可能要选择一种当地的替代性表现材料，由学生来进行自主表达。这种材料，比如说嘉兴这个地方的某种材料，或是湖州这个地方可用的替代性材料。这种材

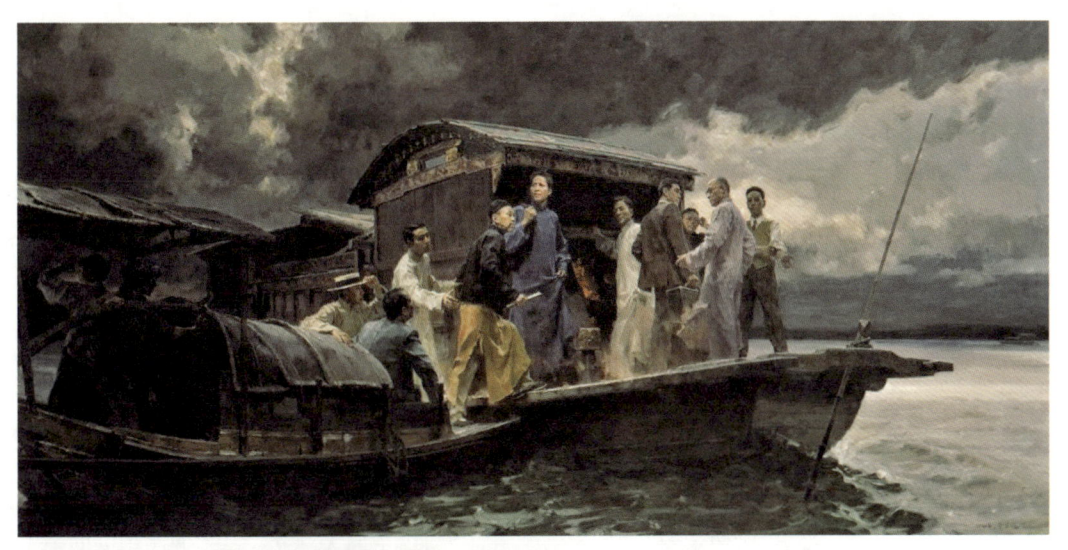

图101　对作品局部的放大截图、图像分解等略

两幅作品比较，为甚最终选择了下面这一幅？

何红舟说，"红船精神"是鼓舞我们坚定共产主义理想和中国特色社会主义信念，不畏艰险、艰苦奋斗的强大精神支柱。

构图分析：是表现代表们上船还是下船？这些都需要艺术家从自己对整个历史事件以及参与其中的人物的理解出发，在此基础上再去把主题的精神内核表达出来，思考美术表现时的选择。

图102

料的技能表现方法和美术学科知识传递环节，要"包裹"在"南湖红船"《启航》油画作品这个单元课程主题当中。

陈：我要从众多美术教材内容中做好梳理，结合革命传统和红色概念再来组织和设计教学？如你说的南湖红船——从低段的船儿出航，这个内容中梳理出来——根据年段设计教学思路——引导学生对红船的认识，逐步走到对红船内涵和意义的理解，再推进到红色概念？

李：不一定是众多教材，你选一两个版本的教材就行。就是从现在用的教科书里找内容，在整理时必须要与"三种文化"主题结合在一起，以教材为依托做好适当的单元课程主题拓展。关键问题是，需要改变"一课一练"的习惯思维，红色经典、革命文化是一个大主题、大单元、大项目、大任务，其中的每一个分主题"美术作品"本身，也是一个大单元主题。对每个分主题"美术作品"的学习，要用单元课程范式架构，不能停留在单课时教师灌输给学生"革命文化"内容的方式去上课，要引导学生自主探究学习，教师观察学生在对不同经典美术作品的认识和理解中，是如何建立起正确的价值观的。通过学习评价单以及课堂观察记录的范式进行评价。特别是对课堂上学生即兴语言表达、独立思维判断的水准，用录像录音方式记录，随机或课后进行分析，得出学生学习效度的评价报告。

作为省特级教师，在做美术教育教学科研方面，我对他要求比较严格。陈勇非常认真，做得很不错。他专门为革命文化、红色经典主题单元设计出"任务群"思维导图。他从现行教科书中拎出相关内容，梳理出不同主题中相关的美术学科知识点。

陈：李老师，这几个任务群设置方向可以吗？如果对，接下去我就具体的课去设计教案、编写内容等。

李：思维导图设计从大的角度看没有问题。但是，需要特别注意的是，指向核心素养目标的美术主题单元课程教学，并不是以美术学科知识和技能、表现方法的单一传递作为抓手，而是在单元课程人文主题确立后，提炼出大观念、基本问题的统领下，在真实生活和文化情境中，学生自己探究问题。设计需要修改的是，指向核心素养目标的主题单元课程教学设计，是由真实问题情境、大观念、基本问题，向解决、探究问题方向推进，美术学科知识和表现技能、学生学习评价等都包裹在其中，以促进美术学科核心素养的养成、落实立德树人根本任务为宗旨。

如红船精神是中国人民争取自由、解放的……这是大观念。

基本问题：为什么说红船精神是……？

由基本问题的探究活动，引出与南湖红船主题相关美术作品，美术作品中蕴含的学科知识点、表现方法，为什么要这样表现，等等。

又如，"幸福是奋斗出来的"（习总书记语）。这是大观念。

基本问题：为什么说"幸福是靠奋斗出来的"？

与该主题大观念、基本问题相关的美术作品，如王文彬的油画《夯歌》，表现了怎样的劳动场景，作品传达出劳动者的什么情感？如作品《钢水·汗水》，表现了……要采用这样的范式构成"任务群"指导下的美术探究学习，激发学生思维方法和价值观的认同，形成"价值观＋必备品格＋关键能力"的核心素养。

在红色经典、革命文化主题中，要把提炼单元课程的大观念放在第一位，如"中国共产党是中国人民争取自由解放的……"强化育人导向、引领构建学生价值观的美术单元课程教学设计必须这样进入！学生获得的核心素养，是蕴含在这个大观念之中的。如本主题中，如何欣赏、鉴赏作品涉及"图像识读"这个美术关键能力，分析作品如何表现，涉及"美术表现"，作品内涵分析、探讨、争论、思考、共识等涉及学生"文化理解"这一关键能力的评价与考量。任务群的设计，要在大观念、基本问题的探究脉络下，展开对美术作品、美术现象、社会历史背景等的探究，从而深化学生对大观念的理解（可参见图94、图95相关内容）。

案例：《革命理想高于天》

赏析沈尧伊作品《革命理想高于天》，作

品名称为单元课程主题，大观念可以直接用作品题目：革命理想高于天；基本问题：为什么在万里长征那么艰苦的岁月里，革命理想是红军战士战胜艰难险阻的必胜信念？（图103）

任务1：图像识读、审美判断，小问题（问题串）

◆ 作品的场景发生在长征途中的哪一个地方？大概在今天的哪个省哪地？

◆ 作品表现出的时间节点是什么时候？从画面的哪些地方可以看出来？

◆ 作品中的人们在做什么？都是怎样的状态？人物表情是怎样的？

◆ 你能够猜测出毛主席此刻在讲些什么吗？战士们都有怎样的反应？

任务2：深化对作品意义的主动探究

● 结合中共党史知识的学习，分析判断油画作品表现的这一瞬间，与遵义会议召开的时间有何关联（早于遵义会议还是遵义会议之后，画面的哪些地方可以说明此问题）？

● 油画作品所表达的内容，从哪些地方可以看出在中国革命紧要关头，中国共产党对于革命、军队、人民的领导作用？（从画作的表现形式、人物形象、美术语言、场景等方面分析和论述）

这个主题单元课程的学习，需要强化学生对油画作品本身的图像识读。作品的图像分解方法如何应用，成为教师在教学中应该关注的技术操作，这涉及如何分析作品表现形式和方法是怎样阐释作品意义的。这个意义就是对学生审美价值观的引领，直接指向核心素养目标的落实水平（单元学习形成性评价）。同时，本单元关联的跨学科领域是以萧华将军诗词为词作，北京军区战友文工团谱曲创作的组曲《长征组歌》。学生对油画作品的图像识读需要伴随着《长征组歌》中的若干首作品，如《过雪山草地》《四渡赤水》等，结合诗词、曲目旋律、演唱效果、影视画面等，同步欣赏、感知，逐步深化理解。（图104）

演示文本平铺式呈现作品图像PPT设计制作是不行的。备课时需要对整幅作品画面进行全方位的图像分解，如人物单独"挖路径"，以群像、分组、主要人物肖像、人物群像中的肖像特写、画面安排（构图）等多层级分解，引导学生观赏、分析、评述，表达自己的感受

图103

图 104

图 105

和理解。背景中的天空，需要单独分解，如在大片的乌云中，哪一处云彩出现变化，为何这样运用色彩，画家此处的用意何在，等等。整个单元课程学习的形成性评价，是依靠作品图像分解后的小问题（问题链）展开，在帮助学生对作品内涵展开深度分析和理解过程考量其学习效度。

如这一画面中，对于工农红军军旗的图像分解，还需要特别强化。即用"挖路径"方式将军旗及周围的红军战士形象分别存图像文件夹，采用"飞入"方式逐一放大乃至形象特写形式呈现，甚至要出现油画的局部笔触图像，以烘托对整个作品意义、画面气氛的观赏效果，随之，配合有针对性的小问题，引导学生对作品进行深入描述和独立分析判断。学生的表达水平，教师可以随机观察记录，纳入学生自己的"革命理想高于天"主题单元课程学习档案袋。（图 105）

★核心价值观——育人

"革命文化"、红色经典作品主题单元课程学习，首先体现的是学生价值观的构建程度，这是美术课"为党育人、为国育才"启迪学生视觉感知、思维引领的独特贡献，是落实习总书记对教育讲话要求的具体实践体现。核心价值观作为大观念，是主题单元课程最顶层设计，下一层级为唯物主义历史观，涉及爱国主义教育，再下面层级才是美术作品，最下面层级才是美术技能表现、方法、风格等很下位的东西。单元化设计一定要以项目式、任务群架构，达到单元课程教学评一致性。红色经典、革命文化是"三种文化"进中小学课堂非常重要的内容，所唤醒的是学生珍惜今天幸福生活、对国家之情感，构建学生对党的赤诚之心、对中国革命信仰传承之重任的信念。这是"三种文化"主题美术作品单元课程体系中教育价值观构建的重大问题。要把对美术作品主题价值观分析和教育性指向，放在单元课程任务群的首位，后面几个层级跟上。这样的美术主题单元课程教学设计和课堂实施才是做到真正育人的美术课堂学习！

任务群解决学生群体的价值观问题，是美术育人的核心。不是用喊口号，不是以笼罩在学生头上空泛词语的灌输，而是以启发学生个体视觉感知、体验、促动心境的方式，激发学生内心产生共鸣，扎实地在步步深入分析作品画面中，提高学生们的眼界和境界。每个主题单元课程，将学习任务分配在每个课时中，设计时教师要花精力考虑的问题是用什么样的问题情境、学习方式来触动学生的心灵，如何让学生在课堂氛围中有切身体悟。这都要特别下功夫进行研究。

艺术教育是承载美育的重要领域。但是，美育以及理想的艺术教育，应该是用艺术文化、具体的艺术语言、艺术表现形式和作品塑造出的艺术形象，唤醒学生的感性，对学生感知能力全面养育。信息化科学技术超高速发展，更需要人类分辨是非美丑，在充分利用数字技术的同时，必须有人性和文明的制约，在人工智能化的当下和未来，唯有人的感性、感知是独特的。所以，美育是未来最重要的教育。单元课程设计、教学实施、自主探究学习、合作学习、学习评价等，都要把视觉的"感知与表达"作为学生能力发展的基础，这是未来社会发展所无法替代的人的本质力量，是教育的核心问题。

2. 从常态美术课问题引出设计思路

核心素养背景下的新课程改革实践，教师需要寻找美术学科核心素养与真实情境之间的结合点。每门学科都有其所对应的现实世界和生活现象。在本质上，每门学科都是人类在长期实践和探索过程中，不断发展起来的一种认识世界或参与社会的独特方式，每门学科都有其特有的学科知识体系、思维方式和探究模式，孕育着特定的方法论和价值观。美术学科核心素养，是经过美术课学习后，学生逐渐形成的能够整合美术学科知识、技能、方法、态度和价值观念等，应对和解决各种现实情境中表现出来的灵活的、迁移性的品质。从这个意义上讲，各种与美术学科相关的真实的现实生活情境，为学生提供了引发美术学科核心素养表现的可能性。教师要在谙熟美术学科核心素养内涵和表现特征的基础上，用学科专家的眼光，审视和考察各种与美术学科核心素养有关的现实生活情境，发现特定现实生活情境与美术学科（知识体系、思维方式、探究模式和价值观念）的关系，挖掘该情境用于考察不同年段学生形成美术学科核心素养不同水平的可能性。

案例： 母亲节的礼物

真实问题情境： 直接被学生"打脸"的美术课

在现实学校生活情境中发现问题。2020年5月7日，某老师微信配图并发"朋友圈"：美术课让他们画母亲节的主题，结果十几个学生居然一直偷偷做作业！我警告2次威胁3次，他们还是一往情深于作业。如果再执迷不悟冒天下之大不韪，抓到班主任办公室做。可还是有人继续孤注一掷，铤而走险，蔑视美术课堂！结果被我抓个现行！

案例背景： 某教师的美术课，结合母亲节

图106

来临，安排学生以"母亲节"为题设计贺卡，作为送给母亲的节日礼物。但是，学生们却在美术课上以文化课作业没有完成为理由，不上美术课，都在做作业。该美术教师气愤至极，发"朋友圈"质问声讨这一现象（此案例直接关联学生学校的整体学习评价，图106）：

质问："今天画贺卡送给你们伟大的妈妈是多么有意义的事情，为什么要做作业？作业比你们送给妈妈的礼物重要吗？"

学生回："对啊！母亲节最好的礼物是100分的考试试卷！老师你不懂的！"瞬间全部学生起哄，连后进生都高昂着头要努力做作业考100分送给自己的妈妈。这是还怪我阻碍他们表达爱了？原来试卷上的100分是所有妈妈的幸福来源，小时候我妈妈说我不要放学回家前在泥地里打滚，别去偷别人家番薯，别大中午跳河里摸螺蛳，别期末还没结束书本后面一半都折纸炮玩了，那样她就谢天谢地很幸福了！童年时代虽没有鲁迅笔下的闰土那么有趣味，但感觉也是丰富多彩的，现在的孩子呢？分数真的是童年的全部吗？

思考：此现象反映出的问题，正好契合中央"两办"关于义务教育、校外教育"双减"文件中提及的严重社会问题。当美术教师面对这一鲜活的社会现象，能否发现生活情境中学生群体的问题本质，以此主题设计出大单元美术课？

现实情境中的问题如何才能解决？

看到"朋友圈"该教师一大段气愤留言和图片之时，我现场回复："学生是对的！母亲节的贺卡，是无法抚慰母亲的心之虚幻的美好，于是，学生选择做其他作业，拒绝美术作业！"

"学生们这样的价值取向，靠美术课能够扭转或解决吗？"

教师回复："是的！家长眼里只有分数，认为分数等于能力。所以，感觉他们都缺少玩性，缺少探索性，感官审美更不用说了……"

从20年来基础美术课程改革发展历史看，美术教师一直在持续探索，如何能够让学生迅速、准确地在掌握已有美术学科知识和技能基础上，推进学生对美术技能表现方法的把握。如根据"母亲节"主题，设计一张贺卡，以完成贺卡设计程度要求，作为评价教学有效性标准。这似乎很正确。美术教师常常过于关注自己教的诸多方法，较忽视学生如何自主学的现实问题，更相对忽视如何根据美术学科知识和技能表现方法的性质、功能与结构来完成有效的美术教学。这位教师的贺卡设计课，遇到社会和学校中存在的"文化课第一"的现实情况，自己再按照美术学科知识和技能、表现方法逐一灌输的套路，强行要求学生接受教学指令时，遇到了全体学生的"抵制"。

3. 基于现实情境问题设计大单元课程

解决问题的思路：面对上述学生学习生活现实情境中的问题，指向美术学科核心素养目标的单元美术课程应该如何应对或转化？！

问题的分析与界定：学生群体普遍存在对

于学校文化课学习这种价值取向，仅靠美术课自身能够扭转或改变吗？五育并举（五育融合）的美育课程，如何育人、育心、构建其正确的价值观呢？！非常开心的是，中央"两办"关于义务教育、校外教育的"双减"文件颁布后，这一问题肯定会得到改善。由现实情境问题引出的单元课程设计初稿：

单元主题：母亲节，献给妈妈的爱

大观念："望子成龙、望女成凤"育儿观在当今时代的反思

基本问题及问题串：

我怎样表现才能抚慰妈妈的心？

努力刻苦、考个好分数就是好孩子吗？

妈妈眼中期望的孩子是这样的吗？

确定社会现实问题与美术学科核心素养目标实现相吻合的情境呈现方式。主题涉及关联社会现象的热点问题和跨学科思考。仅分析美术学科知识和技能、表现方法等层级结构，无法解决学生学习为了什么的价值取向。因而，本主题单元"知道—理解—做到"要从确立学生正确学习观视角展开设计。

教师在选择或确定需要解决情境问题的任务之后，要明确美术学科核心素养与当前真实生活情境的内在关系，从问题解决过程的角度，审视真实生活情境的呈现或表述方式，建立真实生活情境问题的不同特征与美术学科核心素养表现的具体联系，进而确定哪些是关键性情境特征，哪些属于边缘性情境特征。

①关键性情境特征是指会影响真实生活情境（或问题解决的任务）对学习目标行为或学生表现引发的特征。

②边缘性特征是对学生美术学科素养目标评价建构没有重要影响的情境（或任务）特征，可以在合理的情况下进行适当简化或调整。

该教师发在"朋友圈"的图片和话语，"声讨"学生群体占用美术课时间，完成文化课（主课）作业，其"愤怒"之情反映出真实社会现象给学生心灵造成的严重负担和抵触美术课的心理。学生们知道，唯有文化课得100分，才是妈妈最开心的事情，美术课是一门不用考试、没有具体评价标准的"副课"，学不学用处不大。此真实社会生活情境中反馈出的问题，美术课本身无法解决。这是一个宏大的社会主题，涉及社会整体的教育评价，由此可深化此大单元设计。

大单元基本问题：美术（艺术）对人的一生究竟有什么用？

学生应该知道	学生可以理解	学生能够做到
妈妈期望的好孩子仅仅是指学校里文化课学得好就行吗？	德智体美劳全面发展、整体进步是学生的终极目标	在美术活动中逐渐养成认真、严谨、秩序感等品质
母亲节的礼物来自个人日常学习表现和独特的创意表达	美术是认识自我、他人和周围世界的主要方式	用自己的创意和可选择的材料独立制作母亲节的礼物
在美术学习和活动中，我们要始终保持一种好奇心	美术史是人类社会生活历史与发展的视觉图像载体	参与各种媒材的探索和学习，发展自身的创意能力
美术学习对人的终身发展有何用？	美术学习活动创生人的创造性思维及学科关联性	用视觉形象思维方式助力自己的文化课学习

设计反思： 美术，为何是改变世界的力量？其思维方法、造物创意本质决定了美术历史是人类历史发展的艺术化（图像载体）呈现。二者的结合点，在之前的美术课中是否特别缺乏呢？以往的美术课是否过分"学院美术化"了呢？本单元课程的"知道—理解—做到"，是一个宏大主题，涉及美术文化在人类社会发展中的意涵，绝不是几个课时就能够解决的，主题内容本身体现出大主题、大观念、大问题、大任务、少而精的课程架构形态。

任何学科知识的内核，都是一种鲜活的价值意向、灵活的方法、生动的思想、严谨的思维操作之综合体。在这一真实生活情境问题中，蕴含的美术学科知识和技能、表现方法，不是制作母亲节贺卡的具体操作，而应该放在整个社会环境人们对教育的误解、扭曲心理，包括学校教育"内卷化"心理交织上。学生群体（社会的人）之所以对美术课有偏见，之所以在文化课学习过程有特殊的竞争性压力，是因为整个社会对于教育的认识存在理解性偏差。

此真实情境问题，对美术学科知识的内核进行细化，则可以逻辑地推论出人类历史发展中，为何人总是有创生知识的心理冲动，皆在于人类面对大自然和社会生活的自身发展中，不断具有求真、求精、追求改变现实、超越当下，以及向善、臻美的意向与意志，这些是人的价值旨趣作用下的奋斗精神、创造行为。美术作为视觉造物之恒久不断的创造行为，人们在求真、求精、改变现实、超越当下以及向善、臻美的价值旨趣心理意识的驱动下，运用某些方法、思想与思维，源源不断创生出若干特定的知识、科学技术成果和社会财富。本主题单元课程设计，均需要基于这一宏大叙事展开深度思考，选择和拎出核心观念架构大单元课程。该课程的美术学科知识，需要引导学生针对方法性与价值性知识层核结构的探究，而不是以往的事实或概念性知识。

单元主题： 美术学习对人的发展有何用

大观念：

美术是认识自我、他人和周围世界的主要方式

美术史是人类社会生活历史与发展的视觉图像载体

美术学习活动创生人的创造性思维及学科关联性

基本问题： 美术（艺术）对人的一生究竟有什么用？

主题1： 视觉造物与人类社会发展

主题2： 创生知识与改变生活状态

主题3： 用美术的方式认识与表达

主题4： 视觉思维方法与学校学习

主题5： 独特的情感表达与母亲节

在这一大单元课程设计框架中，美术学科核心素养呈现为由美术学科事实或概念性知识，转向美术学科价值性知识和美术学科方法性知识作为主要支撑的知识体系，构成新的层核结构。用价值观或学科思想引领教学设计和教学实施，其源头可以追溯到20世纪60年代，美国的布鲁纳倡导学科结构运动。所有的学习者，掌握了学科的基本结构，就能够在价值观和学科思想引领下，把学科所包含的诸多事实或概念性知识连成一体、相互贯通，引领学生探究大主题、大观念、大任务、大问题。这一大单元主题内容对标《义务教育艺术课程标准（2022年版）》要求："教师不仅要关注自己的'教'，还要指导学生明确'为什么学艺术'"，这是美术课终极追问，基础教育美术课程独特的育人价值是什么？

3 第三章 理解力：学生创造性思维的构建

问题：
开启人的创造力是教育本质吗？

2018年，习近平总书记在全国教育大会上提出"要全面加强和改进学校美育，坚持以美育人、以文化人，提高学生审美和人文素养"，讲话强调"构建德智体美劳培养体系、扭转不科学的评价导向"等要求，指明美育是实现教育目标、培养全面完整的个体的必要途径。新时代美育目标指向：全面发展的人，是坚定推动落实立德树人这一根本任务的基础工作。2020年10月15日，中央"两办"《关于全面加强和改进新时代学校美育工作的意见》，对新时代美育内涵做出定义："美育是审美教育、情操教育、心灵教育，也是丰富想象力和培养创新意识的教育。"审美教育、情操教育、心灵教育三个维度，是席勒在《美育书简》中提出"美育"概念以来，历史认同的美育内涵。"丰富想象力和培养创新意识的教育"这一维度，是党中央对新时代美育提出的最新内涵和目标要求。美育内涵第四个维度的教育要求，是否是因为学生经过9—12年学习，依旧严重缺乏想象力和创新意识？审美能力与创造能力是什么关系？整体理解四个维度的美育目标，是中小学美术课程全面落实立德树人根本任务的基础。

一、理解美术文化意涵的深度学习

（一）什么是基于理解的单元主题教学设计

核心素养本位的美术单元课程，需要关注美术课如何育人的本质。学习活动设计，要以挑战学生智慧的问题、情境与故事（而不仅是书本知识），使学生能够立即沉浸其中。引发学生思维激荡、强化内心体验，形成个人思维联结。

某教师接到执教省级公开课教学任务，选择教学主题：抒情与写意——文人画（普通高中"美术"教科书《美术鉴赏》，人美版，第二单元主题二）。本单元主题的基本问题：文人画的本质是什么？具体学习内容：扬州八怪——金农。

由于教师思维还停留在习惯"一课一练"状态，因此教学设计文本与核心素养本位的美术单元课程学习思路与方法有差距。帮助该教师提升教育观念，尝试如何在真实问题情境中，以大观念、基本问题、任务群、问题串的探究学习，引领学生走向对美术学科核心素养的认识与理解。教学设计前，教师需先提高教学站位，转变教育观念。思考：核心素养本位的主题单元课程本质是什么？单元课程设计和学生生活有什么关系吗？怎样设计才可以体现核心素养的目标指向？该主题单元教学设计，要从"学生为何要鉴赏、认识和理解金农及其作品""赏析《金农》及其作品对高中学生来说有用吗"的视角整体思考问题。

《金农》主题设计初稿与第三稿，可以看出教师的思维变化。

《金农》

——选自普通高中教科书《美术鉴赏》（人美版）第二单元主题二"抒情与写意——文人画"

教学过程

一、情景设定，导入课题

问题：有一位清代的文人书法家，他在50多岁的时候才决定要加入画画队伍，你们觉得他会画出点名堂来吗？

初步判断他是一个怎样的人？（不安分、大胆……）

今天我们就来聊聊这个人物——金农，历史上对他的评价是："扬州八怪"之首。

（金农生平、"扬州八怪"的资料阅读）

同学们有什么疑问，收集各组疑惑。

（他为什么是"之首"？比别人厉害在哪里？是人奇怪，还是画奇怪？）

1. 问题导向：理解美术文化意义的线索

教学设计首先考虑，本单元主题学习，学生需要理解什么？

（1）学生经由这一主题单元课程的学习，他们的理解是一种从教师的"专家经验"中得出的重要推理，学生的内在表现为，对金农、对文人画主题形成具体有用的思维概括。

（2）学生学习本单元主题之后，得到的理解应该是可迁移性的。也就是说，大观念具有超越特定主题的持久价值。

（3）理解包含了文人画中哪些抽象的、违反直觉的、容易被误解的概念。

（4）获得理解的最好方式，是通过问题探究过程的循循善诱，学生与教师共同建构的情况下，在真实社会环境面对现实问题时，能够运用本主题理解的观念（概念），自主对新的现实问题进行解读。

本主题单元课程，教师要帮助、引导学生对文人画、金农、"扬州八怪"这些概念得出基本的推论。其理解水平要求，学生能够参照、模仿哲人，对文人画、金农、"扬州八怪"等概念进行思考、提问、检验、质疑、批评和验证相关问题。学生群体不能仅凭着对教师的信任，就不假思索地去接受教师带来这一主题中的某些"理解"，而要自己去探究和实证主题中的问题。

在此主题中，文人画、金农、"扬州八怪"等概念及原理，是需要师生共同去揭示的。因为，文人画、"扬州八怪"，包括金农，相关介绍在生活中并不常见，属于离学生现实生活较远的人物和美术文化内容。

（5）本主题单元课程，总结了中国传统绘画表现方法和具体技能的重要观念、策略和原则。学生对中国传统绘画表现技能和方法的理解，是颇有难度的学习。唯有通过理解古代文人在为什么作画的意念下，有哪些相关适用的处事原则、应酬策略、笔墨技巧，需要学生在对作品图像识读的基础上，独立思考和判断古人画作中使用哪些笔墨技巧的能力。

案例：文人画——金农

内容选自普通高中"美术"《美术鉴赏》（人美版）第二单元，

主题二：抒情与写意——文人画(图1、图2)

教材中仅仅有一幅金农作品图，没有其他资源素材，教师如何进行教学设计呢？鉴赏学习中，如何由这幅作品以及对金农这个人的相关了解，让学生理解文人画？如果教材中没有"金农"、没有"扬州八怪"，只有文人画怎么办？

◆关于教材

（1）教师需要考虑，教材如同百科全书，呈现和总结了哪些已知的内容。

（2）教材通过简化美术学科专业知识和技能，来适应学生的学习水平。

（3）任何教材都无法照顾到全国各地教师、学生不同的实际需求。

（4）单元设计的主要问题并不在于教材，而在于教师是否认为，最好的教材也许只能帮助学生实现一部分预期结果，许多目标的实现，需要教师积极主动地、有创造性地确定适当的基本问题、评价以及体验活动来组织单元内容。

◆怎么使用教材，教师需明白以下问题

（1）教材仅仅是一种工具，不是教学大纲。

（2）教材中陈述、呈现的内容，通常有助于总结已知的美术学科事实，但也可能会抑制学生对某问题更深入的理解。

图1

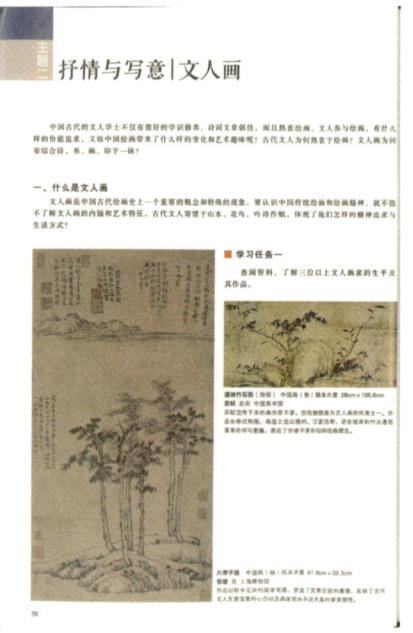

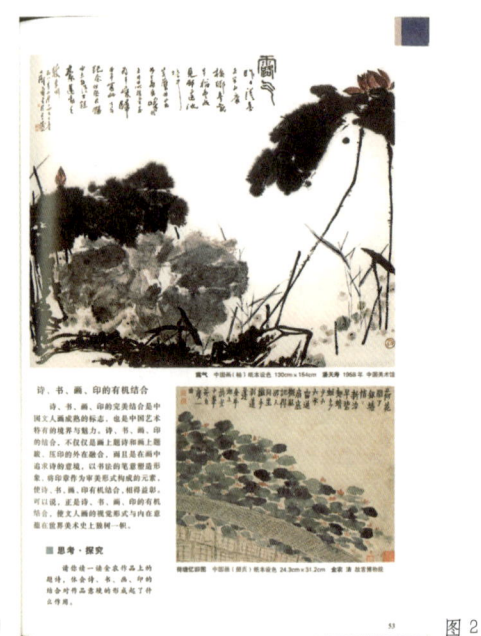

图2

(3) 任何教材内容的简化处理，通常会隐藏一些问题、观点、思想的发展历史，以及学生最终拥有当前美术学科知识和技能的探究过程。

(4) 大观念的揭示和意义获得在于，合理利用多种文化资源和体验活动。

(5) 教师的工作并不是照本宣科，并不是灌输教材提供的内容，而是学会使用教材，来协助完成美术的育人目标。

(6) 教师有责任选择教材中好的提示、内容，用以支持实现美术育人的目标。教师还要确保使用教材中设计得好的那些部分，以自己的智慧弥补教材中不完备的地方，使教材内容素材发挥最大作用。

大观念：

文人画是中国古代绘画史上一个重要的概念和现象。

文人画是中国传统文化诸多因素促成的一种艺术现象。

（此大观念来自教科书第二单元主题二）

本单元主题所需要架构的总括性问题

● 古代文人通过什么方式影响社会？社会又如何影响文人画？

● 是什么使得文人画受到中国美术史研究者的追捧？

● 古代文人的创作动力是什么？他们从什么地方获得创作灵感以及如何获得？

● 不同时代的艺术家是如何表现相似主题的？在时代更替中艺术如何变化？古代文人如何选择工具、技巧和材料来表现他们的思想观念，他们为什么做出这样的选择？

● 如何鉴赏"文人画"作品？"文人画"能够或需要进行有意义的解释或评判吗？这样做是否在破坏艺术？

● 关于"美"的不同概念是如何影响作品的？观赏"文人画"能够简单地用"美"来表述吗？

◆确立"文人画——金农"单元课程大观念，

从遴选相关内容中提取

● 从文人画史的角度,思考"扬州八怪"、金农作品的影响。

● "墨戏说"文人画理论与"扬州八怪"、金农作品的关系。

● 扬州的地区人文生态诸因素,成为滋养文人画坛的核心地域。

综合性理解和主体性理解

●古代文人为何热衷于绘画?文人学士参与绘画有什么样的价值追求?	▲文人画的主要特征。 "士人画"到"文人画","书卷气"。
●文人画的形成和发展有着一个相当长的演进过程。	▲抒情写意的价值追求。 "画以适吾意"的艺术观,"比兴"手法,"画为心声"的价值追求。
●画中带有文人、士大夫情趣,画外流露着文人思想的绘画形式。	▲诗、书、画、印的有机结合。 不仅仅是画上题诗和画上题跋、压印的外在融合,而且是在画中追求诗的意境,以书法笔意塑造形象,将印章作为审美形式构成的元素,使诗、书、画、印有机结合,相得益彰。
●文人画为何要综合诗、书、画、印于一体?	▲笔墨交织的审美趣味。 强调笔情墨趣,重在抒发胸意,不强调形似,不重视写实。 笔墨是文人画最基本语言,笔随心动,墨由情生,墨随笔出,交辉辉映,凸显笔墨的审美价值。
●文人画给中国绘画带来了什么样的变化和艺术趣味?	▲以形写神的艺术意趣。 "以形写神""得意忘形"是中国绘画艺术精神的体现。"得貌遗神""得形忘意"是文人画所忌讳的现象。

◆**学科基础观念**

任何学科的学科结构都是灵活的"基础观念",而并非固定学科事实,其本身具有可理解性。"文人画",作为美术学领域研究方向,代表了中国美术(传统绘画)的品质,从美术学中国美术方向来看,中国古代传统绘画的学科"基础观念"是"抒情与写意",教材提炼的单元主题非常明确。单元课程设计脉络要围绕此"基础观念"展开。

2. 问题探究:激发学生独特思维的方法

单元主题:扬州八怪——金农

大观念:

书画在中国明清时代社会发展中的用途

基本问题:

(1)中国明清时代社会的家庭在什么样的情况下想得到一幅画作?

(2)商业经济迅速成长带来的财富增长是推动书画需求的决定因素吗?

(3)扬州这个地方为何聚集了诸多"怪怪"的文人?

（4）金农是怎样的人？他是专业画家吗？

（5）他为何50多岁才开始画画？生意不做了吗？

（6）金农的作品内容表达了什么？

问题情境：

同学们回想自己身边所熟悉的人，辛苦大半生，当年龄到了50多岁的时候，一般会选择什么业余爱好调节自己的身心？

故事与问题：

清代有一位古董商人，擅长书法，在50多岁的时候，他才决定要加入画画队伍，大家觉得他会画出点名堂来吗？

初步判断，他是一个怎样的人？（修身养性很正常，还是不安分、大胆……）

（注："故事与问题"为该教师教学设计中原素材，建议执教老师结合对"问题情境"的认识，重新架构该环节）

小问题：

（1）清代中期的社会状况是怎样的？

（2）清代中期经济比较繁荣的地区大概有哪些？

（3）江南（扬州）汇聚了一批什么样的人？

◆**理解与事实性知识**

理解，通过事实来说话，理解，是人们基于证据和逻辑得出的结论。事实，是美术学习主题中的相关资料，有助于学生形成理解。理解，提供了一个学生群体基于单元课程学习主题相关资料的主体推论。上述问题情境、故事和问题等，都是本单元课程围绕主题探究学习的事实，是课程的学习资料。杜威先生认为，获得事实需要领悟能力，而获得理解则需要综合能力。"文人画——金农"单元课程的主题，需要根据真实问题情境，抓住故事与问题中每句话的意思，或引导学生读懂这些材料，再由此进入课程学习。学生群体达到对本单元课程学习主题的理解，需要针对上述事实提出的问题，与其他事实建立联系，并尝试在不同情况下进行应用。这就是说，理解必须通过学生主体的不断求证才能达到，美术鉴赏课堂学习的有效性是：要将学生的理解作为恰当而有用的结论，而并非仅仅是对某美术学科事实的一种陈述。

假如课堂上学生仅陈述"文人画——金农"单元课程学习主题中的某个事实，那就说明此学习状态并不是走向理解的美术学习。如金农50多岁开始画画是事实，但这一事实不足以"获得"深入探究"文人画"基本问题"为什么是中国美术发展历史的重要现象"的一条线索。学生必须透过这个年过半百的人学画事实，与大观念引领下综合性理解、主题性理解建立联系，考虑可能出现的不同情况，在鉴赏过程中验证理论、展开推理。学生个体对"抒情与写意——文人画"大单元课程相关抽象概念，要想理解它们，都需要经过相同的过程。如"笔墨交织的审美趣味"，属于"文人画"大单元课程主题中一个方面的事实。"笔随心动，墨由情生，墨随笔出，交相辉映，凸显笔墨的审美价值。"这句话看似与上面一句（事实）类似，但对学生和教师的要求来说，此句话的推论，需要通过证据来证明其是文人画的特点之一，这就是理解的本义。而第一句话则是通过"笔墨交织的"定义，验证出"审美趣味"是其特点之一。

因此，理解，不是学生视线中一目了然的既定事实，而是学生能够运用教师所给的既定事实，自己推断出的结论。这也说明，为什么指向核心素养目标的美术单元课程，要求学生在课堂活动中，自主"揭示"大观念、基本问题、小问题，这是极其必要的学习认识和理解过程。在学生对"文人画——金农"单元课程的学习主题产生真正理解之前，"理解"看上去也许就像是学生可以简单接受的某个美术学科知识内容，实际上却不然，需要学生个体通过认真地图像识读、审美判断、独立思维、主动分解，将这些内容分成一小块一小块，再通过合成方式，学生用自己的语言重新拼接和架构。注意，当美术教学只灌输美术学科知识、技能（具体表现方法）的内容，而没有对这些美术作品、美术现象、美术历史、社会问题等进行自主探究时，就很可能继续犯教育学者们所谴责的诟病，即这样的教学场景，是导致学生在美术课上产生误解和健忘的一段荒废时间。

学习活动（任务群）

任务1：

图像识读、审美判断：金农的初步印象（罗聘作《冬心先生像》）

（1）画像中的金农在干什么？神情如何？长相如何？

（2）他坐在哪儿？为什么不是坐在椅子上，而是坐在石头上？

（3）石头代表的是什么呢？石头给人的感觉是怎样的？

（4）画金农坐在石头上，是否暗示他特别喜欢石头？

（5）画作是谁画的？此画风是怎样的？

（6）徒弟眼中的师父画像，表达出了什么意涵？（图3）

任务2：

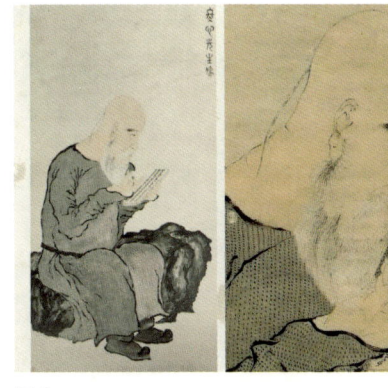

图3

问题探究：50多岁的金农都画了些什么？

图像识读、审美判断：金农作品赏析（梅花）

小问题：

（1）古人为何在画作中频繁表现梅花？

（2）金农笔下的梅花呈现出怎样的意思？

（3）题画诗与画作是一种怎样的关系？

（学生朗读题画诗，共同分析诗文与画作表现的关系）

对上述3个小问题的探究，达到初步的文化理解。

（4）金农的梅花是怎样用笔的？

与其他画家画梅作品比较，如与王冕的《墨梅图》（局部）比较。

（5）分析两幅作品的相同与不同在何处。

（6）大家感觉，他的作品是否超越了前人？（图4、图5、图6）

◆对表现技能的理解

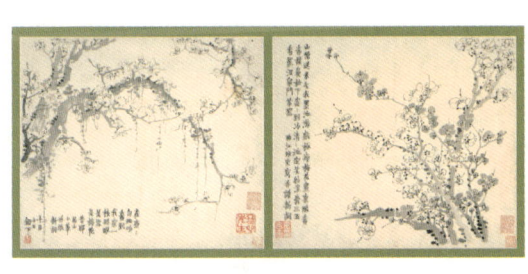

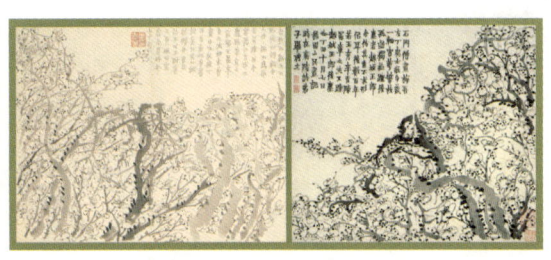

图4

图5

夏至·荷叶田田
《人物山水图·荷花开了》
清·金农
荷花开了，银塘悄悄。新凉早，碧翅蜻蜓多少？六六水窗通，扇底微风。记得那人同坐，纤手剥莲蓬。

学科基本观念：
抒情与写意

图6

图7

在探究中国传统绘画作品文化意义的基础上，专注于笔墨表现技能发展的单元课程学习，学生需要逐步理解中国传统文化观念作用下的笔墨技法为什么重要，古代文人用这些笔墨技巧有助于实现什么。古代文人用什么样的意念决定了某种绘画表现的策略与笔墨技巧，可以最大限度地发挥其效能，创作出集诗、书、画、印于一体的作品。今天的人，在什么情况下使用它们，基于理解的中国传统绘画表现技能学习，能够促进学生对中国传统绘画笔墨技能理解的流畅性、有效性。

任务3：探究"扬州八怪"——文人画

小问题：

（1）"扬州八怪"群体处在一个怎样的社会历史时期？

（2）"扬州八怪"所在的江南地区是如何促成这个群体绘画创作和发展的？

（3）金农作为"扬州八怪"代表人物，其画作"怪"在何处？为什么怪？

（4）以金农作品为例，分析思考：文人画是一种怎样的美术作品？

图像识读、审美判断：《自画像》《蕉荫午睡图》（图7）

小问题：

（1）金农画出了怎样的自己？（与学生画作有哪些区别）

（2）学生又画出了怎样的金农？

（3）学生笔下的师父是怎样的人，画作蕴含了些什么？

（4）明清文人为什么作画？（日常闲极无聊、以卖画谋生、社会交往需要…）

任务4：文人画拓展鉴赏

（1）自主赏析吴昌硕作品《墨荷图轴》《梅石图》。

（2）自主赏析任伯年花鸟画作品。

图像识读、审美判断：

吴昌硕作品（网络资源）；任伯年花鸟画作品，上海松江博物馆藏

整幅作品观赏，作品局部洞观，分析描述细节，用之前学习到的理解作品方法，自主对作品进行赏析、评价。

小问题：

（1）两位清代的文人作品带来怎样的感受？

（2）表现风格上与金农（"扬州八怪"）作品有什么区别？

（3）从作品细节上看，笔墨表现有哪些不同与相同之处？

（4）金农与吴昌硕的字画像有哪些不同与相同之处？

图 8

（5）吴昌硕画、书法、印（金石）、诗等都很有影响，其作品是否更具文人画特点？

由四个任务中基本问题和小问题的不断探究，帮助学生形成一定的文化理解。（图8）

◆理解和发展问题

教师需要明白，指向核心素养目标的主题单元课程设计，设置基本问题，没有任何一个问题原本就是基本问题，或者是非基本问题。这取决于其设计意图，取决于设计者的思考与判断。即通过良好的设计，引导学生思考，是否学了本单元课程主题就能领悟文人画，还是必须依靠主动积极的学习才能理解。

一旦选定了合适的理解，接下来教师就需要对抗自己根深蒂固的为师本能——总是将理解作为事实来教。"文人画""扬州八怪"，以及金农，对于学生群体来说，属于比较陌生、文化隔阂较大的美术主题。事实上，仅以"灌输"（通过教师或教材）的方式来说明学生理解了文人画，是"灌输"在负面意义上的主要错误。因为，许多成年人"知道"的事情，对于学生来说一点都不简单，也不容易被学生所感知。优秀的教育者明白，生发智慧的教学，需要不断地帮助学生"发现"成人所了解的知识，而不仅仅是"传授"它们。理解，是帮助学生意识到学习是无止境追求理解的过程，不是那些上"度娘"搜索的"知道"，或者是"某著作"

的"最终事实"。指向核心素养目标的美术单元课程，开放性基本问题和反思，留给学生的理解空间，就如同历史学家各抒己见那样，有着自己独特见解。

（图9—图13）

本课教学的3个任务单（图15、图16、图17）

◆课堂教学的讨论建议

①以金农这个人为例，和学生一起研究、

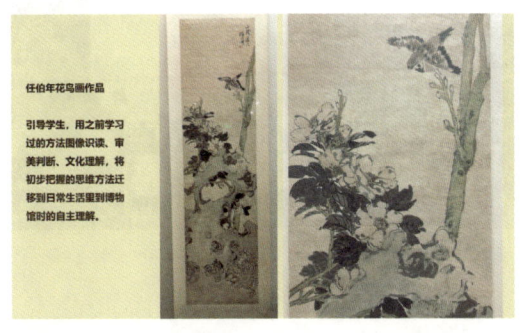

任伯年花鸟画作品

引导学生，用之前学习过的方法图像识读、审美判断、文化理解，将初步把握的思维方法迁移到日常生活里到博物馆时的自主理解。

图 9

图 10

2021年7月8日，现场直播课堂截屏，湘籍本课主题教学

图 11

图 12

图 13

《金农》

————选自普通高中教科书《美术鉴赏》（人美版）第二单元主题二
"抒情与写意——文人画"

大观念
　　文人画是中国古代绘画史上一个重要的概念和现象，文人画是中国传统文化诸因素促成的一种艺术现象。

基本问题
1、金农是一个怎样的人？
2、文人画具备什么特点？
3、金农凭借什么艺术特色成为"扬州八怪"之首？
4、金农的代表作品是哪些？
5、金农一生在追求什么？
6、金农与我们相隔二百多年，他的绘画精神对于现在的我们，有什么值得学习的地方？

图 14 现场教学设计文本截图

　　探究文人画，本课程学习的关键是，落实到主动探究"文人是怎样的人"这一本质问题(观念)上。
　　②金农手拿佛经，并不是传统的四书五经；他身坐怪石，这些物件（东西）有很深的图像学意涵，它们是中国文人形塑自我身份的重要道具。这是本主题一个特别重要的探究点，可进行深度学习。（图18）
　　③文人是怎样的人，决定了文人画是什么样的画。这是本主题的核心命题。

《芭蕉午睡图》罗聘

图 15

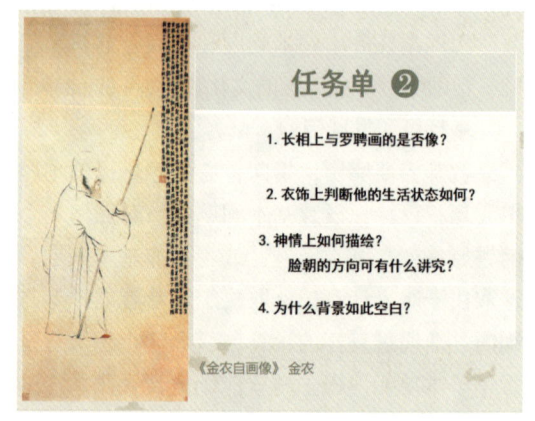

《金农自画像》金农

图 16

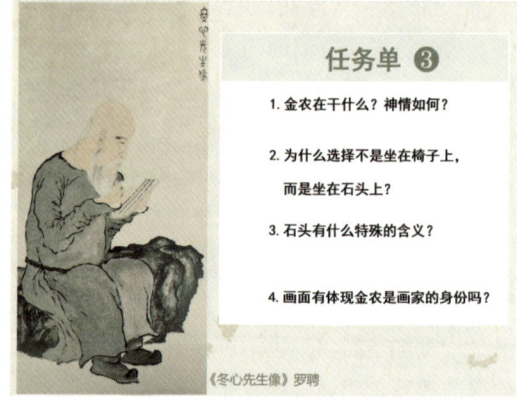

《冬心先生像》罗聘

图 17

　　金农是一个文人画大单元课程主题中的个案，要将其放在"文人画是什么"这一核心命

图 18

题中,才显出其意义深远。如果只呈现金农,就把课上"小"了,狭窄了。再深入研究,更突出文人画的核心内涵。这就是核心素养本位的美术课教学为何要实施单元化,为什么要放弃以往习惯的"一课一练"式教学,走向整体理解的教育观。当然,此要求可能高了一些。该教师本身把握课堂的能力很强,教师基本功也很扎实,如果能够按照单元课程更深入地设计,可能会更加精彩! 此要求,就是强化把本主题打造成更贴近核心素养目标要求的单元课程。要在此基础上,反思、修改、整理教学设计与探究思路,让本主题教学更具示范性。课前预习,问题导向引出三个任务单的 12 个小问题,学生对金农这个人的理解基本达到教学设计的效果。之前的担心是,怎么才能帮助学生看懂金农的画,特别是一些自己画中国画的老师,看到你文本上的那些梅花,会感觉:学生看得懂作品内涵吗?

思考:核心素养本位的学科教育目标,本质上指向"教师自身的终身学习"。因为,美术文化是人类历史发展的图像载体,任何人都没有可能通读(通晓)人类历史发展的每个阶段及文化意义。所以,每次和老师们讨论教学设计,对自己来说,也是一次学习积淀的历练。大单元课程教学设计所谓的文本套路是"学生应该知道""学生能够理解""学生可以做到"

的脉络。但依据某主题提炼大观念(大概念),设立问题情境、基本问题、小问题(问题串),是很难的前期工作。

3. 解决问题:自主运用知识技能的创造

核心素养本位的美术单元课程,为何需要在设计教学的时候将美术学科知识的单一传递由陈述句转化为疑问句? 此问题需要教师持续认识和深化理解,以下案例设计阐释"课标"组长尹少淳先生的论点:教师的教学并非将现成的美术学科概念、知识点强行灌输给学生,而是确立大观念和基本问题后,关联学生的生活经验,链接真实问题情境中的疑问,依据问题导向,引发学生主动探究,用美术的方式自主解决社会生活中的问题。(图 19)

案例:主题设计依据普通高中"美术"教科书《美术鉴赏》(人美版)第四单元"无声之韵——建筑艺术"主题三"人居与环境——诗意的栖居"展开,由教材已经呈现的大观念、基本问题,结合地方资源素材构成单元设计。

◆ 设计思考

教材主题三:人居与环境——诗意的栖居,其中"诗意的栖居",是本单元课程学习主题的大观念。教材主题中提出三个问题(疑问句),是指向美术学科核心素养目标单元课程设计中所提及的"关键问题"(基本问题)。

(1)传统建筑在城镇化进程中还有保存的价值吗?

(2)如何协调中国当前城市发展与古建筑保护的关系?

(3)和谐的现代人居环境应该是什么样子?

学生对这些问题的持续思考、辨析、探究、认识和理解,将构建起学生群体对家乡、古建

图 19

图 20

筑、城市化进程、社会发展诸问题的深度思考、发问和尝试性实践。学生经历本单元课程的系列学习,是围绕着三个关键问题展开自主探究、独立思维判断、深化文化理解过程,充分体现以学生为本的教育思想。

案例:

单元主题:人居与环境——心灵的栖居地

大观念:人、城市和自然和谐共生的美好生活

主题一:我在灵石书院

主题二:永宁之星——潮济古街

主题三:走进乌岩头

主题四:千年永宁 黄城古道

主题一:我在灵石书院

观念解决：传统建筑在城镇化进程中还有保存的价值吗？

基本问题：灵石书院究竟给世代的黄岩人带来了什么？

教学资源：灵石寺塔、灵石书院、黄岩博物馆灵石出土文物

在浙江台州的黄岩市，有一所灵石中学，学校里至今还保留着当年的灵石寺遗址，黄岩灵石中学的前身为"灵石书院"。走进灵石中学校园，映入眼帘的是古塔与大雄宝殿，想不到这样的遗址至今还保留着。"灵石书院"建于同治九年（1870年），距今已有150多年历史，校园里宋代古塔巍然屹立，大雄宝殿庄严肃穆，古木参天，绿树成荫；夏日池塘，荷叶田田；在绿荫层层中，可以感受到这所中学的历史。（图21、图22）

问题串（小问题）：

（1）作为灵石中学的学子，你知道灵石书院吗？

（2）关于现存灵石书院遗址（宝塔、大雄宝殿），有哪些事情是你所知道的？这些信息是从哪里获取的？

（3）可否按照自己对久远历史的遐想，尝试画一幅灵石书院平面图呈现给大家，并陈述自己的观点。

（4）你认为目前学校中哪座建筑的前身是当年灵石书院的核心位置？

（5）自己有没有如此认真地研究过所就读的灵石中学的历史呢？

（6）面对灵石书院遗址，你想对家乡的人们说些什么？

（7）经过本主题的探究，你能否用美术的方式画一幅表现自己心中的灵石书院的作品呢？

图21

图22

上述问题串，勾勒出本主题当中引导学生自主探究的基本脉络。如果继续细化本主题设计，可以按照问题串中的各个小问题，整体设计为任务群。再按照任务群，对学生进行课堂学习引导。

教学活动：

（1）体悟灵石中学校园内的古建筑和自然景观，让学生了解灵石书院的前世今生，初步掌握古建筑的历史价值和艺术价值。

（2）教师带领学生在苍松翠柏环绕、绿树成荫步道、荷叶田田园景、晨昏钟鼓声鸣之中，亲身感受有着深厚文化内涵的校园，探究灵石书院带给灵石人以及整个黄岩人世代的影响。

（3）通过灵石书院名人校友的生平事迹和书院的辉煌历史，激发学生作为灵中人的自豪感，树立学生爱学校、爱家乡、爱自己传统文化的热情。

计划课时：1—2课时

在确立基本问题及问题串之后，教师按照任务群中的不同任务，引领学生主动探究。

主题二：永宁之星——潮济古街

观念解决： 如何协调中国当前城镇发展与古建筑保护的关系？

基本问题： 在经济飞速发展的今天，潮济古街还能保留吗？

教学资源： 离学校（灵石中学）三公里的潮济古街、永宁江码头、民俗博物馆

教学设计思路与背景分析：

潮济是古代永宁江流域的商业中心，随着时代的发展和历史的变迁，它失去了往日的辉煌。当今人们生活方式和工作方式的改变，对建筑提出了更高的要求，潮济老街在"拆"和"留"中迷茫。（图23）

问题串（小问题）：

（1）潮济古街曾经的记忆有哪些（潮济古

图23

街和自己的生活）？

（2）现代生活还需要古街吗？

（3）请根据自己的记忆，画出古街中的某个局部。

（4）经济发展重要还是保护古街重要？

（5）到底是全部拆还是局部拆为理想方案？（评价同济大学的新农村建设设计方案，对潮济古街的保护改造提出自己的建议）

教学活动：

（1）学生了解和实地考察潮济古街的历史变迁，初步掌握潮济古街的现状。

（2）思考古建筑的功能和当今时代人们生活需求的矛盾，以及城镇现代化进程和古建筑保护的冲突，提出自己的看法或论点。

（3）浙江新农村建设正如火如荼，潮济古街由同济大学操刀设计，作为新农村建设的示范窗口。请为潮济古街的改造方案、设计提出自己的建议。

探究主题： 深度思考古建筑保护与人们生活的关系。

课时计划： 1—2课时

在本单元上述两个主题设计中，可以得到的文本设计思路是：第一，"观念解决"是沿用《美术鉴赏》教材中所呈现的基本问题（疑问句），以此展开每个主题的学习探究。这样的设计方式，替代"大观念"提取，这一备课前的准备，教师可以立刻依据教科书的思路，结合地方文化资源展开设计。第二，每个主题"基

本问题"的确立，是依据"观念解决"上位的思路，提出基本问题。这样，学生自主探究问题的针对性更强。第三，专门设置"教学资源"，因为，作为地方文化资源的单元主题，这一大单元命题可以在全国任何省域、任何年段的学校，依据当地文化资源情况，将必修课教材内容进行校本化处理，进行各自的单元设计。

主题三：走进乌岩头

观念解决：迅猛发展的社会进程中，何为诗意的栖居？

基本问题：和谐的现代人居环境应该是什么样的？

教学资源：离学校（灵石中学）十公里的乌岩头古村落（同济大学设计，浙江新农村建设示范窗口，图24）

图24

教学设计是根据当地的9个古村落情况进行的。在美丽乡村建设大潮中，当地的古村落面临着如何改造的现实问题，进行旅游开发，民宿经济成为当地人的一个选择，因而，本主题设计先从教学活动考虑，由"反思""对比""思考"三个方面，对乌岩头村的改造展开探讨。

教学活动：

反思：古代人们对建筑要求顺应天时、地利、人和，讲究人与自然的和谐关系，乌岩头自然村就是一个典范，依山傍水，整个村落与周围的环境和谐统一，又不失生动，山村显得宁静而美丽。

对比：通过当前农村民居的"傻""大""空"现象，发现当前黄岩当地民居缺少传统文化的支撑和人们对审美的缺失。

思考：民宿的发展是美丽乡村建设一个很好的范例。带领学生对乌岩头古村落进行实地考察，思考如何让古朴山村散发生机，如何为普通老房子增设现代化功能，解决现代人们的生活需求。

探究主题：迅猛发展的社会进程中，何为诗意的栖居？

计划课时：2—3课时

提前搜集乌岩头村的相关图像资源材料，思考教学设计和基本问题的时候，要从实际情况出发，做到有的放矢。（图25、图26）

问题设计思路：

基本问题：自己如何为新农村建设贡献智慧（我的思考与设计）

问题串（小问题）：

图25

图26

（1）乌岩头村的改造建设怎样才是恰当的？

（2）对乌岩头村考察后，自己思考与设计的草图是怎样的？

（3）如何探讨最佳设计方案？怎样评价自己和同伴的设计？

核心素养本位的美术单元课程教学设计，在真实问题情境、大观念、基本问题、问题串（小问题）、任务群、教学活动的文本设计中，是一种相对灵活的文本撰写呈现。不像之前撰写"三维目标""教学重难点"那样，有一个固定文本套路。落实学生核心素养目标，指向是学生（是具体的人），需要教师根据单元课程某主题的实际情况，在教师自身不断重新学习和深入思考的基础上，随时调整教学设计的文本呈现方式，总体要求是为了学生的发展而变化文本格式。核心素养本位的美术单元课程，本质指向教师的终身学习。

主题四：千年永宁　黄城古道

观念解决： 为什么要构建人、城市和自然的和谐关系？

基本问题： 黄城古道未来的发展应该是怎样的？

教学资源： 离学校（灵石中学）十九公里的黄岩城区，永宁公园，九峰公园，黄岩博物馆，黄岩档案馆和黄城古道展览馆（图27-1、图27-2）

课题背景素材

黄岩，于唐上元二年（657年）设永宁县，唐武后天授元年（690年）改名黄岩县，至今已有1300多年历史。西江河是黄岩母亲河永宁江最大的支流，从南往北注入永宁江。西江河位于黄岩城西面，是黄岩历史上的护城河之一，它和永宁江、东官河、南官河，形成"一江三河"环岛黄城的风貌，是历史上重要的生活河道和航运官河。这里还有9处古村落，面临着新城市建设中的拆与保护矛盾。

教学活动设计：

这个主题，体现了大单元、大任务、大问题、大主题特征。主题四本身就可以单独设计成宏大的单元课程。因而，教学活动需要从教师带领学生现场考察研究进入，在现状分析基础上，再落实到局部的、某个细节问题的探究。

考察研究： 黄岩城区由永宁江、东官河、南官河和西江环绕。这些年盲目无序地追求经济的发展，沿河两岸乱修乱建严重，自然水体

图 27-1

图 27-2

图 28

环境破坏,对黄城生命之水缺乏保护。

现状分析: 在推进"五水共治"和社会发展人们对城市生活更高要求的作用下,恢复护城河、两岸修公园和绿道,建设一条有着深厚黄岩文化气息的黄城古道正在如火如荼地进行中。(图28)

设计实践: 学生通过对黄岩城市现状考察、对黄岩城市发展历史的分析梳理,以及人民对城市生活需求目标的整体考虑,探究黄城古道建设的现实意义和未来发展。课题实践要求,由三个学生小组模拟城市改造设计单位,分别参与黄城古道设计项目规划招标。采用答辩会方式,三个设计单位分别陈述各自项目策划书及设计方案,评价方进行评价论证。

计划课时:2—4课时

问题设计思路

基本问题: 黄城古道未来的发展应该是怎样的?

问题串(小问题):

(1)黄城古道改造建设怎样才能体现"一切为了人民更好的生活"这一目标?

(2)怎样为"我的城市我做主"黄城古道改造建设征求意见活动贡献自己的思考和智慧?

(3)如何遴选黄城古道改造建设最佳设计方案?

(4)"为政府工作建言——我们的设计策划书",你同意我们的观点吗?

单元设计论证:

课程特点: 以"大观念"或"大任务"或"大主题"重构课程内容。

内容结构: 清晰地梳理本课程内容结构化的观念和设计思想。

教学变革: 引导和激发学生学习方式的变革,实现育人模式的改变。

学业要求: 以素养为纲,知识技能与核心素养关联,落实什么,落到哪里。

(1)本单元主题设计充分验证了落实美术学科核心素养的教学模式,学生群体是在一种社会文化视角下的自主学习,目标指向以学生为中心的发现式、探究式或建构式学习。

(2)本单元四个学习主题中,学习活动始于让学生置身于自己家乡各种与现实世界相关联的问题情境中,引导学生通过体验和探索,生成对学生自身而言有文化意义的开放性问题、任务或项目化学习。

(3)在解决问题或完成项目的过程中,学生通过不断的探索与反思、社会互动或协作,尝试践行学科实践(或直接参与黄岩市现实生活中城市改造、新农村建设的各种社会实践),体验和历练(跨)学科思维方式和探究模式,形成或发展(跨)学科观念,学会运用和整合(各)学科符号系统和知识体系,分析问题,设计与执行方案,解释和论证自己对家乡建设所作的研究假设、设计草图、建言献策的各类创意。

问题：为何图像识读的感知程度决定审美判断的水平？

二、美术思维方法的基本构建

（一）由图像识读到审美判断的引导

1. 中国古代绘画作品图像分解教学设计

怎样观看美术作品，特别是如何看明白中国古代绘画作品，长期以来，一直是制约各学段学生美术课堂学习效度、影响教学目标实现，阻碍学生群体自主审美感知与体验，无法形成美术素养（美术关键能力）的主要问题。感知与表达，是美术学习过程不可分割的整体知觉和体验方法。面对美术作品，如何观看，是美术课堂启迪学生视觉审美感知的基础。中国古代绘画作品的欣赏与鉴赏，是美术课程中最重要的学习内容，是形成学生文化自信的重要学习指标。

问题1：中国古代绘画作品以及存在的历史时期，与学生今天的生活有着较大的时代距离感，严重影响学生愿意展开图像识读的兴趣。

问题2：怎样看明白中国古代绘画作品，是美术课堂上学生自主欣赏（鉴赏）、分析美术作品，评价探究学习效度能否真正达标的关键所在。

问题3：美术教师对于课堂上欣赏（鉴赏）作品图像的呈现方式及设计思路，可以为学生提供针对作品图像自主识读、分析探究、审美判断的方法。

美术教师自己研究、设计、引导学生学习观看中国古代美术作品，强化对作品的图像识读，引领审美判断的自主思考，促进课堂上形成深度学习，逐渐达成文化理解所必须经由的

路径。课堂上学生如何更好地欣赏（鉴赏）中国古代绘画，需要教师提供高清、契合历史史实的作品图像及相关资源，提供课堂上切实可行的、引导学生对作品图像识读的思路、深度观看、欣赏（鉴赏）的基本方法。

中小学美术课堂美术鉴赏（欣赏）常态教学方式，多为运用PPT（演示文本）呈现美术作品的整体图像或局部图，提供不同大小（局部）、不同品质的美术作品印刷品，喷绘制作的美术作品局部画面道具等，供学生鉴赏（欣赏）学习活动之用。在美术公开课比赛及展示教学中，有美术教师采用绘画作品高仿品展示，以增强学生课堂现场观看作品的效果。但是，上述教具及课堂呈现等实施方式，对于学生欣赏（鉴赏）美术作品的感知体验还都存在着不同程度的缺憾。

（1）设计思路

①运用对作品图像分解与重构的方法，构成鉴赏（欣赏）教学中深化美术作品图像视觉感知的设计。学生在教师引导下，根据个体视觉观看的第一感觉，自主探究作品画面中的内容细节、蕴含的问题以及背后的文化意义。

②中国古代绘画作品观看方式的特殊性（立轴、横卷、册页）等，媒材源自作品不同的装裱方式。与中国古代读书人特有的观赏作品、品鉴作品、修身养性的生活状态，共同构成了中国古代绘画作品呈现时特有的形式。

（2）设计方法

①根据对中国古代绘画作品相关背景素材的学习和理解程度，与画面表现内容结合在一起的直觉观看，在引导学生对作品描述、分析、解释、评价环节，需要教师帮助和课外查阅相关资料进行相应补充。

②对中国古代绘画作品画面内容（形态、形式）进行图像分解，帮助学生提升图像识读

时的深入感知效度。同时，引发学生由画面内容的某个具体细节展开对作品内在意义的质疑、探问、思考、分析。

③教师根据鉴赏作品主题提炼大观念，由基本问题、小问题等构成的问题串，设计作品的图像分解思路，将所设计的问题根据教学引导的需要，体现在围绕作品画面内容设计分解过程的具体性和关联性。

（3）引导路径

问题设计的具体性：根据中国古代绘画作品图像内容、作者及相关背景素材，对作品图像进行分解与重构设计，将之前习惯于用讲授教学传递陈述性知识的方式，转变为疑问句式的问题串，在作品图像分解设计的特定情境中，引发学生在观看过程主动思考与质疑，引起课堂上对问题研究的思维碰撞和探究文化意义的辨析冲突。

②问题设计的关联性：作品主题大概念的确立和提炼、基本问题的提出及教师的提问设计，尽可能与作品图像分解过程的相关要素（作品画面中的内容、形态、形式、事件）等融合与创生，与学生的生活经验和已有知识储备紧密关联，由多层次、多视角引发学生群体在观赏美术作品过程中，质疑、探究、思考以及解释和评价。

2. 中国古代绘画作品图像分解教学设计依据及案例

（1）美术教师需要认真研读中国古诗词（中国诗学）以及中国美术历史研究的相关著作，从中国古诗词当中，品味中国人的思维方法，以此把握作品蕴含的文化意义。在某作品主题鉴赏（欣赏）时，对作品进行图像分解教学设计环节，及时将中国美术历史研究新成果应用于美术作品图像分解的教学设计中。

（2）教师不能将自己对作品的主观认识、解释、推论等掺杂在教学设计中，更不能对画作的内容、形态等进行断章取义的讲述，也不要提前将美术历史上研究者对作品的结论，直接用文字传递方式呈现出来，要依据学生观看作品的直观性出发，引导学生从多视角提出问题，激发鉴赏（欣赏）学习的探究氛围。

课堂教学需要注意的方面：

（1）中国古代绘画作品鉴赏（欣赏）学习活动，要避免在教学一开始就直接在课堂上呈现画作全貌的方式。要尽可能还原古人品鉴画作时的状态，即由画作局部鉴赏品评方式进入，呈现友人之间的私密性、众说纷纭的议论状态。

（2）课堂鉴赏学习活动中，只有进入到唤起学生对古画图像识读的兴趣点时，才有可能激发学生内心产生不同程度的审美判断思绪，这样，也才会有初步的文化理解和达成深度鉴赏（欣赏）学习的可能性，以及持续探究的愿望。

（3）在美术鉴赏（欣赏）学习活动中，教师要避免过早给予学生结论性知识点、学科概念的提示、说明和讲述，要在课堂活动里创设相关文化情境，为学生创造主动学习，不断自主探究美术作品意义的思考、辨析场域。

案例：两作品图像分解教学设计思路

作品1：《鹊华秋色图》，作者：赵孟頫（元），选自普通高中教科书《美术鉴赏》（人美版）第二单元主题二"抒情与写意——文人画"，第51页。（图29）

《鹊华秋色图》作品欣赏（鉴赏）过程，需要将画面分为三部分进行仔细的观赏。学生们自己在观赏基础上展开描述、分析、解释、评价作品内容。

画面素材及细节：

第一部分，疑问句的方式提问：作品中的

作品画面第一部分这些树的垂直线，在画面中加强了山坡的一种动力感。

请看，这丛枝叶茂密的林木形成了一幅帘幕，与之相对的是两小组杂树，一组只有两株，另一组有三株，树枝不光是光秃的，只剩下黄叶数片，其简单而孤寂的样子如同作品中的鹊华二山一样；其左弯右曲的姿势和从近景到远处沼泽上的芦苇互相呼应。究竟是前景、中景、还是远景呢？

第二部分，景致的中心点是以近景的一大丛树木为主，衬托着背景一望无际的沼泽。这些树木的形象都是树干粗枝短，有的仍保持绿叶，有的叶子已经变为红与黄色，还有的树是全株光秃，只余下曲的细枝。这几棵树，每棵各不相同，造成画面中变化不同、错综复杂的感觉。

画面中这部分树的种类虽多，但树干却差不多相同。两个特点互相对立，从细节中可以看出作者当时的某种意图（想表达的意境／情感）。

生长在树木间的凤尾草，其外形十分类似，加强了树木间的相同点。树木的直线和沼泽的横线相互平衡，弥漫着全景，连绵滋生的芦苇把画面整部分的韵律契合起来。

（注：上述这些观赏画作的直观感觉，需要引导学生在鉴赏画面局部细节中，用他们自己的话或者应用一部分美术术语描述出来，教师的提示作为学生群体分析与解释作品内容环节的补充）

第三部分画面内容最为繁复。此刻观赏画面的视觉焦点由前景转回到远处的鹊山，但由于此山的体积并不大，山形也不突出，整体感觉在画作中不及华不注山那么重要。在此，这一画段当中作者增加了很多景物。

在这个画段中，可以看出早期中国画三步

图29

山（华不注山）在整个画面的哪个位置（左还是右）？

这座山在画面上为何是一种平地突起、尖峭高耸的气势，在山的四周全部都是平平的沼泽地与水面，看着它似乎象征着一派庄严。

从这座山到近景，可见到三丛树木，第一丛最大，在山脚下列成一行，有二三十棵的样子，属于稚松。

从画面的颜色上看，深绿的树、青蓝的山形成了一种互为呼应的感觉。

（注：上述观赏画作时学生可以直接发现的画面内容细节、情节，可采用作品局部细节动画处理成图像分解鉴赏教学设计方式，给学生提供发现问题的线索，能够独立描述、分析、解释、评价作品的路径）

深入、由近至远的画法。与远处独立的山对立，中景画有三所茅舍，四周围绕着树木，这些树木与第二段景致中的树木相同。

看，在这里有山羊五只，着色鲜黄，此外还有一排渔网、一位老农。

近景是四棵巨柳。当观者的目光转移到这里的时候，以上的不同景物便显得协调一致了。

在一所茅舍半隐于柳树之后，树前有渔叟正从水中把网提拉出。树丛的横荫和远处的山形遥相呼应，每所茅舍的外形重复。直的芦苇和平的沼泽再次成为调和全画的基本因素。

（1）图像分解教学设计的研究思路

20世纪70年代初，日本二玄社在中国台湾的台北故宫博物院授权下，使用当时先进的印刷技术，对台北故宫博物院藏中国古代书画进行复制，以便让这些名画得到更好的流传。在克服重重困难后，他们将台北故宫收藏的300多件世所罕见的大帧唐宋元书画复制了一遍。其还原能力之精微、制作水平之高超，得到当时启功先生"下真迹一等"的赞誉。至此之后的几十年，印刷技术高速发展，古代美术作品的高仿产业在我国普及，大学的美术史教学及中小学美术课堂教学中，运用传世中国古代绘画原大原色高仿真复制印刷品展开课堂教学活动逐渐成为常态，这对于中国传统书画艺术研究与继承发展有着积极推动作用。（图30—1）

2009年，中国美术史研究学者、时任四川美术学院图书馆馆长、中国画学系系主任倪志云先生提出，祛除鉴藏款印、恢复中国古代绘画原貌的研究创意，对韩滉《五牛图》、赵孟頫《鹊华秋色图》等古代书画作品图像电子版进行祛除鉴藏款印、还原画面原貌的持续性研

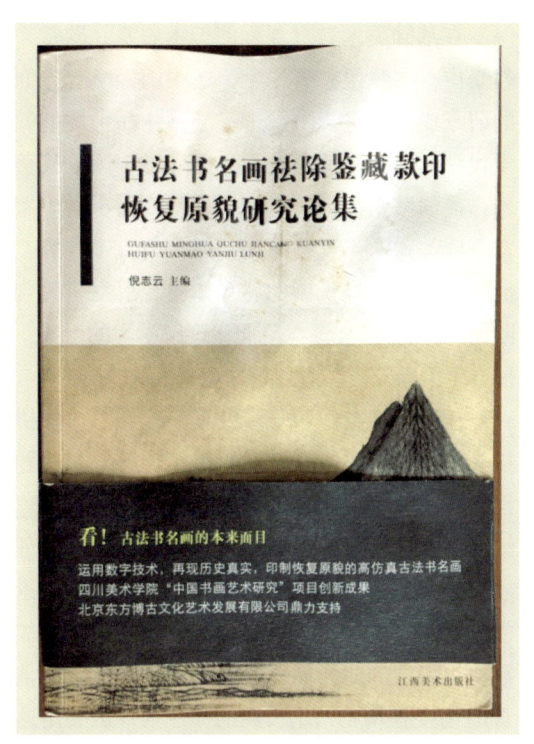

图30—1

究，发表《运用数字技术祛除鉴藏款印恢复原貌高仿古书画的学术与艺术价值》等系列研究成果。四川美术学院与北京东方博古文化公司合作，选择中国古代书画作品55件，祛除其画中鉴藏款印，恢复中国古代绘画原貌，并印制成高仿真古书画精品。2012年，北京举行了"看：古法书名画的本来面目——祛除鉴藏款印恢复原貌高仿印制品与未祛除鉴藏款印高仿印制品对照展"。江西美术出版社出版了《古法书名画祛除鉴藏款印恢复原貌研究论集》[1]。之后，对照展又在成都、重庆、苏州、厦门、西安、杭州等地展出，在美术界产生广泛影响。这项古代中国美术史研究创意的学术及艺术价值，对于直观清晰地认识古书画图像艺术及学习和传承，具有不容忽视的学术价值。

---

[1] 倪志云：《古法书名画祛除鉴藏款印恢复原貌研究论集》，江西美术出版社2012年版。

在基础美术教育课程的美术鉴赏（欣赏）教学中，参照倪志云先生等在中国画学史方面的研究成果，进行中国古代绘画作品主题的教学设计，对于帮助中小学生提升对中国古代美术作品的鉴赏能力，有极大帮助。对于学生鉴赏（欣赏）学习过程的深度思考与自主探究，促进其基于图像识读的感知体验，引发审美判断的辨析能力，逐渐深化文化理解学习的引导，提升审美感知力，有着特殊意义。

作品图像分解第一步处理：原作图像的拼接、复原修整、作品全卷的拼接修整。如问题设计："大家现在看到的这幅作品图像及局部细节的图像分解，是老师对作品图像经过处理之后，删除了历史收藏、评价痕迹的作品图景的复原件（图像）。但是，如今珍藏在台北故宫博物院中的此作品，竟然是另外的样子，请看！当今在博物馆里看到的作品为什么会是这样的呢？"这一教学设计提出的问题，基于对作品祛除鉴藏款印恢复原貌处理作品图片后的质疑引导。学生对此问题的兴趣浓厚，因为，之前在义务教育美术课、高中美术鉴赏课，从未有教师从中国古代绘画研究这一视角展开教学设计，没有引导学生对此问题展开自主探究。这样的教学设计，是将国内美术学学者的研究成果，直接转化、应用在基础教育美术课中，其影响深远。因为，每个年段的学生群体均不可能从这一视角来思考和认识中国古代绘画（书法）作品。

（2）作品图像分解设计与数字技术处理

图片素材来源：台北故宫博物院"书画典藏资料检索系统"。作品号：故—画—001011—00000，元鹊华秋色卷。作者：赵孟頫。色彩：设色。装裱形式：卷。创作时间：元成宗元贞元年（1295年）。数量：一卷，共14幅作品图局部。依据美术考古研究"分层法"，对作品进行原貌复原处理。

作品图像拼接：张馨月

作品图像复原：张馨月

作品全卷拼接：张馨月

作品图像分解动画设计：张馨月

作品图像分解的第二步处理：作品图像复原件的局部放大，画作三部分画面欣赏（鉴赏）引领的画面细节动画分解设计与合成。

作品图像分解的第三步处理：全卷作品的动画自动播放。

作品图像分解的整体设计：与鉴赏学习情境、基本问题、小问题、问题串整体构成的PPT制作（音频、动画、文字、其他图片）的整合。（图30—2）

作品图像分解思路：

对比赏析： 揭示还原画作本真面目，让学生用眼睛观看时，感受作品图像复原前与复原后的视觉差异，体会历代世人对画作强加的"爱"意。

层次赏析：

远景，辨识画卷的远山（华不注山和鹊山）的位置；

中景，缓缓飞入流动的泽水之地；

近景，茂密的林木与房屋等细节的飞入（画作细节的动画处理）。

局部赏析：

三个局部重点放大，引导学生仔细观赏分析。

重点对5只小羊、村落局部等做动画分解，让学生看到更生动的北方秋色景致。

卷轴赏析：

①运用动画效果，实现卷轴由右至左、一边卷一边收的观赏效果，还原古人赏析画作的

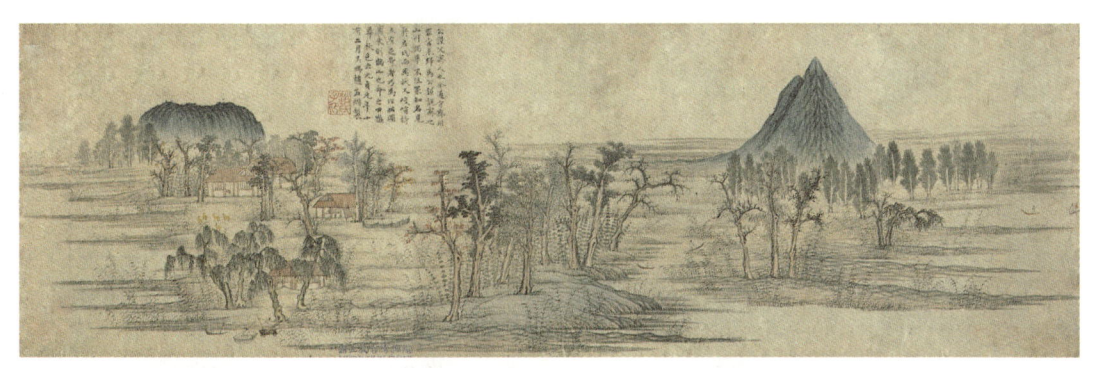

图30-2，作品复原处理图

方式。

②全画卷（作品）拼接版做成结尾慢慢播放的动画。

完整教学设计文本见"思乡曲：《鹊华秋色图》单元设计"。

(3) 学科融合范例——古诗词与视觉观看

中国古人具有独特的观照生活世界的方式。美术教师在执教中国传统山水画主题时，首先需要做的自修工作，并不是从美术学科知识本体思考教学设计，而是要先认真修习中国诗学、中国美学等方面的著作。由于长期以来我国高师美术学方向课程、专业美术学院课程在此方面都处于欠缺状态，美术教师需要强行"恶补"这方面课程内容。美术教师唯有从内心认识和理解一部分中国哲学思想，才能够有资格在中小学美术教学执教中国美术文化主题，达到基本上岗标准。

如王维诗句"山中一夜雨，树杪百重泉"应该如何理解呢？此刻，需要视觉联想的形象思维，体会眼前诗句描绘出的画面是怎样的。山中一夜雨之后，泉水重重从山涧而出。山脚有树木，当诗人（古人）隔着眼前近处的树木看泉水，泉水就仿佛是在树杪上流淌着，此处

诗句的语言采用平面的观看方法描述。西方也有这样的研究，如著名学者梅洛·庞蒂在分析塞尚作品和儿童画时，用"扁平法"来阐述，说明塞尚作品中、儿童画中，其构成物象的方式并非线性透视的画面。"山中一夜雨，树杪百重泉。"此诗句的妙处在于，诗人（古人）依据自己的视觉感受，直接取消了树杪与泉水中间的那段空间距离，泉水如同衔接在树杪之上，好像山泉水都对着树顶部而浇下来。

又如诗句"江上层楼翠霭开，满帘春水满窗山"，此为李群玉登太白楼时的视觉感受，诗句是在描写自己在太白楼中所看见的景致。实际上，无论是珠帘还是竹帘与太白楼的窗子都是直立而起的感觉，而春水则是平铺在地面上的状态。当诗人的眼睛感受过程取消了两者之间的空间距离后，不管是横的还是竖的方向，各种物体似乎是呈现出粘在一起观看的样子，于是，诗人便看见"满帘春水"之状，就好像太白楼是沉浸在江水里一般。这如同岑参诗作"旷野看人小，长空共鸟齐"以及"槛外低秦岭，窗中小渭川"。

身处旷野中的人，在窗中望见的渭川，因为与诗人（古人）之间的距离非常远，故看过去其形状就感觉甚小。岑参所描绘出窗中的"小渭川"，是一句非常奇妙的阐释。如果以天地

自然的实物而论，渭川肯定大于那小小的窗子，但是，当眼睛中的渭川之景进入到"窗中"的时候，就如同加上了一个取景框，诗人用这一类似"画框"之眼的感受，将渭川的宏大之景纳入其中。所以，"窗中小渭川"的观看方法与"满帘春水满窗山"的视觉感受是相同的，但其内心的观照方式之"平面化"此刻更加彻底，前者的描绘仅看见"渭川"的形态缩小，诗句的描绘竟然把"春水"直接"扶起来"立在地上，似乎是粘在太白楼的窗上。古人将自近而远地覆盖着的"水""天""川"等景致，用压缩远近空间距离的方式，用"平面的"观照方法来观看，因而，在很多诗句中，出现对这些景致进行描绘的词语，是自上而下地"垂"着的和"挂"着的。古代诗人是以尊重自己直观感觉的心境表达和抒怀的。这样的例子非常多，如：

"真珠卷帘玉楼空，天淡银河垂地。"（范仲淹）

"波连春渚幕天垂。"（苏养直）

"碧松梢外挂青天。"（杜牧）

还如：

"黄河远上白云间。"（王之涣《凉州词》）

"黄河之水天上来。"（李白《将进酒》）

"回看天际下中流。"（柳宗元《渔翁》）

"唯见长江天际流。"（李白《黄鹤楼送孟浩然之广陵》）

"平沙莽莽黄入天。"（岑参《古从军行》）

上述前四句都是写河流，后一句写沙漠，河流与沙漠，都是比人观看时的眼睛（生活里一般视线）位置低的物象，即这些景致物距离人的眼睛越远，在二维平面上的位置则愈高。因而，中国诗人（古人）的文学描写代表了中国人特有的观看方式。美术教师不仅在教学设计之前需要细细品味中国哲学思想作用下古人的特殊境界，同时，还需要将这些语文学科的内容，自然融入到学生课堂的美术探究活动中。这样的学科融合，是核心素养目标所要求的，是用学生已知的学科知识和技能解决真实情境中的问题。

案例：作品：《容膝斋图》，作者：倪瓒（元）

选自普通高中教科书《美术鉴赏》（人美版）第二单元主题二"抒情与写意——文人画"，第50页，倪瓒作品《六君子图》

图像分解设计思路： 某教师在大型公开课展示活动中，执教《云林水岸》一课，试图将元代文人画重要作者倪瓒的作品及表现方法介绍给小学生。但是，面对小学六年级学生，该教师课堂上强行灌输倪瓒"安静、清新、舒缓、平稳、淡雅"的笔法等技能。学生们在缺乏图像识读感知体验的情况中，无法及时催生自己当下的审美判断，更不能形成初步文化理解，根本无法认识、理解倪瓒作品的真正含义，更无法对中国文人画相关联的文化历史意义展开认识和理解。

由缺乏图像识读、审美判断和文化理解的课堂教学实例，启动对倪瓒作品《容膝斋图》的图像分解教学 PPT 设计，以这一作品的画面图像分解，引发学生对于"平远法"这一中国古代绘画表现中某个程式法则的视觉感知，由此，逐步深化对倪瓒及其系列作品的基本认识和理解，也才能在引发学生初步文化理解的基础上，对其作品中的用线、笔墨的清淡、雅气等作品本质有一定的知觉，也才能在体验其用笔的过程中，认识何为"云林水岸"的内涵。教学 PPT 设计由提炼大观念，确立基本问题，构成整体的课堂自主探究活动有序推进。

大观念： 抒情与写意（古代文人的情怀）

基本问题（疑问句）：

倪瓒的画传达出怎样的感觉（信息）？

倪瓒在作品中表现了什么？为何看上去画

面中这样安静?

小问题:

(1)画上都有些什么?为何这样画?

(2)他在画里运用了什么样的笔墨,表达了什么意思呢?

(3)云林是谁?他是个怎样的人?

基本问题	小问题
倪瓒的作品表现了什么?	1. 为何他作品中的景致都画得比较类似呢?这些树看上去好孤单啊!
他的诸多作品为何可用"云林水岸"称谓、比喻呢?	2. 据说此画的作者是位很古怪的人,他究竟想表现什么?他的画中为何都没有人物?
问题情境:老师,古人的这些山水画我看不懂,我觉得看这些还不如看照片?这些作品有啥好呢?都人工智能时代了,为何要欣赏(鉴赏)这些久远的作品呢?	3. 他在作品中描绘的江岸、水边、远山、枯树等,究竟想表达内心的一种怎样的心境呢?
	4. 看明白中国古人的画是否必须要从他流传的画作、诗歌、(文章)著作等诸方面整体了解呢?

对倪瓒作品《容漆斋图》的图像分解设计原理,来自对中国古诗词、中国哲学思想的研习。引导学生观赏倪瓒作品的画面,首先需要从如何认识、理解古人的"平远法"这一画面经营位置的思维方式入手,而古人的思维方式基于其独特的观照世界的眼光。此作品图像分解,帮助学生改变自己习惯的视觉观看方式,更全面地对作品画面整体、内容、形式展开图像识读和美术表现,进行深入分析。

图像分解设计与数字技术处理:

图片素材来源:台北故宫博物院"书画典藏资料检索系统"。

作品图像分解动画设计:张馨月(图31—1、图31—2、图31—3、图31—4)

作品图像分解技术处理:作品图像局部形象的"挖路径"剪切,分别存入文件夹。由动态背景"画框线"进入,分布引入画面各部分细节,动画分解设计与合成。作品的动画分步播放,图像分解后最终与台北故宫博物院画作进行比较。由此,引发学生眼睛在观看画作时深入知觉"平远法"在具体作品中的应用。

倪瓒作品图像分解,可以阐释中国古诗词中蕴含的中国人独特的观照生活世界的方式,帮助教师阅读、认识、理解古诗词与中国古代

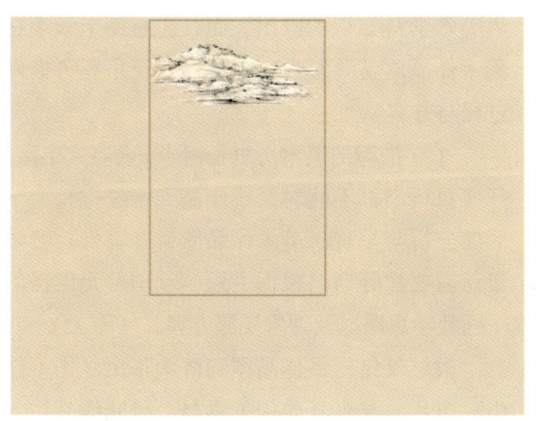

图 31-1 倪瓒作品分解 1

图 31-2 倪瓒作品分解 2

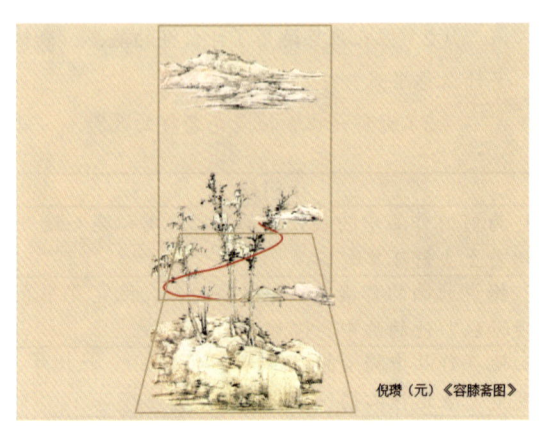

图 31-3 倪瓒作品分解 3

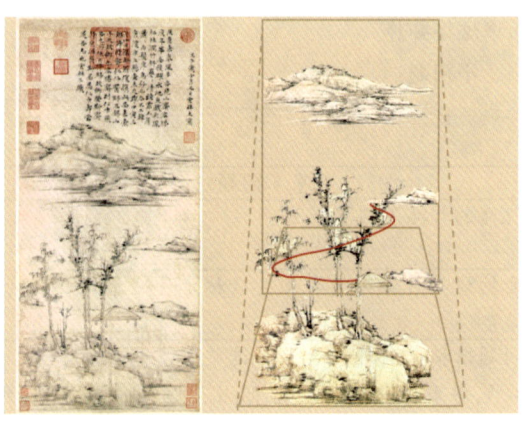

图 31-4 倪瓒作品分解 4

绘画之间的关联性。

（二）基于学科观念重构课程内容

1. 思乡曲：《鹊华秋色图》单元设计

单元主题选自普通高中"美术"教科书《美术鉴赏》（人美版）第二单元"图像之美——绘画艺术"，主题二"抒情与写意——文人画"。

本单元课程教学设计缘由： 2019 年 9 月，山东省济南市高中美术新课程教师培训现场。在《美术鉴赏》（人美版）教材分析专题讲座进行到第二单元内容分析时，我提出问题："《鹊华秋色图》与济南这座城市有着 700 多年的历史关联，请问在坐的济南市 200 多名高中美术教师，有谁执教过这一主题？有哪位老师以此作品鉴赏活动，唤起过济南市的学生对自己家乡的特殊情感？"现场一片沉默。这是非常尴尬的场景，作为济南市的高中美术教师，竟然从来没有给济南市的学生执教过《鹊华秋色图》，这也太不应该了吧！

培训结束，利用之后到昆明市、准备给云南省高中美术教师培训的 1 天间隙，开始准备该主题单元课程设计，看书查阅资料，并在济南飞往昆明的近 3 小时空中飞行时间，用手写方式完成该主题单元课程教学设计草稿。在昆明教师培训的晚上时间，将设计草稿输入电脑，形成基本的教学设计文本。

教学设计路径：

（1）基于美术学科核心素养目标要求的主题单元课程备课（教学设计），教师自身所经历的过程与教学实践要比"三维目标"时期多付出几倍心血。再次强调：核心素养目标的单元课程，直接指向美术教师自己的终身学习。

（2） "问题情境的真实性"是教学设计和实施的核心要素。情境学习不仅有利于学生理解美术学科知识的应用，而且还有助于学生在美术作品欣赏（鉴赏）中从专业视角思考推理过程与方案。

（3）浩瀚的美术历史长河中，内容太丰富，任何教科书都不能对经典作品一一进行较为全面的分析与呈现。美术作品欣赏（鉴赏）教学设计需要教师自己根据主题，重构单元课程的主题教学思路以及课堂实施方案。（图 32）

教材仅仅提供作品图和济南华山（华不注山）图片，没有其他相关素材。研究作品后，

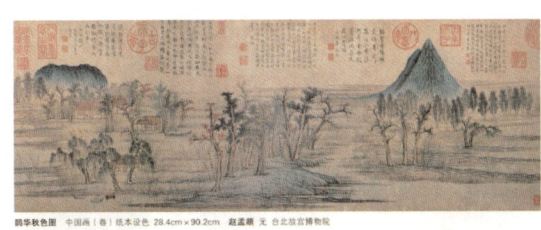

图 32

确定其核心意义为"思乡"。因而，提炼大观念需要围绕"乡情""思念"这一视角展开。第一个真实问题情境设计思路是：

请同学们闭上眼睛，聆听一首乐曲。刚才的乐曲给大家带来什么感觉？

《思乡曲》（马思聪作曲，小提琴演奏：吕思清）音频或视频

音乐作品表现思乡的情感似乎有着特殊的艺术表现路径，如果用美术的方式，怎样表现思乡之情呢？（画出家乡的山水，睹物思情……）

哪位同学知道或者能举例推荐一幅（件）表现思乡之情的美术作品呢？

第二个真实问题情境设计思路：

语文课学习中，老舍先生的名篇《济南的冬天》，同学们应该比较熟悉。请问和济南的秋天有关、描绘济南山水美景最有价值的美术作品，被誉为是济南这座城市（地域）代名词的中国画历史上的著名画作，有哪位同学知道？

问题：秋天给大家带来怎样的感觉？家乡最好的季节——秋天。

相关素材截图（图33、图34、图35）

整合这些素材的目的，是唤起学生对家乡的情感共鸣，由此进入对作品的鉴赏。

图像资源的缺憾：搜索现行网络上的该作品图，感觉质量较差，不适宜学生的美术鉴赏学习。怎么办？联系台湾省的美术教师，请其帮助在台北故宫博物院网站"书画典藏资料检索系统"，下载作品图13张局部，以备教学设计时对作品图像整合处理之用。（图36）

确立基本问题（初稿）：

（1）作者（赵孟頫）采用了什么样的表现方式（对景写生还是……）赞颂了济南这座历史名城？

（2）作者（赵孟頫）通过怎样的方式，帮助挚友周密了解自己祖居地（家乡、故土）？此作品寄托和赋予了他们各自对此地的何种特殊感情？（思乡之情？古城从政之情？）

（3）作者（赵孟頫）是用怎样的表现方法、描绘了哪些内容，将自己留恋的地方（济南府、齐州）呈现在画作上的？

A. 作者表现了该地的哪些景致？

B. 是如何寄托自己的情思的？

（4）认真赏析作品，作者（赵孟頫）抒情写意的价值追求，在这幅作品中是如何体现的？

（5）作为济南人（每位同学），对730年之前作者（赵孟頫）这样的表现，对这一灿烂的、惊世的历史文化遗迹（中国画作品）应该持有哪些态度？

老舍笔下济南的秋天

"请你在秋天来。那城,那河,那古路,那山影,是终年给你预备着的。可是加上济南的秋色,济南由古朴的画境转入静美的诗境中了。这个诗意秋光秋色是济南独有的。上帝把夏天的艺术赐给瑞士,把春天的赐给西湖,秋和冬的全赐给了济南"。

"那中古的老城,带着这片秋色秋声,是济南,是诗。"摘自:老舍《一些印象》

"济南是抱在小山里的;到了秋天,小山上的草色在黄绿之间,松是绿的,别的树叶差不多都是红与黄的。就是那没树木的山上,也增多了颜色——日影、草色、石层,三者能配合出种种的条纹,种种的影色。配上那光暖的蓝空,我觉到一种舒适安全,只想在山坡上似睡非睡的躺着,躺到永远。"摘自:老舍《春风》

图 33

老舍笔下济南的秋天(水)

"哪儿的水能比济南?有泉——到处是泉——有河,有湖,这是由形式上分。不管是泉是河是湖,全是那么清,全是那么甜,哎呀,济南是'自然'的Sweet heart吧?""先不用说别的,只说水中的绿藻吧,那份儿绿色,除了上帝心中的绿色,恐怕没有别的东西能比拟的。"

——摘自:老舍《一些印象(续四)》)

(注:上述问题情境及教学导入,均可以采用老舍先生不同的散文节选文本,由学生的朗读进入教学及探究活动,这一跨学科关联,由不同地域不同学校学生群体的实际情况决定)

图 34

如何进行作品"图像识读"

鹊华指的是济南的哪里(哪个方位)?

距离今天700多年前济南的秋天是怎样的景致?(28.4CM * 93.2CM)短小横卷,纸本及设色

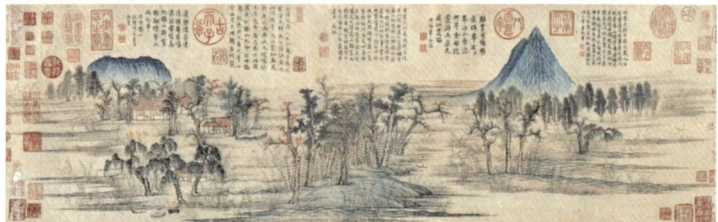

图 35

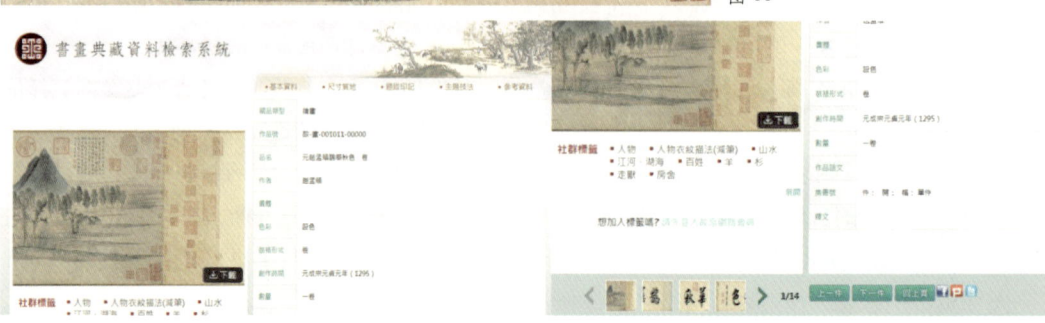

图 36

（6）如果今天来到华不注山周围，面对当下的此景，感怀700多年历史长河的进程，同学们会有哪些感受与思考？

作品图像识读的背景素材：

画中是一片辽阔的泽地与河水，在一片无际的平远景致上，有两座重要的山：右边突立的是三角形的、双峰笔直的华不注山；而盘踞在画面左方的是鹊山，形态如面包状，或是类似水牛的脊背形态。画题由两座山而起。

鹊华二山与近景之间，树木繁多，疏落散布，"杂树"丛生。画的左方，见山羊四五只，于几所简陋的茅舍间啃食。水边轻舟数叶，舟中渔叟在安静地工作。秋天，一片宁静，有的木叶已经脱落，其他叶子赤黄相间。村人对这些景致浑然不觉，只埋头自己的生计。而对于画者却是非常难忘的景象。季节的代谢、自然的雄伟壮观、人类的渺小，生发大大的感触，这些情感，都由"愁"字所隐含的意境中表达出来。注意，课堂上，学生识读作品图像能否引发出上述这些感受，关键在于教师所提问题的引导。

作品图像识读及小问题的提出：

映入眼帘的这座山名叫华不注山（图37），它是一座怎样的山？

画作中让大家感觉最为突出的物象是什么？（哪位同学来描述一下？）

追问：为何是山？为何是前景的这丛树？

在画作中还看到了什么？哪位同学来补充描述？

作品中除了这醒目而突出的华不注山，还有什么山？它是怎样的形态？

如果对整个画面里的两座山、树木、草丛、土坡、山体、房屋、沼泽甚至湖面等景致进行分析，怎样找出其画面布局的前后空间关系呢？

从画作中的哪些景物可以看出作者是表现的秋色？（局部鉴赏分析、描述）

PPT设计要求：

（1）对《鹊华秋色图》进行鉴赏，不能一开始就呈现作品全图，特别是不能给学生鉴赏目前在网络世界里可以看到的、已经被某些人修饰的作品图，也不能给学生看一般的作品图。

（2）根据台北故宫博物院资源库下载的作品图，进行图像拼接等处理。

（3）采用美术考古年代分层方法，将后世各位名人、皇帝为收藏此作品在画面中写的题跋、盖上的印章全部清除，力求还原作品原貌。

台北故宫博物院下载的作品局部图为13幅，需要自己拼接为完整手卷图。

图像分析（期待课堂上学生的描述）：

作品中的山（华不注山）在整个画面的哪个位置？（右方）

这座山为何是平地突起、尖峭高耸的气势，四周全部是平平的沼泽地与水面，看着它似乎象征着一派庄严。

从这座山到近景，可见到三丛树木，第一丛最大，在山脚下列成一行，有二三十棵的样子，属于稚松。从画面的颜色上看，深绿的树、青蓝的山形成了一种互为呼应的感觉。

（注：上述观赏画作可以发现的细节、情节要用局部作品动画处理成图像分解鉴赏教学设计的方式，给学生提供发现问题线索、能够描述、分析、解释、评价作品的路径）

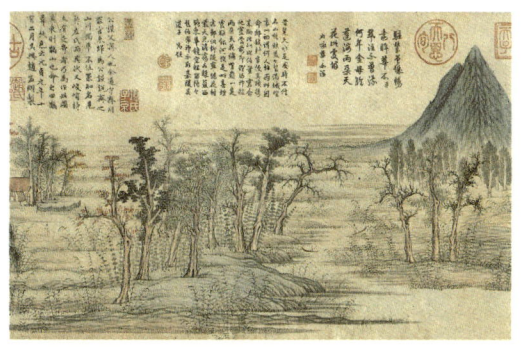

图 37

这些树的垂直线，在画面中加强了山坡的一种动力感。

这丛枝叶茂密的林木形成了一幅帘幕，与之相对的是两小组杂树，一组只有两株，另一组有三株，树枝不光是光秃的，只剩下黄叶数片，其简单而孤寂的样子如同鹊华二山一样；其左弯右曲的姿势和从近景到远处沼泽上的芦苇互相呼应。

是前景、中景，还是远景呢？

第二段景致的中心点在近景，以一大丛树木为主，衬托着背景一望无际的沼泽。这些树木都是干粗枝短，有的仍保持绿叶，有的叶子已经变为红与黄色，还有的树是全株光秃，只余曲的细枝。这几棵树，每棵各不相同，造成画面中变化不同、错综复杂的感觉。

树的种类虽多，但树干却差不多相同。两个特点互相对立，从细节中可以看出作者当时的某种意图（想表达的意境、情感）。

生长在树木间的凤尾草外形类似，加强了树木间的相同点。树木的直线和沼泽的横线相互平衡，弥漫着全景，连绵滋生的芦苇把画面整部分的韵律契合起来。

（注：观赏画作的这些感觉，需要引导学生在鉴赏画面局部细节时，用自己的话或者应用一部分美术术语描述出来，教师的提示作为分析与解释环节的补充）

作品第三部分内容最为繁复。此刻观赏画面的视觉焦点由前景转回到远处的鹊山，但由于此山的体积并不大，山形也不突出，整体感觉在画作中不及华不注山那么重要。在此，这一画段当中作者增加了很多景物。

在这个画段中，可以看出早期中国画三步深入、由近至远的画法。与远处独立的山对立，中景画有三所茅舍，四周围绕着树木，这些树木与第二段景致中的树木相同。

看，这里有山羊五只，着色鲜黄，此外还有一排渔网、一位老农。

近景是四棵巨柳。当观者的目光转移到这里的时候，以上的不同景物便显得协调一致了。

在一所茅舍半隐于柳树之后，树前有渔叟正从水中把网提拉出来。树丛的横荫和远处的山形遥相呼应，每所茅舍的外形重复。直的芦苇和平的沼泽再次成为调和全画的基本因素。

上述文本为读书学习后的备课稿。这些素材资源都是课堂引导学生进行图像识读过程需要涉及的各方面问题，教师在备课过程中对相关素材资源的把握程度，影响到实际课堂活动时，教师如何应对学生主动探究问题时向教师和同学们提出质疑。因而，指向核心素养目标的美术单元课程，教师在改变教学方式、学生改变学习方式后，需要采用建构主义学习方法，引导学生在对作品图像审美感知基础上，主动探究问题和作品蕴含的意义。（图38）

经过拼接的作品图，祛除历史收藏题款、印章等污损后的图景。美术学方法源自四川美术学院原图书馆馆长、中国画学系主任倪志云先生研究成果。[1]

图像识读——审美判断

同学们现在看到的这幅作品图及局部细节的图像分解，是老师事先处理过的，是删除了历史收藏、评价痕迹的作品图景的复原件（图

删除了历史收藏、评价痕迹的作品图景的复原（图像）

图38（与30图通用）

---

[1] 倪志云：《古法书名画祛除鉴藏款印回复原貌研究论集》，江西美术出版社2012年版。

像）。但是，如今珍藏在台北故宫博物院中的此作品，竟然是另外的样子，请看！当今在博物馆里看到的作品为什么会是这样的呢？（鉴藏题款对作品造成的"污损"）

解释与分析（思考与探究）：

（1）为何在画面上有如此多的题款与印章呢？

（2）什么人有资格在画面上落印和题款呢？

（3）诸多题款与布满印章的画面，给观赏者的视觉带来哪些感觉？

注：作品由原来的样子，经过数百年来历代人的珍藏及不断的品鉴，人们在原作基础上重新接裱（揭裱）以及题款等，卷幅在不断地加长，成为今天观者所看到的画面及卷轴。

探究活动设计：

学习单：此画的作者是怎样的一个人？他与济南有怎样的联系？

（互联网+美术鉴赏教育，根据学习单问题要求，查阅资料，回答问题）

对作者展开解释与评价：

在当时的济南（齐州）为官三年多，济南（齐州）的湖光山色给他留下了怎样美好的眷恋？他在作品中是怎样呈现的？

上述教学设计文本（作品图像分解思路等）素材，如同"书架"上的"资源库"（尹少淳先生语），美术教师、学生根据这一主题的鉴赏学习活动，自己选择资源，整合设计，形成具体的鉴赏教学（学习）课堂实践。

2. 用美术的方式解释生活世界

课程主题： 思乡曲——《鹊华秋色图》
大观念： 思乡是一种眷恋
设计要点： 分层法、祛除"污损"

基本问题：

（1）作者运用怎样的表现方法、哪些内容表现了"家乡"这一主题？

（2）作品以怎样的画面形式，表达与传递了"思乡"及"留恋"的情感？

（3）应用美术考古研究中的"分层法"，祛除画面"污损"之后的古代书画作品，给鉴赏带来怎样的视觉感受？

（4）鉴赏古代书画作品是否需要复原作品本来面目去探究作品的缘由？

（5）如何鉴赏（欣赏）、评价经历了诸多历史鉴藏之后的这件经典作品？

（6）是否认同中国美术史学者的研究，做出怎样的评价？

《鹊华秋色图》教学设计问题解决思路：

问题1：中国古代绘画作品以及存在的历史时期，与学生今天的生活有着较强的时代距离感，严重影响学生愿意展开图像识读的兴趣。

问题2：怎样看明白中国古代绘画作品，是美术课堂上学生自主欣赏（鉴赏）、分析美术作品，评价探究学习效度能否真正达标的关键所在。

问题3：美术教师对于课堂上欣赏（鉴赏）作品图像的呈现方式及设计思路，可以为学生提供针对作品图像自主识读、分析探究、审美判断的方法。

本单元主题研究思路与方法：

中小学美术课堂一般的美术鉴赏（欣赏）教学是，制作和运用PPT课件，呈现美术作品的整体图像，以及呈现不同大小局部图，提供不同品质的美术作品印刷品，喷绘制作的美术作品局部画面道具等，供学生鉴赏（欣赏）学习活动之用。在美术公开课比赛及展示教学中，有美术教师采用美术作品高仿品展示，以增强学生课堂现场观看作品的效果。

基于学科基本观念的设计思路：

（1）运用对作品图像分解与重构的方法，构成鉴赏（欣赏）教学中深化美术作品图像视觉感知的设计。学生在教师引导下，根据个体视觉观看的第一感觉，自主探究作品画面中的内容细节、蕴含的问题以及背后的文化意义。

（2）中国古代绘画作品观看方式的特殊性（立轴、横卷、册页）等，媒材源自作品不同的装裱方式。与中国古代读书人特有的观赏作品、品鉴作品、修身养性的生活状态，共同构成了中国古代绘画作品呈现时特有的形式。

具体设计方法：

（1）根据对中国古代绘画作品相关背景素材的学习和理解程度，与画面表现内容结合在一起的直觉观看，在引导学生对作品描述、分析、解释、评价环节，需要教师帮助和课外查阅相关资料进行相应补充。

（2）对中国古代绘画作品画面内容（形态、形式）进行图像分解，帮助学生提升图像识读时的深入感知效度。同时，引发学生由画面内容的某个具体细节展开对作品内在意义的质疑、探究、思考、分析。

（3）教师根据鉴赏作品主题提炼大观念，由基本问题、小问题等构成相应的问题串，设计作品的图像分解思路，将所设计的问题根据教学引导的需要，体现在围绕作品画面内容设计分解过程的具体性和关联性上。

引导路径：

（1）问题设计的具体性：根据中国古代绘画作品图像内容、相关背景素材，对作品图像进行分解与重构设计，将之前习惯于用讲授教学传递陈述性知识的方式，转变为疑问句式的问题串，在作品图像分解设计的特定情境中，引发学生在观看过程中主动思考与质疑，引起课堂上对问题研究的思维碰撞和探究文化意义的辨析冲突。

（2）问题设计的关联性：对作品主题大观念的确立和提炼，基本问题的提出，及教师的提问设计，尽可能与作品图像分解过程的相关要素（作品画面中的内容、形态、形式、事件）等融合与创生，与学生的生活经验和已有知识储备紧密关联，由多层次、多视角引发学生群体在观赏美术作品过程中，质疑、探究、思考以及解释和评价。

教学设计与课堂实施需要注意的方面：

（1）中国古代绘画作品鉴赏（欣赏）学习活动，避免在教学一开始就直接在课堂上呈现画作全貌的方式。要尽可能还原古人品鉴画作时的状态，即由画作局部鉴赏品评方式进入，呈现友人之间的私密性、众说纷纭的议论状态。

（2）课堂鉴赏学习活动，只有进入到唤起学生对古画图像识读的兴趣点时，才有可能激发学生内心产生不同程度的审美判断思绪，这样，也才会有初步的文化理解和进行深度鉴赏（欣赏）学习的可能性，以及持续探究的愿望。

（3）在美术鉴赏（欣赏）学习活动中，教师要避免过早给予学生结论性知识点、学科概念的提示和讲授，要在课堂活动里创设相关文化情境，为学生创造主动学习，不断自主探究美术作品意义的思考、辨析场域。

课堂活动学生需要做到以下三方面：

（1）感知与鉴赏（欣赏）；

（2）思维与创想；

（3）探究与表现。

基本设计思路：

本单元大观念为：思乡是一种眷恋。设计以此统领三个主题课程，分别为舒朗的长空、抒情还是写真、历史的思辨。（图39）

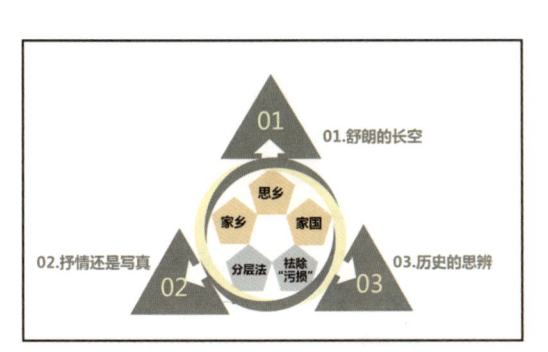

主题1：舒朗的长空

学生需要理解：

中国古代文人用怎样的方式表现对故乡的情感（分主题大观念）。

图 39

引导性问题	学生需要知道些什么	学生能够做些什么
◆作者运用怎样的表现方法？画作的哪些内容表现了"家乡"这一主题？	知道： ▲两座山、湖泽及秋天的济南景致如此安静 ▲舴艋舟、渔叟、小羊等画面内容细节	做到： ▲描述出画面的内容和具体的细节 ▲描述作品是表现秋天的景致 ▲分析作品是有色彩的，不是一般的水墨山水
◆作者运用怎样的形式表达和传递了"思乡"及"留恋"的情感？	知道： ▲舒朗的天空下，两座标志性的山与秋景 ▲作者用记忆画的方式表现了自己对故地的思念	做到： ▲分析画面的基本布局，舒朗的天空与田园生活 ▲分析作者如何以图绘方式呈现家乡（故地）景致，纾解挚友的思乡之情
◆如何鉴赏、评价经历了诸多历史鉴藏之后的这件经典作品？	知道： ▲眼前的画作与现存博物馆的画作不一样 ▲历史鉴藏者的印章、题款实际上造成画面"污损"	做到： ▲对历史以来鉴藏者在画作留下的痕迹进行判断、分析 ▲对中国画学者提出古代书画作品"污损"论点有自己的见解
要求：引导学生从对作品图像中呈现的事实性知识，上升到对概念（主题）的理解，最终对原则（思乡）和理论（"污损"论点）的深刻理解，这就是本主题的深度学习。培养学生从记忆、背诵知识与技能，上升到理性分析、判断、归纳，甚至是迁移的能力		
目标：作品体现了怎样的文化内涵		

《鹊华秋色图》图像分析

层次赏析：远景辨识画卷的远山（鹊山与华不注山）的位置，画面中屹立着两座名山，右边尖尖的是华不注山，左边圆鼓状的是鹊山。（图40）

中景成排的稚松、杨树，朦朦胧胧，远处一排杉树，形成有层次的汀渚滩涂。

近景茂密的林木与房屋等细节飞入，重点欣赏树木的层次美。（图41）

秋色之美：赵孟頫的秋景既有秋日的青青凉意，也有秋光与红叶的温雅和畅。作品颜色呈现得极为丰富，既保留了树木的绿意，又增添了红、黄、赭石的暖意之色,并将山峰用石青色呈现深蓝色的山体,芦苇荡、叶子则是深浅不一的青绿色及赭色,屋顶和动物选用红黄之色。(图42)

对比赏析:揭示并还原《鹊华秋色图》本真面目,让学生感受作品复原前与复原后的视觉差异,体会历史上的人对画作强加的审美"爱"意。(图43、图44)

卷轴赏析:尝试运用动画效果,达到卷轴一边卷一边收的卷轴欣赏效果,还原古人赏析画作的方式。(作品最后呈现出卷轴般移动播放的动画效果,图45)

主题2:抒情还是写真

学生需要理解:

作品运用了怎样的形式,表现出济南(齐州)秋天的景色?

作品的表现形式在古代中国山水画中属于哪种方式?

图40

图41,作品局部图像分解,课堂上以动画方式呈现

图42

图 43

图 44

引导性问题	学生需要知道些什么	学生能够做些什么
◆作品的画面采用怎样的布局方式？	知道： ▲古人画山采用的一般方式（程式） ▲作品中采用的画山的方式有何变化与不同	做到： ▲分小组用作品景致分解图版，共同摆放，构成画面山水的前后关系 ▲在图像分析和视觉判断中，能够找到作品采用"平远法"的处理方式
◆作品是对真实景物的写照，还是……？	知道： ▲作品中的景物看上去是真实的描绘吗？ ▲作者采用了怎样的方式组织画面内容（景致的安排）？	做到： ▲对景写生与记忆描绘的不同之处进行尝试性练习 ▲对作品中标志性景致（物）的重构，做出自己的分析与解释
◆中国古代山水画是怎样抒情写意的？	知道： ▲作者对齐州山水特殊的画面安排寄托了思念之情 ▲比较中国古代山水画的抒情写意表现方式	做到： ▲对作品画面内容呈现出的宁静、安逸、闲适感阐释及评价 ▲分析、解释中国古代山水画的抒情写意表现方式

要求：同上一课时

◆《鹊华秋色图》局部图像分析

赏析：作品主题意义为"思乡"。用图像分解法深度揭示《鹊华秋色图》的画面构成，引导学生感受、探究作者完成作品时的状态与心理活动，体悟作品带来的视觉感，探索古代人是如何运用画作表达情感的。（图46、图47）

结合对中国古诗词的理解，深化认识中国人观照世界而采用的特殊方式（眼光）。有条件的教师可以采用"平面化""叠加及展开"方式，

图 45

制作主题画作的相关道具，帮助学生在鉴赏活动中深入理解作品。

对比中国古代山水画表现自然之景时一般的表现形式，结合作品《鹊华秋色图》分析逐渐变化及发展的形式，解释和评价赵孟頫为解好友周密思乡之情，依靠记忆、图绘其故乡景色的方法能否满足挚友的心境。

对照鹊山与华不注山的画中之景与自然之景，赵孟頫为好友周密回忆齐鲁山川，以图绘的方式呈现济南风光，对照一番还是相似逼真的。（图48—1、图48—2）

活动设计：

分解《鹊华秋色图》画作的图景，制作成局部造型图版，学生动手拼版构成的活动，对比山水画表现的"古风"形式，解释和分析《鹊华秋色图》这样的表现方式对于作品意义（主题）的呈现有哪些优势。

问题辨析：

（1）作品是对真实景物的写照还是……？

（2）《鹊华秋色图》是怎样表达作者意图的？

（3）中国古代山水画作品是如何抒情写意的？

思考探究：

（1）引导学生研究作品《鹊华秋色图》形式运用之间的关系，探讨视象构成（画面形式含义及其组合的方式）。

图 46

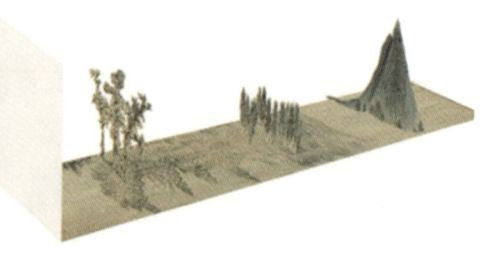

图 47

图 48-1　　　　　　　　　　　　　图 48-2

（2）作为图绘性艺术，《鹊华秋色图》是怎样体现和成为一种心智的、超越再现的经典名作的？

3. 整体提升学生的视觉图像感知能力

主题3：历史的思辨

问题探究：

（1）《鹊华秋色图》问世730多年来，被诸多历史名人所珍藏，画面现留有大小不一的印章、题跋痕迹，历代不断题款和接裱。造成这一状态的原因究竟是什么？

（2）为何历史上对此作品如此看重？此作品为中国古代书画中画面"污损"最为严重的作品之一，历代文人、皇帝以及历史学者如此喜欢此作品，有何更深层的意义？

（3）你是否认同中国美术史研究者对《鹊华秋色图》等古代书画做出"污损"原作的论点？经过历史的中国古代书画作品是否都无法摆脱被鉴藏者"污损"的过程？

引导性问题	学生需要知道些什么	学生能够做些什么
◆造成作品画面大量印章、题款的主要原因是什么？	知道： ▲作品诞生之后历史的收藏状况及相关研究素材 ▲对作品真的喜爱还是收藏者的占有欲在起作用	做到： ▲分析历史上对该作品的评价及收藏者对作品的关注程度 ▲解释作品在历史流传过程中所经历的事件发生的主要原因

◆为何该作品是中国古代书画中"污损"最严重的之一？	知道： ▲作品的历史意义与现实意义 ▲作品在历史上留下的鉴藏痕迹最多是否为偶然的，或是有其必然原因	做到： ▲分析作品的历史意义和现实意义，作品主题意涵是否起关键作用 ▲对作品主题意义的阐释和审美判断的个性解析
◆中国美术史学者对作品进行的研究有意义吗？为什么？	知道： ▲祛除作品画面"污损"的视觉处理方式是否为"假画" ▲美术考古学研究的"分层"法与图像数字技术的相似	做到： ▲对"污损"论点引发的争议做出自己的判断和分析 ▲能够选择一幅古代书画作品，自己进行祛除"污损"，并阐释分析

要求：同上一课时

◆《鹊华秋色图》鉴藏款印图像分析

《鹊华秋色图》先后被欧阳玄、文彭、项元汴、"山英""砥室""采菱"、张应甲、纳兰性德、乾隆御府收藏盖印，其中乾隆皇帝尤为喜爱称其为"神品"，画心处盖了19个印章——"八旬天恩""古稀天子""太上皇帝"等，此外，还有4段御笔题跋。（图49、图50）

活动设计（分组辩论活动）：

（1）从美术考古的角度思考，对中国古代书画作品的视觉图像进行"技术"处理，恢复作品原貌，对于鉴赏学习的感知、体验，历史与社会研究有何帮助？

（2）从文物价值的角度思考，没有历史鉴藏印章和题款的中国古代书画作品是否属于"伪作"或"赝品"？鉴别中国古代书画作品有何依据？

（3）站在现代人视角思考，中国古代书画作品上的鉴藏印章、题款等，对于作品本身的意义有哪些？是否鉴藏印章、题款的印迹越多，证明作品越有价值？

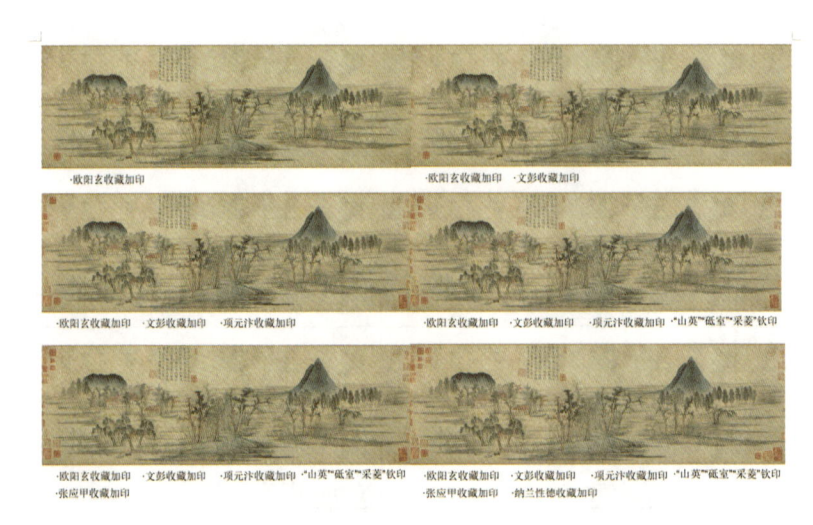

图49 祛除历代收藏着款印的图像分解

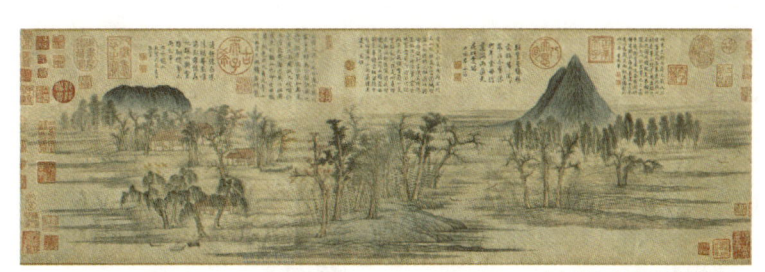

·欧阳玄收藏加印　·文彭收藏加印　·项元汴收藏加印　·"山英""砥室""采菱"钦印
·张应甲收藏加印　·纳兰性德收藏加印　·乾隆御府收藏提款、钦印

图50

◆体验活动与图像分解学习思路设计

以《鹊华秋色图》鉴赏学习为例，自己或分小组合作方式，探究祛除中国古代书画历史鉴藏印章、题款印迹的工作，选择一件作品，进行祛除画面"污损"，结合历史、文化背景的学习，构成一件作品的比较鉴赏学习活动设计文本（图像分解）。

分小组展示自己图像分解的作品，与同学们共同鉴赏、描述、解释、分析和评价。体验这一范式的鉴赏活动，并评价自己和大家的表现。

教学评的一致性

评价要点	具体表现	核心素养
◆能知道该作品的表现形式、基本特点和主题意义。	▲能知道作品原来面貌、表现方式、创作背景、主题意义、历史鉴藏脉络使作品图像样貌发生的改变。 ▲能从对作品的图像分解观赏分析中了解作品的构成形式、内容细节与内涵呈现的样式。	图像识读 审美判断
◆能对作品进行欣赏、分析，做出自己的解释、评价。	▲能知道和理解"不画处皆成妙境"的表现之妙趣。 ▲能知道和分析作品具体细节和观赏中生发出的诗情画意联想，对作品做出自己的阐释。	图像识读 审美判断 文化理解
◆能针对该作品的历史遭遇和中国美术史研究学者的研究做出自己的判断及分析。	▲能搜集资料，与同学们交流自己对该作品历史遭遇的看法，发表自己的观点。 ▲能对中国美术史学者在中国古书画祛除"污损"的研究、论争等发表自己的见解。 ▲能尝试运用数字软件对中国古代书画作品进行祛除"污损"实践，并在与同学们的分享中发表论点。	创意实践 文化理解

教学设计整合的第二思路

	主题一：舒朗的长空		主题二：抒情还是写真
学生需要理解	▲中国古代文人用怎样的方式表现对故乡的情感？ ▲作品体现了怎样的文化内涵？	学生需要理解	▲作品运用了怎样的形式，表现出济南（齐州）秋天的景色？ ▲作品的表现形式在古代中国山水画中属于哪种方式？
引导性问题	◆作者运用了怎样的表现方法？画作的哪些内容表现了"家乡"这一主题？ ◆作者运用怎样的形式表达和传递了"思乡"及"留恋"的情感？ ◆如何鉴赏、评价经历了诸多历史鉴藏之后的这件经典作品？	引导性问题	◆作品的画面采用怎样的布局方式？ ◆作品是对真实景物的写照，还是……？ ◆中国古代山水画是怎样抒情写意的？
图像分解	1.画面层次的欣赏 2.秋色分解欣赏 3.对比欣赏去污后的画面 4.整幅画卷轴欣赏	图像分解	1.画面构成层次图 2.对照鹊山与华不注山的画中之景与自然之景
主题定位	主题一：舒朗的长空 对《鹊华秋色图》概况统览的鉴赏，做一个全面了解，引导学生了解作者为何手绘此图。	主题定位	主题二：抒情还是写真 由画面的布局分析，更加突出对"乡情"的理解与认识，探究作者是怎样以景抒情的。
疑惑及调整思路	上述"学生需要理解"和"引导性问题"，主题一反而更加注重对"乡情""思乡"的体会和深入。	疑惑及调整思路	上述"学生需要理解"和"引导性问题"，主题二更加注重作品的深入欣赏，通过探究画作布局、景物的写照，引导学生深度欣赏与阐释作品

教学设计与实践反思：

之前几十年以来，美术教师习惯于以"事实覆盖型知识体系"的教学方式，采用"一课一练"教学形态，向学生灌输美术学科知识和技能。但是，这样的教学并不能发展学生的学科理解，或至多发展为浅表而幼稚的理解，因为学生从未对美术学科知识和技能进行过深度探究，更谈不上形成美术学科核心素养。

教学设计与课堂实践要形成"观念为本的课程内容"。让每一个美术学科核心观念均与真实问题情境相联系，形成多种探究主题，帮助学生在主题探究过程中运用美术学科核心观念，通过对主题的深度探究而发展学生的美术学科思维与深度理解；对每一个美术学科核心观念及相应探究主题，要根据学生不同年龄阶段的发展特点和需求进行纵向连续设计，使每一个学生的美术学科思维与深化理解能够前后相继、螺旋式发展。

本单元主题先后在浙江师范大学附属中学高二（7）班、浙江湖州吴兴实验中学初二（10）班以及浙江金华宾虹小学四年级（7）班、浙江宁波华泰小学五年级、西安电子科技大学附属小学六年级（3）班进行现场教学。执教：李力加。5次教学实验时间：2019年10月17日—11月21日。

将普通高中教科书《美术鉴赏》单元主题的内容，在不同年段的学生群体课堂实验，证明图像分解教学设计方法，紧密结合大观念为主旨的落实核心素养目标教学设计整合，能够帮助学生在积淀美术学科核心素养、自主问题探究、深度学习方面达成良好效度。

实验教学现场（图51—图55）

图51

图52

图53

图54

图 55

图 56

图 57

图 58

注：在教学实践中，为了帮助学生强化个体的感知与鉴赏水平，制作高清彩喷作品祛除题款、印章等历代鉴藏"污损"后的复原稿，分三段进行打印。教学时，将三段作品局部分发给学生，这样，既有屏幕呈现，又有近距离对作品细节展开分析，提高了感知作品的效度。（图56—图58）

图 59

700多年后，济南"华不注"之地既不物是、也人非……

图 60

教学设计拓展：

《鹊华秋色图》作为山东济南这座城市极其重要的历史记忆，是济南城市建设融汇传统文化的亮点之一，是济南市民内心的家乡心结。但是，在济南市和山东其他地方的美术课堂，此作品并没有与全体学生的美术学习相逢。因而，如何作为中国传统文化、地方文化资源，在具体的课堂学习中发挥该作品应该有的文化力量，是需要深入研究的。（图59）

实际上，能够发掘的各类资源很多，就看美术教师是否愿意真正沉下心来，投入到核心素养目标背景下的新课程改革中。美术教师的终身学习，是伴随核心素养目标能否在全体学生身上实现的教育变革，是美术教师自我革命的继续学习。

这些图景，是济南市政府近年以来围绕华山景区进行的城市建设与开发，无论后人怎样评价这样的城市建设，能够紧紧结合地方传统文化资源，做大做强城市功能，将《鹊华秋色图》作为城市名片，以典籍性质宣传作品，扩大整体影响力，还是利大于弊的。（图60）

真实情境设计思路： 某开发商设计住宅实景样板间，日后该社区的业主，在家中的客厅，就可以直接观赏到"华不注山"，可以穿越时代，思考济南发展之历史沧桑。其楼盘的设计启示我们，新时代，人能否再回到赵孟頫当年的情思，应该从哪些地方培育学生真正爱家乡的情怀？穿越历史，关联文化，设计目的是产品品质与促销需要，但是……（图61）

习近平总书记2021年4月19日视察清华

图 61

大学美术学院时在讲话中指出:"要发挥美术在服务经济社会发展中的重要作用,把更多美术元素、艺术元素应用到城乡规划建设中,增强城乡审美韵味、文化品位,把美术成果更好服务于人民群众的高品质生活需求。"认真思考,会深切认识到,这样的图像不仅可以作为此作品单元课程的真实问题情境,而且能够结合这一视角,在单元设计中,关联时代发展、形成学科融合,使得本单元主题的课程体系,从更新的视角呈现给学生。

舒朗的长空《鹊华秋色图》之一,教学PPT分帧呈现(图62、图63)

截取济南华山(华不注山)的山顶部以及蓝色天空图,放在第一帧PPT底部,蕴含《思乡曲——"鹊华秋色图"》主题一"舒朗的长空"之意。问题的提出直截了当,改变最初设计思路,学生闭上眼睛,安静听小提琴曲的课堂导入环节。

将作品三段图素材进行祛除鉴藏款印图像处理之后,先赏析第一段(作品右部),提示学生关注画面中的细节,如水中小船"舴艋舟"。随之,教师引出李清照词句"闻说双溪春尚好……"。作为济南人的李清照之词,作于浙江金华。在浙江师范大学附属中学试教此主题时,学生对此有着特殊的共鸣。(图64、图65、图66)

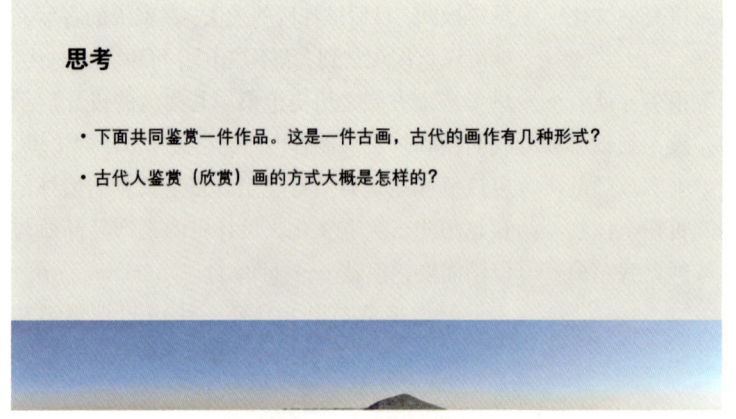

图62

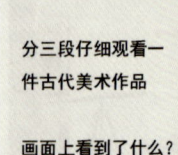

图63

图 64

这是什么?

这是一件怎样的作品

- "闻说双溪春尚好,也拟泛轻舟。只恐双溪舴艋舟,载不动,许多愁。"
- 在这幅作品中"舴艋舟"历历可数。
- 诗情画意油然而生……

图 65

画面局部都看到了什么?

图 66

给学生下发彩喷纸本的三段作品，结合大屏幕赏析活动和教师的问题引导，启迪学生对画作中的"舴艋舟"、树枝局部等，仔细观察，发表自己的观点。

该环节教师的问题引导，来自提前研究台北故宫博物院前院长李霖灿先生对画作中"舴艋舟"、树枝局部等的分析。结合画作三个片段的赏析，学生有了基本的图像识读感受，然

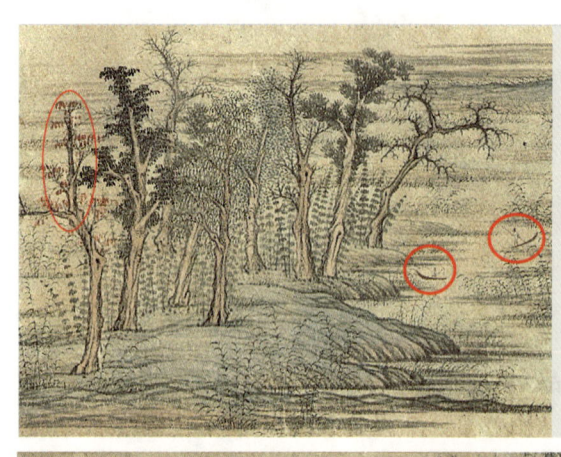

李清照是济南人，这种舴艋舟是不是大明湖上的特产呢？

时地因缘，若不是如此，怎会融合在一起而相映生色呢？

图 67

这种舴艋舟曾经让台北故宫博物院前院长、中国美术史研究学者李霖灿先生产生诸多遐想。再仔细观看，画作中还描绘了什么？

图 68

这是一件怎样的作品

· 1.整体来看，画作给人怎样的感觉？表现的是什么季节？
· 2.请为画作起个名字吧？如何判断作品的主题和意义呢？

图 69

后对整幅作品发表个人的观点。这是一段在进入主题之前的赏析、分析、讨论过程。（图67—图69）

此环节教师请一位学生到大屏幕前朗读画作中题跋全文，引出主题。（图70、图71）

这些深入赏析的进程，是按照教师在备课时研究和思考的脉络行走。但是，当学生的思绪出现新的问题时，教师即兴在课堂和大家展

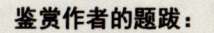

图 70

图 71

图 72

鹊山　　　　　　　　　　　华不注山

1. 作品有颜色吗？采用了什么样的表现方式？
2. 作品是对景写生的吗？还是其他的表现方法？

鹊华秋色图

图73

作品局部分析

- 映入眼帘的这座山名叫华不注山，它是一座怎样的山？

图74

济南·华不注山

图75

图 76

思考

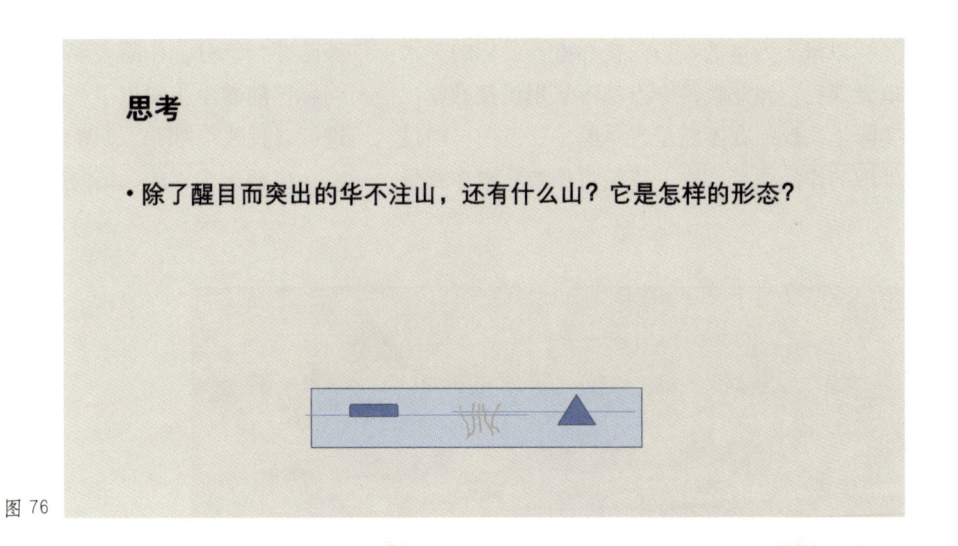

· 除了醒目而突出的华不注山，还有什么山？它是怎样的形态？

开对话、研究。（图72—图76）

对每一帧PPT呈现的作品画面、问题展开的探讨，是在师生共同与作品对话的状态里，发生新的思维转化，即观念的更新和充实。帮助学生利用概念性视角（大观念和基本问题），聚焦单元学习，开展事实层面和观念层面的思考。这就是埃里克森和兰宁提及的"观念中心"的教学法[1]。如："华不注山"是一座怎样的山？学生对其探究是从山的历史图像识读、分析，开始针对事实性知识的视觉认知，逐渐向画作的概念（观念）转化。《鹊华秋色图》是什么？作品意义是什么？作者相关的历史背景是什么？这就是其倡导的"概念为本的课堂"。（图77）

图 77

济南·鹊山

---

[1] [美]林恩·埃里克森、洛伊斯·兰宁著，鲁效孔译：《以概念为本的课程与教学：培养核心素养的绝佳实践》，华东师范大学出版社2018年版，第101页。

以概念为本的、指向核心素养目标的美术单元课程，并非教师一点都不采用讲授教学。实际上，教师在不断呈现《鹊华秋色图》经过处理的作品图局部中，逐渐将作者、画作背景等陈述一部分，作品表现的局部是什么？这些问题伴随着学生知道了一部分背景素材后，再进行自我独立判断。（图78—图81）

以概念为本的、指向核心素养目标的美术

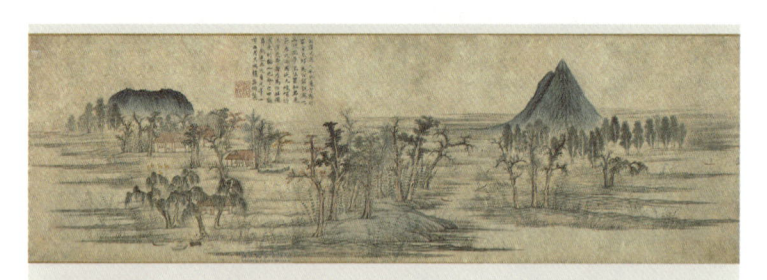

为何要以两座山为主要景物、外加树木、房子、人、小船、水面、草丛等，来表达秋色景致呢？
这样随手画一画，就能够表达心意吗？就能够赞颂一个让人思念（留念）的故地吗？

图 78

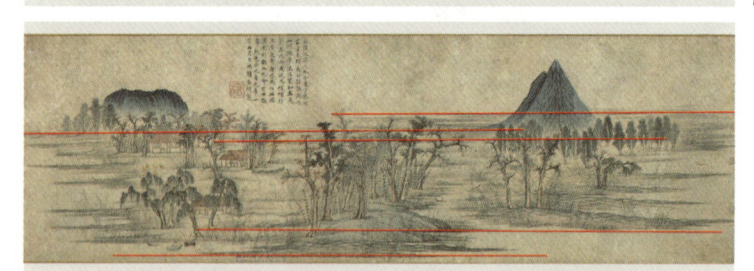

水天一色，两峰遥对……平川洲渚、红树芦荻、房舍隐现，寥廓苍茫。

图 79

深度观赏：表现方式和画面上还有哪些细节？

图 80

图 81

单元课程，教师最关心的就是美术学科知识究竟怎么教。PPT 呈现出的思路明晰地告诉教师，所有问题、激发学生主动思考的线索，都来自作品画面蕴含的美术学科要素，问题指向是紧紧依靠作品中美术表现展开的探讨。（图 82—图 84）

图 82

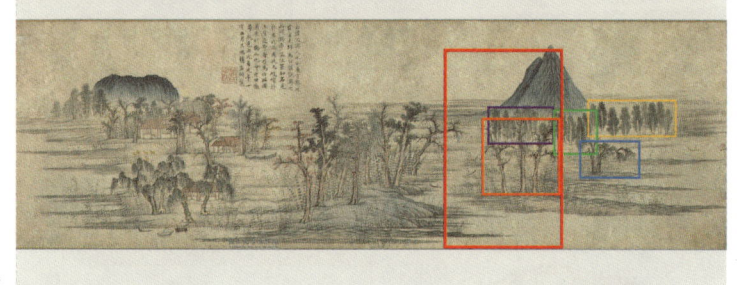

图 83

图 84

为了帮助学生理解古人特殊的观照自然的方式，上述三帧PPT都使用动画方式，引导学生图像识读的感知，如果教师备课时间充足，可以提前根据上述原理，制作相应的道具，分发给学生动手进行实验，这样课堂效果应该更好。（图85、图86）

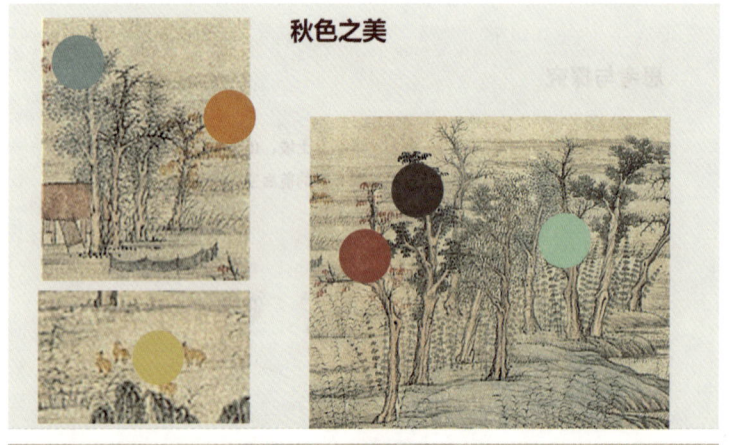

图 85

图 86

启发学生将祛除鉴藏款印的作品修复图与当今济南华山实景照片比较分析。马上要进入本主题探究的高潮环节，"教师呈现的作品图与故宫作品图不一样"。（图87—图90）

用动画演示历史以来在《鹊华秋色图》中鉴藏款印的顺序，学生特别兴奋。（图91）

学生对历史以来作品中鉴藏款印被祛除的方法以及争议，产生多种观点。按照考古学"分层法"进行祛除后，作品还是真的吗？辩论可延续到课外。（图92）

图87

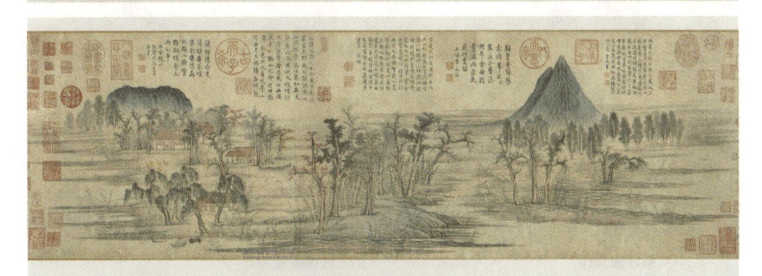

图88

图89

思考与探究

- 1.为何在画面上有如此多历史以来的题款与印章呢？
- 2.都是什么人能够有资格在此画作上落印和题款呢？
- 3.诸多题款与布满印章的画面，给观赏者视觉上带来哪些感觉？

图 90

重现历史"污损"的记录

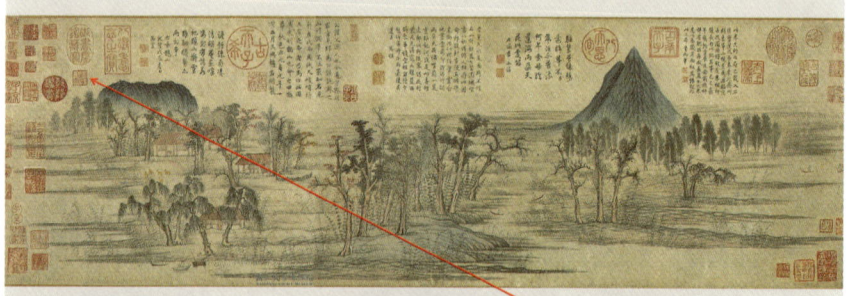

·欧阳玄收藏加印　　　·张应甲收藏加印　　　·宣统钦印
·文彭收藏加印　　　　·纳兰性德收藏加印
·项元汴收藏加印　　　·乾隆御府收藏提款、钦印
·"山英""砥室""采菱"钦印

图 91

惊人的鉴藏印迹（污损）

- 作品完成于元朝元贞元年（1295年）。
- 各朝各代鉴藏人纷纷在此画卷上钤印题款，其中，鉴藏题款计18则，画心内5则，鉴藏印章共计182方，画心内43方，画心与隔水接缝处半印或骑缝印12方。

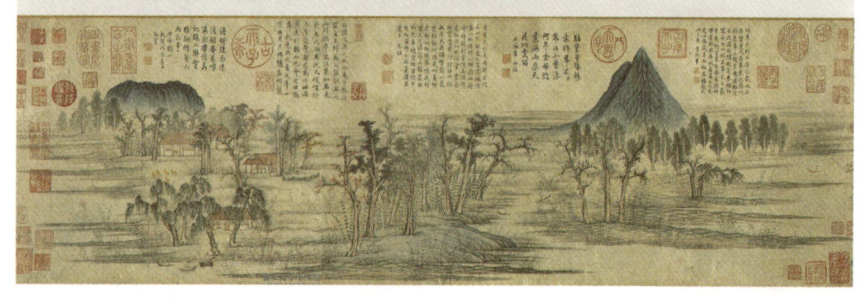

图 92

三个问题引发的学生观点可能会是多种。这就是以概念为本的课堂所希望达到的效果。能够主动思维、思考的学生越多，就证明学生的批判性思维在本课时中被激活，独立判断与理解取得一定的效果。在几次试教中，每每到了此时段，学生都不愿意下课，因为对这一问题的探究和辨析远远没有结束。作为中国美术历史研究中的一个成果，其蕴含的观念能够给学生带来太多思考。（图93—图95）

开放式的、争议性的辩论，围绕本主题中

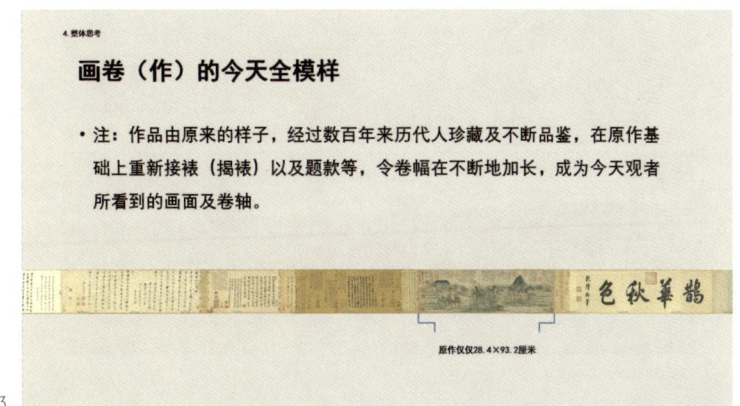

4. 整体思考

画卷（作）的今天全模样

- 注：作品由原来的样子，经过数百年来历代人珍藏及不断品鉴，在原作基础上重新接裱（揭裱）以及题款等，令卷幅在不断地加长，成为今天观者所看到的画面及卷轴。

原作仅为28.4×93.2厘米

图 93

图 94

需要深入探究的问题

- 1.《鹊华秋色图》问世730多年来，被诸多历史名人所珍藏，画面现留有大小不一的印章、题跋痕迹，历代不断题款和接裱。造成这一状态的原因究竟是什么？
- 2. 为何历史上对此作品如此看重？作为中国古代书画中画面"污损"最为严重的作品之一，历代文人、皇帝、以及历史学者如此喜欢此作品，有何更深层意义？
- 3. 你是否认同中国美术史研究者对《鹊华秋色图》等古代书画做"污损"原作的论点？历史以来的中国古代书画作品是否都无法摆脱被鉴藏者"污损"的过程？

图 95

的问题展开，引发这些问题激发学生的智慧，引人入胜，而且没有正确答案或错误答案。这种激发性（辩）问题，比较耗费课堂时间，因而，在什么主题中设计，需要教师根据学习内容确立。无疑，这样的问题是指向核心素养目标的美术单元课程中对学生进行指导性研究的重要方法。（图96、图97）

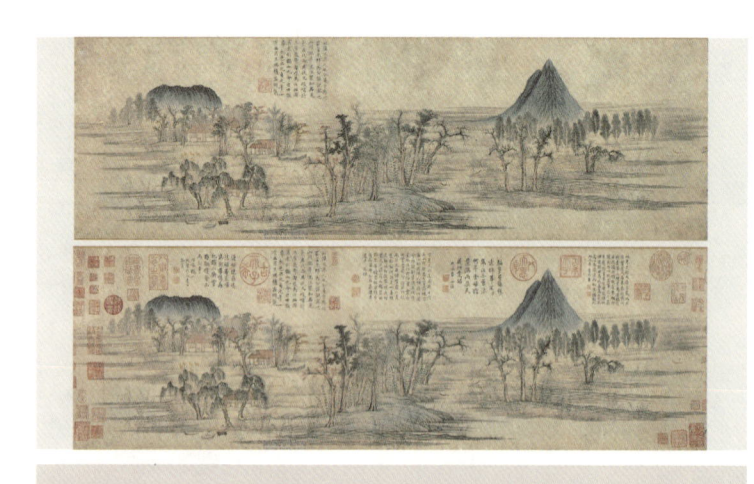

图 96

这是一件怎样的作品

- 作者通过怎样的表现方式，帮助挚友了解自己祖居地（家乡、故土）？
- 此作品寄托和赋予了他们各自对此地的何种特殊感情？（如何抒情、怎样写意的表现）
- （思乡之情；古城从政之情？）

图 97

本章参考文献

李铸晋.鹊华秋色——赵孟頫的生平与画艺[M].北京：生活·读书·新知三联书店，2008.

倪志云.古法书名画祛除鉴藏款印恢复原貌研究论集[M].南昌：江西美术出版社，2012.

方闻.心印——中国书画风格与结构分析研究[M].李维琨，译.上海：上海书画出版社，2016.

李力加.美术教学设计与课件制作[M].上海：上海交通大学出版社，2015.

4 第四章 核心素养：价值观与文化理解

> 问题：
> 解决真实问题的能力来自哪里？

一、课堂是协作解决问题的过程

新时代美育内涵："美是纯洁道德、丰富精神的重要源泉。美育是审美教育、情操教育、心灵教育，也是丰富想象力和培养创新意识的教育，能提升审美素养、陶冶情操、温润心灵、激发创新创造活力。"[1]创造性，是教育需要解决的关键问题，是人类可持续发展的关键问题。在人工智能等信息技术飞速发展的当下，创造性的重要性更加凸显。面对当今时代错综复杂的问题，人（学生）是否能够创造性地思考（思维方式），人（学生）是否产生尽可能多的新颖方案，因地制宜地筛选适切的方案，用于对问题的解决，成为区别人（学生）与人工智能的重要方式之一。

（一）大观念融入真实情境解决问题方法

◆创造性地解决问题

以概念为本的课程设计与教学，与发展学生的批判性思维紧密关联。根据单元学习主题，教师会采用不同层次的提问、引导式教学，在围绕基本问题的自主探究过程，培养学生的批判性思维。2017年以来，苏州工业园区美术教师团队在教研员沈兰老师的带领下，为了落实核心素养目标，连续采用全区教师共同针对一个美术主题，共同读书学习、切磋研究，以全区美术教师共同参与"同课异构"美术公开课形式，对《千里江山图》《溪山行旅图》《洛神赋图》《敦煌壁画九色鹿》等中国美术主题，进行美术教师全员集体攻关。为了设计好一个单元主题课程，工业园区的美术教师，认真读书学习、自主研究，如为设计好《溪山行旅图》单元课程，有美术教师围绕主题，连续阅读30本以上的中国美术史、中国美学、美术鉴赏方面的著作。苏州工业园区美术教师团队学习、研究、教学设计与实践，充分表明核心素养本位的美术课程，其本质为教师的终身学习。

1.《敦煌壁画九色鹿》单元课程研究

《敦煌壁画九色鹿》主题，经由苏州工业园区100多位美术教师共同备课研习，美术教研员沈兰老师组织全区"同课异构"美术单元课程比赛活动，遴选出30位教师的单元课程设计。然后，进行全区美术公开课决赛，采用30进3方式，最终遴选3位美术教师，由奚秀云、马小芹、解丽娟组成一个单元课程教学团队，以全区美术教研活动辐射整个苏州大市的方式，共同演绎《敦煌壁画九色鹿》，执教展示三个课时单元课及现场研讨。主题教研过程，教师们深刻体会到，创造性，确定了思维的新颖性、创新性、新奇性。基本问题，指向任何挑战和机遇。解决，意味着学生个体能够通过改变自我或处境来设计自己的回答，一种符合或满足当下处境的方法。

（1）《敦煌壁画九色鹿》主题研讨论证

项目背景： 上海美术电影制片厂动画片《九色鹿》，教科书主题：九色鹿的故事，"江苏少儿版""岭南版"等；敦煌莫高窟257窟壁画《鹿王本生》。

习总书记视察敦煌莫高窟时指出："研究和弘扬敦煌文化，既要深入挖掘敦煌文化和历史遗存蕴含的哲学思想、人文精神、价值理念、道德规范等，更要揭示蕴含其中的中华民族的

---

[1] 中央"两办"《关于全面加强和改进新时期学校美育工作的意见》，2020年10月15日。

文化精神、文化胸怀，不断坚定文化自信。"《敦煌壁画九色鹿》单元课程教学设计，首先要认真学习，吃透习总书记讲话精神内涵，学习观赏壁画作品究竟怎样启发学生在图像识读中的批判性思维，是认识壁画意涵，理解作品人文精神、价值理念、体现育人价值的基础。（图1）

图1

◆ 问题链与创造性思维

美术单元课程的问题链教学，是指在图像识读基础上，利用问题链中的问题驱动学生深入思考，建构对敦煌壁画知识的理解。作品图像识读过程，学生个体能否对画作形成独自判断，提出独特的问题，是单元课程发生深度学习的关键因素。在解决问题的过程中，积累美术鉴赏（欣赏）活动经验，体验美术思考中的基本思维方法。如果学生要达成对新问题的解决方法，意味着学生在本主题单元课程中，需要从一个给定的状态到目标状态时，要通过自己的创造问题解决步骤。如单元课程实施中，教师呈现壁画，是采用全部展开式还是局部展开推进式，不同的给定状态为学生解决问题提供了不同路径。为实现课程学习目标，引发学生的创造性思维，教师需要给学生提供围绕壁画作品进行的赏析，形成问题解决、知识创造、创造性表达三种个体表现形式（平台）的机会。如：之前有没有看过这一作品？问题是帮助从未见过敦煌壁画的学生，由个体视觉观看的陌生感，向提出新异的问题情境自主探索。简单说，美术学科核心素养就是在陌生的情境中，学生能否有意识、灵活调动知识的能力。培养学生核心素养的抓手，就是学生的思维培养（批判性思维、创造性思维）。

又如：在画面中看到了什么？启发学生由个体经验基础上的视觉辨认，教师将学生的表达向知识创造层级归类，哪怕学生对画作中某形态、情节出现描述错误，教师依旧用肯定、鼓励语言褒奖。美术单元课程问题链探问中，学生只要基于视觉观看后的大胆描述，敢说、想说，通向问题解决的个体创造性思路肯定会打通。教师这样引导，属于用大的创造性框架统合问题解决，为学生提供生发创造性思维的土壤。因为，创造性，产生于陌生而新异的问题情境中。问题驱动教学，是核心素养本位的美术单元课程中广泛运用的方式，但是，学生的思维被教师牵着走的现象还较为普遍。问题链一般是指教师在备课时预设，并在课堂上以多种方式呈现给学生。因而，学生图像识读过程，如何为学生留出"冷静思考的时间"，是教师发问前必须考虑的；而随之，为学生创造"充分表达的机会"，则是帮助学生由初步的批判性思维，逐渐发展到具有创造性思维的基础。问题链教学为改善和解决学生现有的主动思考能力偏弱，总想依赖教师给予答案的问题，提供了变化的可能。（图2）

图2

（2）核心素养视角下创造性问题解决

实现核心素养目标有两个要素：其一，学生能够应用自己的所知完成特定的任务或问题；其二，学生有能力在不同的情境间进行迁移。指向核心素养目标的美术单元课程，学生美术学科核心素养（艺术课程核心素养）、关键能力的形成，意味着学生个体在以往的情境中具有足够的学习力，能在"敦煌壁画九色鹿"这一新主题情境中，迅速寻找到自己想要的资源，建立跨学科知识间的联系，对新情境进行判断和问题解决。在不同情境中创造性解决问题的能力就是"核心素养"。

◆**指向核心素养目标的美术学习**

"核心素养"蕴含着学生对美术学习、学会学习有新的理解。核心素养视域下的美术单元课程学习，不是指学生被动、机械地习得现成的美术知识和技能（表现方法），也不是孤立地训练各种对美术学科知识和技能（表现方法）的认知能力，而是指在真实的问题情境中，学生能够获得自己生长性的经验，在迁移、创造性运用这些知识和技能的过程，这样的学习是带有创造性问题解决意味的。"敦煌壁画九色鹿"，作为大部分学生之前从未见过的美术作品，问题链是有序的主干学习问题，既为学生提供每个主题单元课程中学生自主探究学习的骨架，又为学生发展高水平思维提供了可能性。指向核心素养目标的美术学习不是信息接受式的学习，也不是简单应用式的学习，而是带有知识创造和问题解决的特征：学生针对壁画图像的识读、判断、"冷静的思考"之后，形成"充分地表达"，在批判性思维和创造性思维逐步积累过程，力图达到"四个转化"：转化陌生情境为自己熟悉的问题，转化既定的概念与定理为新情境中的意义，转化自己的心态为同理心去理解他人的需求，转化常规的问题解决为对新问题的创造性思考。

单元主题核心知识：

美术学科育人角度：善良守信（人文意义）

美术学科知识本位：壁画构图（左图右史）

驱动性问题由图像识读——观察、思考、质疑、探寻，审美判断——

如针对作品局部图赏析，学生可以按照教师的引领，完成以下两方面：

请说出自己的看法，指出问题的根源。（图3）

图3

对作品图像审视与思考，生发批判性思维，逐步发展创造性思维。（图4）

在第二轮赏析过程，按照壁画故事情节观赏作品局部时，教师需要这样的引领性词语：（1）仔细描述王后的坐姿、双手和脸部表情，比较国王的动作。（2）他们两人这一瞬间究竟在想什么？（图5）

这些图像识读问题，是在初次观赏壁画作品问题链之后，由辨识壁画中发现什么，推进到对壁画故事中的人物仔细观赏，引发出对故事内容的独立判断，对作品刻画的审美判断，学生充分表达自己判断结论中蕴含着质疑、探寻以及新的思考。赏析作品的问题链以"关联性"为起点：其一，壁画图像表层信息关联；其二，图像识读基础上思考视角关联；其三，表达审美判断结论时思维方法关联。没有问题链的关联性，就不会发生主动的探究性学习，无法生成创造性解决问题。

◆**创造性解决问题**

第一，美术教师在单元课程教学设计前要形成培养学生怎样的创造性的认识？

图 4

图 5

　　学生对创造性，对什么是具有创造性的问题，能否有深刻的理解。如发现问题、界定问题、评估问题、呈现结果，思维模式。如《敦煌壁画九色鹿》单元课程中，设计对壁画图像识读不同轮次观看环节，其目的是形成学生由批判性思维逐步向创造性思维转化，推进学生图像识读基础上独立判断的深刻性。

　　第二，美术教师如何进行创造性问题解决与素养导向学与教的变革？

　　由对壁画图像识读，到审美判断，是学生对美术学科知识、技能（表现方法）和综合信息的深入理解和重构的过程。面对识读壁画中所带来的诸多复杂、新颖、不确定的问题，学生个体依赖于现有知识无法产生新构思，为此，这一过程中必然会带来对新知识和技能的学习、重组，并不断评价这种重组后的想法，产生美术学科知识、技能以及能力的迁移。（图6）

　　如基于对作品局部图像识读的观察、思考、质疑、探寻环节，学生视觉感知后的审美判断按照"请说出自己的看法"这一任务群展开自主表达：

　　（1）仔细观察落水人在不同场合的动作，他在做什么？

　　（2）他的行为有哪些不同之处？有哪些类似之处？

　　（3）举手指鹿的落水人的头上为什么有光环呢？

　　这三个问题（问题链）是在学生视觉观看、赏析作品局部图过程的某个视角，还有更多视角可以提出问题，引出学生质疑，启发学生的批判性思维。（图7）

图 6

图 7

2. 激发学生批判性思维和创造性思维

（1）指向核心素养目标的美术单元课程，教师必须改变"学生跟我学美术"的习惯思维，坚信"每一个学生都有创造性"的真理。学生对一件事的重新理解或新想法就是创造，学生对"敦煌壁画九色鹿"图像识读过程的独立判断，引出自己主观的审美判断，是学生批判性思维产生的基础。创造性并不是少数人独有的、神秘的。无论是多么伟大的创造，都始于个人的创造性的想象和解释。

（2）依据社会文化视角的创造性观点，引导学生进入敦煌壁画这一领域，感受这一领域中的传奇人物（那些默默无闻、没有在历史上留下姓名的工匠、画师）、专业精神和思维方式，将对学生的创造性思维发展有深远影响。基于核心素养目标实现的项目化、任务群学习推进，是让学生像某领域专家一样，体验有类似的创造性思考和实践的生命历程，实现创造性思维与项目化学习整合。

如在这帧 PPT 中，三个问题的探寻是随着学生对作品局部图的仔细观看、赏析，发生逐渐深化的图像识读后个人的思考，这些思绪归纳成审美判断的观点，学生发表自己对作品的分析和理解，阐释能够引起同学们争议的观点。（图8）

◆**大任务——少而精**

指向核心素养本位的美术单元课程倡导大任务——少而精。涉及领域：以美术学科思维方式，达到美术学科问题的解决。主题大观念：人文、历史、艺术（美术），学生在多个领域中都有培养和发展创造性潜能的机会。

学生创造性思维的培养，可采取不同的"日常"形式：例如，通过语言表达、写作、绘画、手作、音乐或其他"艺术"科目的表达活动，对美术学科知识和技能（表现方法）产生新的认识和理解。同时，引导学生体会同一大领域内的创造性之间具有的共通性，比较不同大领域间创造性问题解决的独特性，从而形成"可迁移的创造性心智"。赏析"敦煌壁画九色鹿"，教师的单元课程设计（课堂预设），可按照探究以下故事情节的顺序展开。但是，这一环节在什么时候抛出来，需要教师根据课堂上学生的行为表现而定，应防止提前告知壁画故事结论，因为这会阻碍学生在作品陌生情境中自主探究的欲望，禁锢学生的创造性思维。（图9、图10）

故事情节：

（1）鹿在河边嬉戏　（2）鹿救落水人　（3）落水人跪地谢鹿　（4）落水人向国王告密　（5）落水人举手指鹿　（6）鹿向国王诉说原委

◆**创造性——合作学习**

为何要探究"九色鹿的故事"敦煌壁画《鹿王本生》？

如何认识"九色鹿的故事"敦煌壁画《鹿王本生》在当代的意义？

两个问题涉及引领学生价值观的育人导向。如何以激发学生批判性思维等创造性的问题解决方式，实现单元课程《敦煌壁画九色鹿》的预期学习目标，教师如何认识和理解批判性思维、创造性思维的内涵，成为通过美术学习进行育人的关键点。创造性的问题解决，本质上是合作的。而且，在团队合作中解决问题的效率最高。合作创造提供了高于学生个体同一性的群体同一性，针对"敦煌壁画九色鹿"中反映出的问题，参与合作创造的学生会越来越多地进行深刻的自我反思。对于学生彼此而言，单元课程某一环节的问题探究现场，就如同一面镜子，学生在相互合作中，形成共同的思考

图 8

1. 仔细观察落水人在不同场合的动作，他在做什么？
2. 他的行为有哪些不同之处？有哪些类似之处？
3. 举手指鹿的落水人的头上为什么有光环呢？

图 9

图 10

模式和语言表达方式。由对"敦煌壁画九色鹿"主题的共同探究，大家能够更深地彼此理解，并能够在对方的课堂反应中更加深刻地理解自己。合作创造力的产生，来自小伙伴之间的反思性互动。

3. 培育学生的创造性——项目化学习框架

从创造性解决问题的角度出发，对项目化学习进行新的界定："敦煌壁画九色鹿"单元课程中，学生对真实而有挑战性的问题进行持续探究，集体创造性地重构美术学科知识和其他跨学科知识来解决若干问题，形成富有创意的成果。培育学生的创造性——项目化学习框架可以由以下几方面问题探究展开：

日常问题： 根据"敦煌壁画九色鹿"单元主题引发的问题和质疑，结合学生日常生活中遇到的可以通过简单探究、创意关联等方式解决的问题。如在日常生活中有没有不诚实的表现？诚信，是一个人基本的品德。

学科问题： "敦煌壁画九色鹿"单元主题，涉及敦煌壁画表现与形式风格等问题。在壁画表现中哪些是与真实世界有关的美术学科问题？这些问题是能够引发学生自己的解释和想法的问题，如"左图右史"，是中国美术的表现形式，在汉画像石中比较普遍，敦煌壁画中应用了这一表现形式，学生通过本主题的鉴赏学习，可尝试在真实世界中用美术学科思维、工具方法进行探索。

跨学科问题： 社会问题、科学技术问题、数学问题、文学问题等，这些领域来自于不同学科的综合。如 STAEM，"敦煌壁画九色鹿"涉及太多跨学科问题。本单元主题的学习，需要在教师引领下，学生从美术学科知识和技能（表现方法）视角出发，如图像识读、审美判断的审视与思维，采用跨学科思维方法，关联其他学科知识，对壁画故事中的诸多问题、作品内涵，进行深入探究和解析。

超学科问题： 基于核心素养目标的美术项目化学习框架中，超学科问题有时会在大单元的每个主题中"扑面而来"。如"敦煌壁画九色鹿"主要内涵为探究"诚实守信"品质，这并非美术学科问题本身以及简单的跨学科问题就完全可以解决的。在这个大单元主题中，学生对超越科学知识的重大观念的理解，对人类发展历程中重大、持久的问题产生基本认识，都与社会的发展和人类的命运走向等有深刻的联系。因而，在此大单元主题中，从美术学科知识问题出发，目标是对整个人类命运共同体这一大观念的理解与深度学习。（图11）

由图像识读之观察、思考、质疑、探寻， 到作品美术表现的探究：**色彩分析**

（1）这幅作品的色彩如何？

（2）数数看画面用了几种颜色。

（3）尝试归纳一下画面的几种主要颜色。

（图12—图14）

针对壁画作品色彩的探究活动，可以用色纸、颜料配色、造型色彩拼贴等具体活动方式

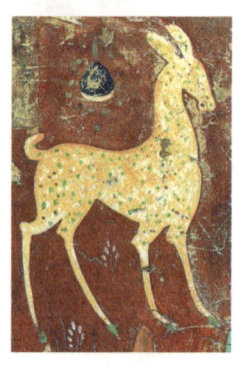

图 12

图 13

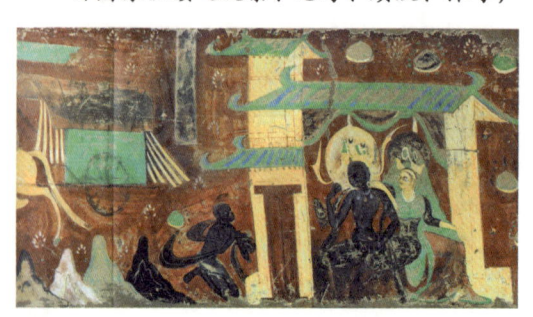

图 11

图 14

展开。有条件的发达城市学校，还可以利用数字技术，直接采用全体学生使用平板电脑方式，对作品色彩进行分析、重构，深化理解。具体课时可以根据不同地区、不同条件学校、教师、学生的具体情况自主设定。

单元主题内涵的表现性理解：

如果用下列的词来概括九色鹿、国王、王后、落水人等所象征的人格品质，你会选用什么词呢？

善良、活泼、勇敢、诚实、正义、懒惰、贪婪、背叛

这是一个有深度的、跨学科甚至超学科问题的活动设计。

鉴赏作品内涵、价值判断的个性表达：

我觉得：

九色鹿代表_____，理由是_____。

国王代表_____，理由是_____。

王后代表_____，理由是_____。

落水人代表_____，理由是_____。

思考：深化对"善良守信"的认识和理解，反思人格形成的价值坐标。

此活动设计可以采用学习单、图标方式等进行课堂实施。

创造性——美术表现、创意实践

（1）你能用莫高窟"九色鹿的故事"（鹿王本生）的绘画方式，描绘另外一个故事吗？

（2）你能用完全不同的色彩搭配方式，想象和画出这个故事吗？

（3）你能用自己喜欢的一组颜色，加黑白两色，在斟酌各种颜色用量的基础上，重新描绘这个故事吗？

（4）你能用另外一种绘画的叙事方式，重新画出九色鹿的故事吗？

（5）你能用空间构成的范式，用新的视觉方式将九色鹿的故事呈现出来吗？

◆ **单元课程知识、素材的遴选**

单元课程知识、素材的遴选，涉及知识性、理解性、评价性问题，学术界尚无答案的问题。需要教师在单元课程的备课过程中，认真查阅相关书籍资源，对作品背景知识进行自我研习，只有对作品背景素材有了认识和基本理解，方能够进行最终的单元设计。

（1）《佛说九色鹿经》（三国吴支谦译）的演进，以及敦煌莫高窟 257 窟西壁北魏壁画在形制、艺术风格、表现手法的汉化佛教逐渐融入本土，与汉地原有文化相结合、被重新阐释的过程。

（2）每个情节的右上方书写榜书，借鉴汉画像石"左图右史"的构图方式 [提供了佛教汉化的证据，见敦煌研究院主编《敦煌石窟全集 3·本生因缘故事画卷》，商务印书馆（香港）2000 年版，第一章，序论]。

（3）绘画的叙事方式，构图方式比较：如印度多情节单幅构图、克孜尔单情节单幅构图、敦煌莫高窟横式连环画构图。认识、理解构图方式就是绘画的叙述方式。

（4）剪影式造型表现：皮影、手影、剪纸、纸浮雕。剪影式造型的特点，是各种形象这些起伏变化的外轮廓线，决定了造型的表现力。(图 15)

这是重要的美术学科问题。同时，也是中国传统文化发展中历史演进所带来的综合问题。教师在备课时自己对这一问题的认识理解，决定了之后教学设计时大观念、基本问题的提取、设置，以及教学活动的设计与实施。（图 16）

在具体鉴赏学习环节，"敦煌壁画九色鹿"是怎样借鉴运用了汉画像石中"左图右史"的表现形式，要用 PPT 动画设计以呈现方式，引导学生的观赏与评判，并对此形式发表自己的观点。当然，解析整幅壁画作品时，要根据故

汉画像石"左图右史"的构图方式

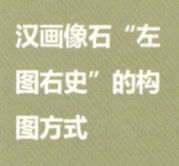

佛教汉化的证据

图 15

图 16

北京地铁七号线万盛西
站壁画《共襄繁荣》
（局部），
秦恩、王哲设计
图转引自《人民日报》
2021年4月25日第八版

图 17

事情节：(1)鹿在河边嬉戏；(2)鹿救落水人；(3)落水人跪地谢鹿；(4)落水人向国王告密；(5)落水人举手指鹿；(6)鹿向国王诉说原委。这一故事叙述的范式，是中国壁画构图的一个特点。教师应引导学生探究其构成，在拓展学习中，启发学生自己按照此范式创编故事。

★价值观：落实习总书记视察清华大学美院讲话

"要发挥美术在服务经济社会发展中的重要作用，把更多美术元素、艺术元素应用到城乡规划建设中，增强城乡审美韵味、文化品位，把美术成果更好服务于人民群众的高品质生活

问题领域	日常问题	学科问题	跨学科问题	超学科问题
项目化确立	活动项目	学科项目	跨学科项目	超学科项目

表：项目化学习设计思路

问题领域（九色鹿项目）	日常问题	学科问题	跨学科问题	超学科问题
驱动性问题	看过"九色鹿"的动画片吗？	莫高窟257窟这幅壁画是怎样表现的？	壁画主题告诉我们什么道理？	如何理解作品所蕴含的人文意义？
创造性重点	创造性思维解决问题的一般过程	1.对作品图像分析的创造性表达 2.参照壁画作品布局、造型、色彩创造性体验	语文创造性；音乐创造性；戏剧创造性；科学创造性。创造性问题解决的思维过程	因果关系的创造性理解与迁移：历史、地理、艺术、宗教、政治等各学科知识的创造性综合
可能的创造性成果	尝试故事叙事的独特表达	用彩色纸拼贴方式，构成校园生活主题长卷	单元综合课多种样态整体呈现	人类命运共同体的思考与构建

图 18

需求。"结合学习习总书记讲话，本单元课程设计的思路，可以由敦煌壁画的赏析，延展到如何在当代社会生活中应用，关联学生的生活，拓展单元主题问题探究的广度。（图 17）

基于核心素养目标的创造性养育——项目化学习（图 18）

《敦煌壁画九色鹿》专题研讨论证后，沈兰老师又带领李伟、齐秋晓老师，以新的思路再次设计本单元课程。（注：奚秀云、马小芹、解丽娟老师单元课程设计，沈兰、李伟、齐秋晓老师单元课程设计见第五章）

本案例设计参考文献

敦煌研究院主编：《敦煌石窟全集3·本生因缘故事画卷》，商务印书馆（香港）2000年版。

陈卫和、赵燕：《艺术探索：迷人的九色鹿》，河北教育出版社 2007 年版。

（二）由持久理解到整体视角跨学科学习

1. 帮助学生形成概念性理解的教学设计

2021 年，人民美术出版社出版一套"美育"教材（读本），各省市美术教研员、教师以《美育》主题内容，进行教学设计并录制相关视频课。某教师发来《美育》九年级上册中的一个主题页面，以及自己的教学设计文本。

《美育》版面，呈现形式类似一套普及读本。版面上除了文字之外就是相关图片，缺少一般中小学美术教材上契合教学与学习的"小栏目"。看到这样的文本，一线教师阅读完一个教学主题，思绪中更多闪现出如何用自己习惯的"三维目标"教学设计文本样态，将本主题内容设计成一节单课时美术课。但是，"一课一练"思维状态及教师行为方式，与指向核心素养目标的美术主题单元课程教学设计要求相去甚远。

图 19—图 22 是"一枚硬币的两面"主题

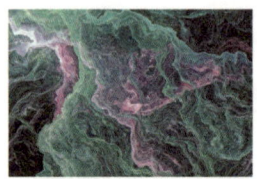

图 19

图 20

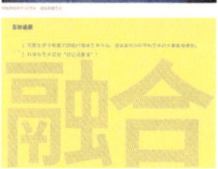

图 21

图 22

单元课的内容素材。且不说该教师是否能够认同指向核心素养目标的美术单元课程思路,能否理解这一教学设计与课堂实施的方式;现实情况是,依据核心素养本位美术课程要求来设计教学,对于美术教师来说尚有很大难度。但这应该是新时期所有美术教师都需要学习、思考、研究的课程改革问题。要改变自己教育观念,为实现美术课育人目标而不断地努力。

单元设计:"一枚硬币的两面"

大观念: 艺术与科技的共同基础是人类的创造力与开发

真实情境:

数学课代表小明同学将某个数学公式提取,运用几何学原理,在计算机中反复迭代运算,于是,电脑屏幕上出现奇妙色彩、图形构成的画面。班里同学好奇地围在小明同学电脑旁,观赏、注视着屏幕上精彩图画。小明同学自豪地说:"没啥稀奇的,早在20多年前,我爸爸就已经告诉我此创意。对此事我一直念念不忘,今天自己终于也能这样创造与设计了。"有同学惊呼:"原来我讨厌的数学课上的元素竟然可以创想出如此震撼的画面!这是艺术,还是数学,或是科学呢?"

基本问题:

(1)这个被称谓"分形艺术"的图像是艺术吗?

(2)据说"分形艺术"早就出现了,为何如今才在美术课上看到呢?

(3)"分形艺术"的创造原理是什么?数学这种枯燥的学问难道与艺术有关联吗?

(4)有了"分形艺术",是否可以替代美术家的创作呢?

（5）"分形艺术"究竟是艺术，还是科学呢？（图23—图25）

主题一："分形艺术"之辩

大观念：分形艺术的诞生源自数学思维与计算机技术的融合

小问题：

（1）"分形艺术"是艺术吗？

（2）艺术与科学有关系吗？

（3）数字技术给艺术创作带来了什么？

知道—理解—做到

图23

图24

图25

学生应该知道	学生可以理解	学生能够做到
"分形艺术"早在 20 年前已经出现	"分形艺术"诞生源自数学家	初步赏析"分形艺术"作品
"分形艺术"与数学的关系	"分形艺术"几何学创作原理	尝试提取某数学公式来创作
观赏比较"分形艺术"作品	"分形艺术"的演变历史	基础数学思维与"分形艺术"创作
"分形艺术"与科学和艺术的关系	数字技术的发展催生了"分形艺术"	对"分形艺术"进行评价、分析,提出自己的观点
"分形艺术"是艺术吗?	"分形艺术"给艺术创作和表现方式带来的冲击	对艺术与科学的关系发表个人见解

任务群:

任务 1:赏析 2001—2002 年的分形艺术作品图,与读本中两幅作品比较。

任务 2:探究数学与分形艺术之间的关系,用什么数学公式迭代复制。

任务 3:数学家为何要创作"分形艺术"?他们的创造,究竟是为了数学学科的发展,还是为了艺术创作?

任务 4:尝试提取某数学公式进行创作体验(可延伸到课后)。

任务 5:对分形艺术进行评价,提出自己的观点。

任务 6:探讨"分形艺术"是艺术吗?对艺术与科学的关系发表个人见解。

背景素材

分形几何与分形艺术(2002)

人类生活的世界是一个极其复杂的世界。如喧闹的都市生活、变幻莫测的股市变化、复杂的生命现象、蜿蜒曲折的海岸线、坑坑洼洼的地面等,都表现了客观世界特别丰富的现象。基于传统欧几里得几何学的各门自然科学总是把研究对象想象成一个个规则的形体,而我们生活的世界竟如此不规则和支离破碎,与欧几里得几何图形相比,拥有完全不同层次的复杂性。分形几何则提供了一种描述这种不规则复杂现象中的秩序和结构的新方法。

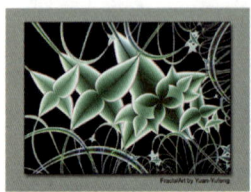

图 26-1、26-2 2003 年之前的分形艺术设计

图 27、图 28 我国设计师将分形艺术设计应用于时装领域的作品

什么是分形几何？通俗说就是研究无限复杂但具有一定意义下的自相似图形和结构的几何学。什么是自相似呢？例如一棵苍天大树与它自身上的树枝及树枝上的枝杈，在形状上没什么大的区别，大树与树枝这种关系在几何形状上称为自相似关系；再看一片树叶，仔细观察一下叶脉，它们也具备这种性质；动物也不例外，一头牛身体中的一个细胞中的基因记录着这头牛的全部生长信息；还有高山的表面，无论怎样放大其局部，它都如此粗糙不平。这些例子在身边到处可见。分形几何揭示了世界的本质，分形几何是真正描述大自然的几何学。

用数学方法对放大区域进行着色处理，这些区域就变成一幅幅精美的艺术图案，被称为"分形艺术"。"分形艺术"以一种全新艺术风格展示给人们，使人们认识到该艺术和传统艺术一样具有和谐、对称等特征的美学标准。值得一提的是对称特征，分形的对称性即表现了传统几何的上下、左右及中心对称。同时它的自相似性又揭示了一种新的对称性，即画面的局部与更大范围的局部的对称，或说局部与整体的对称。这种对称不同于欧几里得几何的对称，而是大小比例的对称，即系统中的每一元素都反映和含有整个系统的性质和信息。从事分形艺术创作的人要研究产生这些图形的数学算法，这些算法产生的图形是无限的。它们没有结束，你永远不能看见它的全部。不断放大它们的局部，也许你可能正在发现前人没曾见到过的图案，这些图案可能是非常精彩的。图形与现实世界相符合，从浩瀚广阔的宇宙空间到极精致的细节，是完全可以用数学结构来描述的。另外，颜色选择可以得到一幅奇妙的图形。糟糕的选择，得到的就是垃圾。创造分形艺术，如果有一点绘画基础，学一点色彩学等，那将大有益处。

◆设计思考

主题一的学习内容，涉及数学课中几何学方面的学科知识。从素材资源可以对分形艺术有所了解。上世纪末，有若干国家的数学家开始研究分形艺术，在当时网络传播技术并不发达的情况下，建立"分形艺术网站"，吸引不少爱好者浏览，并开始运用数学的几何知识，设计分形艺术作品。对于分形艺术及历史背景，大多数美术教师并不清楚。在中小学美术课堂，也没有教师针对此主题进行教学研究。因而，本主题设计提及的若干任务，转化为具体课堂学习活动，还是有一定难度。如上世纪末、本世纪初的分形艺术作品与《美育》读本九年级主题中的作品比较，如何找素材资源，是一个问题。又如用什么数学公式进行迭代复制，设计分形艺术作品，大多数美术教师对此较陌生。一般来说，计算机设计专业的年轻人对分形艺术涉猎较多，这些是跨学科学习中非常具体的问题。

任务6探讨"分形艺术"是不是艺术，可对艺术与科学的关系发表个人见解。这也是有一定难度的，考量一位美术教师自身对跨学科知识的把握水平，而且，这一问题涉及哲学（美学）、艺术学等交叉学科领域的基本认识。

主题二："艺术与科学"之论

大观念：艺术与科学既不同而又互相关联，它们在审美方面交会，每个科学作品同时也是艺术作品。

基本问题：

（1）同意这句"大观念"所表达的意涵吗？有何不同的见解？

（2）是否赞同人工智能机器人索菲亚的出现及作为？对人工智能科技迅猛发展发表个人的观点。

（3）能否从埃舍尔版画作品中发现与数

学、几何学等学科的要素？

（4）故宫《清明上河图》展示的数字化技术运用，为观众带来怎样的感知体验？

（5）古人赏析作品的方式在数字技术纳入之后，将会发生哪些变化？

知道—理解—做到

学生应该知道	学生可以理解	学生能够做到
艺术与科学的相关论述	艺术与科学相关论述的来源及人物	对艺术与科学相关论述的质疑和反思
人工智能机器人的现实发展	人工智能机器人在现代及未来社会中的作用	对人工智能机器人的现实发展和未来提出自己的见解
赏析埃舍尔作品，发现画作中蕴含的秘密	埃舍尔作品的视觉错觉利用了什么原理？	对埃舍尔作品赏析和评价，做出自己的审美判断
《清明上河图》展出的数字化处理方式	《清明上河图》数字化应用给当代展览方式带来的变化	对经典作品数字化展览方式的应用做出自己的审美判断
古人赏析品评手卷作品的方式	现当代展览方式给古人赏析品评手卷方式带来的影响	对当代学生是否回归古人赏析品评手卷作品方式做评价

任务群：

任务1：在相信一个观点之前，反问自己几个问题（质疑名人名言、批判性思维）：

（1）此观点在说什么？（2）这个观点是谁说的？

（3）观点相关证据是什么？（4）证据是如何得到的？

（5）有什么结果或人支持这个观点？（6）有否其他可能的解释？

任务2：对人工智能机器人索菲亚的出现发表自己的论点。

任务3：赏析、发现、阐释、分析埃舍尔作品中蕴含的数学、几何学、拓扑学原理，以此论述艺术与科学的关系。

任务4：对数字技术应用于当代艺术作品展览的现象发表个人的观点。

任务5：探讨当代学生的艺术鉴赏学习是否需要回归古人赏析、品评手卷作品的方式，为什么。

◆**设计思考**

核心素养的培养，必须要经由深化理解的自主学习。在这个主题内容中，学生对相关问题"相信一个观点之前……"的思辨和深化理解，是由课堂上对基本问题、小问题（问题串）的不断思考，确立自己的判断，在不断以批判性思维方式对问题展开质疑、找到解决问题路径的基础上，逐步形成一定的创造性思维的，这样才能在深化理解的基础上积淀自己的核心素养。

主题三："一枚硬币的两面"

大观念： 艺术与科技的共同基础是人类的创造力与开发

基本问题： 为什么说"科学和艺术是一枚硬币的两面"？

小问题：

（1）艺术表现媒材、材料艺术与科学图像之间是什么关系？

（2）分形艺术是科学图像吗？经典作品的数字化展示是科学图像吗？

（3）观察生活中有意义的现代媒体艺术，发现并说出其中科学和艺术的元素有哪些？

（4）你是否赞同"科学和艺术是一枚硬币

的两面"这一论点？ 这种可能吗？

（5）科学和艺术如何"在山顶重逢"？有

知道——理解——做到

学生应该知道	学生可以理解	学生能够做到
艺术表现媒材、材料艺术与科学图像的不同	艺术表现媒材、材料艺术与科学图像在构成艺术作品时的作用	观赏、判断、分析艺术表现媒材、材料艺术与科学图像的不同
分形艺术、数字化展示技术的基本原理	分形艺术、数字化展示技术基本原理在艺术表现中的特殊视觉呈现效果	对分形艺术、经典作品的数字化展示效果、观展体验方式等做出自己的评价
现实生活中有意义的现代媒体艺术	现实生活中有意义的现代媒体艺术采用了哪些科技手段和艺术表现元素	对现实生活中有意义的现代媒体艺术采用的科技手段和艺术表现元素进行评价，并能够进行借鉴应用尝试
"科学和艺术是一枚硬币的两面"这句话出自谁的论点	"科学和艺术是一枚硬币的两面"这句话的内涵	对"科学和艺术是一枚硬币的两面"这句话做出自己的论断
"艺术和科学'在山顶重逢'"是一句诗意的表达	"艺术和科学'在山顶重逢'"这句话的深刻含义	体悟艺术与科学在社会发展进程中共同作用是激发人潜在的创造力

任务群：

任务1：探究、分析艺术表现媒材、材料艺术与科学图像之间的关系，用具体案例说明。

任务2：对分形艺术、经典作品的数字化展示等是否为科学图像做出明确判断。

任务3：观察生活中有意义的现代媒体艺术，发现并举例说出其中科学和艺术的元素。

任务4：以具体案例对"科学和艺术是一枚硬币的两面"这句话做出自己的论断，在小组同学群体或班级发表。

任务5：论述"艺术和科学'在山顶重逢'"这句话的含义，围绕"艺术与科学在社会发展进程中共同作用是激发人潜在的创造力"，呈现自己的案例研究，提出自己的论点。

◆**设计思考**

作为初中三年级学生，"一枚硬币的两面"是一个很有意义的主题。核心素养理念的提出和不断在基础美术教育学习中落实，意味着中小学美术课在迈入信息化科技不断革命的时代，审美教育与创造性教育，作为美育整体目标，在落实立德树人根本任务中应该把握的方向。美术教师要意识到在核心素养理念的背景下，基础美术教育的根本目的是释放学生的潜能、激发创造性。本主题中围绕"艺术与科学在社会发展进程中共同作用是激发人潜在的创造力"，学生展开较为深入的主动探究和思考，深化理解"教育的本体价值，是养育具有创造性思维的人"，在推进自我视觉审美感知和创造性思维整合发展中，走出更扎实的人生脚步。

2. 核心素养本位的美术课程与教师专业能力

核心素养本位的美术课程，无论是学习主题涉及学科内还是跨学科问题，都是以概念（观念）为统领，并非以美术学科知识和技能为中心。引导学生对学习主题的概念性理解，是每个单元学生自主探究学习的重点。因而，教师的专业能力其内涵就与以往的认识不一样。如"画老师""画同学"是之前美术课常见的学习主题，教师的教学一般会要求学生画出"自己要好的同学"或"我心中的老师"，能够顺利完成作业，教师就可以给予好的评价。但是，学生这种肤浅的、低水平的表现能够帮助其形成"美术表现"的学科核心素养吗？这一主题可以和应该教授什么样的美术概念（观念）呢？是线条、造型、形状、构图还是其他什么？其概念（大观念）可以是"运用线条表达人物肖像的形状和五官表情"，或许是更上位一些"我们可以运用线条来表现物体形状和大小"。跨学科概念（观念）可以是"运用线条可以描绘和刻画出人物肖像的内在情感"。核心素养本位的美术课程，直接指向（重视）美术课学习中学生对学科概念的"知道"水平和概念性理解（美术元素、创作原理、价值观念之间的关系）的程度。（图29）

图29

以概念（观念）为本的课程设计与教学实施，要求教师能够通晓单元主题的意涵。为发展学生的美术学科核心素养，课程架构了美术学科领域的事实和技能内容，并以一定深度的学科性概念理解为支撑，透过不同学科领域的观点，来审视和研究单元主题。例如，经典作品《捣练图》赏析和探究涉及以下四个方面：

（1）社会与文化理解；（2）学科教学相关知识；（3）对课程标准的理解；（4）美术技能的完善与补充（注：构成这四个方面内涵有15条之多）。以概念（观念）为本的课程与教学，考量新时代美术教师自身修养和文化储备。（图30）

多年以来，教材采用以"事实覆盖型知识体系"呈现主题内容方式编写。现在看，教材对这一主题的编写、提供的相关素材应该说已经相当不错，如果按照作核心素养本位的美术单元课程，来设计本主题学习，还需要在哪些方面强化？但是，"事实覆盖型知识体系"并不能发展学生的学科理解，或至多发展浅表而幼稚的理解，因为学生从未对学科本质问题进行过深度探究。要形成"概念（观念）为本的课程内容"，让每一个美术学科核心观念均与真实问题情境相联系，形成各种探究主题，帮助学生在主题探究过程中运用美术学科核心观念，通过对主题的深度探究而发展学生的美术学科思维与深度理解；对每一个美术学科核心观念及相应探究主题，要根据学生不同年龄阶段的发展特点和需求进行纵向连续设计，使每一个学生的美术学科思维与深化理解能够前后相继、螺旋式发展。

《捣练图》单元课程设计与实施，改变教学方式及可能有的问题：

首先，问题情境创设是一个关键，怎样关联学生的生活经验？

其次，图像识读的方式要有新的策略，是全画幅展开，还是局部动画？

再次，问题导向：这是一件怎样的作品？这些人在做什么？

小问题1：这些人都在做什么？

小问题2："练"是何物？何为捣练？

小问题3：织物下那个女孩在看什么？

中国古代的织物都要经过这样的技术处理才能做成衣、穿在身上吗？

大观念：

中国传统绘画中的线条为什么有独特的地位和作用？

图 30

中国古代人物画承载了那个时代的审美风尚。

中国古代宫廷女性的"德""功"修炼和伦理诉求。

基本问题：

（1）认真赏析作品，可以从画作中了解唐代哪些历史、宫廷生活和风俗？

（2）画家在作品中安排了几个图像单元？都有何内容？

（3）张萱运用什么表现方法再现了唐代宫廷女性的劳动场景？

（4）唐代绘画中的人物造型有哪些特点？

（5）作品是通过哪些具体的"形"（体态、面容、装束、工具等）来展现画中人物的身份的？（图31—1、图31—2、图31—3）

能否将作品所有的人物图像均按照局部放大形式，逐一展现和赏析？由此引出画作中蕴含的时代、社会、审美、风俗、文人画家等相关问题和主题概念。

真实问题情境：

宋徽宗临唐张萱《捣练图》（37—147.5cm），现藏美国波士顿艺术博物馆，是中国古代传统人物画经典作品，有"千年时尚，惊艳世界"之誉。我国著名画家、中国美术家协会副主席何家英介绍说："临摹一幅《捣练图》要耗时一年，非一般人能完成任务。"对画家此言，同学们有何想法？

图31—1　　图31—2　　图31—3

宋摹本《捣练图》主题探究的"知道—理解"

引导性问题	学生应该知道	学生可以理解
张萱《捣练图》用了什么方法构成这件手卷作品？	手卷《捣练图》原作者张萱，现存画卷是宋徽宗画院临摹品	摹品忠实地保存了唐画中典型人物形象和"三段"样式
张萱在《捣练图》中试图表达什么样的想法？	空白背景上从前到后描绘了三组女性人物所进行的劳动场景	作品表现唐代三组宫廷女性捣练、络线、熨练等劳动
宋摹本《捣练图》是否与唐张萱原作有差异？	宋摹本作品保存了唐代人物形象和构图形式	画家对衣饰的描绘（平面感、装饰细节）有着特殊兴趣
作品中唐代的人物为何个个都面无表情？	面无表情的仕女很大程度上成为展示织物装饰的中介	她们的每件衣裳、每条裙带都构成独立的装饰区域
摹本作品中以线造型的方法，在鲜艳色彩的烘托中，视觉效果与传统白描有何不同？	作品表现了雍容丰腴的仿唐女性形象，白描为一种高雅的视觉表现，与崇尚富丽华贵的院体画拉开明确距离	文人画早期重要代表李公麟的贡献，把"白描"正式树立为高雅趣味的视觉表现。书法式的线条担任起双重职能：既再现客体对象，也表达文人艺术家的主体性
宋徽宗画院《捣练图》摹本是否反映出特殊目的？	临摹者是将一幅往昔名作转化为结合当下宫廷趣味的作品？是不是张萱原作的忠实副本？	摹本对织物纹样不同寻常的执着，是否含有超越视觉愉悦的象征意义？
对于宋代宫廷女性来说，参与纺织劳动意味着什么？	纺织和剪裁是宋代宫廷女性修养女德不可或缺的女功实践，包括与此相关的伦理含义	摹本画作着力刻画衣裙上的装饰纹样，隐喻着一匹白练进行自我道德修养，华丽服饰展示这种修养所达到的美好成果
宋摹本《捣练图》是否反映出自唐代到宋徽宗时代的文化？	宋摹本《捣练图》以华丽的织物纹样象征作品中丽人的高贵和德行（女德和妇行）	绢本上鲜艳彩色与线条构成的画卷，体现崇尚装饰风格的宋徽宗画院文化

对摹本局部图的探究，可以按照"引导性问题""知道—理解"的线索展开。本主题学习的探究过程，引导学生的批判性思维，对宋代摹本是否在宣扬本朝代的审美观，提出问题线索"不应该将摹本视为张萱原作的忠实副本"，启发学生在查阅相关历史素材基础上，能够使用相关证据，找出理由，支持这一观点或者驳斥其说法。对于宋摹本画面呈现出服饰中华丽精美的装饰纹样，是宋徽宗画院崇尚的表现风格，教师采用不同层次的提问和引导式教学，帮助学生超越关联这一事实性概念所需的思维水平，最终达到掌握并延伸概念所必需的批判性思维，促进学生达成对作品深度理解。核心素养本位的美术课程，对于美术教师自身修养和文化储备的要求之高，是其他学科教育教师无法相比的。美术文化的跨学科和关联性，要求教师提前研究整合思考某学习主题关键概念中"纳入自己的思想"。这涉及在单元课程设计中，教师围绕主题所展开的自我学习、思考、消化、质疑以及所生成的该主题的"概念性视角"。教师在单元课程设计时做的所有准备，都是为了帮助和启发课堂上学生能够发生自主探究学习状态。(图32—1、图32—2、图32—3)

基于"概念性视角"的评价

教师：我们刚才针对宋摹本《捣练图》与《簪花仕女图》画面局部图像的识读、判断、分析，

图 32-1　　　图 32-2　　　图 32-3

发现两件表现唐代女性作品视觉展现的异同，提出质疑："不能将宋摹本《捣练图》视为张萱原作的忠实副本。"请根据自己掌握的历史素材，分析提出的质疑是否有道理、为什么。

评估学生的深度理解水平

确定学生深度理解水平的结果	有意义的表现性评价任务
▲为了完成对该问题的深度理解，围绕宋摹本《捣练图》哪些事实性知识对于学生来说是最重要的？	●是否会激发学生具备更高水平的主动思考和批判性思考？促进学生个人的情感和智力水平，提高学生的学习动机？
▲在对此问题的表达和论述中，学生获得了哪些超越本主题学习内容的概念性理解？选择其中1—2条最重要的理解。	●学生对此问题反馈出的事实性知识和相关的概念性理解之间，有一种什么联系或主题学习内容之外的关联性？
▲学生对此主题由知道宋摹本《捣练图》视觉图像呈现出的事实性知识，做出基于个人对宋摹本画卷历史阶段再现的理解。	●学生在论述中是否展现出本单元课程所需的关键能力（图像识读、审美判断、文化理解）？特别是呈现出独立的判断能力。

指向核心素养本位的美术单元课程教学设计与实施，教师除了把握概念性视角、以观念为中心的原则，另一个重要方面是运用引导式和演绎式教学方法，激发学生的理解力，最终达到跨时间、跨文化、跨学科、跨情境迁移的大观念引领和深度理解。这就涉及到美术教师对学科专业能力外延延展的认识水平和自我的整体把控，还是那句话，核心素养目标的美术单元课程，指向美术教师的终身学习和内化水平。

问题： 为什么说核心素养是信息化时代课程方向？

二、核心素养目标是实现理解教育的途径

（一）学科观念：美术的思维方式及视角

1. 以大观念统领进行单元教学设计

现行义务教育阶段各版本美术教科书，是2012年3月《义务教育课程标准（2011年版）》颁布后修订。有的版本教科书当时采用"单元"结构呈现方式，但并不属于核心素养本位的单元主题教学设计，更没有以大观念统领下，在真实问题情境中，以基本问题、问题串方式的学生主动探究性学习设计，是美术学科知识和

图 33-2

图 33-3

技能呈现方式为主"学科本位"的美术教材。(图33—1、33—2、33—3)

单元主题《小小旅行家》，第11课《神州大地之旅》。这一主题本身性质决定，如果从美术学科知识和技能本体出发，很难在40分钟课堂对这一课所呈现的宏大人文与自然主题全面阐释。本主题现有教学套路，以"小导游"方式，教学沿着教材提供的旅游线索，带领同学们走马观花地转一转、说一说、做一做、画一画，就算完成课堂任务，为低水平"畅游"风景。怎样根据原教材内容，进行单元课程教学设计？如何确立主题大观念、基本问题、小问题和任务群呢？

6年级（下）第五单元：小小旅行家

主题1：神州大地之旅（原第11课）

大观念：

1. 伟大祖国山川秀丽、壮美，五千年文明，文化古老辉煌。

2. "一路上可以多看看，孩子们可以长见识。"——习近平

基本问题：

（1）神州大地，你都去过哪些地方？有怎样的感受？

（2）神州大地旅行，仅仅就是一种休闲游玩吗？

（3）能否尝试让自己做一个艺术的行者呢？

任务一：历史悠久，灿烂文明 1 线三地游

小问题：

（1）旅游 1 线三地，你发现哪些历史文明？

（2）三地的灿烂文明中，哪地给你带来最深刻的感受？

（3）如果作为一个艺术的行者，行走在祖国大地上眼睛应该如何观看？

任务群及问题串：

小任务 1：

（1）首都北京，你最想去的地方是哪里？

（2）游北京仅仅是看建筑吗？

（3）用手绘方式、图文并茂，设计一条适合自己游北京的路线。

（4）北京的哪个景点特别触动自己心弦？

（5）说一说北京在你心中的位置。

小任务 2：

（1）古城西安，哪些地方你最想先游？是兵马俑吗？

（2）多国首脑、政要为何将访华的第一站列为西安？

（3）作为 13 朝古都，灿烂文明遗产可从今天西安的哪里统览？

（4）参观完陕西历史博物馆，你最深刻的感受是什么？

（5）游览过西安后，最深的感悟是什么？

小任务 3：

（1）怎么游敦煌莫高窟？重点看什么？

（2）曾经学习过的敦煌莫高窟主题内容有哪个？（关联）

（3）"飞天"主题的壁画唯独在敦煌莫高窟才有吗？

（4）世界文化遗产敦煌莫高窟，是什么人在守护？

思考与评价：

何为人文景观？如何在行走中自主记录与表达？

小学生可以运用的记录、表达方式有哪些？如何评价？

任务二：自然景观路线 2，黄山—漓江—九寨沟

小问题：

（1）为什么说三地自然景观仅仅是壮丽山河、锦绣中华之缩影？

（2）三地自然景观中，给你留下最深刻印象的是什么？可否尝试用手绘默写的表现方式，画出其中一处景致？

（3）如果是一个艺术的行者，那他独特眼光下的思维应该是怎样的？

任务群及问题串：

小任务 2：

（1）你到过漓江吗？漓江山水的特点有哪些？

（2）如诗如画的漓江美景怎样表现？

（3）你能用手绘方式写一篇漓江旅游的游记吗？

（4）即兴表现、记录漓江的景色，采用何表现方法比较合适？

（5）回顾小学阶段曾经学习过的美术表现方式，选择恰当的工具、媒材，尝试表现漓江山水。

小任务3：

（1）九寨沟的自然景观如此神奇，是天然形成的吗？

（2）九寨沟的湖泊、山林、水色之美景怎样表现更恰当？

（3）如何用线条为九寨沟景观画出一幅恰当的构图？

本单元学生学业质量评价的基础

学生应该知道	学生能够做到
"一路上多看看，可以长见识"	自己用美术的方式记录行程点滴
人文景观与自然景观	神州大地之旅获得的自豪和骄傲
悠久文明历史，辉煌文化瑰宝	在体悟壮美祖国大地中理解文化
自主设计不同的旅游线路	主题性旅游活动的实施与体验
尝试做一个艺术的旅行者	用艺术的眼光、思维方式行走在祖国大地
自然、人文景观与美术文化	独特的视觉表达与身心整体感悟

评价指南

评价要点	具体表现	核心素养
▲能知道旅游可以大开眼界、长见识	●能用日记、手绘、摄影等方式记录自己的旅程和心得 ●能对人文景观和自然景观分类，能对某个景点内涵做出自己的判断 ●能以学习的态度，在旅行中探寻历史、文化以及自然景观的时代变迁	图像识读 审美判断 美术表现
▲能知道祖国悠久的文明历史和辉煌的文化	●能赏析、认识各人文景观中的文化内涵，并表述自己对其的理解 ●能针对某一人文景观的特点，进行分析、评价，表达自己的观点 ●能对某经典主题，结合语文、历史、科学等学科进行跨学科综合分析	图像识读 审美判断 文化理解
▲能尝试设计适合同龄人出行的旅游路线	●能根据同龄人的特点，在旅游路线设计中，体现主体性、个性化活动 ●能在自己设计的旅游路线中，突出美术表现与体验活动	图像识读 美术表现
▲能感悟自然、人文景观与美术文化的关系	●能在两次不同线路旅游中，对某个景观关联的美术文化进行专题分析 ●能对敦煌莫高窟中某个窟的作品展开专题赏析 ●能对陕西省博物馆进行专题导览	图像识读 审美判断 文化理解

该单元设计中，"任务群"是比较突出的一个概念。任务群包括，内容标准：学什么；教学提示：怎么学；学业质量水平：学到什么程度。

内容标准——本模块（主题）教学的课程知识与技能范畴。

教学提示——本模块核心素养本位的教学方式方法提示。

学业质量水平——使得模块内容学习后所达成的核心素养水平可测、可评。

思考：关于何为"跑道"，课程为何隐喻为"跑道"，2004年之后，但凡在我所讲授的"美术课程与教学论"本科课程中学习过的学生，如果还有视觉图像记忆，应该不会忘记我所呈现的两个图表，以示意"美术教师遇到了不按照常规课程脉络(不按照既定'跑道'行进'学习'的学生)，应该如何改变教学策略与指导方法"。

《小小旅行家》——"神州大地之旅"的单元主题设计，依据核心素养目标要求，改变以往讲授法为主的课堂方式，改变"跑道"行径路线，转向以学生自主奔跑（探究）为主的课堂形态。"跑道"变了，美术教师如何变？直指美术学科核心素养下的课堂教学，如何改变学生学习方式，如何展开深度学习、如何由教师的视角，转向以学生的自主探究为目标的核心素养培育、评价过程。

指向核心素养目标的美术课程，是回答、解决美术学科课程如何育人的问题。育人的美术课，必须在课堂中触动学生的心灵，必须持续激发学生对美术学习的兴趣、建立其不断探究美术文化意愿和持续研究问题的路径。这就是国家课标研制综合组组长崔允漷教授提出的"高认知、高投入、情境介入、反思"。由此思考：核心素养目标的美术课程，美术教师要为学生设计出自己探究学习、独立"奔跑"的"跑道"。

核心素养目标指向的教学，需要评估学生真实的学习成果。如评价学生课堂及课后的表现指标第一项要求是学生能够初步创造知识，而不仅是跟着教材、教师的灌输知识点脉络，去再现、复述他人知识或对已有的知识做出浅层的心理反应。如单元设计中第三个问题"作为13朝古都，灿烂文明遗产可从今天西安的哪里统览？"，目的是引导学生走进陕西历史博物馆，这是学生主动探究、自我学习的基础之地。有美术教师可能会惊愕：学生能够初步创造知识？美术学科知识都是历代美术家、美术史论家、学者们创造、梳理、总结的，普通高中生能够跟着学就不错了，他们也能初步创造？

天方夜谭吧？！

当第四个问题"参观完陕西历史博物馆，你最深刻的感受是什么？"提出之后，陕西历史博物馆中的感受、体验，将远远超过教材这5页内容的短暂视觉记忆，本主题的全面拓展与延伸，早就超越单元主题本身的若干幅图片，为学生主动学习，形成自己独立思维，提出有针对性的见解提供了展示平台。

评价学生美术学习真实水平表现指标的其中一项是：能够持续开展较为严谨的探究与思考，逐步深刻理解艺术本质问题，可以采用新的方式整合或重组个人已有知识，创造新的理解和新的知识。学生美术学习的真实水平，不只是习得（知道）教师、教材所灌输、给予的事实性的学科知识和概念，而是能够运用这些知识或概念解决复杂的现实性问题。假如某美术教师采用讲授法教学方式，灌输给某学校学生本教材主题原有的一些事实性美术学科知识和概念，学生也依靠死记硬背方式都记住了，再次检验学生是否具有这些基本素养的一个重要指标是，它重视不同美术学科知识、技能、方法或态度在深层意义上的整合和运用，关注学生在复杂的开放性问题情境中的综合表现。

2. 核心素养需要基于理解的深度学习

指向核心素养的目标的美术单元课程，需要基于理解的深度学习。8年来，新时代美术课程改革，教师们知道了一个新词：迁移。从概念上讲，能够迁移的东西就叫作理解，在解决新的真实问题时形成的能力就叫作核心素养。对于美术课程来说，如果学生只是重复临习成人美术范作，但无法用习得的美术学科知识和技能解决真实的问题，则不能说理解了美术学科知识和技能（表现方法）。能够成功运用知

图 34-1

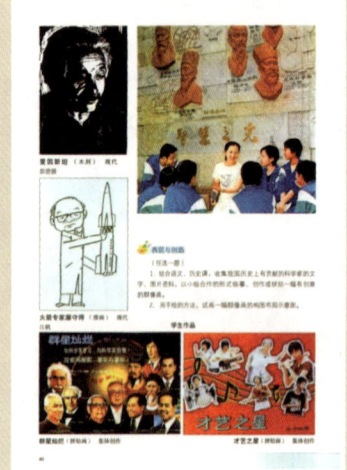

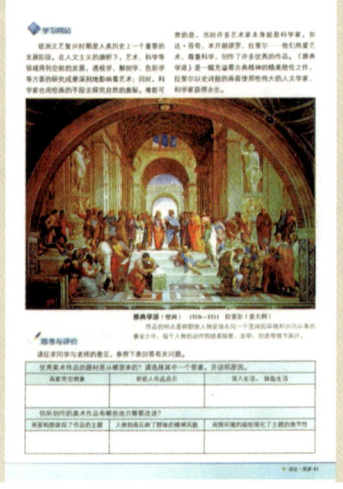

图 34-2

识才能被称为理解。

七年级(上),第六单元:历史不会忘记他们,主题一:群星灿烂(原第12课)(图 34-1、34-2)

学生面对"群星灿烂"这个学习主题,教学设计需要让作品蕴含的美术学科知识和技能(表现方法)等变成学生自己的理解。启发学生在图像识读、审美判断的感知体验中,能够感受到作品中美术学科知识和技能的意义,在辨析、思考意义的基础上,根据自己的独立判断进行自主表达(表现),然后才会带来深层理解,发生深度学习。学生课堂中对作品灵活表达(表现)的能力就是理解。

大观念:

1. 请记住他们,科学天空里耀眼的群星,共和国英雄。

2. 和这些共和国英雄一起去继续奋斗,共同谱写新时代人民共和国的壮丽凯歌!

基本问题:

(1)今天的共和国,有多少英雄为之奋斗

和付出？

（2）你能说出"两弹一星"科学家群体、共和国英雄的名字吗？

（3）油画《历史请记住他们》采用了哪种艺术表现形式？

（4）你有没有被作品塑造的共和国英雄群像所感动？为什么？

任务一：

小问题：

（1）作品一共塑造了多少位共和国英雄？

（2）作品采用了怎样的表现方式？是如何构成画面的？

（3）作品的色彩与人物造型呈现出一种怎样的视觉表达关系？

（4）仔细分析作品细节表达了哪些意义或内涵。

任务二：

小问题：

（1）中外美术历史上，哪些经典作品表现了英雄（著名）人物群像？

（2）赏析中国画《以身许国图》，与《历史请记住他们》比较，作品在表现形式上有何相同与不同之处？

（3）从油画《红星照耀中国》（沈嘉蔚）、中国画《太行铁壁》（王迎春、杨力舟）、油画《遵义会议》（沈尧伊）、油画《共和国的将帅们》（陈坚）等作品赏析中，你体悟到了什么？

（4）雕塑中"群像"的经典作品都有哪些？请分小组查询资料，遴选相关雕塑作品，进行自主赏析、评述，并选派代表进行面向全体学生的引导性欣赏、讲述。（图35）

本单元设计，除了教材提供的油画作品《历史请记住他们》，教师可以选择将同类题材中国画作品《以身许国图》一并呈现，引导学生对其表现形式、技能方法、人物塑造上的相同与不同之处进行专题赏析、体验性研究。

人物群像，是美术创作中一种常见的表现形式。当代中国美术，以人物群像塑造重大美术主题的作品相当常见，有很多经典作品。因而，这一学习主题可在教材呈现作品的基础上，选择更多以人物群像方式表现革命历史题材的经典作品，拓展为一个大单元，按照分主题、分课时方式，对更多作品进行赏析和评价。这一大单元课程的学习，对架构学生审美价值观、提高文化自信、提升视觉感知力、体验表现方法等有很大的帮助。（图36）

如油画《红星照耀中国》是一幅非常著名的经典作品。在这个大单元学习中，教师在第

图35

图 36

坚实的脚步

图 37

一课时鉴赏、分析作品《历史请记住他们》的基础上,帮助学生建立起自己美术鉴赏评价的知识体系,然后,在之后分课时中,启发学生用建立起的体系,采用"小先生"方式的学与教,转换课堂学习状态,由学生个体或小组方式,对作品发表主体观点,其他同学围绕观点进行点评和同议活动。

除了绘画作品,还有很多雕塑作品,也是以人物群像塑造的方式进行表现的,它们也可以作为大单元主题的作品内容,学生们分别鉴赏、评述、论证等。(图37)

再如《遵义会议》,采用人物群体全景化形式表现重要的历史事件。作品中人物群像的塑造采用的表现范式与之前几件作品不一样。因而,这个大单元设计中,要将本作品作为研究"人物群像"这一学科观念的重要案例,由

这是一件怎样的作品？看画面能够知道作品表现的是什么主题吗？
没有图像留存的重大历史事件，美术家究竟是如何创作的？

图 38

此提出问题，学生自主解决问题。（图38—图40）

　　由该主题进行"人物群像"学科观念探究，要充分运用图像分解PPT呈现方式，对作品中每一个人物形象的塑造原理，都要进行详尽鉴赏分析，提升学生视知觉感受水平的同时，为构建学生的价值观、人生观，做出美术课的独特贡献。

　　作品中人物形象细节刻画得非常精彩，这件作品在一个课时无法达到深度学习的状态。作品本身可以设计为3课时的单元课程，以深化学生对作品的理解。

　　包括创作者怎样塑造"肖像群"的创作意图，教师备课时要对这一原理性问题设计做足准备，以便在课堂上引导学生主动围绕此问题展开探究，逐步走向深度学习（拓展思维、问题迁移）。（图41—图44）

　　将作品人物肖像的截图汇集起来，可以设计出一个特别生动的课堂探究活动专题。所以，

图 39

图 40

评价学生的美术能力，要在一系列"人物群像"作品细节多次鉴赏评价过程中，考量学生如何

探寻——学科核心知识

· 立足刻画"肖像群",这是我回归并明确化的创作核心,不是"排排坐",不是"排排站";是有情节限定,又非情节化;有环境容纳,又非场面化。

· 力求兼容肖像画与情节画共有的特性,对原稿作了大的改动:
1. 淡化谈话情节,减弱相应的动作与表情;
2. 调整人物关系,在人物的第一中心又开辟了第二中心;
3. 扩大视野,完整构图;
4. 强化环境与纵深感。

——沈尧伊

图 41

图 42

图 43

图 44

将之前学习过的美术知识和技能,用于对新作品视觉感知后的独立价值判断和思维表达。这种迁移能力、思维的独特性,是学生在核心素养目标的美术课过程里必须把握的价值观＋必备品格＋关键能力。

任务群三:(维持原教材内容的设计思路)

小问题:

(1)《雅典学派》是一件怎样的作品?

(2)怎样赏析《雅典学派》?你能在作品中找出几位历史人物?作品对这些人物是怎样塑造(表现)的?

(3)《雅典学派》表现形式与之前欣赏的"群像"系列作品有何相同与不同之处?

(4)《雅典学派》作为文艺复兴时期的油画作品,与当今中国美术作品在美术与社会发展服务的意义上有何不一样?

活动设计:

以班级为单位,对《雅典学派》进行图像识读与赏析,开展整体探讨活动。

本单元学生学业质量评价的基础

引导性问题	学生应该知道	学生能够做到
作品表现了什么？	为共和国发展无私奉献的科学家们	识读作品图像，发现细节，体悟作品内涵
怎样看这两幅作品？有哪些相同与不同之处？	运用不同表现形式塑造同样主题中的人物	赏析作品，发现中西美术在表现方法上的不同
以"群像"方式表现人物的作品还有哪些？	表现共和国不同历史时期英雄人物的作品	赏析不同作品，体悟作品内涵与意义
作品的哪个方面（细节）触动了你？	美术作品是用美术语言、材料、工具和技巧，表达思想和情感	赏析、探寻作品用怎样的美术语言塑造形象，表达思想和情感
识读、赏析这些美术作品的意义是什么？	用"三个文化"培根铸魂、启智润心	矢志追求更有高度、更有境界、更有品位的人生

（二）素养本位：教学设计核心课程研发

1. 在生活情境中探究美术文化

落实面向人人的美育，实践核心素养目标的美术课程，教学设计的核心是课程研发。浙江省永康市美术教师团队，在教研员徐雅静老师带领下，几年来充分挖掘地方文化资源，关联学生生活，启迪学生主动学习，促进美术教师团队共同成长方面，取得丰硕成果。《支撑起大祠堂的秘密》，是永康美术教师团队，在当地古村落现场的真实情境中，实现以美育人教学目标的综合实践课程。

◆《支撑起大祠堂的秘密》**课例分析**
　　陈楚玄　徐雅静　李力加
　　问题： 怎样深度运用真实情境问题展开单元教学？

（1）课程背景

浙江永康市厚吴古村，因其成片的明清古建筑而闻名，其典型的浙中民居营造法式和空间经营方式吸引了众多相关学者前来考察。村里的厚吴小学在振兴乡村教育的大环境下再次兴旺，近两年不但留住了本村的生源，还吸引了周边村镇外来务工人员的子女。如低年级一个班孩子多半来自厚吴村，剩余孩子是外来务工人员子女。教研员徐雅静老师一直关注厚吴村的文化资源，提出将学生置于熟悉的家乡古建筑中实施情景教学的理念。经过两个多月深入备课，教学团队实现关联学生原有知识经验，对熟悉的生活情境再探究，在对视觉造物文化的审美判断、互动讨论中，学生生成认知、建构理解，对常见宗祠建筑产生新的感悟。

（2）备课逻辑

"浙江人美版"小学美术教材中，与建筑相关的有《新家园》《江南民居》《传统门饰》《东阳木雕》《墙》《砖石上的雕刻》《悠悠老街》等，建筑内容丰富多样，古建筑营造、空间、装饰等美术学科知识已融入教材。备课前教师明确：体现国家意志与教育目标、以"课标"与教材编写内在逻辑为依据。课程体现的国家意志是：中国优秀传统文化的价值。学生理解的学科知识系统是：文化生成与审美精神。基于上述思考，教师准备一份针对本主题教学备课探究单，

教师备课问题探究单

思考：在学生熟悉的古建筑中教学（上课），教师应该准备什么？

一、美术课中的古建筑主题应给学生带来什么？

二、如何将古建筑中蕴含的历史、文化、美学知识转化成润泽学生心灵的体验？

三、厚吴村古建筑的美学特征是什么？

四、厚吴古建筑的历史、文化内涵是什么？

用问题驱动教师先行探究：

根据学习探究单，教师从学生学习预期结果（成果）倒推备课设计思路：

问题1：美术课中的古建筑主题应给学生带来什么？

美术课堂不仅是培养学生美术知识与技能的场所，更是学生形成审美感知、完善人格、培育良好品德的重要阵地。视觉图像是美术教学的重要资源，但图片与学生的视觉观看有一定的审视心理距离，因此决定，本主题教学在厚吴古村宗祠或古宅现场进行。让教师、学生置身于真实的建筑物场域情景中教学（学习），学生形成与真实情境的具身之感，在全身心地体悟中唤起学生的生活经验和原有知识，引发学生关注对此熟悉场域平时尚未注意的细节。在体验和发现的过程，引发学生产生对本土历史、文化、艺术的浓厚兴趣，并由此产生文化认同和自豪感，培养学生美好情操和高尚品格。

问题2：如何将古建筑中蕴含的历史、文化、美学知识转化成润泽学生心灵的体验？

在真实的古建筑现场上课，教师是历史、文化的关联者、体悟者更是审美感知、创意思维实践教育的引领者。引导学生赏析古建筑各个部件的形态、功用，关注其视觉审美心理的发生。（教师如何知道学生们在祠堂中上课，是否已达到课程教学预期的结果？）

古建筑是最好的历史载体，是社会生活的缩影。厚吴村古建筑中的木雕、砖雕、石雕、墨绘、楹联、匾额等，有着自己的历史背景或文化内涵，其含义来自中国传统文化中的耕读传家、忠孝廉洁的品德，以及先辈们所取得的成就。在真实的古建筑现场上课，学生可以在建筑实体中寻找各自感兴趣的关注点、建筑物件的细节进行自主深入探究，在不知不觉中成为该主题单元学习活动的主动建构者。从自主发现建造者所雕、所绘、所写带给后人的积极启示中，学生可以基于自己原有的知识经验，对身边的古建筑产生不同以往的深刻理解，以现场环境、氛围的润泽，实现以美育人的目标。

（3）教学设计思路

预期学习结果	
理解： 学生将理解…… ● 本单元的大观念（大概念）是什么？ ● 期望学生获得的特定理解是什么？ ● 可预见的学生对家乡古建筑的误解是什么？	基本问题： ● 什么样的启发性问题，能够促进学生自主探究、理解和学习思维方式的迁移？

学生将会知道……	学生将能够做到……
●作为本单元的学习结果,学生将会获得哪些关键知识和技能?	●学生习得这些知识和技能后,他们最终能够做什么?他们内心可能得到哪些体悟?
学业评价	
表现性任务群:	其他证据:
● 通过对厚吴古建筑探究体验的哪些真实的表现性任务,证明学生个体(群体)达到了预期的理解目标? ● 教师运用什么标准评价学生对古建筑蕴含的历史、文化、美学内涵整体的理解成效?	● 学生群体通过哪些其他证据(如问答题、观察思考、手绘作业、课后日志),证明自己达到了预期结果? ● 学生如何反馈和自评自己在本单元课程的学习状态?
学习计划(任务群)	
学习活动: ●真实情境:同学们来到厚吴祠堂后的整体感受是怎样的?根据教师引导,面对从未如此认真观赏着看似熟悉的古建筑时,究竟有着怎样的视觉认识、内心感悟和理解? ●厚吴村祠堂现场美术课,带给学生哪些图像识读后的新认识?哪些审美判断的思考?哪些初步文化理解的认同和共鸣? ●支撑历代乡贤对古建筑(大祠堂)建造的意念是什么?为什么能够历久弥新? ●学生能够从家乡祠堂蕴含的历史、文化、美学内涵中获取怎样的精神意义? ●帮助学生体验的主要观念和探索的问题是什么?	

(4)课程素材

问题1: 厚吴古建筑的美学特征是什么?

厚吴古建筑以合院式为基本形制,大屋顶、木构架、榫卯结构、抬梁与穿斗结合。主要有天井式、庭院式两种类型。平面布局为厅堂式,有轴线,建筑外貌和谐朴素,内部木装修细腻纷繁,祠堂和住宅以粉墙黛瓦、玄廊朱柱、天井、院落、大屋顶、小青瓦、滴水、深檐古拙的屋脊、生动的脊饰、错落有致的马头墙构成庭院深邃、参差顾盼的村落风貌。最直观的是单体建筑木构架给人的美学感受,和各种构件的造型、装饰美感。(图45)

①木构架带给观者结构合理的感受。直线是美的,因为它有力度感;曲线也是美的,因为它有张力感;因为它们有合理而简约的结构。合理的结构,就是对力的完美呈现,同时带给人平衡的美、韵律的美、秩序的美。

图 45

②各种构件的装饰造型手法多样化。以木雕为主的雕刻艺术带有消灾祈福、趋吉避凶、益寿延年、子孙满堂、升官发财、荣华富贵等寓意。有的表现为直观形象,如龙、凤、麒麟、狮子等瑞兽;有的表现为暗喻,如佛八宝图案。无不雕工遒劲、装饰繁复,给人精美之感。

问题2: 厚吴古建筑的历史、文化内涵是什么?

厚吴古建筑不仅是人的容器，而且还有品节制度、礼仪精神。它集住、贮、生产、教育、民艺、祭祖祭天六义于一体，具有中华文化哲理、天人合一内省气质、自律精神等特色和恋土品格、环农业特征。建筑内外的匾额和楹联，讲述着先辈们的历史和成就，三雕和墨绘以寓意或者象征处理手法，赋予吉祥含义或教化理念，丰富了建筑文化内涵。

本主题最终决定将课堂设置在吴氏宗祠内的明堂，宗祠文化内涵更为丰富。宗祠文化作为优秀传统文化重要组成部分，它自成体系且具有完整的文化内核，长期被我国人民高度认同并自觉遵守。当代，有必要重新发掘其丰富文化所蕴含的超强生命力和历史信息。相信其对学生的影响是多维度的，如言行的规范、品德的培养、生活方式的引导。因此，在厚吴宗祠里教学是一次抛砖引玉的过程，引导学生正视祖先所遗留的宝贵精神财富，在以后拥有无穷的精神力量。（图46、图47）

图46　　　　　图47

本单元主题大观念：
中国传统文化独特的精神气质
基本问题：
为什么说中国传统文化独特的精神气质是支撑起厚吴村大祠堂的核心意念？
小问题：

①你了解自己村里的祠堂吗？
②祠堂对于村民来说有哪些作用？
③并不陌生的祠堂对村小的同学们来说，究竟有何意义？
④在祠堂里上美术课，同学们感悟到了什么？
⑤数百年来，支撑历代厚吴村民不断维护、修建祠堂的信念是什么？

(5) 教师准备

问题：在学生熟悉的吴氏宗祠中教学，教师应该准备什么？

当教师在学生熟悉的真实情景中教学，应该深挖真实情景背后的文化和知识。教师团队本着田野考察的精神，走遍厚吴村大小祠堂和古宅，访问厚吴村的老人和孩子，对照相关建筑书籍和网络资料对厚吴的宗祠进行深入了解。

①走访学生了解学情

教师认为，厚吴的学生必定是对他们的宗祠非常熟悉的，因此，在课前走访多名厚吴村的学生，记录他们对宗祠的了解程度。结果大呼意外，学生只知祠堂现在的故事，不知其过往。如曾经在祠堂里"吃饭"，实际上是宗族的聚会；曾经在祠堂里转转、看看，其实是围着柱子嬉戏；曾经被爸爸拉到祠堂里批评教育，却不知为何要在祠堂里批评他。而且，厚吴村的学生普遍比较害羞，知识储备没有城区学校的学生丰富，语言表达词语量也较少，所以，教师团队希望通过本主题学习，给学生带来一定的触动，让他们了解祖先的辉煌和自己基因里的强大文化根基，增强他们的自信心。

②走访古村了解祠堂曾经的故事

教学团队一位教师与厚吴村有深厚渊源，通过这位教师引荐，团队走访了数名厚吴村中的长辈，了解到厚吴祠堂数次倒塌、翻修、被破坏、修复，厚吴古村在历史上经历的多次辉煌和数次惨剧；并与村中一位耄耋老人深入交谈，了解到他的祖父修建了其中最精美的一座祠堂，聆听他讲述修建祠堂时的情景和几十年前祠堂惨遭破坏的悲剧。

③查阅资料深化理论学习

建筑是一个庞大的知识体系，查阅资料过程是一个有体系的学习过程。这样才能关注全局，不至于舍本逐末。从梁思成先生《中国建筑史》到王其钧《中国建筑图解》，先对建筑知识有一个粗浅的了解；再阅读丁俊清先生《江南民居》到《徽派建筑》《浙江民居》几本；最后细读王仲奋先生《浙江东阳民居》和建筑创作杂志社出版的《文化厚吴》。其间翻阅了部分建筑美学相关论文，把一座建筑的来龙去脉读成了厚厚的书，又把这本书删删减减转化成传授给学生的这一主题"探寻支撑起宗祠的秘密"。考虑到厚吴学生为低段学生，课题取名为《支撑起大祠堂的秘密》，内容包括有形的支撑和无形的支撑两部分。

需要考虑的是，民用古建筑本身，也就是其流传世代的土木建筑营造法式，承载了深厚的文化内涵。面对小学生，教师尽量不用美学术语，而是要深化学生的感知体验，在身临其境中，引领学生以新的图像识读，产生自己的审美判断，激发学生个体对村里古建筑的感悟。因为，"大祠堂里的美术课"，引领学生身临其境，面对之前从未如此认真、深入地触摸过自己村的大祠堂，探寻支撑起乡村宗祠的秘密。（图48）

2. "大祠堂中的美术课"课堂结构及实录

本主题学生学习核心观念：

触摸：视觉的触及、身体的触摸、思维的触动（三触，感知与体验）

（1）主题内容

厚吴古村因其明清古建筑成片而闻名，为典型浙中民居。其中以宗祠最具代表性，高等级吴氏宗祠设有三进、二天井，梁柱结构为抬梁式与穿斗式结合。其中三雕虽不算特别精美，但也可以看出雕刻时刀工遒劲。梁、柱、墙、枋各处均有墨绘，梁上还有匾额数方，墙上有"忠孝廉洁"大字。门口有八字墙，设大小台门，门口有石板直铺路面和旗杆墩均显示了吴氏曾经的辉煌。吴氏宗祠是明代时吴氏族人为纪念吴氏始祖而建造的，后因战乱等原因几度被毁，但吴氏族人数次将其重建或修缮，是饱含厚吴文化历史的代表性古建筑。厚吴当地人称之为"大祠堂"。

整个宗祠内部结构明显，无一遮挡，明处雕刻绘画精美，暗处略减，是中国古建筑常见的彻上露明造。因此本课将学生带到吴氏宗祠内部进行情景教学，让学生了解支撑起古建筑的木结构的空间美感，和支撑起厚吴族人代代守护宗祠的精神支柱。

图48

本主题内容含量大，为了不使低年级学生对课堂产生疲倦感，教师对教学方式进行创新，设置为总分总结构，由主讲老师和各分组十位助教老师联合教学，先总体让学生自己关注木构架表面的装饰细节提出问题，然后分散寻找相应的问题的答案。发现所有的装饰都是祖先为了教诲后人、启迪后人而做。又根据原有的知识经验总结出对自身的行为要求。随后再一起学习建筑内部木构架之美，了解实际在支撑着大祠堂不倒秘密还有它具有美感的内部木构架。贯穿整课的是"支撑"一词，先是发现表面上的装饰——文字、墨绘、木雕的意义是这座祠堂无形的支撑，使这座祠堂代代传承。再是发现有形的支撑梁和柱等木构架带来的建筑空间内的美感和古人的营造智慧在支撑这座祠堂。

（2）知道——理解

引导性问题	学生应该知道
●厚吴大祠堂和村民百姓生活的关系	▲地理环境、农业文明、宗法制度等因素是厚吴村大祠堂赓续传承的基础
●厚吴大祠堂是典型的浙中民居建筑样式	▲大祠堂三进、二天井，抬梁式与穿斗式结合的梁柱结构，是怎样承载历史文化意涵的
●传统木结构的空间营造法式与智慧	▲大祠堂每个空间功能以及视觉图像环境给人的心灵带来的浸润
●大祠堂的三雕、匾额、墨绘、楹联、相关文字	▲三雕、匾额、墨绘、楹联、文字并非大祠堂表面的装饰
●支撑大祠堂的并非木、砖、石等建材资源	▲初步认识由多种因素构成的中国传统文化观念在百姓生活中的作用
●自己的祖先从哪里来，世世代代是如何生活的	▲不忘初心对于走向未来的新时代之我们为何特别重要 "一切向前走，都不能忘记走过的路；走得再远、走到再光辉的未来，也不能忘记走过的过去，不能忘记为什么出发。"——习近平
●现场感知厚吴大祠堂，是以史为鉴的体验、醒悟过程	▲以具身的审美体验，感悟"用历史映照现实，远观未来"的道理。 "明镜所以照形，古事所以知今。" ——习近平

（3）学习过程与目标

①学生跟随各组教师进入祠堂现场，分别了解木雕、墨绘、文字的内涵，基本理解支撑大祠堂不倒的精神内涵。

②在教师引导下，学生用拟人方法模仿梁、柱、椽的形态，学会欣赏建筑内部空间结构，了解支撑大祠堂的木结构，现场表达自己的感受和认识。

③学生了解大祠堂各种装饰背后的意义，为自己拥有吴氏宗祠感到骄傲，对自己当下及之后的行为规范有基本要求。

(4) 学习重难点

重点：模拟木构架形态，知道支撑起建筑的梁柱，体会建筑内部的空间感。

难点：探究装饰的美感、意义，知道吴氏先祖对后代的要求和支撑一代代族人修复祠堂的信念。（图49、图50）

(5) 教学实录及讨论

（1）对话：

教师：同学们，你们来过这里吗？

学生：来过，来过。

教师：这是什么地方呢？

学生：这是大祠堂！

教师：这是我们吴氏宗祠。那大家知道这是做什么的地方吗？

学生：以前有些人住在这里。

学生：有一个阿公住在这里。

教师转身问守门阿公：阿公，你平时住在这里吗？

阿公：不住，不住，我晚上不住这里。

学生：哦！我知道了，这里以前放过龙头！

教师：你说的是龙灯吧？为什么把龙头放在这里呢？

学生：是的，因为龙头没地方放啊！

教师：真的是因为龙头没地方放吗？大礼堂不能放吗？

学生：哦，我知道了，不是不是。是把龙放在这里举行仪式。

教师：是的，这是我们厚吴村民举行仪式的地方，是商量大事的地方。大家看，我面前这块墙壁就叫太师壁。一听太师是不是就觉得是个古代大官，很厉害？

学生：嗯，是的。

教师：因此，今天请我们班的同学坐在这个厅堂里，是大祠堂最高规格的接待。你们是不是很荣幸呢？

学生：是的，我们真是很幸运，可以来到这里上课。

教师：除了你们还有谁在大祠堂的后面呢？

学生：是后面那些画像。

教师：除此之外呢，你知道后面的堂屋里有什么吗？

学生：都是牌子上写的很多名字。

教师：这些名字代表了什么？

学生：是厚吴的祖先。

教师：那是你们的祖先吗？

图49

图50

学生：是的，是我们的祖先。

教师：在祖先供奉灵牌的地方，我们应该有什么样的态度呢？我们能在这里玩耍打闹吗？

学生：不能。

教师：我们应该有一个怎样的态度在这里学习？

学生：很认真、严肃，很爱学习的态度。

教师：好的，我们开始今天的学习吧！

讨论：虽然学生中大多数都是厚吴村的孩子，但他们对自己村的历史、文化不太了解。教师采用课前对话的方式，学生们身临大祠堂，尝试与历史、文化的初步沟通。

任务（1）导入：

教师：你们刚才进入祠堂的第一感觉是什么？

学生：很阴森。

学生：有点紧张。

教师：现在祠堂里有这么多人，你应该不觉得阴森了吧？我猜你想表达的是很肃穆。但是，这么多人和我们一起上课，确实会让大家有点紧张。

学生：是的，进来就觉得要变得很严肃的感觉。（板书"严肃"）

教师：没错，我也一样。这是为什么呢？待会儿我们研究一下。（为空间美感埋下伏笔）

学生：我感觉进来很惊讶。

教师：你为什么很惊讶？

学生：我发现其实这里的东西都很古朴，好像很有年代感。

教师：他说很古朴，这么古朴的祠堂是多久以前的呢？（板书"古朴"）

学生：几百年前，一百多年前。

教师：到底是多少年，我这里是有答案的。但是答案不是一个准确的答案。它在四百多年

前建造，但是在一百多年前倒塌过，可是，那时候的人们虽然生活很艰难，但还是重新把祠堂造起来。那是什么在支撑着这座祠堂？是什么在支撑着人们建造这座祠堂？

学生：是柱子！（板书"柱子还是信念？"）

教师：是这样吗？这节课让我们一起探究一下，到底是什么在支撑这座祠堂，又是什么在支撑着一代又一代的人去修复、维护这座祠堂。

教师：请各组老师跟随学生去找找答案。在这座熟悉又陌生的大祠堂找找你平时没有关注到的细节。

任务（2），分组探究：十位助教引导学生离开座位，分散在大祠堂熟悉的情景中分头进行仔细观察，引导学生关注平时未注意的细节，产生好奇心与探究欲。

讨论：教学设计将木雕、文字、墨绘列为三个探究方向，十位助教为此做充分准备，学生遇到问题可以随时寻求教师的解答。十位助教成为学生与文化的关联者，随着比以往更认真的视觉感知，审美判断的思考在逐渐深入，师生共同进入更深层次的感知建筑构件之美和工匠追求装饰寓意、内涵的情境中。

教师：我看你转了一大圈了，最后还是回到了这根柱子前，是什么在吸引你啊？

学生：吸引我的是那上面的小狮子。

教师：你说的是斜着支撑屋檐的两只狮子吗？你为什么喜欢它？

学生：是的，我觉得它栩栩如生，非常可爱。

教师：大家来仔细看看老师拍的高清图片。看来工匠的雕功很好，木雕轮廓清晰，线条流畅，纤毫毕现。

回答1：

学生：连狮子球上的花纹都雕出来了。

教师：你知道狮子为什么在玩这个球吗？

学生：可能是它喜欢玩吧，舞狮子、舞龙都有一个球的。

教师：古代的人相信狮子这种勇猛的动物能震慑一切妖魔鬼怪，绣球是代表好运，所以，祖先在这里雕刻狮子滚绣球是为了什么？

学生：哦！肯定是为了保佑这里有好运啊！

教师：仅仅是保佑这座祠堂吗？这座祠堂是哪些人用的呀？

学生：是我们厚吴人用的呀，肯定是保佑我们。

教师：对啊！这是祖先对吴氏后人的期望，你们过得好才能继续传承我们厚吴的文化呀。

回答2：

学生：这里还有小狮子呢，有大狮子和小狮子。

教师：是的，你观察得很仔细。小狮子和大狮子代表什么呀？

学生：可能是母爱吧。

教师：哈哈，你的答案很暖心。其实小狮子是指少师，大狮子是指太师，少师和太师可是古时候辅佐皇帝的人哦，官职可高了。你觉得祖先把少师、太师雕在这里是为了什么呢？

学生：可能是想当大官。

教师：这可真是个远大的目标，古代怎么样才能当大官啊？

学生：要考状元啊。

教师：那怎么做才能考上状元呢？

学生：当然要读很多书啊。

教师：所以，祖先到底是希望你们这些后代做什么呢？

学生：希望我们好好学习。

教师：是的。这是祖先对吴氏后人的期望，你们好好学习才能继续传承我们厚吴的文化呀。

教师：不过你们觉得这狮子仅仅是装饰和祝福的作用吗？

学生：不是的，狮子还顶住了上面的屋檐。

教师：对，它还是有实际的支撑作用的，这是我拍的村子里其他屋檐下的木构件，它们的作用是相同的，只不过我们的祖先对我们有所期望，所以用狮子的形态替代了斜撑的木棍，也起到装饰作用。

（此外，还有忠孝故事墨绘和浮雕等让学生非常感兴趣）

分组探究结束后，教师让学生说出自己的探究成果。

讨论：无论是木雕狮子滚绣球，还是墨绘忠孝故事等，学生们从未像此刻这样，很认真地观赏着自己熟悉的祠堂。长时间的视而不见，学生们内心存有一种"大祠堂是老物件""过时了"的印象。大祠堂中的美术课，改变了学生之前的认识，原来，自己身边的大祠堂还有如此多的讲究、如此多历史记忆啊！

教师：小朋友们，你们刚才看到了什么？

学生：牌匾。

教师：牌匾的字给你们什么感受？

学生：写得很端正（板书"端庄、稳重"）

教师：为什么要用这么端正的字来写呢？

学生：因为这里是很严肃的，字的内容也是很严肃的。

教师：那你了解了这些匾额上的文字的含义了吗？

学生：我知道他们是做了大官就把他们的官职挂在了这里。

教师：看来这个牌匾的背后蕴含的是祖先希望我们好好学习的期望。只有好好学习才能长大以后有能力支撑这座祠堂的繁荣兴旺。也许你们以后的成就也会成为匾额挂在这座祠堂的某个位置，让后人学习。这就是无形的支撑我们大祠堂的力量（板书"无形"）

讨论：祠堂中多块匾额上的字，是本课中的一个赏析点。乡村宗祠，是中国封建农耕社会里乡村血脉崇拜的殿堂。某个宗族聚居形成一个自然村落，成为一个相对封闭的社会单元，宗族自身严格的法规，涉及乡民生活的各个方面，体现了以儒家思想为支柱的宗族文化。兴旺的家族，有家谱、祠堂、祖训，村民像守候生命一样，一代代守着这些家谱、祠堂、祖训。仁义礼智信，孝悌勤俭廉，已经化为当地人们的思维方式、生活方式、工作方式。匾额上记录的先祖乡贤，在某段历史中曾经光宗耀祖，因而，这些匾额成为村里长辈教育后人的素材。今天的小学生，很少过问与了解祠堂中的这些事物的历史背景，更不知其文化意涵。美术课连接起孩子与厚吴村的历史。

教师：刚才还有同学说，是柱子在支撑这座祠堂，你们刚才在探索的过程中，有没有注意观察，是不是柱子在支撑呢？接下来老师先给大家一个机会，给一点点时间，去找找线索。请坐这边的同学往这边墙上去寻找墙砖、柱子上的特殊之处。那边的同学去那边找。

学生在墙上摸索，敲敲摸摸看看。摸一摸柱子，抱一抱。

教师：你们有什么发现吗？

学生：我敲了一下，发现那些砖里面是空的，还有一些砖头是裂开的。

教师：砖里面是空的或是裂开的都不影响它的使用吗？

学生：我发现那边的墙上有数字编号。

教师：数字编号代表的是什么含义呢？

学生：好像是每一排的每一块砖都按顺序编号。

教师：你似乎找到了一些线索。还有谁找到了线索？

学生：我在墙上发现一些刻的字。但是字的笔画不连贯了，每个字都是不完整的。

教师：这说明什么呢？好像打乱了顺序，那是原来的顺序吗？还是后来弄乱了？

学生：我也不知道。

教师：那我们有请厚吴村吴氏射房崇字辈传人思思老师，给我们讲讲这些墙砖身上发生的故事。

思思：以前我们村里做大礼堂的屋顶的时候放在这里做过三角梁，为了开阔一点呢，工人就把这里的墙砖拆了下来。但是墙上写了"忠孝廉洁"几个字，是我们的祖先流传下来的祖训，为了能把这几个字拼回去，所以墙上每块砖都有编号。但是有一小堵墙，工人没有发现墙上有刻字所以没有编号，后来就无法按顺序拼回去了。

教师：那可真是很可惜呢，那墙拆下来以后祠堂没有倒塌吗？

思思：没有倒塌，墙全部拆掉都不会有影响。

教师：那同学们确定了是什么在支撑着这座祠堂吗？

学生：是柱子，只要有柱子就可以支撑。

讨论：教师团队各自分小组带领学生探究祠堂中不同物件细节的活动，给学生深入了解自己村子的历史带来多种可能。本环节学生对不同墙砖上标记"数字"产生好奇，由此生成的问题，由村子里的吴氏传人讲解，给学生与教师的共同探究活动带来历史现场感。

任务（3），探究柱子在空间里的美感：

教师：是什么样的柱子能支撑起这么大一个屋顶呢？

学生：是实心的、石头的柱子，抱不动，而且抱不过来，很直，能撑起所有的东西。

教师：这么粗能撑起所有东西的柱子是笔直笔直的。你能模仿一下柱子支撑房顶吗？

学生站到太师壁前，教师投影出房顶往下

压。

教师：有同学弯了膝盖，有同学弯了腰，这是合格的柱子吗？

教师：我们都看到刚才的几位同学站得笔直、用力向上的动作。每一位同学都是合格的柱子。这样的柱子给你什么感觉呢？

学生：挺直、有力、像巨人一样。

教师：你们挺直的线是美的，因为它有力度感。那刚才有没有动来动去的柱子？为什么没有？

学生：没有，柱子是静止的，不能动。

教师：对啊，工匠打造的柱子是挺直的，并且有秩序地分布，形成合理的结构支撑着屋顶，有力度和静止的美感。（本环节教学目标）

讨论：探究大祠堂的柱子，是本主题学习中的重点之一，历经沧桑的柱子，有着祠堂倒塌后重建的焕新，更有着年代留下的种种瘢痕。学生触摸柱子的过程，是与历史对话、交汇的瞬间，是感悟人生初心的坚韧与持久。（图51）

任务（4），探究房梁在空间里的美感：

教师：我们再往上看，柱子上顶着什么？

学生：是梁。

教师：是大梁、小梁、过步梁。梁的轮廓和柱子有什么不一样？让我们先看梁的侧面。

图 51

学生：弯弯的、有些花纹。

教师：让我们再到梁的下面去感受一下梁有多粗。

学生都举着双手做抱拢状，回到位子告诉老师梁有这么粗。

教师：看来梁给我们的感觉是粗壮有力。前两天我们厚吴村的一位老爷爷告诉我，他的爷爷造过祠堂，用了这么粗的木材。（比画一下）这么粗的梁给你什么感觉？（PPT上老爷爷照片引起关注）

学生：哇！我认识这个爷爷。

教师：这么粗的木材为什么打造成这样又粗又弯的大梁？

学生：这样比较好看吧，或者这样更有支撑力。

教师：到底是哪个答案呢？你们知道被烧毁的屏山精舍的梁是直的还是弯的吗？（PPT显示屏山精舍照片）

学生：直的。

教师：直的梁就能发挥它的支撑作用，为什么还要做成弯的呢？

学生：我见过石拱桥，弯弯的感觉踩上去很结实，也很好看。

教师：是呀，我们总是感觉弯弯的梁更能支撑起沉重的屋顶，这样的轮廓线带给我们和直线不一样的感觉。

教师：比如一张薄薄的纸，我把它弯了起来，你看上面是不是能承受压力了。

学生：对啊，可是松手就会变回原状！

教师：对啊！你很有生活经验，所以弯的梁就像这张纸一样，被上面的屋顶压住，但是好像随时会弹起来。这就是弯弯的梁给我们粗壮有力的感觉的原因。能让我们"脑补"出它的张力，它好像随时要非常有力地弹起来，工匠这样做使它拥有了动感，是不是比直挺挺的梁更好看？

学生：是的。

教师：看来你们认同曲线也是美的，因为它有张力的美感。（本环节教学目标）

教师：刚才我们说柱子是直立静止的巨人，梁和柱的组合则给我们动静结合的视觉感受。那你能不能用比喻或拟人的手法来形容一下这梁呢？

学生：这么粗的梁很有力量，像个大胖子一样！

教师：看来你是觉得它是胖胖的，确实它还有个名字叫冬瓜梁，但是我觉得大胖子力量还不够，它更像个健壮的大力士。你们可以来模仿一下这个大力士吗？

学生模仿。

教师：屋顶要压下来喽，你们用力撑住了吗？

学生：我们都撑住了！

教师：我看出来你们的肌肉都鼓起来了，梁上面雕刻的线条就像你们肌肉的线条。

学生：哇，我也觉得很像。

教师：这条曲线叫龙须，既是为了美观，也有美好的象征意义（为木雕寓意埋下伏笔）。除了粗粗的梁和柱支撑起屋顶，你还能找到哪些给你感受不一样的木构件？

讨论： 栋梁之未来。梁，在中国土木建筑中，是木结构的承重之力。在这个任务的探寻活动中，师生共同对于梁之物的思考，由有形之梁到无形之栋梁的思维升华。看似再普通不过的木结构部件，在这个环节里，成为构建学生信念、承载未来祖国之大业的思维基础。

任务（5），橡木在空间里的美感：

学生：还有很多一条一条的木头，密密麻麻的，很整齐。

教师：对，就像你们排队一样。老师为什么让同学们排队排整齐啊？

学生：为了我们都不掉队。

教师：对啊，就是为了让一条条的橡木上方的瓦片不掉队。当你们排队排得特别好的时候，老师是怎么夸你们的？

学生：很整齐，很有精神，很有秩序。

教师：是呀，看来这些橡木的排列也很整齐、有秩序，还给你很有精神的感觉。你再仔细观察一下，这些木头是直的吗？还是弯的？

学生：是弯的有一点点弧度，但是还是排得很整齐。

教师：对啊，弯弯的橡木整齐地排列就像你们整齐地迈开腿踏步前进，每一步都走得很均匀，嗒嗒嗒嗒……一下又一下。谁能形容一下这个踏步的声音呢？

学生：很均匀，有节奏。

教师：所以这些略微弯曲又整整齐齐的橡木给你什么美感？

学生：也是整齐、有秩序、有节奏的美感。

教师：那柱子也是整齐的呀，它的节奏和橡木一样吗？

学生：不一样的，柱子比较少啊，而且柱子比较粗，它的节奏也比较粗。

教师：看来你体会到了不同木构件节奏的不同，我们把它称为节奏的变化。（本环节目标）

讨论： 大祠堂中的木构件，是中国土木建筑具体结构构成的缩影。小学生探寻这些学科知识，不是从概念出发，而是基于个体当下的感知体验。无论是柱子、梁还是橡木，各自的功能集于一体，才能架构起整个大祠堂。这些部件架构中产生的美感，是小学生之前从未探寻过的问题，因而，本环节为他们认识和理解审美要素提供了实例，可以为其之后将这一对形式美感的审美方式，迁移到其他生活中的感悟，提供转化的机会。

任务（6）：木构架空间美感

教师：不过，有这么多有变化的木构件和椽木，但柱和梁只有这么几根，它们顶得住吗？

学生：肯定顶得住啊，因为柱子和梁比较粗。

教师：柱子和梁虽然少，但是它们比较粗，椽木虽然多，但是它们比较细。多与细恰好对应了少与粗，各个木构件之间达成了平衡之美。

学生：还有一些弯曲的木头呢，肯定产生了一个往两边分散的力，所以肯定支撑得住。

教师：看来力的分布达到了平衡，你还发现了结构力学的原理，你以后可以成为一名工程师。

教师：你们发现了不同的结构带来了不一样的视觉感受，曲直不同的线条带来了不一样的节奏，组合在一起产生不同的韵律，但是稳稳地支撑住这座祠堂。你看看它们的排列有没有规律？

学生：下面的木头粗上面的细，左右对称，下面直线多，上面曲线多。

教师：看来都是有规律的，这样的规律可以使你推测出它是稳定的，走进来感觉建筑是很稳的，色调也很统一，难怪刚才有同学觉得进来后有种肃穆的感觉。

教师：支撑我们大祠堂不倒的柱子、梁、栋桁、椽木，它们构成了大祠堂内部空间结构的美感，它们互相结合成为有静、有动的平衡。这就是我们祖先的营造智慧啊（本环节目标），这也是支撑起我们大祠堂的另一个秘密，它是看得见摸得着的有形的支撑。

教师：原来我们常常在这里玩耍的大祠堂身上有着祖先的期望，也有着祖先的智慧，这座祠堂现在是属于谁的？祖先的期望和智慧又是传给谁的？

学生：是我们的。

学生：是大家的，因为外面很多人也来看我们的祠堂，祖先的智慧应该也传给了他们。

教师：那你现在坐在这里是什么感受呢？

学生：为拥有这座祠堂而感到骄傲。

学生：我现在很想好好学习。

讨论：教学设计的预期学习结果是，学生能够基本认识和初步理解支撑大祠堂的两个"秘密"，即"无形"和"有形"的力量。师生共同对木架构空间探寻、思考的环节，在之前5个任务持续不断探究基础上，到此有了相应的思维积淀。因而，学生群体对于两个"秘密"的认识和理解，有了一定程度的实现，大祠堂里的美术课学习结果是令人满意的。

学习总结：这就是我们今天的收获啊！我们仔细地重新认识了我们的大祠堂，知道了常见的木结构，储存了中国人世世代代的才智。雕刻着文字、图案，画着墨绘的木构件，易朽易焚，却是我们永恒的精神家园。以后我们经常在村子里转转也许会有更多收获，此外还有许多的外来游客络绎不绝来到村子里参观，他们是来看什么呢？他们想收获什么？请在课外去寻找这个问题的答案。

本课结束后教师观察：

（1）课后，有几名学生又回到木雕和墨绘前仔细辨认，有几名学生又去拥抱了祠堂的柱子，可见这几名学生对熟悉的场景有了新的感受，情景教学让学生拉近了与图像的距离，更直观地产生感受并沉浸其中，迅速投入到图像的识读中，联系原有知识经验进行审美判断和文化理解。

（2）有一名外地学生告诉教师，他也有属于他们宗族的宗祠，宗祠配有一个大戏台，暑假回家后要重新仔细看看他们的宗祠是不是也教了他做人的道理。可见这名学生在本节课中学到的不仅是关于这座宗祠的知识，还联想到了自己家乡的宗祠，可见在厚吴宗祠情景中的美术教学可以推广到各地的宗祠，发掘宗祠文化在育人方面的贡献。更应在这个积极进行文化复兴的时代寻找乡村文化与美育的其他连接点，唤醒学生的审美体验和乡村文化带来的新的艺术思维方式。

（3）有一名小男孩在离开祠堂前又转身双手合十朝向祖先灵位的方向点了点头，说以后不会辜负祖先的期望。由此教师联想到六艺之学礼、乐、射、御、书、数是为古代综合素质教育，流传至今在宗祠中体现的是"礼"，是用以规范社会秩序、规范人的行为的理学思想，也是让宗祠的美育作用展现出来，成为像博物馆教学一样普遍的教学方式。

（4）几位小女孩小声地说：这里太有意义了，我都不想走了……（图52）

结语： 以往乡村美育的不足之一，在于难以将美术知识转化为学生应该具有的美术学科核心素养。本主题教学启示，教师在乡村真实的文化情境中，构建起乡村特色的美育课程，合理开发、利用地域美术课程资源，优化中小学美术课堂，让美术学科知识、技能、概念等，融合在学生熟悉的生活场景中，融合在大自然中，引导学生在亲近生活中得以亲近艺术。艺术唤醒乡土文化，乡土资源唤醒乡村美育课程。乡村学校拥有丰富的乡村文化资源，学校艺术教育紧密结合乡土文化，在日常真实生活情景中，为学生实现认识美、爱好美、创造美、培养美好心灵目标，提供更多、更丰富的艺术活动场域。（图53—图55）

图 52

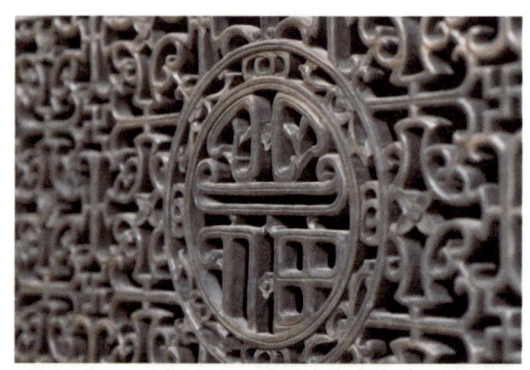

图 53

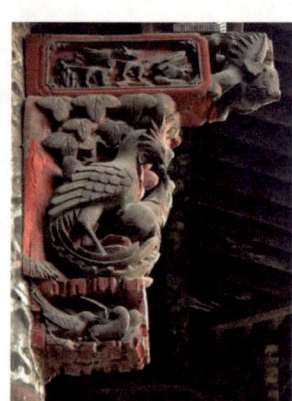

图 54　　图 55

5 第五章 课程现场:苏州团队的教育实践

核心素养本位的美术课程，如何形成以概念为本的课程与教学？怎样在大观念统领下，在针对基本问题、问题串探究活动中做到解决问题的深度学习？帮助学生实现由持续理解到整体视角的跨学科学习，这是进入新时代、新课标、新课程改革对美术课如何育人的要求。苏州工业园区美术教师团队，在教研员沈兰老师带领下，对中国美术文化主题系列进行了较长时间课程教学研究。本章选用的主题单元课程均在苏州工业园区各学校实践若干场公开课教学展示，适合一线美术教师参照学习。单元教学设计文本内容采用整体呈现方式，包括单元教学评价方法，相关评价量表等。苏州工业园区美术课程研究者以教育观念引领，单元框架设计与实践紧密结合，旨在帮助基层教师在落实美术学科核心素养目标过程，能够举一反三，更好地理解何为深度学习、跨学科学习等新课程改革理念，是指向核心素养目标的美术单元课程教学成功范例。

程式与意蕴——《溪山行旅图》单元设计

普通高中教科书《美术鉴赏》（人美版）第二单元，主题一"程式与意蕴——中国传统绘画"

教学设计与执教：苏州工业园区星海实验中学张一驰、苏州工业园区东沙湖小学马小芹

教学指导：苏州工业园区教师发展中心沈兰

大观念：

中国传统山水画独特的语言、形式与趣味背后蕴含着中国人观照世界的方式、对人与自然关系的思考。

问题情境：

美术课上，当学生们知道要开设中国传统山水画鉴赏课程的时候，有学生说："老师，我看不懂中国传统绘画。"有学生说："我只看到了一些墨色的堆积。"

老师说："石涛说'墨团团中墨团团，黑墨团中天地宽'。"

学生们仍然一脸迷惑。

你能看懂一幅中国传统山水画吗？你能理解中国传统山水画中蕴含的独特程式与人文意蕴吗？

基本问题：

（1）以《溪山行旅图》为代表的山水画作品独特的程式是怎样的？

（2）如何借鉴传统山水画的程式进行美术表达？

（3）山水画的独特程式传递着怎样的美学意蕴？

（4）如何鉴赏不同时期山水画作品的程式与意蕴？

（5）如何依据美术学科素养要求以过程性、发展性评价，以及云端系统评价学生对山水画的程式与意蕴的理解与思考？

◆**基本设计思路**

依据单元大概念，设计三个单元课程，**分别为：看山知远近**，以《溪山行旅图》为例解析北宋山水画的程式；**山水亦如是**，以《溪山行旅图》为例感悟北宋山水画的意蕴；**叠印的时空**，以《溪山行旅图》为轴心迁移鉴赏不同时期的山水画作品。

课时一：看山知远近

引导性问题	学生需要知道些什么	学生能够做到些什么
画家的创作风格和其生活的时代背景有怎样的关系？	（1）北宋作为中国传统山水画鼎盛时期，其时代人文风貌。 （2）范宽与《溪山行旅图》的艺术地位。	（1）运用图像的阐释逻辑描述北宋时期文人雅集的精神面貌。 （2）描述范宽的性格特点和《溪山行旅图》的艺术地位。 （3）分析时代背景与作品的关系。
中国传统山水画的独特程式和形式语言是怎样的？	（1）中国传统山水画的图式语言如画面内容、笔墨语言和皴法表达。 （2）中国传统山水画作品中的形式原理如对称与均衡、对比与和谐、节奏与韵律以及虚实、留白、三远的独特程式。	（1）借助图像分解、重构的方法对作品进行解构。 （2）在图像分析和视觉判断中，分析和解释《溪山行旅图》作品中的图式语言和形式原理。 （3）借鉴南北方不同山石的骨法用笔进行美术表达。 （4）通过学习，能分析、解释《晴峦萧寺图》中的图式语言和形式原理。
"师造化"是完全再现吗？	范宽"师古人不如师造化"的含义。	分析范宽的艺术主张，进而深入探寻中国传统山水画的时空观。

◆学生需要理解

（1）画家的创作风格和其生活的时代背景有怎样的关系？

教师提供学习素材和提出学生学习任务：
学习素材：
图片素材北宋时期代表性山水画作品和相关古代画论。

实物素材《潇湘图》和《秋山问道图》复制品立轴。

探究思考：
①山水画鼎盛时期的北宋，其文人生活面貌和精神追求如何？
②体验中国传统立轴、卷轴的观看方式和基本信息。

学生分享：
学生利用素材开展交流讨论，形成有条理性的分享语言。

（2）范宽的艺术主张和《溪山行旅图》的艺术地位

①教师提供
关于范宽的视频资料。
《溪山行旅图》作品上的题跋、印章片段图片。

②学生讨论
范宽的生活方式和性格特点是怎样的？
范宽的生活背景对他的创作风格会有什么样的影响？会如何表达作品？（图1）

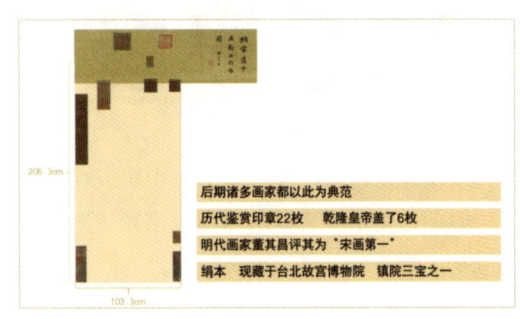

图1

(3)《溪山行旅图》程式语言图像分析

①感知北方山石的质感表达

播放陕西秦岭山势视频,感受北方山石。

②学生思考

▲说一说北方山石的特点给你带来了什么样的感受。

▲范宽终日端坐在山林放眼四望,是如何把这样浑厚、高耸、雄强的山表现出来的?

▲你觉得会是哪一件作品呢?说说你的理由。(图2)

图 2

(4)概述山水画的图式内容

①教师出示几幅中国传统代表性山水画作品图片。

②学生观察这几件作品,除了山石,他们在画面中还表现了什么内容?根据这样的推理,你觉得范宽会如何把这些内容安排在这座山下面呢?(图3)

图 3

引出北宋山水画整体风貌:中国五代以及北宋时期,艺术家之间的师承关系颇为紧密,相互承上启下。正是这群体察自然、敬畏山林的艺术家,把中国山水画带进了黄金时代,这种将山林树木、溪流屋舍等全貌精细描绘的"山水图式"为后人艺术创作树立了典范。(图4)

图 4

(5)探究山水画的形式语言

①教师出示图片素材,启发学生利用图像分解的方法,探究画面的形式语言。

②学生探究:

分层中体会《溪山行旅图》的三段布景(图5)

图 5

比较中感知《溪山行旅图》的巨碑形式(图6)

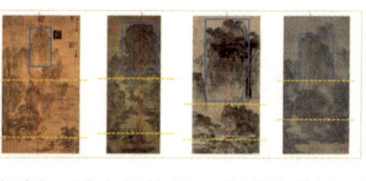

图 6

解构中探析《溪山行旅图》的形式美感(图7)

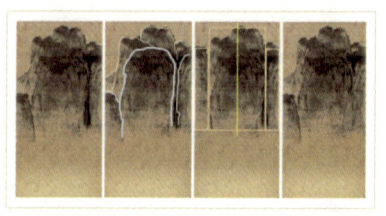

图 7

体验中理解《溪山行旅图》的三远空间(图8、图9)

图 8

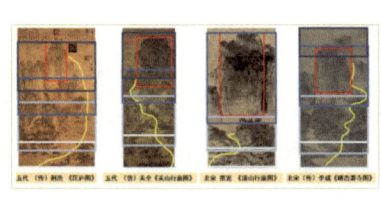

图 9

根据图像解构图,体会"高远之势突兀,深远之意重叠,平远之意冲融而缥缥缈缈"的"三远"空间布局在《溪山行旅图》和其他山水画作品中的体现。

(6) 感悟山水画的空间留白

①教师提供图片素材

经过图像处理后的图片素材。

②学生思考

比较中体会"留白"的意味(图10、图11)

图 10

图 11

(7) 体验山水画的笔墨语言

①教师出示图片素材

南北方山脉的图片(图12—图14)

巨然的《秋山问道图》、董源的《潇湘图》局部

《溪山行旅图》局部

②学生体验

图 12

图 13

图 14

探究不同的线条和用笔可以表现不同质感的山石。

知道范宽的"雨点皴"和不同山石的皴法。

感受北方山水画的雄强方刚和南方山水画的温润圆转。

借鉴传统山水画的骨法用笔进行美术表达。

(设计意图:审美直觉是美术鉴赏的起点,在对作品的直观感受中,探讨作品的形式构成特征。教学中将形式鉴赏偏重于对作品艺术形式的感知,强调对作品形式构成的分析和把握,如空间、肌理、变化与统一、对比与和谐、对称与均衡、比例与尺度、节奏与韵律等呼应谢赫的六法论,帮助学生理解中国山水画独特的程式语言。)

(8) 回溯中国传统山水画的程式语言

◆学生完成本课时的课堂测评

(1) 画家创作风格与生活的时代背景是怎样的关系？

(2) 如何理解范宽的"师古人不如师造化"的观点？

(3) 通过对本节课的学习，解读《晴峦萧寺图》的程式语言。

（设计思路：中国传统绘画的艺术观点和主张是艺术家创作的主要依据，在具体作品中引导学生从理论到作品，从作品到主张的交互思考，并能够从本课时所学迁移对其他山水画程式语言进行解读，培养学生的美术学科思维。）

课时二：山水亦如是

引导性问题	学生需要知道些什么	学生能够做到些什么
《溪山行旅图》独特的视角是怎样的？	（1）中国传统山水画不是自然的再现。 （2）《溪山行旅图》三段式的经营位置犹如飞鸟般的视角。	（1）在比较中分析西方风景画与中国传统山水画在视角上的不同。 （2）通过实物展板、模型拼摆，体会中国传统山水画是"时间中的风景"。
《溪山行旅图》特有的程式语言背后有着怎样的人文意蕴？	（1）《溪山行旅图》中蕴含的人与自然、行旅何为的人文意蕴。 （2）范宽"师造化不如师心"的艺术主张。	（1）通过对相关素材的搜集、整理，根据任务单，借助人机交互软件自主展开对《溪山行旅图》内容细节的描述、分析、解释和评价。 （2）对作品人文意蕴做出阐释和审美判断的个性解析。 （3）对范宽"师心"说做出自己的文化理解。
如何理解中国传统山水画是"以形媚道"观照世界的方式？	《溪山行旅图》中的主山从图式中的"山"到精神下的"山"，表达着中国传统山水画"以形媚道"的哲理。	（1）借助生活中的图像表达自己在山前、山中、山上的感悟。 （2）对山水画作品进行自我观照并撰写鉴赏报告。

(1) 情境导入，亲身体验文人雅集情境

教师创设情境：在教室中央弹奏古琴，学生慢慢进入教室观赏四周画作，在古琴声中，模拟古代文人雅集的情境，并总结上一节课所学内容。（图15）

（设计意图：情境教学可以为学生提供良好的暗示或启迪，学生在老师弹奏的悠长古朴的古琴声中走进课堂，容易更好地进入北宋的艺术人文气质里，更好地感悟山水画作品的意蕴之美。）

(2) 分组探究，深刻理解中国山水画意蕴

①置身于山林，感受中国山水画独特的时空观

教师将学生进行分组：

提供素材：西方风景照片和风景画作品图片素材

《溪山行旅图》三段式立体实物置景

人物塑料模型

分发学习任务单1

图15

②学生研究并完成任务单并分组汇报交流

中国传统山水画与西方风景画有什么区别？（图16—图18）

让自己置身于《溪山行旅图》中的近中远景里是一种什么样的体验？

如何理解山水画是时间中的风景？

图 16

图 17

图 18

(3) 仰望于高山，感悟中国山水画"以形媚道"的哲理

①教师解读学习任务

提供素材：iPad 人机交互软件
　　　　　相关图片素材

分发学习任务单 2

②学生利用软件和图片研究并汇报

利用不同颜色的线条在 iPad 上对《溪山行旅图》图片进行标注，描述图式下的主峰山势营造了什么样的视觉感受。

借助生活中的图像启发学生感知《溪山行旅图》中的"山"给你带来怎样的精神力量。

范宽的签名隐藏于密林间又传递了什么样人与时代的信息？（图19、图20）

图 19

图 20

(4) 行旅于山间，感悟"行旅何为"的人生况味

①教师提供相关学习资源和学习任务单

学习资源：图片资料素材包

②学生运用鉴赏四步法分组赏析并分享自我感悟（图21、图22）

描述、分析画中人物的行旅之途，解释艺术家这样表现的意图，并做出自己的审美判断。

图 21

图 22

(5) 走出作品，升华我与山水之间

①教师出示视频资料（图23）

生活中人与自然相处的慢镜头视频资料

生活中静止的山峰延时拍摄的视频资料

(设计意图：《溪山行旅图》再现了自然在视觉上的深刻印象，更再现了人寄情山水、敬畏自然的内心情意，回到自身生活，通过视频，进而理解中国传统山水画是中国人观照世界的表达方式。)

(6) 观照中国传统山水画的意蕴表达

学生根据本课时研究方向，完成课堂测评。

(1) 说说对范宽"师造化不如师心"艺术主张的看法。

(2) 如何理解宗炳《画山水序》中所写的"山水以形媚道，而仁者乐"？

(设计思路：艺术家在艺术创作中逐渐总结出的山水画论和观点对山水画的发展有着重要影响，关注学生对画论的理解能更好地解读山水画作品，培养学生的美术学科思维和鉴赏能力。)

图 23

② 学生完成相关学习任务

结合《溪山行旅图》和两段视频，思考如何"对话生活，感悟行旅"？

撰写《溪山行旅图》的鉴赏报告。

课时三：叠印的时空

引导性问题	学生需要知道些什么	学生能够做到些什么
不同时期的山水画作品有着怎样不同的程式，又有着怎样的意蕴表达？	(1) 解读一件山水画作品需要搜集、整理、筛选、使用好相关资源和素材。 (2) 不同时期的山水画作品所蕴含的不同的程式和人文意蕴。 (3) 不同时期的山水画作品在发展过程中的关系。	(1) 能够高质高效对相关学习资源进行资料检索、选择和整理。 (2) 能运用图像分解方法对其他山水画作品的程式与意蕴进行描述、分析、解释和评价，并制作精美的PPT、卷轴进行汇报展呈。
如何以过程性、发展性评价监测学生学科素养的形成情况？	学业质量评价指向美术学科核心素养的形成。	(1) 通过人机交互软件完成线上云端系统检测。 (2) 根据《学生单元课程评价手册》的要求完成课时评价和单元评价的汇总归档。

(1) 任务驱动，通力合作积累素材

①分组抽签研究内容

教师公布分组方案和抽签结果（学生按照课前分好的四个组坐好，四个组别为游春组、树色平远组、渔父组、万山红遍组。）

②教师提供相关素材

网站链接

图书资源

音像资料

③学生自主探究

定人负责：图片、视频、文字等专项资源定专人负责制。

资料检索：图书馆网络资源和图书资源。

资料筛选：寻找能够帮助探究山水画的程式与意蕴的素材。（图24）

图 24

(2) 合作探讨，齐心协力汇报分享

学生结合资料包、检索资料、推荐书籍，运用图像分解方法和鉴赏四步法鉴赏画作，制作PPT，小组代表从程式与意蕴两个层面分享研究鉴赏成果。（图25）

图 25

（设计意图：知识能否顺利迁移，能客观反映学生课堂学习效果和素养形成情况。学生结合两节课所学知识，查阅资料，对不同时期具有代表性的中国传统山水画进行描述、分析、解释和评价，加深对程式与意蕴的认知和理解，提升对中国传统山水画的鉴赏能力。）

(3) 设计制作，卷轴展呈品论山水

①教师提供实物素材：空白卷轴

②学生准备好相关图片、文字资料，以及用于制作卷轴的工具

每组代表带着制作的卷轴从程式与意蕴上开展交流分享汇报活动（图26）

图 26

（设计意图：团队合作，凝心聚力，全班展示研究成果。检验前面知识的学习完成情况。）

(4) 线上线下，评价监测成果归档

◆学生：

完善线下课时评价和单元评价

完成线上云端系统监测

整理归档个人学习档案袋

◆教师：

统计学生的单元课程学业成绩得分

关注后进生并完善单元课程设计

[设计意图：遵循"教—学—评"一致性原则，运用云端系统、学习档案袋，根据过程性评价、发展性评价，评价学生对中国传统山水画程式

与意蕴的理解与思考,将每课时嵌入的有针对性的评价任务(即学习任务单)和单元评价量规进行有效统整,考量学生学习态度与学习成效,使评价行为真正纳入可操控的范围之内,使评价走向真实。]

单元课程评价设计与实施

单元课程评价手册

班级:_____ 姓名:_____ 学号:_____

本单元课程评价要点

评价要点	具体表现	学科素养
在图像识读层面,能对作品表现形式、基本内容有所了解。	知道作品的基本面貌、表现方式,进而知道中国传统绘画的程式与意蕴与创作背景、画家性格等之间的关系。	图像识读 审美判断 文化理解
知道中国传统绘画的独特程式,并借鉴骨法用笔进行美术表达。	在图像分析和视觉判断中,描述、分析作品中的图式语言和形式原理,并做出自己的解释和评价。 体验不同的骨法用笔。	图像识读 美术表现 审美判断 文化理解
以《溪山行旅图》为例理解中国传统绘画是流动的视角,是时间中的风景。	初步体悟中国传统绘画的独特视角,并能在体验中做出自己的阐释。	图像识读 审美判断 文化理解
理解中国传统绘画独特程式背后蕴含着的人文意蕴以及中国人观照世界的方式。	通过对作品细节的描述、分析、解释和评价,理解作品背后所蕴含着的人文意蕴。	图像识读 审美判断 文化理解
根据画家的艺术主张和山水画论中的相关观点理解作品中的人文意蕴。	能够对"师古人不如师造化,师造化不如师心""以形媚道"等有自己的分析和阐释。	图像识读 审美判断 文化理解
运用鉴赏方法,从程式与意蕴的层面自主鉴赏不同时期的山水画作品。	能自主搜集资料,运用图像分解、比较观赏等方法,对不同时期的中国传统绘画作品做出深刻的理解,能尝试与同学们交流自己对该作品的看法,发表自己的观点。	图像识读 审美判断 文化理解

项目	课时评价(70分)			单元评价(30分)		总分
	第一课时 (20分)	第二课时 (25分)	第三课时 (25分)	云端监测 (10分)	学习档案 (20分)	
得分						

课时评价：

第一课时：看山知远近——以《溪山行旅图》为例解析山水画的程式

一、评价内容

    1. 画家创作风格与生活的时代背景是怎样的关系？

    2. 如何理解范宽"师古人不如师造化"的观点？

    3. 通过对本节课的学习，从质感表达、图式内容、形式语言、空间营造和笔墨语言等角度解读《晴峦萧寺图》的程式特征。

二、评价量规

分值	达成标准	得分
0	你没有达到以下细则描述的任何标准	
1—5	你知道作者和各种社会因素会对作品产生影响；简单表达范宽艺术观点；仅表达对这件作品的喜欢与否。	
6—10	你表达了画家与时代、与作品的关系；你看到作者运用了某些程式；你知道作者的艺术观点会对其作品产生影响；能简单地评价这件作品。	
11—15	你描述了山水画作品的主要程式特征及其所产生的审美感受；你分析了作者所运用的主要程式；你解释了作者和主要社会因素对作品的影响；能考虑到"基本问题"或某些"小问题"，较全面地评价该作品，并说出了自己的观点。	
16—20	能充分描述山水画作品的程式特征；分析作者是如何运用程式组织各种造型元素，更好地表现作品；能解释作者个人及社会因素对作品产生的影响；能联系"基本问题"和"小问题"的思考，从学科角度评价该作品，并阐明自己的观点和理由。	

第二课时：山水亦如是——以《溪山行旅图》为例感悟中国山水画的意蕴（图 27）

一、评价内容

    1. 学习任务单 1

序号	学习任务
1	北宋山水画与西方风景画有什么不同？
2	将自己置身于《溪山行旅图》中的近中远景里是什么样的体验？
3	如何理解山水画是时间中的风景？

2. 学习任务单 2

序号	学习任务
1	用不同颜色的线条在 iPad 上对《溪山行旅图》图片进行标注，描述图式下的主峰山势营造了什么样的视觉感受？
2	借助生活中的图像启发学生感知《溪山行旅图》中"山"给你带来怎样的精神力量。
3	范宽的签名隐藏于密林间又传递了当时怎样的人与时代的关系？

3. 通过本课学习如何理解宗炳在《画山水序》中所说的"山水以形媚道，而仁者乐"，以及范宽从"师古人不如师造化"到"师造化不如师心"的转变？

_____
_____
_____
_____

4. 选择自己最感兴趣的角度撰写《溪山行旅图》的鉴赏报告（200 字以上）。

_____
_____
_____
_____

二、评价量规

分值	达成标准	得分
0	你没有达到以下细则描述的任何标准	
1—5	你较为主动地参与到学习任务的探究和研究成果的汇报中；未较好地表达自己的理解和完成鉴赏报告的撰写。	
6—15	你主动参与学习任务的探究和研究成果的汇报；根据自己的理解简单表达了想法；较为笼统地撰写了鉴赏报告。	
16—20	你在任务探究和研究成果汇报中表现突出；能从程式与意蕴的关系理解宗炳和范宽的观点；能抓住一个视角撰写质量较高的鉴赏报告。	
21—25	你出色地完成了任务探究和研究成果汇报；对宗炳和范宽的观点进行了逻辑清晰的思考和表述；鉴赏报告能详尽地表达自己对《溪山行旅图》乃至山水画的程式与意蕴的思考。	

第三课时：叠印的时空——以《溪山行旅图》为轴心鉴赏不同时期山水画的程式与意蕴

一、评价内容

1. 学习任务单

序号	学习任务
1	资料搜集、整理、筛选
2	根据相关素材制作 PPT，分享资料成果
3	将对本组作品程式与意蕴的理解，制作卷轴展开汇报
4	完成学习手册

2. 作品欣赏学习单

所在组别：

方法	主导问题	具体要求
描述	你看到了什么？	描述画面有着怎样主次、对称、均衡、节奏、韵律等形式原理组织的艺术程式。
分析	作者想表达什么？	分析如何运用艺术程式更好地表达作品的主题、内容和细节。
解释	作品产生于什么背景？	解释画家的时代、经历、社会背景和艺术氛围等因素对作品产生的影响；解释作品主题背后想表达的情感或思想。
评价	你认为作品如何？	通过上述鉴赏，从历史、文化、艺术的角度评价这件作品，表达自己的观点和理由。

二、评价量规

分值	达成标准	得分
0	你没有达到以下细则描述的任何标准	
1—5	你较为主动地参与小组合作，参与搜集、整理、制作资料；简单地对作品进行了鉴赏；学习手册完成度较低。	
6—15	你主动参与小组合作，参与汇报交流；对作品的鉴赏较为全面、有思考；学习手册完成度一般。	
16—20	你积极参与小组合作，在汇报交流中表现突出；能从作品的程式与意蕴层面进行鉴赏；学习手册完成度较高。	
21—25	你在小组合作中起到了主导作用，出色地完成了汇报交流；能从作品的程式与意蕴层面进行深入的解读、理解和感悟；学习手册完成度很高。	

单元评价：

一、单元云端监测：

学生扫码完成单元学习云端监测，教师后台设计词频条为每位学生赋分。（分值折算为0—10分）

二、学习档案袋评价（20分）

学习档案袋评价评分标准			
项目	具体要求	分值	得分
完整	分门别类整理好本单元课程学习中所有过程性资料，如参考资料、图片素材、山水作品、《学生单元课程学习手册》等。	5	
研究	强调自主学习和研究，要参考各种资料，进行比较、分析、理解后，有理有据地表达自己的观点。	5	
表达	在上述"研究"的基础上，要表现出较强的资料选择和整理能力，强调表达的逻辑思维能力、分析能力、自我评价能力、动手能力和书写能力。	5	
排版	"学习档案袋"能全面呈现文字作业和图形作业、保存学习资料和创作素材，记录学习过程；关注每一页作业的图文安排、书写规范和版面美观整洁。	5	

图 27 单元评价图表等

点评

  2017 年，《溪山行旅图》是苏州工业园区美术教师团队最早进行全区同课异构美术教研活动的单元主题。执教教师是小学和初中老师，并参加"苏浙美术名师现场研究暨浙江省中小学美术教师课堂展示"活动。之后，这一单元设计参加江苏省高中美术新课程展示评比并获一等奖。2021 年，教育部基础教育课程中心推进高中新课程改革美术优质课展示，经历数次对教学设计反复修改和课堂实践。此单元设计既吸收全区 100 多位美术教师共同研究精品课例的设计亮点，又添加适合高中学情的要求，是一个较完整的主题单元设计。主题单元设计思路与教学呈现说课文本，曾给"课标"组长尹少淳先生浏览，得到肯定。2021 年年末，作为教育部课程中心推荐全国高中美术新课程展示优质课，胡知凡教授又给予悉心指导和点评。教学设计体现了概念为本的课程与教学要求，课堂实践充分考虑美术课育人目标的实现。

《敦煌壁画九色鹿》单元设计

一、大观念

艺术作品凭借其造型表现的因素创造审美意义。

二、基本问题

1. 如何理解《敦煌壁画九色鹿》的构图特征？
2. 画师是如何将国王的身份特征、品质、内心活动进行图文转译的？
3. 如何理解画面的节奏感与故事发展的关联性？

三、问题情境

国潮，文化自信的光芒。

然而，面对国潮——敦煌莫高窟，有这样一些游客，他们上车睡觉，下车拍照发朋友圈。他们从未真正走进敦煌壁画，他们有自己的理由："黑漆漆的有啥好看的……"你如何看待这一现象？

四、任务驱动

学生能够掌握利用中国画论与形式原理图像识读敦煌壁画的方法。

五、设计思路

借助时代热词"国潮"激发学生的学习兴趣，在真实的情境中引出具体问题，直接指向《敦煌壁画九色鹿》的艺术形象。

学生以小组为单位，以任务为驱动，合作探究画面的叙事形式、构图、节奏、空间关系等，探究国王、九色鹿等形象的比例、动态、微表情、位置等，理解图像语言的表达，是为了塑造九色鹿情感变化。教师借助中国画论及形式原理，利用辅助线等解构方法，结合游戏体验、实景体验等形式开展教学。在知识回溯的过程中，引导学生实现"国潮—敦煌—壁画—知行"再思考！激发学生对优秀传统文化的兴趣，培养向善的品质，树立文化自信，达成艺术的审美、教育功能。

六、学习准备

课前：了解《敦煌壁画九色鹿》的故事，熟悉作品的七个片段（1.呼救；2.救人；3.感恩；4.说梦；5.告密；6.围捕；7.揭露）。

分出6个自然组。

七、教学过程

主题一　向心而生　向善而行

小问题：

1. 《敦煌壁画九色鹿》的故事高潮为什么安排在视觉中心位置？
2. 画师用怎样的构图形式将观者视线集中到画面中心？
3. 如何运用《敦煌壁画九色鹿》构图形式进行创作？

学生将知道：

画面构图对叙事、主题思想表达的作用。

学生将理解：

独特的构图能传达作品的思想情感。

学生将能做：

学生通过解析画面后，能运用构图方法创作叙事画面。

○ **活动 1：初识敦煌莫高窟**

学生在对文化国潮的表述中，走进莫高窟第 257 窟，了解莫高窟有雕塑和壁画等艺术形式，生成视觉的初步感受。

设计意图： 感受敦煌的宏伟气势，了解《敦煌壁画九色鹿》是众多壁画中一幅杰出的代表作。

○ **活动 2：初探壁画叙事顺序**

（1）初识文本故事。学生了解九色鹿的文本故事，大致可分为呼救、救人、感恩、说梦、告密、围捕、揭露 7 个情节。

（2）壁画排序。小组合作探究，结合文本故事，为画面排序。

（3）叙事顺序。学生结合文本故事及视频，重新阅读壁画，了解故事从两边向中间发展，聚拢在画面中心，与一般的长卷叙事顺序不同，理解画面的视觉中心位置。

设计意图： 初步感受《敦煌壁画九色鹿》构图的特点和画面最吸引观者的位置。

○ **活动 3：探究壁画构图特点**

（1）弧线布局

①游戏体验：三位学生分别获得九色鹿、国王、溺水人的卡片，根据角色信息描述自己在画面中的位置特点和朝向特点等。其他学生猜测角色，并寻找这些人与物在画面中的位置。

②学生观察九色鹿眼睛的位置，并将画面中九色鹿的眼睛连接起来，发现无形的弧线。

③学生在画面右侧寻找到主要人物的视线并连接起来，发现画面中形成两条弧线。观者视线随着点组成的弧线，聚集在画面中心。了

解视觉中心凸显了故事的高潮情节。

(2) 大小变化

感受画面中左边九色鹿的形象越往中间逐渐变大，国王一方也是越往中间形象越大，这样不断往中间变化的形象布局，让观者视线不自觉看向中心形象最大的角色。

(3) 阶梯形象

观察并思考画面中九色鹿、国王位置的变化。理解人物的形象从两端往中间由低向高变化，呈现出阶梯状形象。引导观者随着阶梯一层层看向中心。这样的阶梯形象让观者感受到故事情节的逐层推进，画面两边最主要的形象集中在画面中心，理解古代画师希望通过这样的处理突出故事高潮和中心思想。

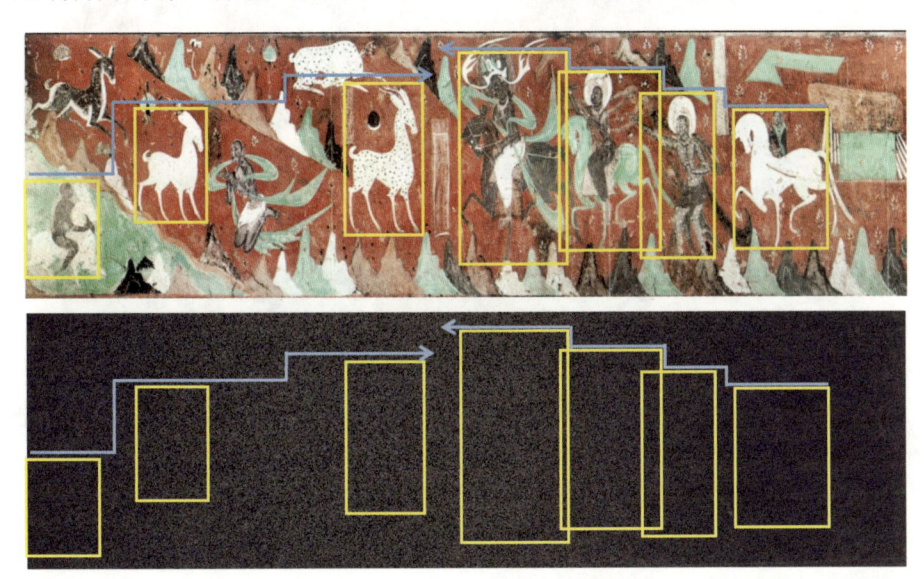

(4) 凸字形象

观察画面，了解画面两边的形象位置较低，并将人物顶部高点连接起来，发现画面两边的形象聚集在中间，形成了一个凸字形。学生理

解"凸"字布局的含义,了解画师为了凸显主要人物从善的高大形象。

回顾本主题知识点,学生理解弧线布局、阶梯形象、凸字形象等,都引导观者的视线聚拢在画面的中心,这种构图也凸显了《敦煌壁画九色鹿》向善的中心思想。

设计意图:探究《敦煌壁画九色鹿》通过怎样的构图形式、叙事情节来引导观者的观看顺序,突出视觉中心,从而表达思想感情。

○ **活动 4**:艺术创作

学生以《敦煌壁画九色鹿》的构图形式为蓝本,以长卷形式对《泰伯奔吴》的故事进行表达。

设计意图:学生解析画面后,能运用构图方法创作叙事画面。

○ **活动 5**:拓展思考

向中心聚拢的构图形式引导观者的观看顺序,表达故事的思想情感,这样的构图也凸显了画中的人物形象。

通过读画,能感受到画中人物形象具有怎样的性格特征和品质?画中人物形象如何图文转译?引出下节主题"见善则迁 有过则改"。

设计意图:引导学生关注画面人物,看人物形象是如何传达内心世界和精神,从而表达画面中心思想的,为下节课做好铺垫。

主题二 见善则迁 有过则改

小问题:

1. 画师如何通过比例关系表现国王的地位?
2. 画师如何通过动态、微表情表现国王的地位、品质、情感的变化?
3. 画师如何通过构图、位置关系表现国王的地位、内心活动的变化?
4. 画师如何通过空间关系表现国王的地位、内心活动的变化?

学生将知道：

两次出现的国王艺术形象，传递了不一样的情感和品质。

艺术形象的外部形态与内涵的关联性。

学生将理解：

比例、动态、微表情、地位、品质、构图、位置关系、空间关系的塑造，是为了凸显国王的地位、内心活动、情感的变化、品质。

国王的艺术形象传递的精神品质。

学生将能做：

采用描述、分析、判断、评价的四步法识读国王的形象，体会国王的艺术性，形成新的审美判断和文化理解。

借助国王的艺术形象，反观生活中自己的样子及经历。

○ **活动1：问题情境导入**

教师根据时代热门词"国潮，文化自信的光芒"。结合旅游中的真实情境——游客上车睡觉，下车拍照发朋友圈，他们从未真正走进敦煌壁画，理由是"黑漆漆的有啥好看的？"，引出具体问题：敦煌莫高窟的艺术是否值得深入研究？

设计意图： 借助时代热词"国潮"激发学生的学习兴趣，在真实的情境中引出具体问题。

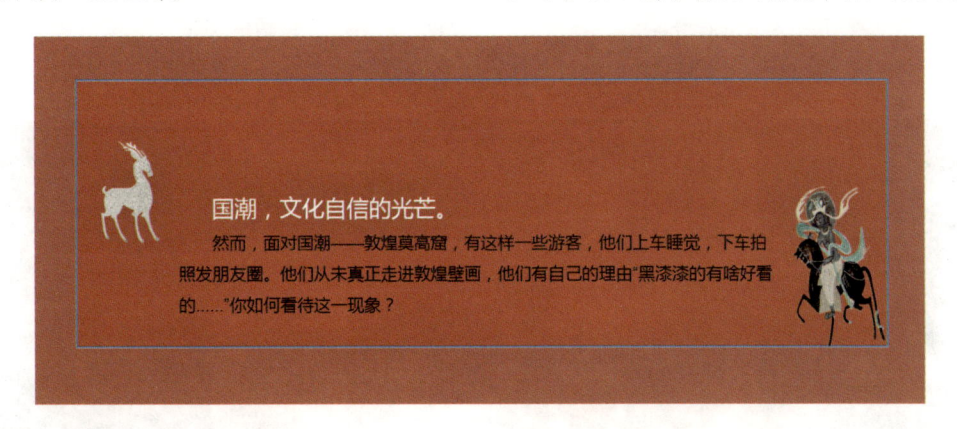

国潮，文化自信的光芒。

然而，面对国潮——敦煌莫高窟，有这样一些游客，他们上车睡觉，下车拍照发朋友圈。他们从未真正走进敦煌壁画，他们有自己的理由"黑漆漆的有啥好看的……"你如何看待这一现象？

○ **活动2：探究国王图文转译的方法**

学生以小组为单位，合作探究：画师是如何将国王的形象进行图文转译的？

初步感受国王造型的艺术魅力

学生综合观看两处场景，从国王的随从、旁侧的王后等方面，初步感受国王因规模、数量带来的气势。从国王的大小，以及在不同的

情节分别位于队伍前列和中间的位置，理解国王高高在上的地位。

设计意图：学生以小组为单位，以任务为驱动，合作探究画师如何塑造国王的艺术形象，初步感受作品艺术魅力并进行分享。

○ **活动3：解构"告密"段国王形象**

（1）解构国王比例

学生参照等高线的方法，对比观察国王与王后、调达、宫殿的高度，思考画中人物不合常理的比例关系所传递的身份高低的信息。

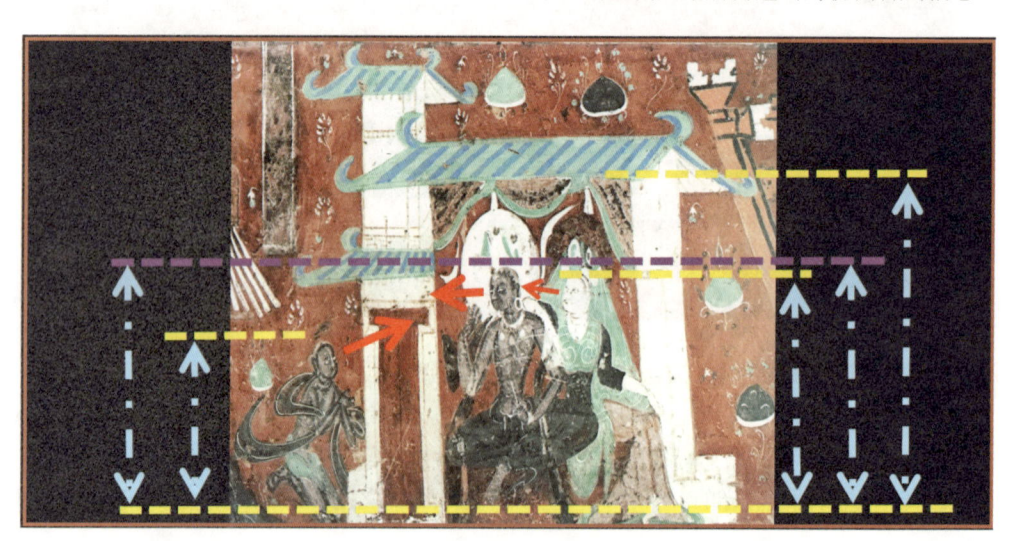

（2）解构国王微表情

观察国王、王后、调达的头部动作、视线方向，思考不一样的微动作、微表情传递出不一样的内心世界。

（3）解构国王位置

体验活动：学生沿着国王、王后、调达三人轮廓线相连，了解"告密"场景呈三角形构图。借助辅助线，学生观察国王在三角形中的位置，理解其中心地位。分别用曲线、直线概括国王、王后、调达三人的动态，学生理解不一样的线条传递出不同的性格特征。

通过对比形的大小、位置，了解形与形之间的依附关系，理解国王、王后、调达三人的

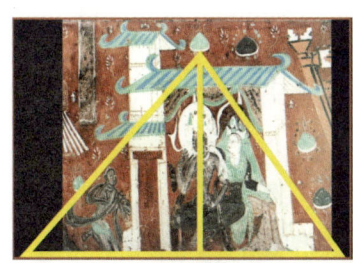

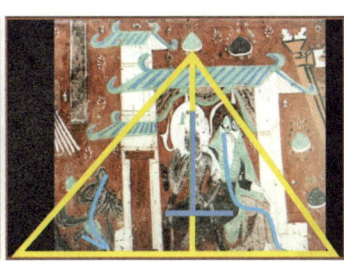

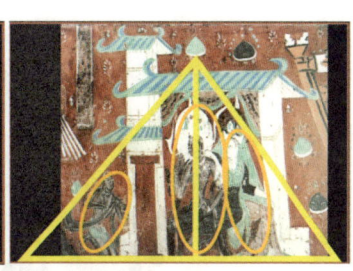

地位关系。了解该段借鉴"偶像式构图""情节式构图",形成三角对称式构图,理解画面传递的人物主从、位置关系的处理。

(4) 解构国王动态、朝向

观察国王与王后肩部、臀部的前后关系,思考国王在前、王后在后所隐含的两人地位关系。

观察国王的躯干、腿部的朝向,思考为何整幅作品只有此处国王采用了基本全正面的形象,思考正面图像所传递的情感。

观察国王盘腿而坐的动态,思考国王的真实想法,理解动态可以传递内心活动。

体验活动:学生体验正面坐姿、侧面坐姿,了解不同的坐姿带来不一样的空间纵深感。思考正面坐姿所带来的空间纵深感对于国王地位、

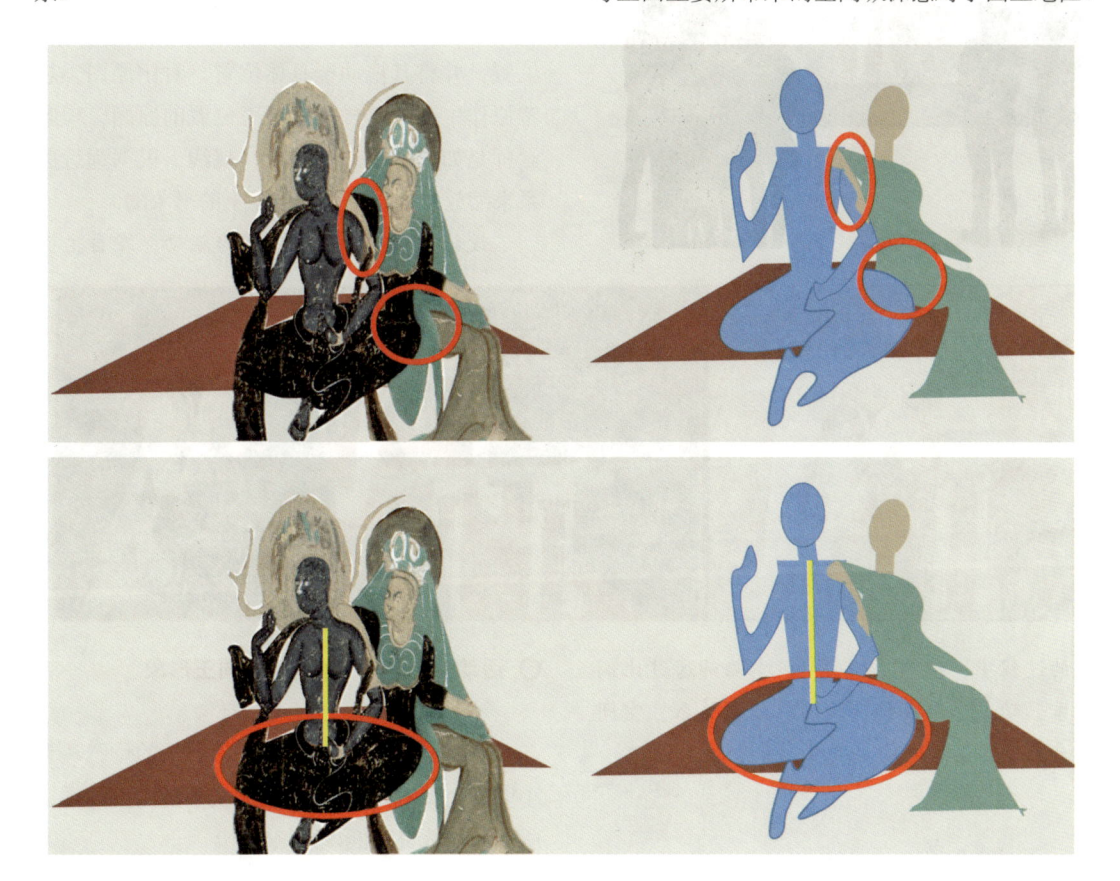

画面观感产生的影响。

体验活动：学生体验正面坐姿、侧面坐姿，与观众的互动性，理解正面坐姿对于场域的影响力。

(5) 解构国王与殿宇的关系

游戏体验：学生思考国王在三维宫殿中的位置，并将其拖动至具体位置。对比原图，思考原作中画师这样处理国王位置的原因；理解画师是如何通过改变视点、视线，根据远近关系来缩放比例，进而突出国王的形象的。

设计意图：学生以任务为驱动，在自主探究的过程中，理解"告密"段中画师通过比例关系、动态、微表情、构图、位置关系、空间关系表现国王的地位、品质、情感的变化。

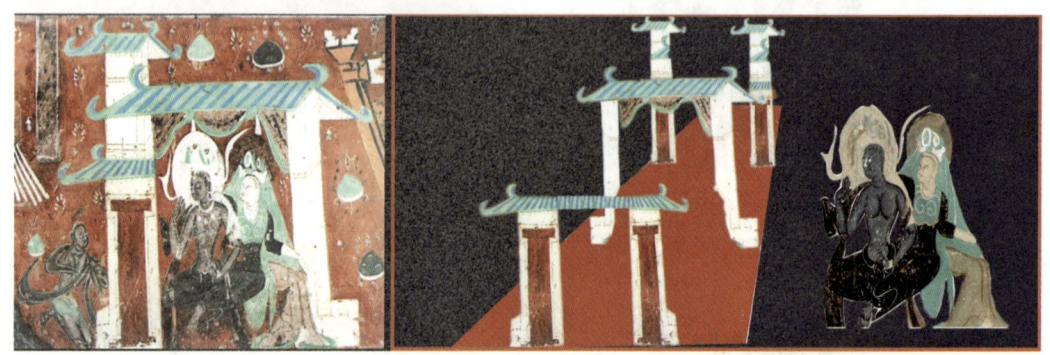

○ **活动4：解构"围捕"段国王形象**

(1) 学生通过观察国王、随从的位置、大小以及坐骑的大小，理解主大从小的比例关系，所传递的地位高低、情感变化。

(2）学生对比观察国王的头、颈、胸、腰动态、朝向、视线的方向，思考国王在面对不同的人、物时内心活动的变化，呈现出不一样的动态、微表情。了解中国传统绘画中"凝神"状态，理解艺术能够传递情感，艺术是精神世界的外部呈现。

（3）学生用成语或名人名言概括国王的行为、品质，并用简单的词语表达对于不同场景的国王的态度。学生理解国王的行为传递出"见善则迁，有过则改"含义。

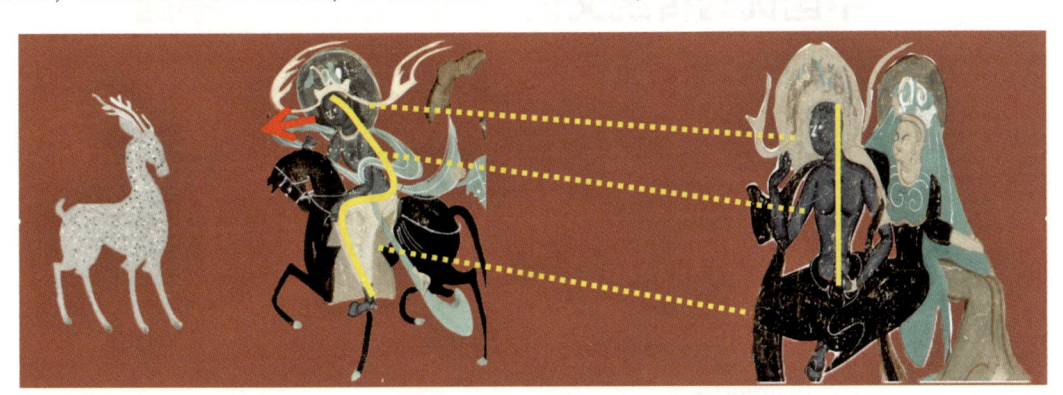

设计意图：学生以任务为驱动，在自主探究"围捕"段中，理解画师通过比例关系、构图、动态、微表情、位置关系表现国王的地位、品质、情感的变化。

○ **活动5：探究九色鹿、调达图文转译的方法**

以小组为单位探究：这是怎样的一只九色鹿？这是一个怎样的溺水人？画面当中有哪些

具体的体现？它们给你怎样的启示？

设计意图：学生进行知识的迁移，借助画师图文转译国王形象的方法，自主探究九色鹿和调达是如何被艺术性塑造的，检验学习成效。

○ 活动6："国潮—敦煌—壁画"再思考

学生重新思考"国潮—敦煌—壁画"等的含义，思考面对优秀传统文化，我们应该做什么、怎么做，引出下节主题"置陈布势　扬善抑恶"。

设计意图：回到本课开始的情境，将艺术形象进行情感的升华，思考现实生活中学生面对优秀传统文化等应该如何传承，为下节主题研究做好铺垫。

主题三　置陈布势　扬善抑恶

小问题：

1. 画师如何通过有节奏的图像语言将跌宕起伏的文本故事呈现出来？

2. 如何理解九色鹿壁画与画像石艺术的融合？

3. 如何理解画师通过经营位置传递惩恶扬善的情感？

1. 学生将知道

画作通过经营位置，传递情感。

画师通过不同形式的节奏对跌宕起伏的故事进行了表达。

2. 学生将理解

九色鹿壁画在跳跃的叙事情节、画面图像的冲突、图文安排、图像动态等方面，呈现出节奏感。

九色鹿壁画在置陈布势中传递的情感。

3. 学生将能做

采用描述、分析、判断、评价的四步法识

读壁画的节奏,体会并表达壁画的形式美。

能够将现实生活与传统文化关联,树立正确的价值观,向善而行。

○ 活动1：初步感受画面节奏

学生用最圆滑的一根曲线连接画中的形象,了解作品整体呈现两边低中间高的视觉效果及画从两边说的叙事形式。

设计意图：通过勾线活动,引导学生快速进入课堂,明确本节课的学习重点。

○ 活动2：探究画面节奏

以小组为单位,学生合作探究画师是如何用有节奏的图像组合将跌宕起伏的故事情节表现出来的。

设计意图：学生以小组为单位,通过合作的形式,自主探究本节课的学习重点内容,关注学生的认知,为学生在循序渐进的学习中深入了解"节奏"做好铺垫。

○ 活动3：解构画面节奏

(1) 节奏●上下有节

学生用圆圈标注画面中每一个形象的最高点和最低点,将图像的最高点连接在一起,了解画面的节奏性。将画面的最低点也连在一起,感受图像呈现的视觉效果。

观察最高、最低的形象分别是什么形象,理解艺术家将象征正义的正面形象放在画面的

高点,有褒奖的寓意;将丑陋的形象放在画面的低点,有贬低的寓意。

(2) 节奏●跳跃叙事

学生思考为何当"卧姿"的九色鹿出现在画面中时,象征正义的"站姿"九色鹿处于画面的低点。学生结合文本故事,了解"卧姿"的九色鹿原本不属于这个位置。理解壁画采用了跳跃的叙事方式,将鹿的形象集中在了画面

的左半边,通过形象的高低位置回应故事的情节性。

游戏体验:请学生试着依据文本故事还原九色鹿的位置,并说明理由。

学生观看画面,思考画面跳跃的叙事节奏,还在哪些地方有所体现,了解画面创造了无形的阅读节奏线条,回应故事跌宕起伏的节奏性。

(3) 节奏●疏密有致

学生从左向右观察画面,思考画面中的图像在数量的组合上有何规律,了解因数量有规律的变化呈现的疏密节奏,理解强有力的疏密对比为何出现在画面的高潮处。

(4) 节奏●相视而行

学生思考画面中 3 次面对面的对话分别有什么特点,了解不同的对话代表着不同程度的冲突。因为故事重要性不同,在人与物数量的呈现、画面的篇幅等方面均有不一样的笔墨表

现。结合图像了解画面因图像朝向不一样，呈现出了 -><- -><- -><- 有规律的朝向变化，带给观者生动的视觉体验。

比较感恩、告密、揭露的三段情节，观察正面、负面不同的形象，在画面中的位置或高或低，呈现出比较隐秘的高低节奏性。

（5）节奏●左图右史

学生对榜题进行标注，理解榜题因大小、高低带来的画面节奏感。

学生对榜题、图像分别进行标注，了解一图一文创造的画面节奏感。了解作品借鉴了汉画像石中"左图右史"的绘画特征，理解敦煌

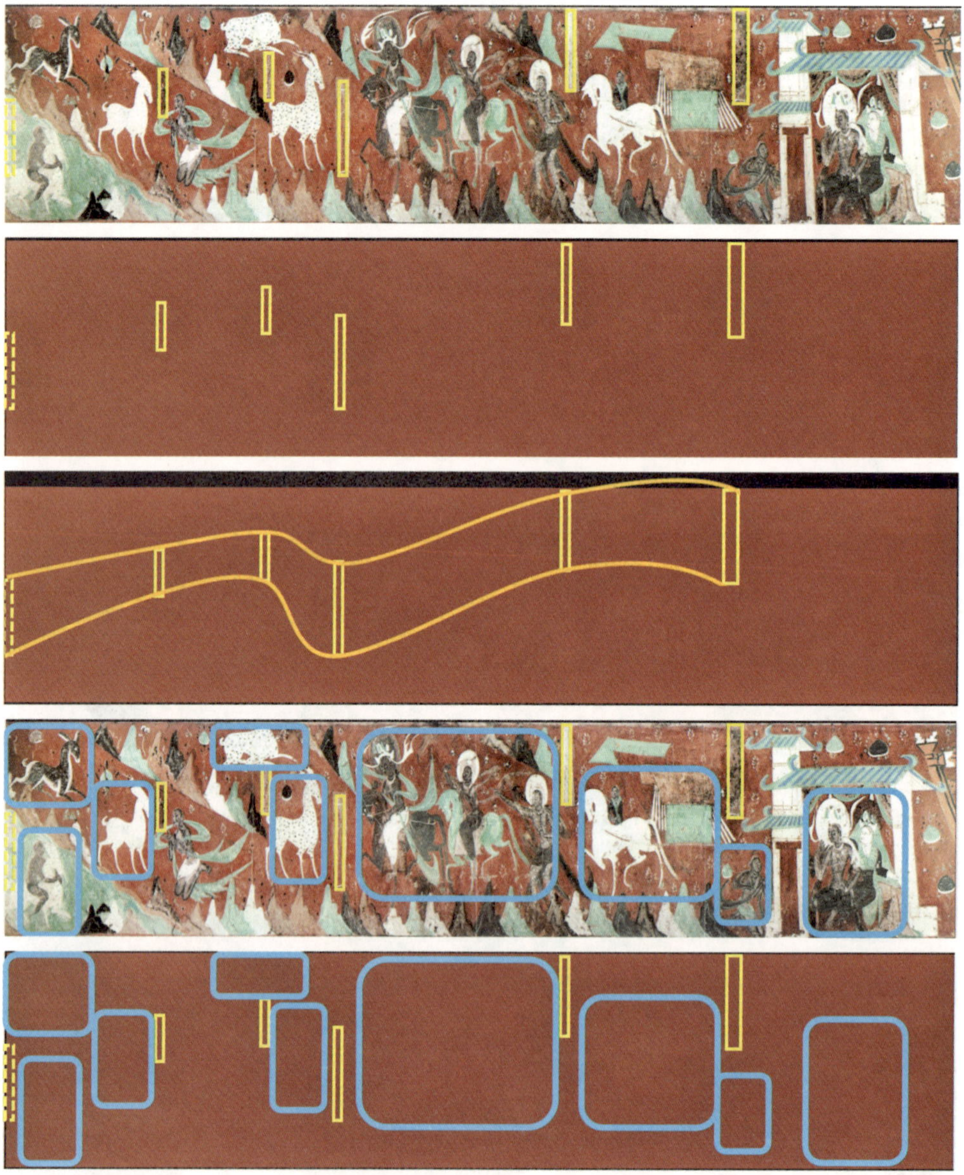

壁画在汉化的过程中与汉文化的融合。

(6)节奏●动静有法

观察画面中的图像，思考哪些是静止的，哪些是运动的，哪些是有动势的，并说明理由。学生理解画面因动与静创造的节奏感。

设计意图：学生从动态、图文的排列、图像的高低、朝向和疏密、叙事方式等，层层了解壁画的节奏与故事发展节奏的统一性，理解节奏的高低起伏与善恶的关联。

○ **活动4：忆古思今**

观看视频，思考千年前的壁画给你怎样的启示。"知是行之始，行是知之成。"你如何理解并实践知行合一？

设计意图：学生在视频赏析中，回到生活，引导学生领会壁画的深层含义，希望学生在生活中能够做到知行合一，以树立正确的价值观，亲身实践，传承好民族文化，做真正的艺术守护人。

作者单位：
苏州工业园区教师发展中心　　沈兰
苏州工业园区景城学校　　李伟　齐秋晓

《你好，九色鹿》单元设计

大观念：

改变学生的视知觉感受方式，在艺术的"看"中感悟艺术形象更多的是精神的样子。

基本问题：

1. 九色鹿独特的艺术形象如何传递它特定的故事性、艺术性和创新性？
2. 如何在描述性讨论中捕捉图片传递的信息？
3. 九色鹿在形象和情节中如何突出其所要传递的精神的样子？
4. 通过怎样的视觉思维转换，将九色鹿这一形象逐渐走向自我表达？

主题一：看图说画，唤起视知觉

小问题：

1. 如何对九色鹿壁画进行画面阅读？
2. 九色鹿壁画中的形象是如何传递信息表达感受的？

学生将知道：

认识和体会图像阅读的途径与方法。

学生将理解：

图像是可以传递信息表达感受的。

学生将能做：

带着自己对画面形象的感悟和理解讨论、描述、分享故事。

将图像传递出的感受与美术语言进行关联。

（一）初观画面，探寻形象

喜欢听故事吗？

今天我们一起看图说故事，这个故事来自一个古老的传说，它藏在 1500 年前的一幅壁画中，现在请大家屏住呼吸，它来了……

跟着音乐走进图像营造的神秘氛围，对画面有初步的感受。（集体观画）

（课件伴随着神秘的音乐缓缓出现完整画面，见图 1）

你都看到了些什么？人、动物、山、水、树木、房子……

（设计意图：美术课上，图像及作品的视觉新鲜感，往往会改变学生的常态视域，使其出现喜欢沉浸或者是想去探究新视域的某种欲望。本环节通过营造神秘的氛围，使学生对画面产生一种比较强烈的"期待视域"，激发学生的好奇心。探寻形象是为了打开学生生活经验中的视觉印象，使学生初步认知观察画面中的形象，为后面的细读画面做好铺垫。）

图1

图2

（二）走进画面，唤起经验

1. 阅读形象，描述交流

这么多的形象在画中，会是个怎样的故事呢？让我们先仔细地看看他是谁、在干什么。

请你带着这个问题，静心观看桌上缩小版的画面（独立观画）。

他是谁，在干什么？

追问：你是从哪里看出来的？

图3

（启发学生从不同的角度来观察图像：动作、神态、联系场景……）

2. 关联形象，探寻关系

（1）聚焦4只不同的鹿

你认为它们之间有什么关系？

（2）聚焦两个跪着的人

同一幅画面中出现了两个不同跪姿的人。

这两个跪着的人分别面对的是谁？他可能在干什么？

你认为他们之间有什么联系？

（**设计意图**：学生美术欣赏的初始状态为"读画（作品）"，眼睛对画面的基本感受是最重要的。因此，课堂上给足时间启发学生的眼睛去充分地感受和体验，唤起学生的视知觉经验才是美术欣赏学习的关键。学生根据自己对作品的第一印象展开足够的讨论和对话，在

图 4

图 6

图 5

图 7

这个过程中学生在视觉图像的判断和因果关联中思考问题，在不断地读图与思考过程中生发属于自己的自主审美判断。）

（三）关联形象，链接感受

你还对画面中的哪些形象感兴趣？分享你的想法。

引导学生在充分识读图像的基础上结合已有生活经验，启发学生运用意象形来表达图像给自己带来的感受，并进行关于形的感受的表达迁移。

1. 链接生活，感受画面所传达的意境

一群（　　）的人来到了一只（　　）的鹿面前。
引导学生根据画面形象说感受。

2. 关联意向形，表达自己的感受

（1）这样一个人物（手指向鹿）的姿态带给你怎样的感受？你认为是充满善意的还是敌意的？为什么？

如果用一个形或一条线来表达这种感受，你会用怎样的形或线来表达？

分别请不同的学生到黑板前用意向形画出这个形象传达给自己的感受，并说说自己的理解。

（2）面对如此气势的人马，这只鹿又带给你怎样的感受？

如果用一个形或线来表达这种感受，这种感受从何而来？

你会用怎样的形或线来表达？

分别请不同的学生到黑板前画用意向形画出这个形象传达给自己的感受，并说说自己的理解。

图 8

图 9

图 10

3. 根据自己对这幅画中形象的感受完成学习任务单

学生上台交流自己的任务单。

小结：我们知道了画面中的这么多形象，并且发现这些形象是可以传达感受的。

（板书：形→感受）

（设计意图：本环节通过对画面形象和动作的进一步观察，结合已有的生活经验对图形产生一定的联想，引导学生学习透过作品表面，

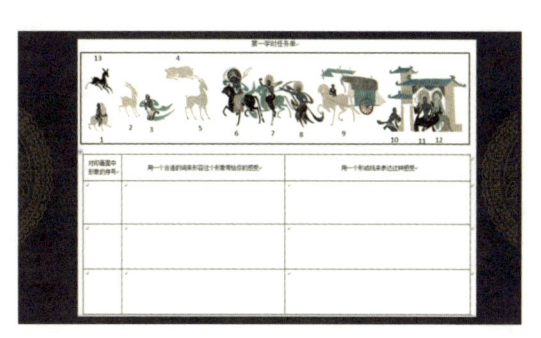

图 11

感受蕴含在其中的美术语言和形式要素，让学生用艺术的眼光观看美术作品，建立图形与感受之间的关联与转化，并一步步确认图形是可以表达感受的，为最后创作属于自己的九色鹿建立初步的形的认知。）

（四）阅读细节，分享故事

从画面中形象的动作、神态、所在场景等方面也能大概地了解他们是谁、在做什么，那这幅画究竟讲了一个什么故事。

1. 同桌互相交流叙说故事

请同桌根据画面图像合作说一个完整的故事，说出谁是主角、谁是配角、主要情节是什么。根据你对画面形象的思考开始讨论。

2. 学生分享故事

其余同学以评委身份对学生叙说的故事进行点评（围绕画面图像与故事结合的情况进行点评）。

教师围绕学生故事中的形象进行形的感受的迁移和强化。

小结：每个形象在故事中都被你们赋予

了一种性格和特征。这幅画到底给我们讲了一个怎样的故事呢，下节课将给大家揭晓故事真相……

（**设计意图**：通过对单个形象的观察，到形象与形象之间的关联，再到形象的感受与形的意向表达的转换，学生对于画面的形象地认识由表及里，并初步形成了自己的审美判断，在对形的充分感知和认识的基础上再根据画面对故事进行描述，为下一节课揭示故事真相埋下伏笔。）

主题二：图像释读　情知所起

小问题：

1. 壁画如何运用线条、色彩、形态传递了九色鹿独特的精神气质？
2. 九色鹿故事如何突显九色鹿的精神品质？

学生将知道：

从生活中的鹿到九色鹿在线、色、形上的元素如何转换的。

形象动作和画面安排的作用。

学生将理解：

线、色、形的转化是为了突显九色鹿的气质。

九色鹿这一独特艺术形象传递的精神。

学生将能做：

在图像的阐释逻辑中体会九色鹿的艺术性并进行描述、分析、解释和判断。

在通感中感悟九色鹿精神的样子，观照生活中的自我认知。

（一）走进图像，萌发探究

1. 换个角度看形象

观看视频，伴随着庄严、神秘、多元的音乐，图像解构后的画面分局部、有梯度、有设计感地缓缓呈现，渐渐隐退，链接上一课时的视觉感知。

2. 带着问题进课堂

观看屏幕中定格的一句话，带着朦胧的意识进入学习。

（**设计意图**：第一课时重在唤起学生的视知觉经验，学生们在整体观看、角色寻找、关系探寻、情节猜测，最后再整体观看触摸自己感觉的过程中充分地看图读图形成了自己的初步判断，但仍然是模糊的，此时通过间断性、分梯度的呈现，再次唤起前面的判断，形成视觉和心理暗示。同时前一课时中学生们关注的更多的是直观形象带给自己的感受和形成的故事，需要本课时经过艺术的感觉后才能理解艺术更多的是精神的样子，出示这句话仅仅是一种立场，并不点明，期待学生在隐隐约约中带着这样的基调进入学习探寻的旅程。）

（二）了解故事，识读形象

1. 听故事，聚焦九色鹿的故事

观看壁画九色鹿的故事，通过故事情节重新思考画面传递的故事中谁是主角。

2. 识读形，解构九色鹿的形象

在故事情节中认知九色鹿精神品质的基础上分析从生活中的鹿到九色鹿的线、色、形是如何转换以及为什么要这样转换。

思考故事中九色鹿的另外三个形象是否具有同理性。

（**设计意图**：学生从故事中了解壁画内容的真实样貌，再结合第一课时的初步判断，在冲突或者雷同的体验中走进故事，走进形象会更加具有吸引力。具体分析九色鹿的形象，从生活中的鹿与九色鹿在线、色、形的对比上强化学生对九色鹿这一形象的认知，理解艺术元素对表达形象、流露情感的重要性。这也是为第三课时的转化表现做好铺垫。）

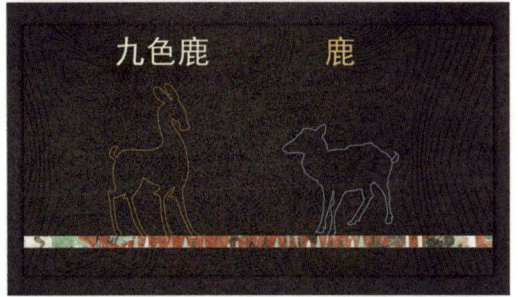

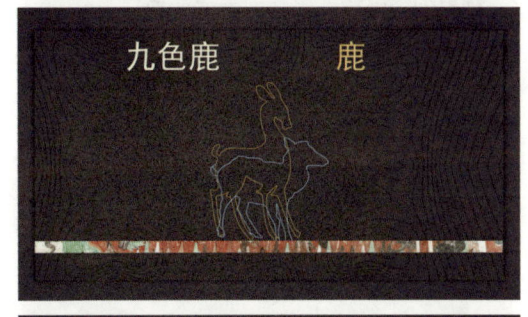

（三）聚焦场景，感悟形象

1. 入场景，体悟九色鹿的精心安排

观看九色鹿在壁画场景中的两个动态，简单描述情节。

结合生活情境和心理活动表达自己的内心感受，以及可能会做出怎样的动作和神情？

将九色鹿的两个动态和自己的表情动作进行演绎性思考，思考这样的形象姿态是为了突出什么，理解这样做的目的是什么。

2. 细斟酌，感悟九色鹿的高光品质

解读图像解构后的图片素材，观察画面中的细微变化，表达自己的发现以及自己的想法。

回到壁画全景，整体静默观看，30秒后再看老师出示的解构图，思考画面的中心在哪里，这样做的目的是什么。

回望本环节的内容，说说故事中的九色鹿精神与画面中要传递的九色鹿精神的样子是怎样的关系，再度思考画师在塑造这个形象的时候是从哪些角度来考虑的。

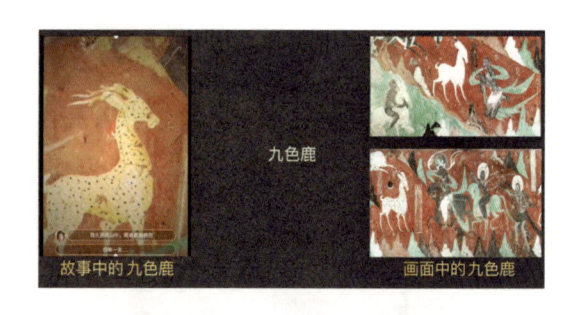

3. 拓联想，感悟形象的艺术性

学生观看一段视频稍作休息调整，并可以随意说说有什么联想。

体会图像传递感受的时候会从哪些方面去思考？完成下表并分享。

（设计意图：在与生活关联的心理活动中，用具体可感的图像解构，结合故事情节帮助学生观看、思考、分析画面中九色鹿这一独特艺术形象的文化意义，形成对九色鹿的深刻认知并理解形象的产生源于画面和故事情节的需要，更是情感表达的需要，在这样的过程中发现性眼光构成了有意义的探究学习、试探性的讨论及视觉思维的释放。同时也让学生意识到对一个形象的表达不仅要调用艺术元素，更要带着情感的认知去创造和再现，为第三课时学生的自我表达做好视觉思维的预设。）

（四）观照生活，艺术启迪

1. 观视频，观照内心的共鸣点

带着对九色鹿的情感感悟从故事中走出来，观照自己的生活，思考是否有共鸣。

2. 共交流，寻找心中的九色鹿

带着内心的感受思考生活中要做一只怎样的九色鹿。

感悟"艺术不只是表达真实的形象，更多的是精神的样子，而精神的样子会在生活中感染和影响人"。

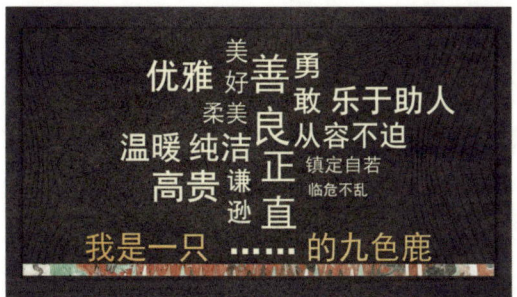

（设计意图：艺术作品都是将情感呈现出来给他人观赏的，是由情感知觉转化为可视的或者可听的形式，学生经过前面几个环节的深入思考和分析会形成自我的审美判断和文化理解，此时介入生活场景的观照，或许会更体贴地贴近学生的心灵感悟，确认自己的判断和理解。）

主题三：鹿在心中　形在意间

小问题：

1. 为什么偏偏就是鹿？
2. "九色鹿"是怎样的形象？

学生将知道：

鹿在中国文化中是一种有特殊意义的动物。创造的形象要突出其要表达的情感。

学生将理解：

形式语言的运用是为了表达内心的感受。

学生将能做：

阅读文献资料，发现鹿在中国古代是一种特别的视觉形象。

关联初认知，阅读、感受、发现形象和感受之间是有联系的。

根据自己对"九色鹿"的理解，创造新的"九色鹿"形象。

关联敦煌九色鹿，再次认识九色鹿，感知于造型，于内心，于未来。

（一）营造氛围，强化疑问

观看视频，感受"寻鹿奇遇"营造的氛围。

产生疑问：为什么偏偏都是鹿呢？

查找资料，解决疑问。

（**设计意图**：从古到今，以鹿文化为启点，点亮学生惊奇的心。）

（二）深度思考，意向表达

1. 文化理解，唤醒认知

(1) 阅读图文资料，互相交流，全班分享鹿在中国古代的文化内涵。

(2) 回忆第一学时对形的感知和第二学时对九色鹿的感知，建立关联。

(3) 思考：我会用怎样的形象来表现一只九色鹿？

（**设计意图**：通过第一学时，孩子们发现形象是可以表达、传递感受的；第二学时，孩子们认识到壁画九色鹿表达、传递的感受，这是孩子们在这个单元学时中的新知，也随着学习的生成转换为孩子们的经验。这种经验需要被再次整合、唤醒，才有可能实现运用。在此首次提出问题"我会用怎样的形象来表现一只九色鹿"，关联孩子们的前认知，也为后续的再认知做铺垫。）

2. 图像识读，审美判断

(1) 阅读一组当代鹿造型的插画和雕塑作品的局部，阅读、分析、发现形象传递感受的多样性。

提炼形的变化与感受的变化之间微妙的美术语言变化。

(2) 整体阅读一组当代鹿造型的插画和雕塑作品的局部，思考：我会用怎样的形象来表现一只九色鹿？

（**设计意图**：孩子的眼睛具有敏感的视域知觉。当"形象"和"感受"被唤醒时，也意味着运用的开始。用"形象"对应"感受"进行图像识读，孩子们的眼睛不再是生活的眼睛，而是打开自己的视域品读"形象"和"感受"之间的关系。这是基于壁画九色鹿的视觉探索，也是关于新九色鹿的审美判断。）

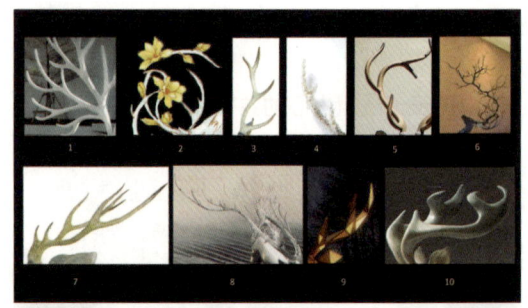

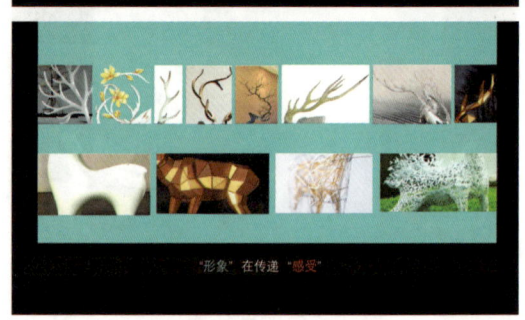

3. 关联生活，点亮思维

(1) 配乐阅读一组形和生活中常见真实物象转换的图像，发现生活中的物象也在传递感受。

(2) 在形和生活中常见真实物象间不断切换，强化形、形与形之间带来的张力，激励学生用自己的方式进行思考、表达。

(3) 思考：我会用怎样的形象来表现一只九色鹿？

（**设计意图**：①人与生活环境接触产生了经验。从孩子们生活中常见物象的形象切入，再转换到真实物象，并在此环节反复切换，强

化孩子们对形象传递感受的认知，反复唤起视觉经验。②知觉体验是一个整体的感觉。通过听觉、视觉为孩子们营造专注思考的氛围。③重复第一环节的提问，孩子们在思考的同时实现第一次反思。）

（4）反思再创，思维迁移

选用自己认为合适的工具，用自己认为合适的方式，表现自己的九色鹿。

展示分享，链接当下，展望未来。

（设计意图：①画的方式是美术表现中最重要的行为之一。在之前的环节中，孩子们积淀了一定的感知、表达的能量，将在此环节通过意象形转化为新的视觉形象。②用画的方式反思、再现前两环节重复提出的疑问。）

（三）激发热情，向往敦煌

1．257窟

阅读VR视频，寻找257窟中的九色鹿壁画，在视觉冲击中感叹整个洞窟的壁画营造的神秘氛围，激发学生探索的好奇心。

2．敦煌莫高窟

阅读敦煌视频，从沙漠到石窟群，激发学生对敦煌的向往之情。

（设计意图：敦煌壁画营造了一种强烈的神秘感，孩子们在整体观览石窟时，打开新的视域空间。在阅读敦煌视频时，激发孩子们对敦煌莫高窟的向往之情及对祖国优秀传统文化的探索欲望。）

3．回到当下

用一句话来说说你通过今天这三节课后的收获，于学习、于生活。

（设计意图：艺术带着独特激情赞美那些经典的时刻，希望通过壁画九色鹿激活孩子们对当下生活的理解与感悟，像九色鹿一样美好、善良、优雅、勇敢，像九色鹿的塑造者一样专注、精准，像美术课上的自己一样自信、自由。）

（四）课程评价

前测：创作一个形象你会从哪些方面进行

考虑？

后测：创作一个形象你会从哪些方面进行考虑？（以九色鹿为例）

作者单位：

苏州工业园区教师发展中心　沈　兰

苏州工业园区斜塘学校　奚秀云（主题一）

苏州工业园区东沙湖小学　马小芹（主题二）

苏州工业园区第三实验小学　解丽娟（主题三）

点评

从核心素养本位的美术单元主题课程要求来看，两个《九色鹿》主题单元课程设计，从提炼主题大观念、基本问题、问题串的确立，到具体内容的组织，学习任务的划分、学业质量评价等，单元课程架构较完整。在紧密关联学生生活经验的基础上，对敦煌壁画中的经典作品内涵进行较为深入的挖掘，从不同视角以结构化范式组合单元内容，较深入地阐释壁画蕴含的意义。两个单元设计共同优点：

其一，美术作品育人导向明确。引导学生理解作品价值意义作为整个单元设计与实施的主线，在单元课程实施推进中，从美术学科元素分析的视角，凸显对作品价值取向的深度阐释与探讨，引领学生在对作品视觉审美感知的基础上，建构价值观认同与理解。

其二，以学生视觉感知体验活动作为单元课程实施推进的抓手，强化作品图像分解后学生对图像识读方法的掌握，由如何看明白作品出发，展开对构成壁画作品美术学科要素的深度分析和探究，帮助学生学习将识读作品方法运用到自己观赏作品的过程中。

其三，联系作品在当今时代学生生活中的现状，阐释作品的时代意义。结合学生对作品的理解进行该主题的学习评价。能够按照核心素养目标要求，设计实施主题单元课程学习学业质量评价。

《货郎图》单元设计

一、大观念

风俗画具有独特的图式符号系统、含义和隐喻。

二、基本问题

1. 为何《货郎图》兴盛于宋代？
2. 李嵩《货郎图》如何通过艺术形象再现风俗习惯？
3. 李嵩《货郎图》如何通过布局展现市井生活？
4. 李嵩《货郎图》如何通过空间营造真实情境？
5. 李嵩《货郎图》如何通过线条表达作品的艺术美？

三、问题情境

杭州宋城景区想继大型歌舞《宋城千古情》之后推出新的舞台剧——《货郎图》，这个计划引起投资方的争议，认为这幅画带着点"俗"，不适合作为地方文化宣传的窗口，但历史学家们认为演绎《货郎图》是一件很有意义的事情。关于这个问题，杭州旅游文化局公开调研，征求广大群众的意见。

四、任务驱动

学生能够结合时代背景、作者生平等多角度去辨析一幅画，了解风俗画的发展与社会、政治、经济文化背景以及画家个人的经历息息相关，理解艺术作品的价值是多元化的。

学生通过小组合作探究方式走近画面，充分读画，然后走进画面，用艺术再创造和生活息息相关的作品，回归生活，深化思考。

五、设计思路

本主题以美术史学史论的一些观点为线索，试图从潘诺夫斯基图像学的最后一层"阐释图像背后的意义"这一理论出发，结合时代语境解释风俗画的概念、特征以及作品背后传递出的现实意义。以创设真实的任务情境为起点激发学生对风俗画类题材的兴趣，再以回归情境任务为终点，带领学生利用所学知识解决真实的社会问题。

以对小人物的描绘，再现真实的社会风俗，运用观察、比较、讨论、体验、分析的方法解读画面。引导学生理解风俗画来源于现实生活、再现生活、美化生活，表达画家朴素的个人情感，学会记录和传播今天的美好生活。

引导学生通过观察、比较、分析的方法，探寻《货郎图》布局成列的用意，感受南宋时期孩童们市井生活的欢乐。

运用画面中构图特点来凸显画面空间，用空间来营造意境，激发学生对画面意境的感受，感受到画面带来的时间与空间的和谐统一。

线条作为《货郎图》中最重要的美术元素，是画家对物象的领悟概括和情感的表达。引导学生运用线条描绘生活，表达情感。

六、学习准备

课前：了解《货郎图》的历史背景，熟悉画面内容。

七、教学过程

主题一：风俗"画"意

小问题：

1. 风俗画在社会中可以起到什么作用？
2. 同历史人物画相比，风俗画具有什么特性？
3. 以《货郎图》为代表的风俗画是"雅"还是"俗"？

学生将知道：

图像较之于文字同样具有记录生活的功能，风俗画的基本概念、特性及其背后传达的现实主义精神。

学生将理解：

风俗画作品的价值是多元化的，不仅具有独特的艺术美，还能够反映社会经济文化生活，具有一定的现实意义。

学生将能做：

能从图像和文字双重视角，结合时代背景、作者生平，多角度地识读辨析风俗画作品。

可以联系美术知识表达对社会事件的看法。

○ **活动1：社会中的风俗画**

一场关于"雅"与"俗"的辩论。

杭州宋城景区想继大型歌舞《宋城千古情》之后，推出新的舞台剧——《货郎图》，这个计划引起投资方的争议，认为这幅画带着点"俗"，不适合作为地方文化宣传的窗口，但历史学家们认为演绎《货郎图》是一件很有意义的事情。关于这个问题，杭州旅游文化局公开调研，征求广大群众的意见。

学生通过描述画面内容，结合宋城的背景资料分析杭州宋城风景区把这幅图作为《宋城千古情》之后又一个文化宣传点的原因，初步感知风俗画。

设计意图：以真实社会问题为驱动，将学生关注点引向绘画与现实生活的关系中，理解绘画的社会功能，帮助学生初步感知风俗画。

○ **活动2：叙事性的风俗画**

（1）情境感知

欣赏《宋城千古情》的视频片段，简单谈论对宋朝的初步印象，以考古学家的身份分析视频中所反映的宋代生活的真实性，分析可以参照的依据，对照历史上记载货郎形象的文字典籍，思考图像传递信息的方式和优点。

《水浒传》："众人看燕青时……扮作山东货郎，腰里插着一把串鼓儿，挑一条高肩杂货担子。"

有诗曰："鼗（táo）鼓街头摇丁东，无须竭力叫卖声。莫道双肩难负重，乾坤尽在一担中。"

设计意图：利用现代舞台剧《宋城千古情》作为这个环节的小情境，引导学生从考古学家的角度质疑剧中人物及其生活方式的真实性，得出图像与文字都是记录现实的方式，发现风俗画在历史中担任着记录社会风俗、反映社会生活的角色并理解风俗画具有叙事性的特点。

（2）风俗画的概念

填写表格一，从典型历史人物名作中寻找风俗画，发现风俗画中的叙事性。

表格一		
作品名称	描述画面中的人物活动	选择它的原因
1		
2		
3		
备注		

（3）风俗画的特性

选出阎立本的《步辇图》和苏汉臣的《货郎图》作为比较的对象，学生圈画并描述两幅画中的主人公形象及活动，辨析这两幅画中记录的对象和生活方式有何不同。

设计意图：通过与历史人物肖像画的两次比较，剖析风俗画的概念，挖掘风俗画的特征。得出风俗类题材的人物画作和历史类题材画作虽同样在叙事，但反映的是社会群众的生活，叙事画面中发生的情境具有多地性、常发性。

○ **活动3：思考货郎图的现实意义**

（1）结合时代欣赏各种各样的《货郎图》

组织学生分享和介绍他们事先走访并记录的现代货郎，共同分析"货郎"在社会生活中的职能。对比多幅典型性的《货郎图》，初步感受画家笔下的货郎形象。

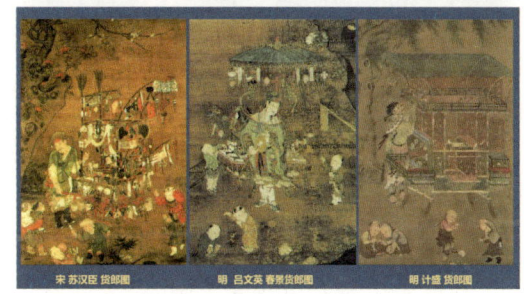

（2）辩论货郎的身份

老师提供图文线索组织学生围绕"他们笔下的货郎是生活中真正的商人还是满足宫廷贵族欣赏的表演者"这一议题开展辩论赛。

设计意图：学生亲自走访现代货郎，可以

表格二		
我选辩方（ ）	分析的依据	结论

真实感受货郎在社会中扮演的角色，以辩论赛的形式让学生站在两个角度思辨问题有利于激发他们的联想，结合图像和文字资料分析《货郎图》在时代语境下的现实意义，理解《货郎图》是在宋朝经济繁荣背景下兴起的一类绘画题材，侧面反映现实生活以及整个时代的审美倾向，建立在社会背景下欣赏美术作品的意识，达到文化理解的核心素养。

活动 4：探究李嵩《货郎图》的现实意义

总结辩论赛的成果，聚焦李嵩的《货郎图》，通过对比张择端的《清明上河图》和李嵩的《货郎图》，猜测哪一个人画的才是宋人眼中真实的货郎形象，引导学生进一步思考李嵩笔下的货郎形象是画其所知还是画其所见。

设计意图：承接上一个活动，聚焦李嵩的《货郎图》。围绕图中货郎的真实身份展开思考，探究《货郎图》是否和照相机一样具备真实再现的功能，思考《货郎图》的现实主义精神。

活动 5：感悟《货郎图》的通俗与风雅

梳理本节课的内容，请学生以《货郎图》为例，说一说风俗画的雅与俗。

设计意图：从上面两个环节得出的结论中生发对"风俗画"这一艺术形式的感悟，完成主题内容的升华，传递作品背后的文化价值观。

活动 6：任务与回归

通过对本主题的学习，请你写一份关于南宋画家李嵩的《货郎图》能否作为杭州宋城景区文化宣传剧创作素材的建议书。

设计意图：缘情境而起，回情境中去。通过回顾任务，帮助学生建立在真实的情境中解决问题的意识，提升学生的综合素养。

活动 7：拓展与延伸

绘制风俗画出现的历史时间坐标轴，思考风俗画在宋朝兴起在明朝兴盛的原因，联想这种艺术形式在现代社会背景下可以发生怎样的变化。

主题二：寻真觅境

小问题：

1. 如何解读《货郎图》场景描绘反映的现实生活？

2. 如何欣赏《货郎图》物象塑造表现的艺术风格？

3. 如何通过《货郎图》艺术加工再现社会风俗？

4. 如何理解《货郎图》局部描写反映的社会文化？

5. 如何看待《货郎图》传播的正能量？

学生将知道：

风俗画来源于生活，再现生活，美化生活。

学生将理解：

李嵩通过人物形象、物象描写、场景布置等表现对象，描绘小人物的生活，展现南宋时代风貌，表达朴素的美好愿望，具有现实主义风格。

李嵩通过节奏、象征、隐喻等表现形式，再现一个时代的风俗习惯和社会文化。

学生将能做：

回归生活，以风俗画的欣赏视角和表达方式去记录生活，传递美好。

○ **活动1：走进小人物的世界**

寻声问境，持鼓唱词，引出货郎，以听觉和视觉双重感官方式开启《货郎图》，展开一幅南宋平民百姓的生活画卷，初步感受风俗画的美感。

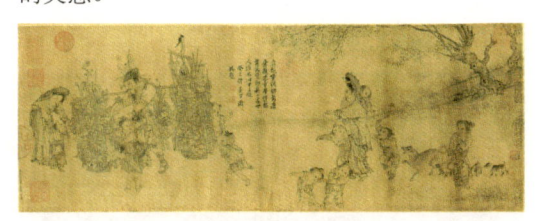

设计意图： 以图像和声音结合的感官刺激，从视觉和听觉上引发观者识读作品的兴趣。

○ **活动2：生活的描绘**

（1）辨物，看《货郎图》的创作题材

借助放大镜观察《货郎图》货品数量、种类、陈列，通过"三百件"寻宝游戏，论证画面内容是否存在夸张，理解风俗画是现实生活的真实写照，其创作题材来源于现实生活。

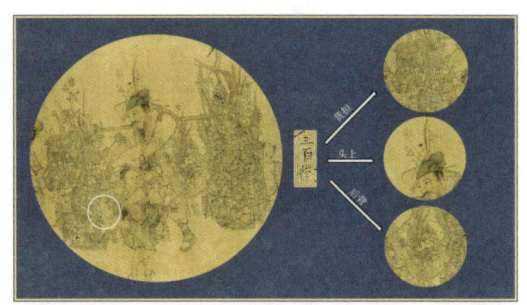

画面内容	货郎	孩童	妇人
外貌			
动态			
神情			

（2）识人，探《货郎图》的艺术风格

● 写实

● 理想化

赏析图片，观察人物的外貌、动态、神情特点，探究货郎的多重职业，领略画家高超的写实手法和理想化表现，理解《货郎图》是宋代百姓生活状态的真实写照和画家美好愿望的表达，具有现实主义风格。

（3）绘景，识《货郎图》的表现对象

对比苏汉臣的《货郎图》中对景物的描绘，发现苏汉臣画中的太湖石和名贵花木属于宫廷，李嵩画中的柳树抽芽、杂草丛生、家犬欢奔、

田野空旷的场景还原了乡村风光。理解宋代风俗画的表现对象主要是宫廷和市井生活。

设计意图：通过对画面物象、人物形象、场景布置的解读，感受《货郎图》是对现实生活的真实描绘，理解艺术来源于生活。

○ **活动3：风俗的再现**

（1）节奏——消费方式

画面左侧和右侧的人物面部朝向画面中间的货郎。（有形吸引）

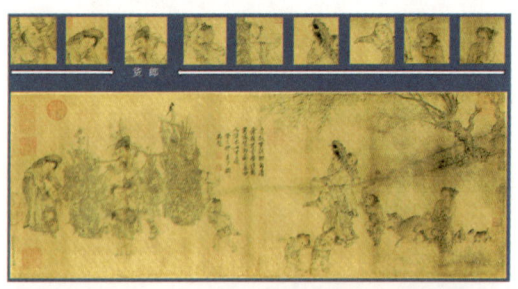

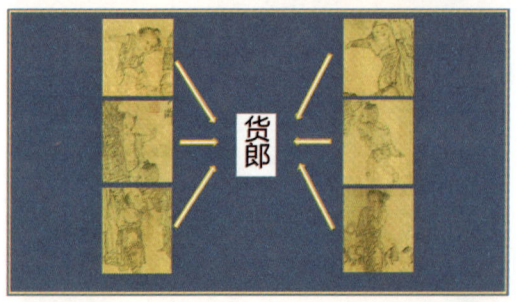

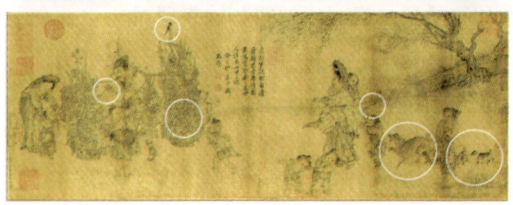

画面中孩童的动势趋向画面中间的货郎。（有形吸引）

鼓声唱词、货物香味、家犬狂吠将人们引向货郎。（无形吸引）

小组合作体验人物朝向、表情、动作、位置营造的人物关系，探究《货郎图》的画面节奏，感受来自货郎的有形吸引和无形吸引，依据货郎的受欢迎程度理解南宋时期百姓普遍的消费方式。

（2）象征——流行元素

欣赏图片，对比妇人灯球头饰和货郎担上的灯球饰品，发现象征元宵节的灯球发饰是当时的流行元素，它反映了南宋时期对节日风俗的重视，体现了当时的审美习惯。

（3）隐喻——职业符号

观察画面中的眼形符号，探究画家通过隐喻手法表现货郎从事卖眼药的职业，理解南宋时期货郎作为赤脚医生是一种普遍的社会现象。

设计意图：分析画家运用节奏、象征、隐喻的表现手法，感受南宋百姓最主要的消费方式、审美习惯和生活状态，再现一个时代百姓的风俗习惯。

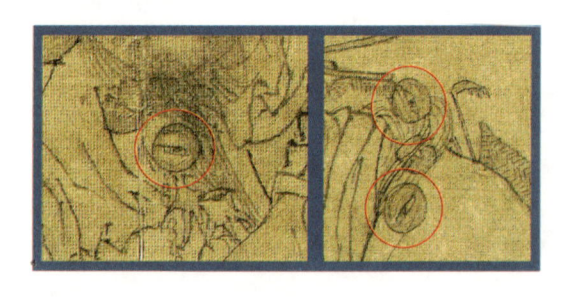

○ 活动4：文化的理解

（1）尊重科学，崇尚理性

对比唐代张萱《捣练图》，发现唐代作品中描绘的儿童身体比例与成人无异，发展到宋代约为三头身，符合人体真实比例，是尊重客观事实、崇尚理性的表现，反映出宋代社会自然科学的发展。

唐《捣练图》　　　　宋《货郎图》

（2）重视教育，发展文化

观察图片，从种类繁多的玩具和母亲慈爱的神情，感受南宋平民百姓对儿童身心发展的关注。货郎担上大量文字广告是文化相对普及的体现，侧面反映了南宋时期对教育的重视。

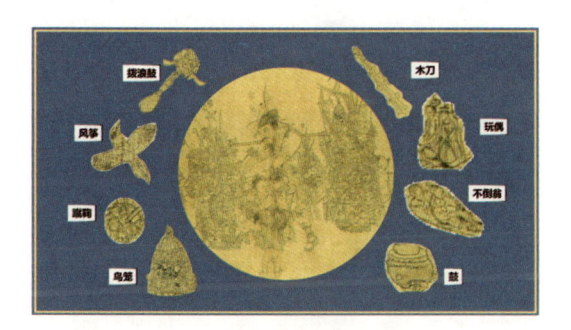

（3）商业繁荣，文化交流

赏析图片，综合考虑画面人物形象、文字符号、陈列形式等图像信息，思考南宋百姓的生活状态，感受货郎对物质贫乏的乡村百姓生活状态的改善，理解宋代商业繁荣、贸易活跃、文化交流、生活幸福的社会现状。

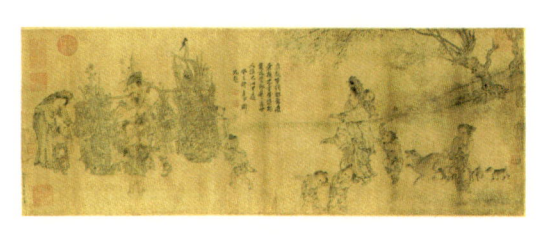

设计意图：通过对画面局部和整体的解读，了解南宋的政治、经济、文化状况，根据画面信息理解风俗画反映出的社会意识形态。

○ 活动5：当下的记录

货郎只是带来了货物吗？带来的还有新鲜的事物，新奇的见闻，传递的是美好！

李嵩结合自身经历以《货郎图》这种风俗画的形式对小人物的生活进行记录。今天，货郎早已消失在了历史的长河里，人们的美好生活是靠谁来传播的呢？

请你体验做一名当代货郎，思考如何做一名文明的传播者，向身边的人传递正能量，展现社会主义中国繁荣富强、国泰民安的大国图景。

设计意图：引导学生以风俗画描绘生活、再现生活、美化生活的方法，记录生活，传播美好的愿望，以积极的心态去面对今后的生活，做充满正能量的人。

主题三　置陈布势

小问题：
1. 画幅比例的改变会使画面人物分布产生什么变化？
2. 作者如何布势传情？
3. 画面中的节奏对比有哪些？

学生将知道：
长卷构图更能容纳广阔的景物和连续的故事。
构图可以体现画面角色的内在联系。
画面中的节奏与韵律。

学生将理解：
风俗画中构图与情势的紧密联系，画面节奏的对比与统一。

学生将能做：
感受中国古代绘画作品中的置陈布势，并能分析类似作品。

○ 活动1：量体裁衣

对比赏析《货郎图》与《儿童游戏》两幅作品，学生体验开卷方式，并思考画幅比例的异同。思考李嵩为何采用横卷构图。

学生理解中国画的透视原理和西洋绘画不同，不是焦点透视而是散点透视，因此很容易突破视域的范围限制，可将画面景观无限延展，可以用长卷的构图容纳广阔的景物和连续的故事。

设计意图： 通过《儿童游戏》和《货郎图》1:1高清还原画的对比，感受焦点透视和散点透视给画面布局产生的影响，学生通过比较发现长卷构图更能容纳广阔的景物和连续的故事。

《货郎图》李嵩　纵25.5cm 横70.4cm

《儿童游戏》勃鲁盖尔　161*118cm 木板油画

○ 活动2：布势传情

（1）三角形构图凸显主角

以小组为单位探究《货郎图》的构图形式？画家用什么构图形式突显主角？

赏析作品，了解长卷整体以两段呈现，呈现分段式构图形式。对比赏析作品，理解三棱锥的核心位置，让货郎的核心地位更加明显，画面的空间感、意境也意味无穷。

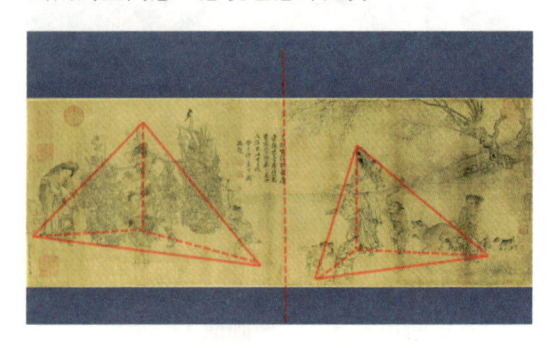

（2）三角形构图的动势

对比同样是三角形构图的《蒙娜丽莎》，《货郎图》构图与《蒙娜丽莎》构图相同吗？不同之处在哪里？如果我们把剩下的留白处也用图形表示出来，你会发现什么？这么多三角形带来什么感觉？

不同种类的三角形构图，带来的视觉感受是不同的，《蒙娜丽莎》的三角形构图体现端庄、典雅，而《货郎图》的三角形构图是稳重带动。

觉得这个谱子节奏是怎样的？这个谱子到这结束了吗？观察这条曲线与货架的关系，人物为什么呈现这样的分布？

把这些人物连接起来，画面出现了一条S形的曲线，像乐谱、河流，这样的"S形构图"，具有延长、变化的特点，使人看上去有韵律感，产生优美、雅致、协调的感觉，使画面得到广度的延伸。

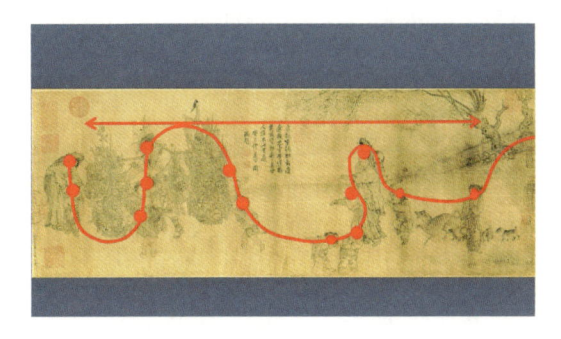

（3）神态、动态巧设关联

思考艺术家是如何将两组看似独立的人物联系在一起的。是眼神、动作、情感的联系。引导学生在画中标出人物、动物的朝向，理解画家在画面中的精心布局。

画家根据情节发展来安排人与人、人与动物、人与环境的关系，通过这些关系的链接、牵引、交流、呼应、主次、对比决定了人物的位置、距离以及景物的安排，使画面生动有趣，引人入胜。

（5）深度与广度空间

再仔细观察这货郎担，它们在画面中与人物的关系。它们在画面中起什么作用？

货物与人物有穿插、遮挡，使画面得到一个深度的拓展，更具空间感。这样的处理手法仿佛让货郎以及周围这些人更加生动，儿童的欢声笑语仿佛从画中传至画外。

（4）节奏韵律

进行小组探究。如果用点把这些人物连起来的话，大家会发现什么？这条线像什么？你

（6）疏密对比

请找一找画中的疏密对比有哪些。

货架上物品的密与画面中心处留白的对比。人物疏密的对比，李嵩利用层层叠叠的"百

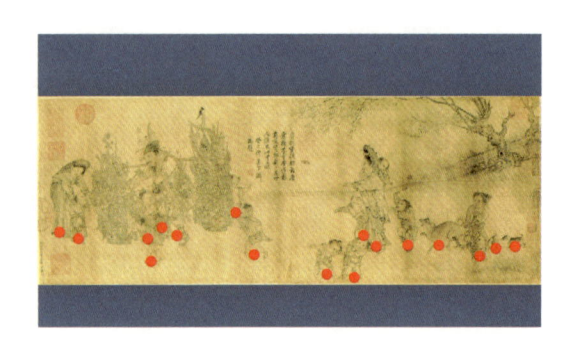

货担"和精细工致的笔法营造出视觉的繁复，但不失分明的空间层次和复杂细腻的空间安排又能使观众沉浸其中。空白在画面整体中起到调节人物节奏的关系，在画幅中央设置空白虚景，把左右人物拉开适当距离，既利于情节的持续开展，也避免人物淹没在复杂的景物层次中。

设计意图：把"构图"的核心，从"布势"提高到"情势"。"构图"的意义已不是一种简单的表面结构或组合，还要布势传情，使学生在意境上体会构图布局。通过对画中人物的连线，感受 S 形构图产生的节奏感和延伸感。通过对比画面中人物的聚散疏密和线条疏密度的排列，感受画面的节奏感和起承转合。

○ 活动 3：再现场景

请小组合作，为《货郎图》中的每一个角色设计一句台词。

相对于文学、电影等艺术，叙事并不是绘画艺术的强项，但画家李嵩利用布势传情、节奏对比，让观众仿佛置身于千年前宋朝市井生动、欢乐的情境中。

设计意图：感受作品传达出的快乐气氛，激发学生了解作品传递的快乐来源，探究南宋人民对美好生活的愿望。

主题四：空间造境

小问题：

1. 李嵩《货郎图》借乡野场景对比营造了怎样的氛围？
2. 李嵩《货郎图》的欣赏顺序是怎样的？
3. 画家是如何通过图像营造空间的？
4. 画家要借空间营造怎样的氛围和意境？

学生将知道：

图像能营造空间。

学生将理解：

图像营造流转的时空，有情景叙事的作用。

学生将能做：

感受中国古代绘画作品中对于空间的营造，感受时空观。

○ 活动 1：感受画面场景

观察画面景物，判断情节发生在乡野，感受这是一种空旷与宁静的场景。

作品真的是空旷的吗？氛围真的是宁静的吗？

设计意图：感受长卷画面的场景，思考场景的静和空旷是为了衬托前面的人物活动，营造氛围与空间。

○ 活动 2：探究层次空间

（1）观看方式

请学生打开卷轴，了解长卷的观看方式是自右往左。观察首先映入眼帘的画面上的动物和孩童，顺着他们的动作和视线，慢慢看向画面的左边。

（2）左中右

请学生根据观看顺序，试着给画面分段。通过观察，画面可以分为三段，分别是母亲带着孩子们正前往围观，几个孩子奔向货郎，还有母亲带着孩子正在围观。感受画面横向的空间随人物陆续地登场而转换。

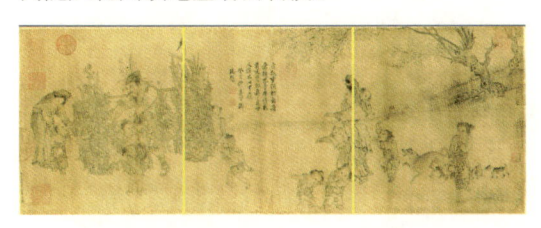

（3）上中下

自上而下观察画面，发现画面中的人物逐层丰富，尝试给画面分段。也可分为三段，发现所有的人物都集中在画面的较为紧凑的中间和下方。这样的疏密对比，可以增加画面的空间，凸显前面丰富而热闹的氛围。

寻找生活中的类似场景，视平线在画面二分之一处，凸显更加深远的空间。

（4）前与后

通过将画面中人物标识出来，发现画中人物出现重叠，体现了前后关系。而两组人物间的留白也在视觉上体现了距离。重叠和距离使上中下、左中右不仅仅是画面中的位置，更是前后左右的空间层次。

纵横交错，形成三维空间，每组人物间也形成了纵横交错的空间示意。

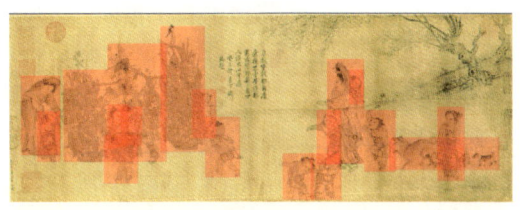

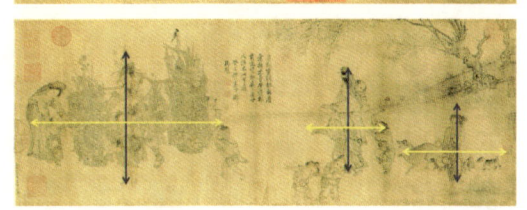

（5）层层递进

观察三段空间两头实，中间虚，体现了"密不透风，疏可走马"的空间意识。

通过观察发现位于画面右边的母亲抱着孩子，这位母亲是这一部分画面的中心人物，顺着孩子母亲手的指向，与货郎担后半遮挡住的孩子交流，拉开了距离，形成第二层空间。货郎挑着担子，左边的母亲带着孩子正在围观，形成第三层空间。可谓一波三折，层层递进。

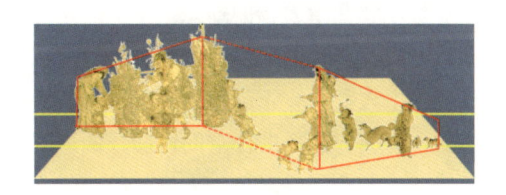

设计意图：理解画面有不同经度、纬度的层次变化，打破了一般横向构图的松散、平铺直叙的惯例。在几乎纯粹的人物组合中，使构

图呈现出错综复杂的视觉空间。

活动 3：感受时空意境

（1）有限及无限

连接画面中人物的高点和低点，感受画面虽是有限的空间、凝固的瞬间，却有视线的延伸，给人以无限的想象空间。通过有限到无限，理解方寸之间营造出了更为广阔的空间。

对比北宋苏汉臣《货郎图》，发现李嵩《货郎图》的景物是画在画面的一角，这样的边角构图，留下大面积的空白，使人感受到画面的无限空间。看画人从"天上"到画里，视线越来越低，目光却被无限所吸引了。

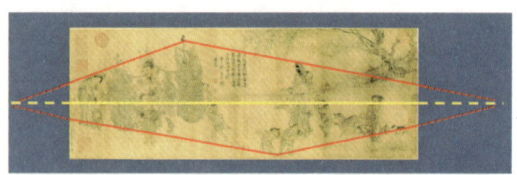

（2）瞬间即永恒

仔细观察画中人物的动态造型，注意时序的前后衔接，所有的造型都为引导时间的绵延流动。画中人物，有正赶过去的，有买好东西回去的，有流连忘返的，空间性静止的造型与时间性流动的势形成对抗。人物间的绵延不断变化，形成无声的力量。

把发生在不同时空里的活动，按规律进行画面的组织，使得画面表现得更为周全，让有限的平面变成了情节丰富、热闹喧嚣的场景。

画家通过营造空间，像放映着 3D 电影似的，让我们如临其境，回到那个带着烟火气息和人情味的时代，感受简单的快乐，平凡的美丽。

设计意图：感受中国画在有限的空间所营造的无限的意境，看似瞬间的场景，其实是流动的时空的产物。

活动 4：知识迁移

根据所学画面空间营造的方法，分析《捣练图》中画家是如何营造空间的。

设计意图：感受中国画特有的空间意识，运用所学分析画面。

活动 5：感知当下时空

在当下，城市因高速发展而繁荣，繁华的都市深处洋溢着烟火气息的市井，依然演绎着平凡而快乐的生活。

设计意图：理解当今城市中的市集现象给人们带来的快乐而简单的生活体验。

主题五：以形写神

小问题：
1. 如何理解《货郎图》中线条的语言？
2. 如何理解《货郎图》中线条的组织？
3. 如何理解《货郎图》通过线条抒情？
4. 如何运用线条来表达对生活的热爱？

学生将知道：
《货郎图》通过线条的粗细、长短、墨色、运笔表现质感。
《货郎图》通过线条组织来表现画面的节奏与韵律。

学生将理解：
《货郎图》通过线条表达画家的主观情感。

学生将能做：
回到生活中，运用线条描绘现代生活，表达对生活的热爱。

○ 活动1：初探画面的线条

（1）整体观察

先行引导学生观察画面线条，用语言表达初步感受。

（2）局部观察

学生以小组为单位，用放大镜观察桌上的《货郎图》，感受线条的变化。

设计意图：通过观察线条，初步感知《货郎图》中的线条。

○ 活动2：解读线条的语言

（1）线条的变化

学生通过观察《货郎图》中的线条的变化，分析线条的粗细、长短、墨色浓淡、运笔（提、按、顿、挫、徐、疾），小组研究讨论完成表格第1—4部分。

人物线条	1、粗细	2、长短	3、墨色浓淡	4、运笔变化	5、质感
衣物					
皮肤					
五官					
头发					

货物线条	1、粗细	2、长短	3、墨色浓淡	4、运笔变化	5、质感
竹编制品					
丝线					
瓷器					
铁器					
木制品					

植物线条	1、粗细	2、长短	3、墨色浓淡	4、运笔变化	5、质感
草					
树干					
树枝					
树叶					

（2）线条的质感

触摸实际材料的活动：感受衣服与皮肤质感的不同，以小组为单位完成表格第5部分，分析线条与质感的关系。

设计意图：通过观察、触摸，直观感受不同线条表现的不同质感，理解线条的写实性，

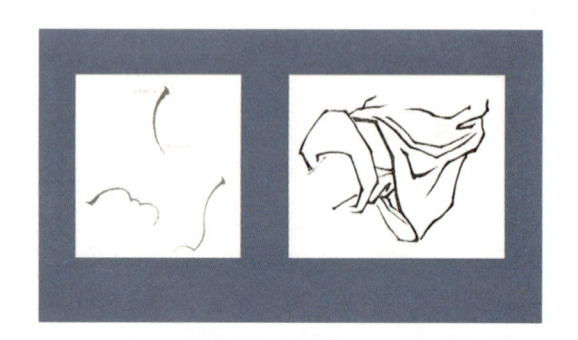

理解李嵩用现实主义的手法真实地表现客观世界。

（3）线条的节奏与韵律

看视频学习《货郎图》中衣纹的描法，认识钉头鼠尾描，利用水写布练习这种描法。

设计意图：通过识、临的方法学习《货郎图》衣纹的典型描法——钉头鼠尾描，感受运笔的力度与速度以及线条的变化，理解线条的节奏与韵律。

〇 活动3：探究线条的组织

（1）观察图片中的线条，比较两种线条的组织方式，理解画面线条繁而不乱、疏密有致的特点。

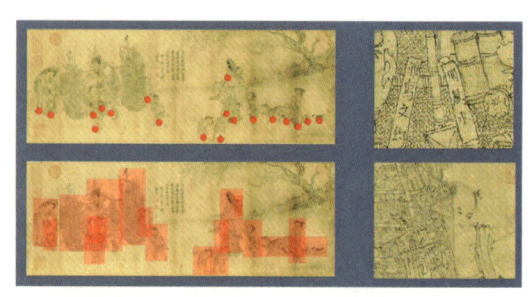

（2）结合前面的知识，归纳《货郎图》构图、空间、线条的共同特点，理解"密不透风，疏可走马"的艺术手法。

设计意图：通过比较理解线条组织的特点，并结合之前所学的知识，帮助学生建立学以致用的能力。

〇 活动4：理解线条的抒情

观察图片，根据人物的线条猜测人物身份。比较分析宋摹本《女史箴图》与《货郎图》线条的不同之处，理解画家的创作意图以及审美情趣。

设计意图：通过对比不同作品中的线条，理解李嵩淳朴自然的审美情趣，理解画家通过

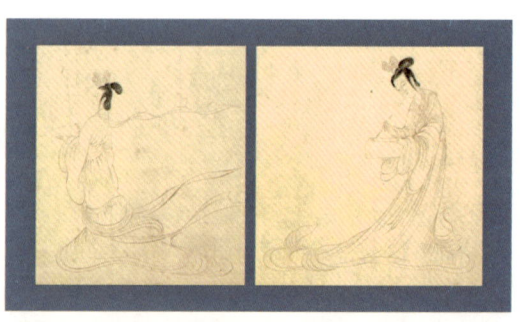

线条描绘现实生活场景，表达对生活的热爱之情。

活的热爱。

○ 活动 5：描绘自己的生活

根据生活照提取素材，用线描的方法表现生活中质感不同的事物，注意线条的节奏与韵律，小组合作完成一幅描绘生活场景的作品。

设计意图：回到当下，通过观察生活，体验生活，运用线条来描绘现实生活，表达对生

○ 活动 6：体验新时代货郎

货郎作为一种职业延续至今，学生模仿卖货主播通过叫卖的方式介绍自己小组的绘画作品。

设计意图：学生体验卖货的同时收获学习的快乐，提高学生对中国传统文化的学习兴趣。

作者单位：

苏州工业园区教师发展中心　　沈兰

苏州工业园区景城学校　　李伟　　齐秋晓　　张甜甜　　马超琴　　申诗凡　　郭夕丹

点评

充分发挥团队教师集体智慧，在全区教师对该主题同课异构研究、展示、评价和提升的基础上，构成《货郎图》主题单元教学设计。在紧密联系历史文化脉络中，思考与架构《货郎图》主题单元所要探究和理解的问题。本主题单元课程从李嵩作品《货郎图》的研究出发，引申出对中国美术历史上风俗画这一表现方式的探究和理解，同时对传统中国画表现"货郎"这一主题的其他作品关联，用一个主题大单元方式，较全方位地展现中国美术历史中的一种表现题材。

风俗画，作为本单元主题的核心观念，是贯穿整个主题单元各课时探究性学习的主线。将作品放在中国历史宋代文化大环境中，整体审视、联结和探究，为学生主动学习提供了多条线索。学生们尝试利用概念性视角来聚焦该主题学习，并开展事实层面和概念层面的思考（协同思考）。教师利用《货郎图》中隐含的事实性、概念性和激发性/辩论性的问题，恰当和适时地激发并扩展学生们的思考，从而促进学生对《货郎图》主题及相关学习内容进行结构化探究，产生一定的深度学习效应。

《五牛图》大单元项目研究思路

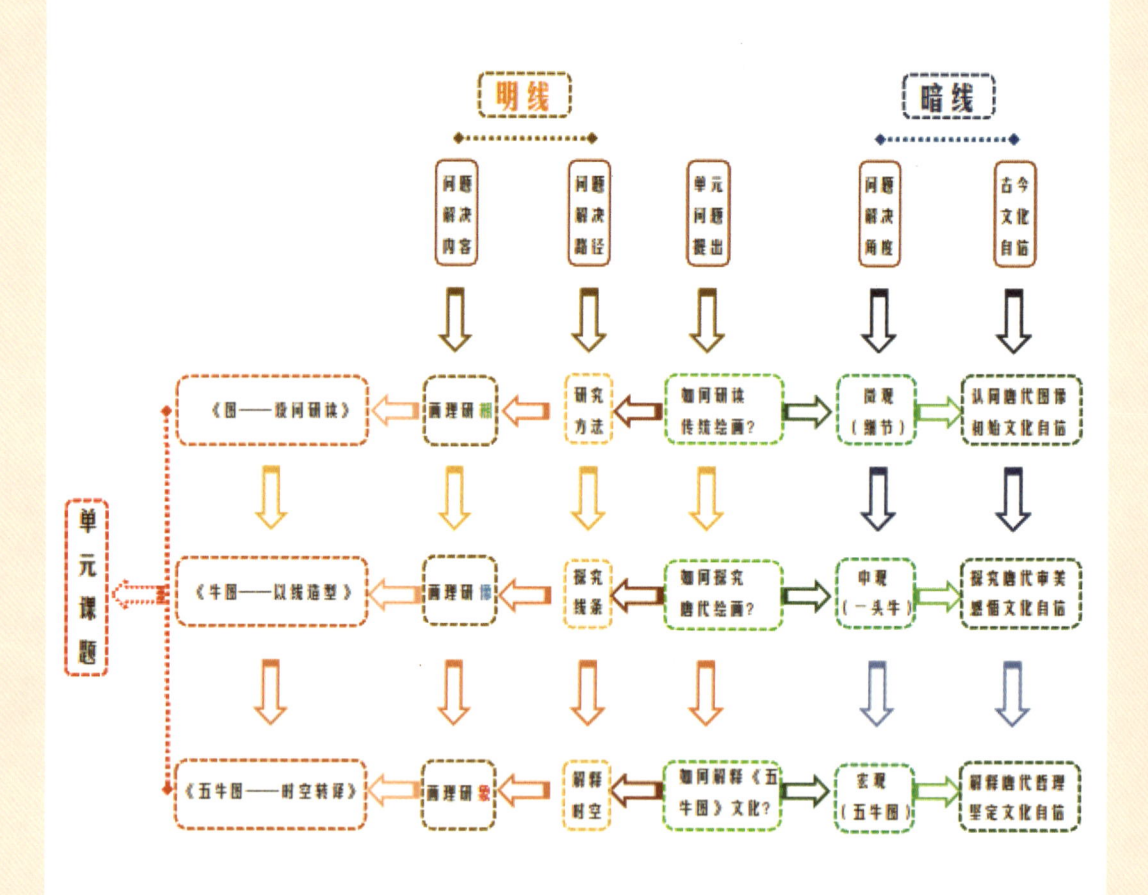

明线 | **暗线**

| 问题解决内容 | 问题解决途径 | 单元问题提出 | 问题解决角度 | 古今文化自信 |

↓ ↓ ↓ ↓ ↓

《图——般问研读》 ← 梳理研*** ← 研究方法 ← 如何研读传统绘画？ → 微观（细节） → 认知唐代图像和始文化自信

↓ ↓ ↓ ↓ ↓ ↓

《牛图——以线造型》 ← 梳理研*** ← 探究线条 ← 如何探究唐代绘画？ → 中观（一头牛） → 探究唐代审美稳固文化自信

↓ ↓ ↓ ↓ ↓ ↓

《五牛图——时空转释》 ← 梳理研*** ← 解释时空 ← 如何解释《五牛图》文化？ → 宏观（五牛图） → 解释唐代哲理坚定文化自信

单元课题

大观念　图像受不同文化的影响，包含丰富的文化信息，能反映不同时代和民族的文化特征。

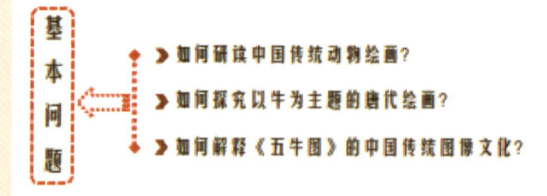

基本问题
▶ 如何研读中国传统动物绘画？
▶ 如何探究以牛为主题的唐代绘画？
▶ 如何解释《五牛图》的中国传统图像文化？

《五牛图》单元设计

阶段一：预期结果	
大观念： 图像受不同文化的影响，包含丰富的文化信息，能反映不同时代和民族的文化特征。	
意义：	
学生将可以理解：	基本问题：
1. 结合画理，利用观察、描述、分析中国传统绘画中的动物主题作品研读方法。 2. 以牛为主题的中国传统绘画是如何通过以线造型进行主观表现和展现唐代文化自信的。 3. 《五牛图》如何利用时空转译表达唐人以空间与时间为对象观照世界的哲学观以及图像传递的文化自信。	1. 如何**研读**中国传统绘画中的动物主题作品？ 2. 如何**探究**以牛为主题的唐代绘画？ 3. 如何**解释**《五牛图》的中国传统图像文化？
获得：	
学生将会知道：	学生将能做到：
1. 以发现问题、解决问题的方式，从局部到整体再到联系进行研读中国传统绘画中的动物主题作品。 2. 图像的研读方法可以通过观察、描述、分析三个步骤推进。 3. 中国传统绘画有丰富的线条造型语言，唐代绘画利用"线条的表现性"展现其特有的创作观念与文化内涵。 4. 唐代绘画以其特有的审美取向、审美表现、审美追求蕴含了有宽度、有高度、有温度的文化自信。 5.《五牛图》的空间布局在关注画面语言的同时响应了"上下四方为宇"的塑造方式，时间线索体现了"古往今来为宙"的表达。 6.《五牛图》以图像呈现的时空观体现了唐人空间与时间的哲学观点，彰显了唐代的文化自信。	1. 从微观图像入手提出疑问，在逐步扩大图像范围和寻找联系中解决问题。 2. 利用观察、描述、分析三个步骤进行图像研读。 3. 探究以线造型的绘画原理，进而深入探析创作者的观点与图像文化表现。 4. 通过对图像文化挖掘，判断唐代绘画中的审美，进而分析文化自信的依据。 5. 解构图像分析《五牛图》的时间与空间表现，感受古人画论中的时空观。 6. 深度分析唐代绘画的图像文化，对话唐代的哲学观点，感悟唐代的文化自信，坚定对传统文化的自信。
阶段二：评估证据	
表现性评价（10分）	其他证据：
a. 做好课前准备，课中积极表现，思维活跃，讨论积极，方案完善。（7—10分） b. 跟随课堂，能够进行赏析讨论，并完成自己的任务。（3—6分） c. 能够参与课堂活动，进行学习体验。（1—2分）	a. 进入情境，能够对图像中没有建立联系的认识进行有效质疑，并结合看、说、想等简单的图像研究方法解决问题。 b. 能够认真完成任务单1，对线条进行细致分析，并写下具体感受。 c. 能够结合画理感受线条的造型表现，体会出唐代的审美特征和文化自信，进而批判工艺品的图像再现。 d. 能够认真完成任务单2，图文并茂地描述每头牛。 e. 根据对《五牛图》的时空认识，能够有创意性地畅想整套工艺品的改进。

指标性评价

任务指标（75分）		
研究报告	产品开发方案	倡议书
观察细致，能够图文并茂地撰写，严格按照格式要求，图像的问题从提出到解决过程严谨有效。（15—25分）	能够充分结合线条造型特点进行产品开发，理念新颖，展现以牛为主题唐朝绘画的图像文化，有效起到弘扬传统文化与图像文化的作用。（15—25分）	有感染力，结合《五牛图》的图像文化和哲学观，并联系现实生活，展现积极的时空观与世界观，使读者坚定文化自信，明晰新时代的个人发展。（15—25分）
记录详细，按照格式要求撰写，对图像问题从提出到解决的过程清楚表达。（5—14分）	结合线条造型特点进行产品开发，有创新性，能够展现传统文化与图像文化的特点。（5—14分）	思路清晰，能够结合《五牛图》的图像文化，展现积极的时空观与世界观。（5—14分）
能够完成研究报告的撰写。（1—4分）	能够结合图像内容进行产品的开发。（1—4分）	能够结合《五牛图》完成倡议书。（1—4分）

理论指标（15分，每个5分）
1. 如何研读中国传统绘画中的动物主题作品？
2. 如何探究以牛为主题的唐代绘画？
3. 如何解释《五牛图》的中国传统图像文化？

阶段三：学习计划

课时安排：本单元共6课时，每课时45分钟。

主题一：识图——设问研读

学习体验	引导问题	评价证据
第一课时		
○活动1：立项——文化认同		
[图片：同是传世名画，中国画比肩不了西方绘画，其实是有原因的] 1. 关注社会热点问题，思考问题解决方法。 2. 发现项目研究背景，确定项目研究入口。 　　坚定文化自信，离不开对中华民族历史的认知和运用。历史是一面镜子，从历史中，我们能够更好看清世界、参透生活、认识自己。 ——2016年11月30日，习近平在中国文联十大、中国作协九大开幕式上的讲话	1. 齐白石与毕加索为19世纪末、20世纪初东西方两位最负盛名、最具代表性的绘画大师，作品成交价却相差很大。原因是，环境的制约，使得理解和认识另一个民族或国家的文化会相当困难。这种困难你认为该如何解决？ 2. 能否从习总书记的这段话中找到答案？	1. 从弘扬传统文化、坚定文化自信的角度回答。 2. 回答出：坚定文化自信，研究中华文化。
出示课题，用三单元结合图像做个项目研究，走入中国绘画，品味唐朝文化，感受文化自信。		
设计意图：通过具体议题引入情境，由情境引发对问题解决的思考和坚定文化自信的潜在认识。		

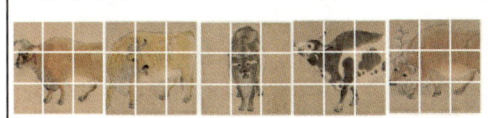

○活动2：初探——画理研相		
1. 拼图并总结出又快又好地拼出图像的方法。	1. 一起做个游戏，每个组有很多卡片，这些卡片能够拼成一张图，请5个组的同学拼一拼，并且在纸上写出你有什么办法又快又好地完成拼图。	1. 建立与已有认知的联系：依据已有认识中牛的结构、线条的连接、对牛动态与角度的猜测。
2. 回忆并记录拼图中遇到的困难以及整张图中有疑问的地方。	2. 其实这些都是你对图像以往的认识和猜测，在拼图中你遇到了哪些困难？请写下来。针对拼好的整张图哪些地方你有疑问，请圈出来。找一下有没有相似或重复的问题，如什么地方画了什么、为什么这么画。	2. 发现图像中没有建立联系的认识。学生能够积极响应并发现问题。
3. 发现问题后从观察、描述、分析的角度探究问题解决的方法。 3.1 观察 A. 局部观察 B. 整体观察 C. 对比观察	3. 这些问题该如何解决呢？你认为从哪些方面入手。 3.1 第一步就是观察，该如何观察呢？围绕有疑问的图像本身，并对比周围、其他图像你发现了什么？	3. 寻找解决方法。能够找出局部到整体的观察方式。 A. 疑问的本身内容 B. 疑问图像与周围的关系 C. 问题所在图像与其他图像的比较
3.2 描述 完成观察后把图像中有疑问的地方用语言组织描述。 A. 问题内容 B. 观察发现 C. 答疑猜测	3.2 如何用语言描述？ A. 我的疑问在哪？ B. 我通过观察发现了什么？ C. 我猜测疑问的答案应该是什么？	A. 描述出问题本身 B. 问题与周围的关系 C. 对回答的猜测
3.3 分析 A. 猜测成因 B. 排除假设 C. 继续推断	A. 这么猜测的原因是什么？ B. 排除了哪些假设？ C. 猜测中还有哪些需要继续研究证实的？	A. 结合图像进行疑问答案的猜测 B. 开拓思路，多角度进行图像研究 C. 找出未解之处
4. 总结图像研究方法。	4. 大家都对自己的疑问进行了猜测，也对自己的猜测进行了分析，这是你们对图像的初步研究，自主地发现问题解决问题，你能否总结下解决问题的方法呢？	4. 进行评价性总结，能够结合自己的观察、描述、分析等情况。

| 设计意图：由微观入手，结合拼图的形式唤起视知觉，建立图像与已有认知的联系，通过图像寻疑的方式发现图像中没有建立联系的认识。以看、说、想等简单的图像研究方法进行局部、整体、对比的观察；对疑问、发现、猜测的描述；对原因、假设、质疑的分析。 |||

第二课时

○ 活动3：研法——研究报告

1. 根据格式撰写研究报告，格式如下： A. 我提出的问题是： B. 我通过观察发现了： C. 我的猜测是： D. 我这样猜测的原因是： E. 我发现图像研究的方法是：	1. 你能否写出一篇问题研究报告？	1. 能够根据格式进行撰写，问题具有研究意义，观察角度正确，结合图像进行合理猜测。
2. 分享研究报告。	2. 请一位同学分享下他的研究报告。	2. 结合研究报告进行分享。

| 设计意图：结合具体的格式形成研究报告，进一步结合画理感受图像，提炼图像研读的方法。|||

○ 活动4：小结——总结拓展

总结图像研读从发现问题到解决问题的方法，回应文化自信的内在认识。	同学们提出的各种疑问以及找到的答案都是基于对这张作品的认同，好像没有同学提出不好的地方，这是我们心中坚定的文化自信。你的分析是否合理？该如何继续研究？为何能够形成坚定的文化自信？下节课我们继续探索这幅作品，研究中华文化，走进牛的图像。	结合课上内容进行反思。

| 设计意图：概括性回顾图像研读方法，回忆过程中对图像的认同，引发文化自信的思考，引出下个小单元内容。|||

主题一板书

设问研读

观察　　局部——整体
描述　　内容——联系
分析　　原因——未解

主题二：牛图——以线造型		
学习体验	引导问题	评价证据
第三课时		
○ 课前活动：任务——线条初感		
通过任务单结合第三头牛初步感受线条表现。 任务单1 | 序号 | 内容 | 线条临摹 | 线条特点 | 线条变化 | 线条作用 | |---|---|---|---|---|---| | 1 | 牛的轮廓线 | | | | | | 2 | 背部结构线 | | | | | | 3 | 前胸结构线 | | | | | | 4 | 眼睛的线条 | | | | |	课前结合第三头牛完成任务单填写。	对线条能够有效提炼，并说出不同部位线条的特点、变化、作用。
设计意图：以具体指向性的任务单初步感知第三头牛的以线造型。		
○ 活动1：设问——内容文化		
1. 出示以五牛中的第三头牛为原型的工艺品，提出是否有效宣传图像文化的疑问。	上节课，大家由细节入手研究图像，在发现问题、解决问题中反映出坚定的文化自信。为了弘扬中华文化，这五头牛出现在好多产品中，比如这件工艺品，你认为它有效宣传了图像的内容与文化吗？为什么？	对工艺品提出质疑，并指出复制的工艺品与原作不同的地方。
设计意图：从当下网红工艺品引发的争议入手，提出对图像文化宣传的质疑，引发思考。		
○ 活动2：探究——画理研像		
1. 通过感知画面造型元素，引出课题。利用课前任务单初步分析以线造型。	1. 这节课我们结合画理共同探究韩滉是如何画牛的。他是用什么元素组织起牛的型的？结合任务单谈谈如何用线条画出这头牛。	1. 回答出线条，能够利用任务单结合线条的造型语言进行初步分析。
2. 感受视觉中心，确定研究对象。	2. 我们找一头牛一起研究下，你认为在你的视觉中心，最能吸引你的是哪头？一起来看第三头牛的以线造型。	2. 找到视觉中心——第三头牛。

3. 探究以线造型 3.1 轮廓美——对比与调和 A. 线条的虚实 找出画中线条的虚实对比，并归纳原因。与草书线条进行对比，感受"书画本同源，落笔皆同理"。 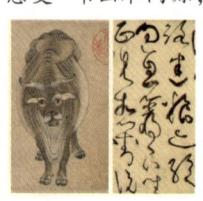 韩滉将张旭书法用笔的变化与绘画相融合，用这种收放自如、粗壮豪放的线条进行了表现。	3. 决定这头牛体形的应该是哪些线条？ 3.1 轮廓的线条中有哪些特点？ A. 浓、淡分别是在什么部位？ 对比浓淡变化的线条与张旭的草书发现了什么？	回答出轮廓，并说出线条的浓淡、粗细。 A. 浓的地方是肌肉、牛蹄，淡的是肚子，形成对比，体现出力量感。线条与草书相像。
B. 线条的粗细 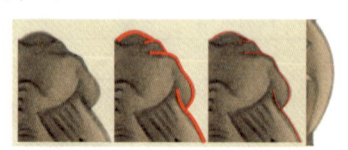 通过对比感受画中以粗线调和画面，突出厚重感的作用。 一笔画的粗线条将画面组成一个整体，带来气势一贯、浑然一体的视觉感受。	B. 浓淡有对比，粗细的对比明显吗？说说原因。你感觉轮廓线是粗还是细？ 如果换成断断续续的细线是否可以？为什么？	B. 浓淡的对比强化了线条的变化，相对统一的粗细可以调和线条的变化。 换成断断续续的细线后没有了厚重感，线条琐碎，表现不出牛忠厚的内涵。
C. 线条的刚柔  通过线条刚柔对比，表现了柔中带刚的品格，柔和的弧线给人以饱满、宽厚、广大的感觉。 小结：这是唐朝对美的理解，宽大的审美取向是当时文化自信的宽度！	C. 还有没有体现品格的地方？线条刚柔并济，较多的是哪种？轮廓柔和的弧线给你什么感觉？联想下充满气和干瘪的气球。 （教师叙述）	C. 感受出柔中带刚的线条带来的饱满、宽厚、广大的视觉体验。 （学生感知）
3.2 结构美——平面与立体 A. 线条的穿插 对比发现皮肤肌肉松紧的线条表现，感受穿插线条在表现紧致结构的同时也可表现出立体感。 	3.2 看完轮廓我们再来看内部的结构线条。 A. 圈出表现肌肉松与紧的线条，对比下两种线条有什么不同？ 穿插的线条除了表现出紧致肌肉还能表现出什么？	3.2 学生跟随观察。 A. 较松的地方线条均衡分布（摊开了，平行线较多），较紧的地方线条相互穿插，有前有后，相互遮挡，表现出结构的立体感。

B.线条的叠加 对比真实的牛感受画家的视角,并结合一点透视,提出假设,猜测表现效果。 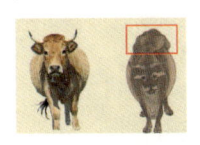 体验活动:请一位同学正对这个方盒子,能否看出方盒子的全貌?如果想要看得更多,这位同学有没有好的办法?  通过体验活动感知画家视点,思考视点表现。以手机全景拍照模式再现韩滉观察牛的视点。感受照片的重合和五牛图线条的叠加,进一步感受韩滉通过各平面线条的叠加进行空间的立体表现的方法。 总结: 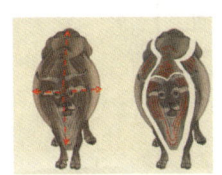 视点变化下的线条叠加:韩滉在创作这头牛时,原地站立,通过头动改变视点,用线条的叠加表现空间纵深,在这个纵深的空间里描绘了上下左右四个方向。好比把整头牛从正面切片,就成了从正面得到不同的平面,再将这些面往上叠加。 叠加的主观表现:这种与西方焦点透视不同的方法我们可以归为散点透视,体现的是层层叠加,为了更好地表现对象,走出客观表现,以不同视角描绘各个部分,再将每部分主观叠加画出来。西画描绘客观物体脚和头视线是不动的,而《五牛图》类似脚不动,但头动,视线在一定范围内观察对象再取想表达的立体结构。 结合《一篮苹果》感受文化自信。  小结:这是唐朝对美的表达,领先的审美表现,是当时文化自信的高度!	B.我们对比真实牛的图片,对于韩滉这种空间的线条表现,你有没有什么疑问? 你认为画家是站在什么角度看这头牛的? 我们知道焦点透视中的视点是固定的,因此会有近大远小的关系。按照焦点透视图形最大的可能是牛的什么部位?会遮挡住更多的结构,反而难以表现立体。韩滉是如何表现立体的呢?一起来做个体验活动! 拍下不同视点的照片,有什么办法让观者通过一张图片感受到立体? 这种透视方式与焦点透视有何不同? 这种透视方式的特点是什么? 这是8世纪中唐时期的作品,其实西方的绘画发展中,19世纪也出现了这种观察与表现方法,如塞尚的《一篮苹果》。对比时间你有没有什么想说的?	B.表现的和看到的不一致。画家的视点不固定,如果视点固定难以进行立体表现。 感受脚不动头动的视点变化。 通过感受图片的叠加能猜测出韩滉利用各平面线条的叠加表现牛的立体。 提出多图片的重合与叠加。 结合焦点透视和表现效果分析视点变化下的线条叠加。 优点为表现得更为立体,并符合画家的主观表达。 早于西方的绘画,体现文化自信。

3.3 细节美——写实与夸张 A. 具体的线条 通过对线条的分析找出体现表情的五官线条，感受韩滉通过对牛五官的具体结构交代和写实刻画，进行表情的传达和生动的表现。 	3.3 观察细节线条 A. 再来看看细节线条，你认为哪部分能够表达出这头牛的表情？通过放大眼睛的局部来说下韩滉用线条刻画了哪些细节，画出这些细节的作用是什么。	A. 眼睛和嘴巴 细节的线条将这头牛表现得更为真实，活灵活现。
B. 概括的线条 通过与真实牛的对比，观察韩滉线条造型的概括表现，感受应用夸张凸显神态的手法。  通过画面情境对话画中形象，感悟画中道理。 这头牛以静为动，犹如舞台上的演员与台下观众的互动，把整幅画推向了高潮，这是唐朝对美的回应，神韵的审美追求，是当时文化自信的温度！	B.对比真牛发现了什么？这样的作用是什么？ 我们将长卷变成它行进的路线，设想一个场景：一头经历过青年披荆斩棘，也经历过壮年满腔热情的老牛，低垂着前胸，承载着岁月的重量和生命的酸甜苦辣，缓缓地走来，突然转向了你，想对你说点什么，你认为它对你说了什么？	B. 牛的眼睛进行了放大，突出了黑色瞳孔，嘴部表情进行了夸张。 充分表现牛的神态。 能够结合画中内容、图像表达以及自己的学习和生活谈感受。

总结：这节课我们通过感受韩滉以线造型，结合轮廓美的对比与调和、结构美的立体与叠加、细节美的**写实与夸张**等画理内容，感受唐人以**宽大**的审美取向、**领先**的审美表现、**神韵**的审美追求观照世界以及**有宽度、有高度、有温度**的文化自信。图像的美就这样成为文化自信的度！

设计意图：结合画理研究图像，以线条为抓手层层展开，利用辅助线、提取重组等解构方法以及互动、感知等形式开展教学。通过对轮廓、结构、细节线条的解析，感悟唐人的审美方式，以及唐人视角观照世界的文化自信。

第四课时
○活动3：答疑——图像文化

结合图像内容对工艺品进行评价。	回到一开始的问题，这个工艺品，你认为它有效宣传了《五牛图》的内容与文化吗？为什么？	应用《五牛图》中的画理进行评价，凸显文化自信。

设计意图：在画面深入浅出后回归问题情境，分析图像价值的有效再现，感悟弘扬传统文化的路径。

○ 活动 4：应用——文化实践		
图文并茂地表现文化产品开发的方案。要求：1.需结合这头牛的线条造型特点进行设计。2.写出结合了哪些元素与创新点。3.写出设计的产品作为图像文化宣传的优势。4.最后将展示点评。	如果让你以这头牛为原型进行产品开发，有没有什么想法？	能结合图像内容和原理进行创意性开发设计。
设计意图：回顾课上内容，结合图像与文化认同进行创意实践的方案设计。		
○ 活动 5：小结——总结拓展		
从中观进入宏观，引出下节课的内容。下节课，让我们走进五牛，再探文化自信。	这是其中一头牛，《五牛图》是五头牛，那作品又表现了什么呢？	跟随思考。
设计意图：结合疑问拓展课堂，引出下个单元的内容。		

主题二板书

牛图

以线造型

轮廓美　对比与调和　宽度

结构美　平面与立体　高度

细节美　写实与夸张　温度

主题三：五牛图——时空转译

学习体验	引导问题	评价证据
第五课时		
○ 活动 1：设问——全图文化		
1.对以《五牛图》为原型的工艺品设计，提出质疑。 2.通过逐步分析《五牛图》时间与空间的联系引出课题。	1.上节课，老师拿出了一头牛的工艺品，我这里有一整套，可能大家会感觉每一个是独立存在的，你觉得这个关于《五牛图》的工艺品设计合理吗？说说为什么。 2.结合作品你认为五头牛有哪些方面的联系？	1.每一头牛独立存在，五牛的关系割裂开了。 2.回答画作表现的时间、空间感相关联系。
设计意图：通过具体问题情境引入全卷，迅速聚焦《五牛图》表达的时空观。引导学生带着思辨的意识，初步感受以《五牛图》为代表的传统绘画传递的时空观。		
○ 活动 2：再探——画理研象		
1.学生以小组为单位，结合文献资料，合作探究中国传统文化中"上下四方为宇，古往今来为宙"在《五牛图》是如何演绎的，学生初步感知古人观照世界的方式。 思考《五牛图》是如何设计图像单元的。	1.请大家结合文献资料，从横卷的阅读方式，牛的神态、动态，小组探究中国时空观在本作品中的具体呈现。	1.结合图像识读，回答画面中上下呈现的具体内容，如地面、空气等。

2 空间 2.1 独立空间 观看《五牛图》独立图像，学生了解每一头牛都可以成为自给自足的图像单元，理解这是唐代绘画的特点，这类作品不依赖文字，更容易被国际理解，理解独立图像传递唐代的文化自信。	2. 如果将五头牛单独装裱，是否合适？为何以《五牛图》为代表的唐代花鸟画、人物画都没有背景？	能够了解《五牛图》可以分解为5个独立单元。 能够结合历史学，分析唐朝经济繁荣对文化、艺术的影响力。能够感知"留白"反映的文化交融。
2.2 整体空间 2.2.1 单向观看（从右到左） 观看图片，学生了解五头牛相互独立又相互关联。通过从右往左的阅读方式创建了独立又相互关联的整体空间。  A. 运动布局 每头牛都是独立的个体，按照手卷展开的方式逐个观赏，视线跟随牛的动态而发生变化。如果换了顺序，长卷的空间节奏将被打破。 	从右到左观看，第一头牛、第二头牛在动态、牛头的方向与观看方式有何关联？ 从右往左按照大的结构线，观者是一种怎样的视点变化？	

B. 叙事空间 五头牛的动态演绎了不同的趣味性情节，寻找图像线索，感受空间叙事。 通过动作形态、空间占比、附属事物分析不同牛的神态，并进行简单描述。 | 任务单2 |||||| |---|---|---|---|---|---| | | 动作图示 | 空间占比图示 | 附属事物 | 神态 | 一句话描述这头牛 | | 第一头牛 | | | 植物 | 自得 | | | 第二头牛 | | | | 自信 | | | 第三头牛 | | | | 坚定 | | | 第四头牛 | | | | 乐观 | | | 第五头牛 | | | 璎珞 | 执着 | | 从动作可以大概看出五头牛的神情；从空间占比可以看出牛的体形和年龄；从附属事物可以看出牛所在的环境，比如，第一头牛是在野外，第五头牛是在干农活，进而尝试空间叙事。	结合任务单寻找线索，完成描述内容。	
2.2.2 纵向观看（从前到后） 学生观看图片，了解从第三头牛开始，观看视线受到阻拦，发生变化。学生理解第三头牛通过脖子、脊柱、臀部延伸至深处。 学生观看示意图，理解韩滉通过角度塑造，将二维空间转换为三维空间，画面的空间被转化为画外观看空间的延伸。	到了第三头牛，牛的动态、方向，视角发生了怎样的变化？ 韩滉为什么这样设计？ 正面牛是如何与观者发生互动的？	能够感悟到正向牛因为朝向的原因，对于观者阅读习惯的阻隔。了解作者通过改变图像的方向，引导观者理解空间从前往后的纵深拓展。可以结合动态、神态，判断画面空间对概念空间的影响力。

2.2.3 反向观看（从左到右） 比对箭头示意图，学生了解从右往左第四头牛，头的方向发生了变化，图像引导观者观看顺序发生变化，在空间上产生回环功效。 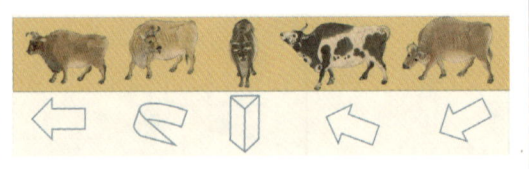 观看莫高窟第 217 窟《西方净土变》、赵孟頫《牧马图》，了解中国传统绘画在花鸟画、壁画的表达上呈现了独特的空间概念。 对比观察古希腊瓶画、透视图、素描牛的作品，了解中国画在空间表达上独特的魅力。 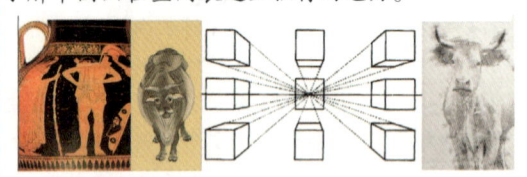	从右往左数，第四头牛在方向上发生了怎样的变化？ 你可以借鉴前面的方法，谈一谈这样的动态对空间的影响吗？ 中国传统艺术，对于空间特殊的营造，不仅体现在唐代花鸟，你以前看见过类似作品吗？请回顾并进行评价。 不同的艺术形式，对于空间的表达有何异同？ 这几种艺术形式，你更喜欢哪一种？说明理由。	能够结合图像的朝向，判断朝向对于空间的引导、阻隔，对于画面节奏的影响。 能够迁移品鉴中国传统艺术，线条、视角、动态等对于空间的影响力。 融汇贯通古希腊瓶画，中国传统绘画、素描对于透视、空间不同的表现。
2.3 色彩空间 感受牛的色彩对塑造牛的空间有怎样的影响。 	对比五头牛主色的提取，视觉感受是哪个往前哪个往后？	能够有效感受色彩不同带来的空间层次性。
2.4 教喻空间 结合图片及牛的精神品质，理解韩滉借助《五牛图》传递出的勤劳、忠诚的精神品质。	牛作为老百姓喜闻乐见的动物，你知道大家为什么喜欢它吗？它有哪些精神品质是被大家推崇的？	结合牛的品质，用美好的词语，如"勤劳""忠厚"等，评价《五牛图》对于人类的教化功能。

2.5 梦幻空间 结合书法作品，理解韩滉借助《五牛图》表达了包括五个兄弟的情感、归隐、重农的情感。 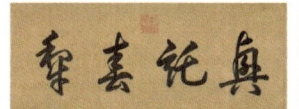 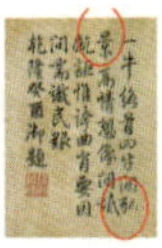 	三幅书法分别为乾隆和赵孟頫的题字。标红的"陶弘景"听说过吗？ 为何这个名字多次出现在《五牛图》中？你能认出这几个字吗？应该从左读还是从右读？这样的题字有何深意？	分析评价乾隆、赵孟頫等的书法作品。分析评价《五牛图》隐含的个人情感。
2.6 宇宙空间 结合文献资料，引导学生观察牛蹄下、头顶的空白代表着"天"与"地"。理解传统绘画中对于"天"和"地"空间观念的塑造及表达。理解古人通过虚与实的表达传递的观照世界的方式。 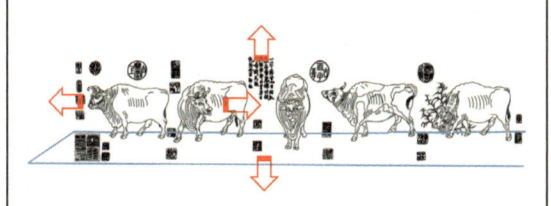	牛的蹄下踩的是什么？牛的头上顶的是什么？在传统艺术里面，这些暗指什么？	结合传统书画的阅读方式，分析传统艺术中"四方""天地"的哲学观。
总结：我们通过动态、神态、线条等图像元素，探究了画家在《五牛图》中创造的独立空间、整体空间、色彩空间、教喻空间、梦幻空间、宇宙空间。		
3. 时间 **3.1 牛之象——春秋何时** 观看图片，了解韩滉通过牛的皮肤、神态、动态，传递牛的年龄结构，理解不同的神态、动态可以表达时间观念。 	3.1 你可以按照年龄大小给五头牛排个序吗？ 说明排序原因。	从牛的形象、表象出发，判断年龄。
3.2 树之象——寒暑何时 学生探究作品中唯一一棵植物，通过植物的大小、种类、没有叶子等表象形象，了解古人通过这样的形象传递的季节等时间观念。 	3.2 你发现第一头牛旁边的这棵小树了吗？你能猜猜它的种类吗？结合树的造型，你知道这幅画表现的是哪个季节吗？	3.2 结合画面中非主角"树枝"，可以递进判断画面的季节。

3.3 收放之——古今何时 学生思考并实践手卷的开卷方式，理解中国传统绘画作为中国古典文化的重要组成部分，有着独特的语言风格体系，也包含了古人观照世界的方式。 	请你回顾手卷的打开方式，思考手卷的收放隐藏着怎样的哲学思想。	结合文献，演示横卷开卷方式，分析判断开始、结束包含的"时间观"。
设计意图：通过色彩、位置、遮挡、虚实、视角呈现，引导学生层层理解韩滉对于《五牛图》空间的塑造，理解虚实创造的空间节奏,理解传统绘画中对于"上下四方为宇"的塑造。理解古人观照世界的空间哲学观。通过探究牛的皮肤、神态、动态，植物形象，《五牛图》的开卷形式，引导学生层层理解韩滉对于《五牛图》时间的塑造，理解传统绘画中对于"古往今来为宙"的表达，理解古人观照时间哲学观。		
第六课时		
○活动3：应用——文化内涵		
1.回归任务情境，结合工艺品创意畅想《五牛图》的时空联系，进行知识迁移。	那套弘扬传统图像文化的工艺品你有什么好的改进方法？	结合时空联系，进行创意畅想。
2.观看图片，回到当下，随着时间推移，生命绽放成长，理解面对时代的发展，思考我们应该树立怎样的时空观、世界观。结合《五牛图》，为弘扬传统文化、坚定文化自信、树立发展目标写一封倡议书。 		
设计意图：联系情境，回到当下，引导学生思考来到新时代，我们应该有怎样的作为，树立正确的时空观、价值观、世界观。		

○ 活动 4：出项——文化自信		
中华文明 5000 多年绵延不断、经久不衰，在长期演进过程中，形成了中国人看待世界、看待社会、看待人生的独特价值体系、文化内涵和精神品质，这是我们区别于其他国家和民族的根本特征，也铸就了中华民族博采众长的文化自信。 ——2019 年 8 月 19 日，习近平在敦煌研究院座谈时的讲话	我们一起来读这段话，回顾大单元的学习，感受唐人的文化自信，坚定当代的文化自信！	走出图像，感受唐人文化，增强文化自信。

设计意图：通过习近平总书记讲话内容，回顾通过《五牛图》大单元带来的视觉体验和文化自信，明确在研究历史文化中，弘扬民族文化，坚定文化自信。

<table>
<tr><td colspan="2" align="center">主题三板书</td></tr>
<tr><td colspan="2" align="center">五牛图
时空转译</td></tr>
<tr><td>独立空间
整体空间
色彩空间
教喻空间
梦幻空间
宇宙空间</td><td>春秋何时

寒暑何时

古今何时</td></tr>
</table>

作者单位：

苏州工业园区教师发展中心　沈兰

苏州工业园区独墅湖学校　王岠

苏州工业园区东沙湖实验中学　马大川

苏州工业园区景城学校　李伟

《五牛图》学习过程记录

主题一：识图

【基本问题】

《五牛图》中包含哪些画面内容，带给人怎样的视觉感受？

【小问题】

1. 《五牛图》全貌结构如何划分？
2. 五牛的颜色、动作、神态是怎样的？
3. 五牛的形态、色彩分别给人怎样的视觉感受？

【问题情境】

曾教过的学生现在是南京医科大学大一新生，寄来一张珍藏的明信片，正面是《五牛图》中的一头牛，反面是他写的信，讲南京疫情期间他做志愿服务产生的与《五牛图》相关的感想。

【学习过程】

○ **课前任务：**

根据任务单探索《五牛图》作者、时代等作品信息，结合线索挖掘与作者画牛有关的社会背景。

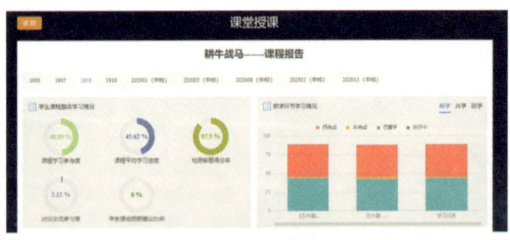

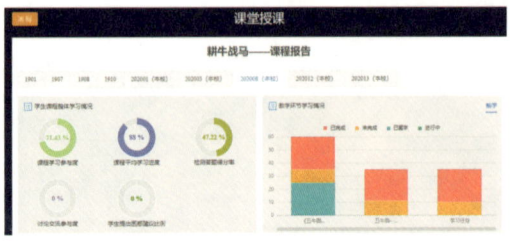

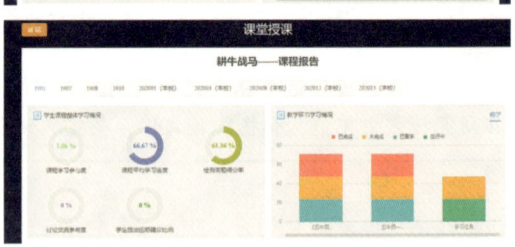

○ **活动一：信传千年经典**

思考：明信片是否具有收藏价值？其内容本身是否有收藏价值？

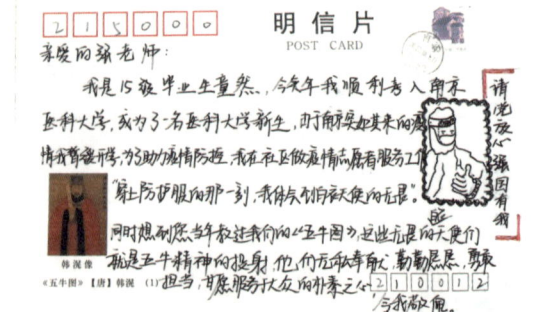

○ 活动二：整观五牛全貌

结合《五牛图》仿本卷轴，对《五牛图》的全貌有直观理解；结合辩论的形式探讨印章与题跋对于图的作用。

	任务单二					
		右一	右二	中间	右四	右五
五牛	色彩					
	用火柴人概括表现牛的动作					
	用一个词概括牛的神情					

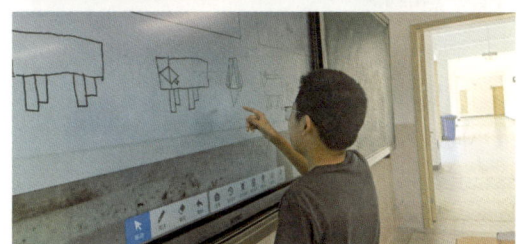

○ 活动三：细观形态感受

A. 结合任务单二，观察画面信息。

B. 细观五牛动作、神情，从演、说、画的体验活动中表达对五头牛的视觉感受，将视知觉外显。

C. 观察色彩给人的视觉感受与动作之间的关系。

○ **活动四：拓展形式原理**

画家为何能够通过画让我们感受到每头牛的动作、神情呢？

主题二：读线

【基本问题】

画面中如何以线造型，与表达牛的性格精神有何关联？

【小问题】

1. 线条的统一与变化，对表现牛的形态有什么作用？

2. 韩滉是如何观察正面牛并用线条表现出来空间感的？

3. 疏中有密、虚实相间的线条借鉴了哪种书法用笔，对表现牛结构有什么作用？

4. 线条是如何表现牛活灵活现的神情的？

【问题情境】

曾教过的学生现在是南京医科大学大一新生，寄来一张珍藏的明信片，正面是《五牛图》中的一头牛，反面是他写的信。我们虽没有珍藏的明信片，但可以再现一张五牛明信片。

【学习过程】

○ **活动1：引入以线造型**

作者主要用了什么元素画出了五牛形象？

○ **活动2：研读五牛线条**

A. 统一与变化

思考：作者会用什么样的线条表现牛的性格？观察图中线条特征，从脖子、脊柱线条变化，感受线条对动态的表达有怎样的作用。

B. 平面与空间

观察正面的牛有何不同之处，对比真实的牛，结合圆柱体观察体验活动，模仿韩滉对正面牛的观察方式，理解画中是如何运用线条进行空间方位的表达的。

C. 虚实与疏密

通过对比，观察理解线条借鉴了书法用笔表现结构。

D. 写实与夸张

观察眼睛细微线条的描绘，体现对五牛性格的表现。

○ **活动3：初感五牛精神**

五牛表情对应了哪些精神？这些精神对你有什么启发？结合自己的学习生活谈一谈。

○ **活动4：关联问题情境**

○ 活动5：解读展示作品

○ 活动6：拓展精神意蕴

观者分明能感觉到这五头牛不但有生命、有情感，而且有各自不同的内心世界，这是韩滉人格化了的五牛，这是他心中的《五牛图》。你心中的《五牛图》是怎样的？你心中的"五牛精神"又是怎样的？

主题三：悟理

【基本问题】

对"五牛精神"有何感悟？我该如何做？

【小问题】

1. 从哪些线索可以看出牛的年龄不同？
2. 结合人的感受去理解老中青三个阶段的牛心态上有怎样的不同。
3. "五牛精神"对自己的学习生活有怎样的启发？
4. 社会生活中应如何发扬"五牛精神"？

【问题情境】

集体回一张明信片。

【学习过程】

○ 活动一：挖掘精神线索

继续观察图像，从图像中寻找可能有精神象征的线索。

○ 活动二：感受图像暗示

A. 图像与时间

挖掘图像中体现时间的线索，如褶皱、嘴巴颜色等为牛的年龄进行排序。找出其中最年轻的牛，体会它的精神状态。

B. 图像与环境

发现年轻牛身后的植物，思考它与牛的心态有什么关系。对比观察年轻的牛和中年的牛生活环境可能有怎样的不同，结合环境分析心态的变化。

C. 图像与联想

以老牛为重点，分析哪些细节体现出它的老态；从牛角、表情、眼神的状态中，联想到不同人生阶段人的心态，对"五牛精神"进行深入理解。

○ 活动三：回望自身生活

结合五牛的精神状态，深入思考五牛精神，引发自己的深入感受。

○ 活动四：关联社会现实

联系明信片内容，疫情期间做社区服务志愿者的同学是千千万万工作者的缩影。结合视频，再次感受社会具有"五牛精神"的人。

○ 活动五：信间传达感受

○ 活动六：共同分享感受

○ 活动七：唤醒责任意识

从自身出发，思考作为青年的责任。共同喊出响亮的口号：请党放心，强国有我。

《五牛图》单元设计

阶段一：预期结果	
大观念： 借助图像，人们既能获得知识和信息，也能表达思想和情感。	
意义：	
学生将可以理解： 1. 不同的图像元素可以带来不同的视觉感受。 2. 看似平常的图像元素的排列中也蕴含着丰富的形式原理。 3. 图像能够传达精神并引发人的深度思考。	基本问题： 1.《五牛图》中包含哪些画面内容，带给人怎样的视觉感受？ 2. 画面中如何以线造型，与表达牛的性格精神有何关联？ 3. 对"五牛精神"有何感悟？我该如何做？
获得：	
学生将会知道： 1.《五牛图》中包含哪些画面内容。 2. 画面中如何以线造型，与表达牛的性格精神有何关联。 3. 该如何理解"五牛精神"。 4. "五牛精神"中有哪些可以学习的地方。 5. 今后的学习生活中该从哪些方面去发扬"五牛精神"。	学生将能做到： 1. 通过直观体验获得视觉感受结合活动将视知觉外显。 2. 解构分析图像元素，理解画面应用的形式原理。 3. 通过画牛点睛，灵活运用线条，创造有空间感的神态各异的牛形象。 4. 参与体验活动，迁移理解韩滉看牛的视点变化。 5. 结合"五牛精神"完成明信片创作。 6. 从自身到他人到国家，唤起作为青年的责任感。
阶段二：评估证据	
表现性评价（10分） a. 做好课前准备，课中积极表现，思维活跃，讨论积极，方案完善。（7—10分） b. 跟随课堂，能够进行赏析讨论，并完成自己的任务。（3—6分） c. 能够参与课堂活动，进行学习体验。（1—2分）	其他证据： a. 进入情境，结合图像分析画面内容获得视觉感受。 b. 体验出图形能够表现事物本来的面貌。 c. 体会理解画面题跋印章对画面的影响意义。 d. 分析韩滉如何以线造型。 e. 从图像中得到精神感悟。

指标性评价
任务指标（75分）

主题一：识图

课前任务单一	任务单二	五牛感悟
能够提取线索中关键信息，自发总结出关于《五牛图》的作者、朝代信息，能够捕捉画面中与作者画牛相关的信息点，并能从材料中分析出作者画牛体现了农本思想。（15—25分）	观察细致，能够图文并茂地归纳表现，对牛的图形内容判断准确，善于捕捉线索信息并进行提取总结，获得深入思考。（15—25分）	能够细心观察图像内容，结合图像元素，猜测五牛内心独白，根据五牛形象，对五牛获得不同的感受。（15—25分）

能够分析出《五牛图》的作者、朝代信息，找到与画牛相关的信息点。（5—14分）	记录详细，对图形内容判断准确。（5—14分）	能够理解画面画了什么，理解五牛给人传达着不同的感受。（5—14分）
找到《五牛图》作者、朝代信息。（1—4分）	能够完成任务单的记录。（1—4分）	能够结合作品有所感悟。（1—4分）

主题二：读线

五牛感悟	体验活动	方案演绎
能够细心观察图像内容，结合图像元素，通过画面形式原理理解作者绘画用意，用现代眼光分析韩滉线条中蕴含的原理，品读理解韩滉的以线造型，从中获得自己的感悟。（15—25分）	能够积极参与体验活动，在教师引导前能自发地从活动中获得感受，准确地总结出规律，能合理迁移到类似情况中解决问题。（15—25分）	分工明确，组长能够有效组织各成员参与策划，齐心协力，灵活运用当节课知识经验，根据情境要求完成展演。（15—25分）
能够理解作者处理画面构图、线条、表情的用意，并获得自己的感悟。（5—14分）	在体验活动中自发地获得自己的感受，总结出部分规律。（5—14分）	有具体的分工，组长负责，方案参考了课堂内容。（5—14分）
能够结合作品有所感悟。（1—4分）	能够在教师引导下参与体验活动，获得理解。（1—4分）	能够参与活动展演。（1—4分）

主题三：悟理

任务单三	五牛感悟	方案演绎
能够从前面几头牛的分析中实现知识迁移，记录详细，准确分析出两头牛的心情，在图中找到证据，并从牛的状态中获得深入思考。（15—25分）	观察细致，能够善于捕捉图像元素，根据元素对"五牛精神"准确分析，能够展开想象，联想到现实生活，获得成长启发。（15—25分）	分工明确，组长能够有效组织各成员参与策划，齐心协力。明信片的创作充分体现自己对五牛精神的思考。形象创作构图合理，效果美观，解说生动。（15—25分）
能看出两头牛的性格特征及对应的精神，有自己的思考。（5—14分）	能够根据图形准确分析"五牛精神"，主动获得自己的感悟。（5—14分）	能够完成明信片创作，创作内容体现对"五牛精神"的思考。能够解说清楚创作意图。（5—14分）
能完成任务单的记录。（1—4分）	能够分析图形，在引导下获得感悟。（1—4分）	能够根据"五牛精神"完成明信片的创作。（1—4分）

理论指标（15分，每个5分）
1. 《五牛图》中包含哪些画面内容？带给人怎样的视觉感受？
2. 画面中如何以线造型，与表达牛的性格精神有何关联？
3. 对"五牛精神"有何感悟？我该如何做？

阶段三：学习计划		
课时安排：本单元共 6 课时，每课时 45 分钟。		
主题一：识图		
学习体验	引导问题	评价证据
第一课时		
○ 课前任务：回望时空背景		
进行课前线索探究，完成任务单。 线索一：唐代国力雄厚，经济繁荣，实行均田制，更多的人有了田地进行劳作。 线索二：韩滉曾在通州为官，唐朝之通州，即今日四川达州。时至今日，达州依旧是全国最重要的耕牛基地以及苎麻产区。 线索三："牛为耕稼之本，马即致远供军。" "农业兴则社稷兴，农业废则国家危。" 任务单一 |《五牛图》创作时代|　| |《五牛图》作者|　| |与作者画牛有关系的关键信息点|线索一： 线索二： 线索三：| |综合材料信息，画牛体现了作者怎样的思想？|　|	请同学们课前登录易加学院根据线索完成任务单一。	任务单结合指标评价与关键词，初步分析出作者、时代、画牛的背景、作者思想表达等信息。
○ 活动1：信传千年经典		
进入问题情境 一位学生寄来一张他精心收藏的明信片。明信片正面是《五牛图》中的一头牛，你觉得这张明信片有没有收藏价值？	你写过明信片吗？你觉得明信片有收藏价值吗？曾经教过的学生现在是医学院大一新生，寄来一张精心收藏的明信片。明信片正面是《五牛图》中的一头牛，反面是他写的信。这张明信片有没有收藏价值？你现在最想了解什么？	思考明信片有没有收藏价值，其内容本身有没有收藏价值。

出示课题：到底画了什么？让我们一起还原放大观看《五牛图》。但这仅仅是《五牛图》的部分内容。画面两端进行延伸才能得到全貌。		
设计意图：通过具体问题情境引入《五牛图》，唤醒好奇心，产生对《五牛图》的猜测，在探究中得出作品背景信息。		
○活动2：整观全貌结构		
1. 观察《五牛图》全貌 （1）一个字概括下对《五牛图》全卷的感受。 （2）感知活动：像语文中的断句一样，如果对画面进行分段，全卷可以大致分为几个部分？如何划分？为什么这么分？ 2. 手卷的结构 尝试用个人理解为手卷每个结构部分取名。	1. 用一个字概括对《五牛图》全卷的感受。 2. 全卷可以大致分为几个部分？如何划分？为什么这么分？ 3. 这几部分有没有官方的名字呢？ 尝试分别为它们取名。	学生能够感受到图中全貌的气势。 能够根据全卷内容划分出手卷拖尾、画芯、引首三部分。
3. 观察题字、印章 （1）观察引首和尾纸的字都是谁写的。 （2）观察画中印章位置，找出盖章的人可能有哪些。 （3）**辩论活动**：这些题跋和印章的存在对《五牛图》是"增值"还是"糟蹋"？	1. 在每段题跋的落款中，找出引首和尾纸的字是谁写的。 2. 印章集中在哪？盖章的人都是谁？ 3. 对比观察《五牛图》未盖章的原貌和现状图，这些题跋和印章的存在是"增值"还是"糟蹋"，先举手表决，后展开辩论。	能够找到印章和题字的人，辩证地评论看待画上题字印章的现象。
4. 观察《五牛图》画芯 **感知活动**：《五牛图》画芯与全卷相比，所占比例是多少？	根据辅助线观察计算《五牛图》所占全卷的大致比例是多少。	学生能够逐渐深入观察到画芯，计算出画芯与全卷的比例为2:7。
设计意图：整体观察《五牛图》全貌，由欣赏方式、形制结构、比例关系等逐步深入，让学生在建立起全局观念的基础上，由大及小地定位到《五牛图》画芯内容。		

第二课时
○ 活动 3：细观形态感受

1.《五牛图》画芯中到底有哪些信息？ **任务单二** 		右一	右二	中间	右四	右五
---	---	---	---	---	---
五牛	色彩					
	用火柴人概括表现牛的动作					
	用一个词概括牛的神情							1. 结合任务单二观察画芯中到底有哪些信息，请同学分享任务单。	1. 任务单结合指标评价，认真观察五头牛的细节。
2. 体验感知 演：观察同学表演的五头牛是怎样的状态，（注重表情塑造），同学的表演是否贴合图中五牛。 说：五牛可能在想什么？ 画：在纸上大胆地用五个几何图形表现这些不同的感受。 分享自己的图形感受。	2. 演：任务单二中牛的动作和神情，能不能表演出来？请同学上前来表演，其他同学细微观察。表演每头牛（表情、动作、语言）。 说：如果你是图中的牛，你会想什么？可以从第一头牛场景开始猜测下它所处的情境和内心独白。 画：用什么简单的图形能表达你的感受？可以是你联想到的其他物体，也可以是简单的抽象图形。	2. 能通过演、说、画三种感知方式，表达出对五牛的不同感受，将视知觉外显。
3. 色彩视觉感受 思考色彩与牛的动作之间的关系。比较色彩给人的视觉感受，与牛的形象给人的视觉感受是否有一致性。	3. 刚才的感受是从动作、神情的表现上获得的，这种感受对不对呢？能否找到其他证据？——颜色。下面几种颜色，哪个更活泼，哪个更沉稳一点？色彩传达的视觉感觉与刚才牛的形象、神情给你的感觉一致吗？	3. 能够理解色彩与牛的形象、气质相吻合。
设计意图：对作品图像关键内容进行观察，将视知觉外显，指向问题解决，形成基本的认知建构。		

	○活动4：拓展形式原理	
4.思考画家为何能够通过画让人感受到每头牛的动作、神情。	4.这是作品带给我们的感受。那画家为何能够通过画让我们感受到每头牛的动作、神情呢？到底有什么魔力呢？下一单元我们将继续探究。	4.根据经验，引发思考。
设计意图：结合疑问拓展课堂，引出下单元内容！		
主题一板书		
五牛图——识图		
整观　　　　　全貌结构		
细观　　　　　形态感受		
主题二：读线		
学习体验	引导问题	评价证据
第三课时		
○活动1：引入以线造型		
观察韩滉用什么元素画出了五牛形象。	上节课我们识读五牛图像，韩滉是用什么元素画出五牛形象的呢？	回答出线条。
过渡语：这一单元我们通过读线，感受韩滉的以线造型。引出画中主角——牛。		
设计意图：在第一课时了解完图像内容的基础上，以线条为线索，继续深入理解作品中的形式原理，实现图像的意义建构。		

○ 活动2：研读五牛线条

1. 统一与变化 结合牛的性格给人的整体感觉，结合感觉思考应该用什么样的线条去表现牛。 **统一**：观察《五牛图》中的线条特征，对比细线条，感受线条对塑造牛的气质形象的作用。 **变化**：在纸上圈出自己最感兴趣的线条。找到右一、右四脖颈处线条的类似之处。与其他几头牛脖颈处线条对比。 观察感受牛背上的线条变化，分析原因。 理解线条变化与牛动态的关系。	说到牛的性格，你会想到什么词？如果让你表现这种性格，会用怎样的线条去画牛呢？ 韩滉的线条有什么特征？ 如果用这种细线条行不行？为什么？ 作者用了这种粗线条统一塑造了牛忠厚的感觉。每头牛的线条是完全一致的吗？ 你最感兴趣的线条在哪？为什么？其他地方有没有类似的线条？这两头牛的脖子线条与其他几头牛有什么不一样？ 哪些牛背线条变化更丰富？ 也是这两头牛身上，说明线条变化与牛的动态有什么关系？	结合对牛性格的经验判断，观察出图中线条的特征——粗。 通过对比发现粗线条能表现牛忠厚的性格特征。 能够找出富有变化的线条。 观察是右一、右四牛的后背线条变化丰富，理解牛动态越强，线条变化越多。

过渡语：除了统一与变化，线条对塑造牛的形象还有没有其他意义？

2. 平面与空间 对比观察小朋友画的牛与韩滉的牛，分析韩滉的牛立体感更强的原因。   观察正面的牛与其他几头牛最大的不同。对照侧面牛的结构，观察正面时候的牛的结构。 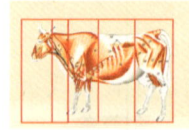 对比观察真实的牛与韩滉的牛，思考韩滉表现正面的牛的时候用了怎样的手法。  体验活动：圆柱体动、人不动地观察不同方位的圆柱体。再换成圆柱体不动，人在一定视线范围内去观察。 结合牛模型，模仿韩滉视角，用"脚不动头动"的方式观察图中牛身体上下左右的空间表现，发现不同空间线条的排列规律。 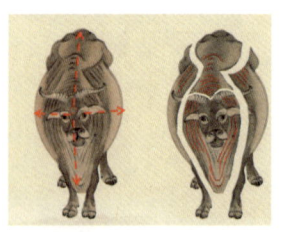	对比观察小朋友画的牛与图中牛，哪个立体感更强？ 五头牛中立体感最强的是哪一头？为什么？ 一般侧面观察牛的时候，可以分为这五部分结构，正面的时候，这些结构都能看出来吗？为什么看不出来？ 哪些地方被挡住了？ 头部遮挡了太多的结构，立体感好像减弱了，韩滉如何去化解这个问题呢？牛背、牛的侧面好像都能看到。为什么韩滉的牛后半截翘起来了？ 体验活动：观察圆柱体，完全从正面看时，画一下看到的图形。感觉立体吗？怎样才能看见立体的？上下左右动时，才能看见立体的圆柱。如果这个圆柱体不能动，人动的情况下呢？该如何观察呢？观察的视线范围是怎样的？尝试下脚不动头动。 再看这头牛模型，演一演韩滉是怎么看正面的牛的。在观察角度变化的过程中，看到了牛的哪些部位？以线造型有没有画出这些部位呢？	观察出韩滉的画具有空间感。 通过观察理解侧面的结构转向正面时，结构发生遮挡。 能理解韩滉的正面牛中，用了一些主观处理，把原本遮挡的部位画了出来。 理解通过不同视点观察圆柱可以得到立体的图形。 回答出在一定范围内的观察。 从体验活动中学会迁移，多视点观察牛，发现牛身上的线条排布规律。

3. 虚实与疏密 继续观察这头牛身上线条，寻找有没有其他对比关系，理解线条对比的作用。 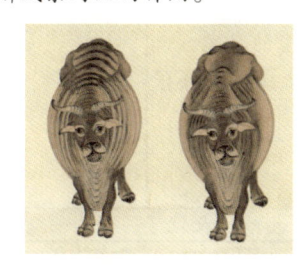 观察线条的疏密虚实与书法是否有类似之处。 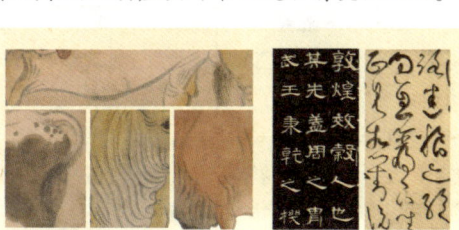	像3D图一样平均布满线条行不行？为什么？ 韩滉表现的五头牛疏密有致、虚实相间，那他是如何表现疏密虚实的呢？所谓"书画同源"，画作的用笔与哪种书法用笔相类似呢？有什么作用呢？	能够回答出线条的疏密与虚实。 观察发现韩滉线条的笔法和草书有相似之处。理解通过这种书法性线条表现了牛的结构。
设计意图：学生可以通过细观线条，理解韩滉对空间透视的技术表现，在脑海中建立起立体的牛形象，强化感受认识。		
过渡语：这种书写性的线条表现了牛的结构，给我们丰富的视觉感受，好像把牛活灵活现地表现出来了，牛的哪部分最能突出这种活灵活现的神情呢？就像我们人的表情，哪部分表现最明显？		
4. 写实与夸张 对比观察发现五牛眼神各具特点。 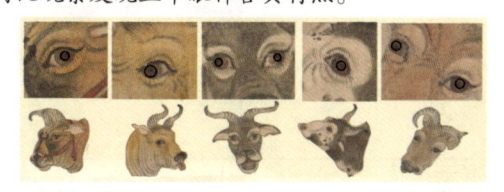 找出瞳孔最大的牛和眼白多、瞳孔小的牛，感受眼睛带来的不同感觉。	把牛眼统一成这样可以吗？为什么？	能够清楚观察到线条对眼睛的结构描绘。 能关注到眼睛细节表现不同。通过对眼睛瞳孔、眼白大小的分析，感受每头牛的性格。
观察与真实的牛眼进行对比，画中牛眼比例有怎样的不同。猜测韩滉把牛眼放大的用意。 	每一头牛如何通过眼睛表现神情呢？一起做个图像研究：观察黑眼球、瞳孔、眼白大小的区别。瞳孔最大的是哪一头？白眼球多、黑眼球小的是哪头？分别给人怎样的感觉？	能够发现韩滉对牛眼的夸张处理突出了牛的表情。

对比真实的牛嘴,观察线条的写实与夸张。根据嘴的开合状态分两组,感受嘴的描绘对性格的表现是否有作用。 观察牛表情中的人格化表现。	与真实牛眼比一比,眼睛结构表现得像吗?感受图中牛眼比例上与真实牛相比有怎样的不同,猜测其作用。 韩滉描绘牛嘴的时候,哪些是写实的?哪些是夸张的?	观察到嘴巴线条的细节描绘。 认识到嘴巴线条的夸张使五牛的性格特征更突出。
过渡语:牛嘴的写实与夸张也用线条表现出来了,好像把牛的表情拟人化了。		
第四课时		
○活动3:初感"五牛精神"		
"五牛精神" 从五牛的表情中思考"五牛精神",思考从中获得哪些启发。	你能用词概括下五牛的表情吗?这几个词对应了怎样的精神呢?写下来。 大家总结的这几种精神,对你有什么启发和影响呢?能否联系学习生活中的实例谈谈你的想法?	能从表情联系到"五牛精神"层面。 能从"五牛精神"感悟到自己的学习生活。
○活动4:关联问题情境		
画牛点睛 每人再现一头牛。 要求: (1)画上线条,运用统一与变化、平面与空间、疏密与虚实、写实与夸张等形式,表现出牛的结构。 (2)绘制眼睛,眼睛的描绘体现出精神感受。 (3)贴在明信片上。	艺术不只是技艺,更是情感的传达。第一单元展示了学生寄来的明信片,我们虽没有收藏的明信片,但可以自己设计,今天以画牛点睛的形式做一张明信片。	参照任务指标。
○活动5:解读展示作品		
解说作品。	请小组代表上前解说。	参照任务指标。
○活动6:拓展精神意蕴		
反思学习内容,准备下一课时的内容。	观者分明能感觉到这五头牛不但有生命、有情感,而且有各自不同的内心世界,这是韩滉人格化了的五牛。这是他心中的《五牛图》。你心中的《五牛图》是怎样的?你心中的"五牛精神"又是怎样的?下节课,我们将继续沿着韩滉的《五牛图》去获得感悟。	有所反思,积极准备下一课内容。

主题二板书
五牛图——读线
统一与变化　　　动态
平面与空间　　　方位
虚实与疏密　　　结构
写实与夸张　　　表情

主题三：悟理		
学习体验	引导问题	评价证据
第五课时		
○活动1：挖掘精神线索		
在图像中继续寻找响应"五牛精神"的线索。 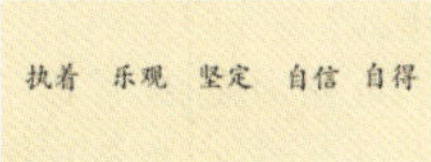 执着　乐观　坚定　自信　自得	上节课通过分析形式原理，初步感受了五种精神，还能找到其他线索来响应这五种精神吗？	主观寻找画中能够响应"五牛精神"的线索。
○活动2：感受图像暗示		
1. 图像与时间 在图上寻找线索（如脖子褶皱、嘴巴色彩等）按照年龄从小到大的顺序重新排序，并说明原因。  从最年轻的牛身上感受年轻人的感觉。 观察牛角的形态，猜测可能代表了牛怎样的精神状态。 	精神气质往往和时间的阅历密不可分，能不能找出与时间有关的线索呢？能否按从小到大的年龄顺序重新为五牛排序呢？为什么这么排？找出老中青三个代表。 这体现出牛经过岁月洗礼的变化。最年轻的是哪一头？一般认为年轻人是怎样的感觉？从这头牛身上能看出年轻人的感觉吗？比如牛角弯弯，给你一种什么感觉？这是图像给我们的感受。	结合自己已有认知，根据脖颈褶皱推测年龄，按年龄为五牛排序。 从褶皱判断出右一年轻。把对年轻人的感受迁移到牛的感受上。 观察牛角的形态，感受牛角状态传达的感觉。
2. 图像与环境 观察它的生活环境，推测身后的植物代表什么季节，理解这头牛的心情、感受。  思考不同境遇下能否坚守初心。	先看青年，能从图中找出它在哪里吗？这种环境，会给人一种怎样的感受。环境中还有其他线索。植物代表了什么季节，象征了什么？在牛的前面还是后面？春天的背景下，顶着犹如笑脸的双角，生活在野外，会是什么样的心情？	从植物发出嫩芽判断出可能是春天。 感受春天与牛的状态搭配。 融合对人生心态的理解。

观察这头中年牛，可能生活在哪，感受被拴着的它在想什么。 	也许这种精神的变化不应随着场景的变化而改变。如果场景变了，季节变了，能否坚守初心？ 再看中年，相对上一头牛，它可能生活在什么地方？与其他牛相比，它有什么不一样的地方？什么样的牛会被拴起来？这种环境下它心里在想什么？	分析环境对牛心理的影响。
3. 图像与联想 观察牛角的朝向，根据动作体验，感受两头牛不同的状态。  认真观察老牛身上的细节，仔细观看还有哪些地方表现了这头牛的老态。 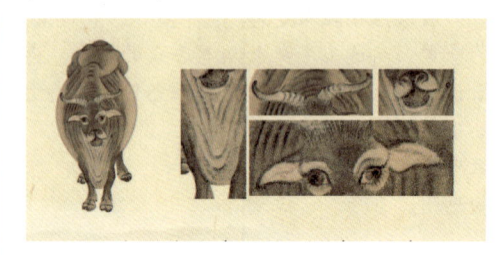 观察牛角状态，体会牛角状态带给人的豁达坦然的感受。 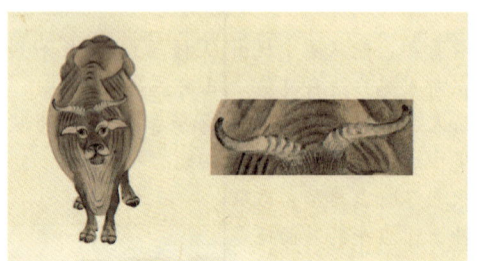 根据牛的状态进行联想。 联想牛对自己的回望，增强对这种状态的理解。	用手比一下它牛角朝向是哪。好像在表达什么？ 它的年龄状态对我们有没有启发呢？当我们不再年轻的时候，中年可能会面对很多困难，要怎么做？ 在这头最老的牛身上找找细节，还有哪些地方能看出这头牛的老态？ 低垂的褶皱，给你怎样的感受？可能有什么寓意？ 单独看牛的角，一起做一下这个动作，这是一种怎样的状态？ 它以这种状态缓缓走来，可能想告诉你们什么？ 除了正视观者，如果说它也是对自己的一种正视，你觉得它可能在正视自己什么？ 从这头牛身上，你获得了哪些感悟？ 随着不断地成长，我们会听到很多不同的声音，自己的，他人的，这都会给我们带来人生感悟。	观察出牛角朝向，根据牛角朝向展开联想。 继续挖掘画面图像细节，从图像中挖掘出体现牛老态的身体部分，展开合理想象。 结合牛角的状态猜测牛的心态。 将其人格化，展开合理的联想。 推测可能还在正视自己，如同站在一面镜子前，打量着自己的体态，也打量自己走过的前半生。 获得要学会倾听他人或要常常自省等情感上的感悟。

4. 对比分析			根据前面的经验，全班分两组根据任务单三探究剩下的两头牛。	参照任务指标。
任务单三				
代表了什么样的心情				
告诉了我们什么				
从图中哪里能看出来				
过渡语：似乎每头牛对事物都有不同的态度，无论青年、中年、老年。				
○活动 3：回望自身生活				
你觉得这五头牛有怎样的精神态度？结合自己的实际情况，思考"五牛精神"对自己的启发。			想想以前的生活，或你自身发生的事情，这五头牛对你有怎样的启发。比如说运动会上的失利或是同学关系的处理，能否结合自己的事例来说呢？	能否根据"五牛精神"联系自身。
○活动 4：关联社会现实				
结合疫情现实，思考"五牛精神"如何在医护工作者的身上体现。观看视频。			以小见大，个人也是集体的体现，将小我融入大我，面对疫情，能否结合"五牛精神"，对医护工作者说些什么呢？我们可以看一段视频。	能否根据疫情现实，触动内心，引发对医护工作者的"五牛精神"的理解。
第六课时				
○活动 5：信间传达感受				
回顾第一节课的情境。明信片的背后，写了他自己最近的学习状态，还讲了这次疫情使他认识到要像牛一样脚踏实地，勇敢面对。信的旁边有张自画像，旁边写的是：请党放心强国有我。我们要给寄来明信片的同学回信。			那位同学的明信片，要给他回信，我想我的回信不应该是一张，应该是一个集体。可以结合你对"五牛精神"的理解，也可以结合你的真实感受，还可以鼓励他，在明信片后面写出你想说的话。	参照任务指标。
○活动 6：共同分享感受				
展示明信片			请同学进行展示。	参照任务指标。

○ 活动7：唤醒责任意识		
站起来，齐读三次"请党放心，强国有我"。	大家都说出了心里话，对于我们，可以借助图像的力量，表达我们内心最真挚的感受，表达积极的价值取向。 请大家站起来，一起把这个响彻天安门的口号大声齐读三遍："请党放心，强国有我。"	从自身出发，思考作为青年的责任。
主题三板书 五牛图——悟理 图像与时间 图像与环境 图像与联想		

作者单位：

苏州工业园区教师发展中心　沈兰

苏州工业园区东沙湖实验中学　张立楠

《五牛图》单元教学设计

阶段一：预期结果	
大观念： 经典美术作品是中华文脉的重要组成部分，它可以涵养文化自信。	
意义：	
学生将可以知道：	具体问题：
1.《五牛图》运用以线造型的方式体现传统绘画对线条的极致追求。 2.《五牛图》采用"一笔画"的形式赋予线条无限内涵。 3. 运用牛的形象传递不同时代精神。 4. 解读《五牛图》，从"疏可走马，密不透风"等线条组织特点，深入理解中国画中的"一笔画"。 5. 通过对《五牛图》的赏析与艺术实践，了解中国传统绘画中的色彩常识以及特点。	1.《五牛图》如何以线造型？ 2.《五牛图》如何以线布势？ 3.《五牛图》如何以线传情？ 4.《五牛图》中的色彩有何特点？ 5.《五牛图》中如何用色体现一笔画？
获得：	
学生将会理解：	学生将能做到：
1. 理解《五牛图》中的"线"是一笔成形，通过提炼牛的结构用一笔"线"概括而成。 2. 理解采用"直写为画"的笔法，线条具有延续性，线虽断"势"相连。 3. 理解画面中"牛"的形象在当下的象征意义。 4. 理解《五牛图》线条连绵相属的中国画"一笔画"意趣。 5. 分析《五牛图》中"色"的应用，理解中国传统绘画中用色原理。	1. 通过观察分析线条，感悟传统绘画线条的独特魅力。 2. 通过对"一笔画"的解读，体会画中独特的审美意趣。 3. 回到当下生活，感悟当代"五牛精神"的传承与发扬。 4. 领会中国画线条"转深点画之间皆有意"的特质，将"意"运用到绘画中去。 5. 能运用中国画用色原理尝试创作艺术作品。
阶段二：评估证据	
表现性评价（10分）	其他证据：
a. 做好课前准备，课中积极表现，思维活跃，讨论积极，方案完善。（7—10分） b. 跟随课堂，能够进行赏析讨论，并完成自己的任务。（3—6分） c. 能够参与课题活动，进行学习体验（1—2分）	a. 进入情境，结合"一笔画"分析作品。 b. 感受作品中"一笔成形""直写为画"的用笔方式，赋予线条无限内涵。 c. 分析画面中有形"线"与无形"线"融会贯通、汇聚成势的视觉感受。 d. 迁移理解"五牛精神"在当下的体现。 e. 感受作品中"一笔画"中的传统"五色"特点。 f. 感受中国画中的"凹凸晕染法"。

指标性评价

任务指标（75分）

任务单	五牛演绎	五牛感悟
观察细致，能够图文并茂地归纳线条特点，对线条的整体与局部做出准确判断。	分工明确，能够有效组织成员参与表演，恰当准确演绎出五牛的动态与神态，根据每头牛的精神气韵加入自己的理解。	能够结合牛的精神气韵分析五头牛所表达的寓意，联系当下生活，感悟作品带来的当代精神。
观察细致，能够图文并茂地归纳色彩特点，对色彩的整体与局部做出准确判断。（15—25分）	恰当准确临摹出五牛的色彩，根据每头牛的精神气韵加入自己的理解。（15—25分）	能够结合牛的色彩分析五头牛所表达的寓意，联系当下生活，感悟作品带来的当代精神。（15—25分）
记录详细，并能初步观察到线条、色彩变化。（5—14分）	有具体的分工，演绎出五牛的动态与神态。能够临摹出五牛的色彩变化。（5—14分）	能够通过牛的精神气韵进行分析，感悟画牛的寓意。（5—14分）
能够完成任务单的记录。（1—4分）	能够大致模仿五牛的动态与神态。能够大致模仿五牛的色彩。（1—4分）	能够结合作品有所感悟。（1—4分）

理论指标（15分，每个5分）

1. 为何用"一笔画"评价《五牛图》？
2. 《五牛图》如何用"线"与"势"体现"一笔画"？
3. 通过《五牛图》中牛的形象可以感悟出什么精神？

阶段三：学习计划

主题一　直写五牛　布势传情

学习体验	引导问题	评价证据
○活动1：初识五牛图像			
1. 初见国宝 （1）展开未修复的神秘国宝长卷，感受破损不堪的纸本画卷带来的沧桑之感。 （2）展开已修复的《五牛图》长卷，体验古画的开卷方式，初步感受画面的独特魅力。 活动目的：激发学生对神秘国宝的好奇心，引发学生对《五牛图》的学习兴趣。 活动内容：两次均由学生亲自展开长卷，近距离观察作品，并体验传统长卷的开合观看方式。	1. 神秘国宝来到课堂中，现邀请同学共同展开长卷，一睹国宝真面目。 a. 未修复的长卷中画的是什么？ b. 已修复的长卷给你带来怎样的视觉感受？	1. 观赏作品触摸真实画卷，初步感知《五牛图》。
2. 进行任务探究 探究《五牛图》是否为"一笔画"。	2. 关于《五牛图》是不是"一笔画"争论不休，你的观点是怎样的呢？	2. 回答出："一笔画"是一笔完成的，或者是用一支笔完成的，所以《五牛图》不是一笔画。

出示课题："一笔画"在《五牛图》中如何体现？这就需要通过分析画面，让我们一起再观《五牛图》，共探五牛。		
设计意图：通过对神秘国宝的好奇猜测引入《五牛图》，引发学生的学习兴趣。		
○ 活动2：探究"一笔画"		
1. 根据任务单，初步感知《五牛图》中的线条 （1）以小组为单位合作探究《五牛图》，合作探究五牛图如何以线造型。 任务单 | | 整体 | 局部 | | 线的骨相 | | | | 线的骨力 | | | | 线的骨气 | | | （2）分享小组对《五牛图》线条的整体观察结果。 （3）分享小组对《五牛图》线条的局部观察结果。 2. 通过观察画面感受以线造型 （1）线的骨相 结合线条的分析，将画中的牛与真实的牛做对比观察，发现画中线条的排列与真实牛的皮肤褶皱不同，总结《五牛图》中"线"是经过提炼概括的。 （2）线的骨力 结合牛的解剖图，感受画中的线条不仅代表牛的表皮，而且是对牛的肌肉、骨骼等主要结构的概括。	1. 哪个小组来根据任务单分享下已得出的探究结果？ 2. 五头牛的线条在整体上有何异同点？ 3. 五头牛的线条在局部上有何异同点？ 1.《五牛图》线条与真实牛有何区别？线条的排列运用了哪些表现手法？ 2. 这些线条仅仅是表现牛的皮毛吗？对于线条提炼概括的依据是什么？	任务单结合指标评价与关键词说出视觉感受，并能初步分析出线条的异同。 学生能够发现中国画的造型方式以线为主，总结国画中线条的特点以及概括依据。

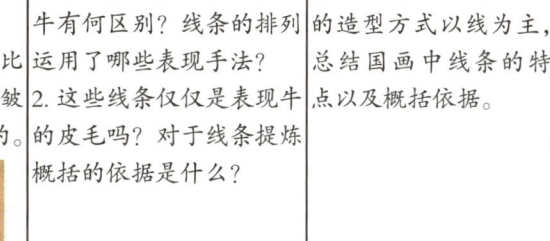

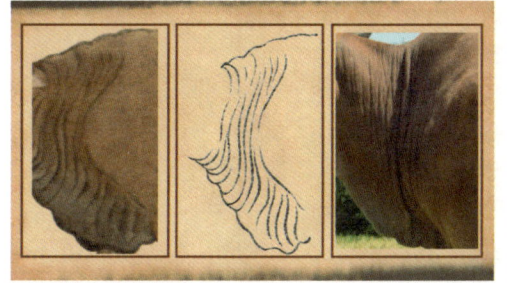

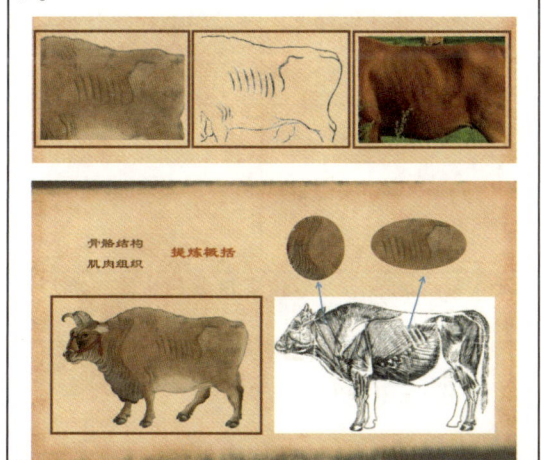

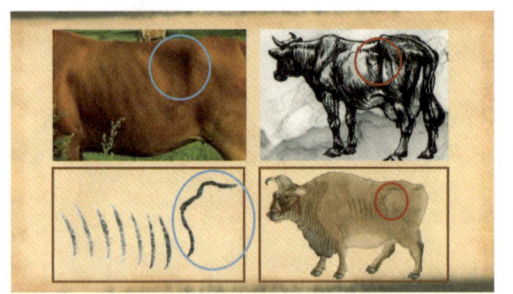

3. 线的骨气 （1）以一头牛的腿部线条为例，与同样以线为主要造型方式的西方素描做对比，在用线的数量上对比悬殊，中国画运用"一笔成形"的用线方式形成独特画面效果。 （2）"一笔成形"与中国传统绘画工具相关，受纸墨工具的限制，一笔画出不可修改。	1.西方绘画中哪种绘画形式使用线条进行刻画？结合真实牛腿部图片，中西方绘画在用线的数量上有何不同？"一笔成形"涵盖了牛的哪些要素？ 2."一笔成形"的应用除了是中国画特有的绘画理念之外，还有其他原因吗？	能够通过对比发现中国画中的"一笔成形"的用笔方式区别于其他绘画方法，并与绘画工具相关。
4.通过分析感受用线的"直写为画" 国画中有"以书入画"之法，将写书法的笔墨技巧运用到绘画中，直以书法为画法，感受作品中的"直写为画"。	毛笔除了绘画以外还可做什么？ 书法的用笔方式会不会影响绘画？ 通过以上分析，请大家再次思考：《五牛图》是"一笔画"吗？为何称它为"一笔画"？ 我们刚才所观察的都是有形的线，画面中存在无形的线吗？	通过书画同源能够发现用笔的相似之处，感悟"笔才一二，象已应焉"之意，理解中国画"一笔画"的真正含义。
设计意图： 以任务单的形式对线条进行初步探究，结合画中以线造型的五牛形象进行感受。通过解析线条，感知中国传统绘画中"一笔成形""直写为画"独特的绘画表达方式，从而理解中国画"一笔画"的真正含义。			
○活动3：探究以线布势			
通过角色扮演，感受画面中无形的"线" 邀请一位学生当导演，指挥五位同学模仿五头牛的头部动态与神态一字站立开，观察头部动态与神态无形的联系，感知画中线虽断但"势"相连。	推荐选举班级五位最牛的学生、一位导演进行现场演绎。 同学观看并思考： a.五牛动态有何联系？ b.五牛神态有何联系？	能够结合长卷中五头牛的动态、神态等无形的联系，感受画中统一的"势"。
设计意图： 通过学生演绎，感知无形的"线"在画面中的存在，引导学生发现画面中除了有形的线可以体现"一笔画"，无形的线也是"一笔画"的体现。			

	○活动4：探究以线传情	
结合画面五头牛的形象，关联唐代农耕经济，思考"牛"的象征意义。	结合唐代的状况，思考画牛有何象征意义。	参照任务指标。
	○活动5：回归当下	
当下，农耕经济已成过去，牛的精神也被称为中国精神，敢为人先的"拓荒牛"，百折不挠的"老黄牛"，为国为民的"孺子牛"，传达着浓浓的爱国主义精神。	结合当下生活，思考牛的精神体现在何处。	参照任务指标。
设计意图：在生活中寻找牛的精神所在，感悟当下，树立正确的人生观、价值观。		
	○活动6：知识迁移	
欣赏唐代韩幹《十六骏马图》，运用所学"一笔画"进行探究分析。	《十六骏马图》是"一笔画"吗？如何体现？	参照任务指标。
设计意图：回顾总结课上内容，进行知识的迁移与运用。		

本课板书

直写丑牛　布势传情

——《五牛图》

一　　显　　直写为画 以线造型

笔　　隐　　气脉相连 以线布势

画　　隐（　　）以线传情

主题二　疏密有致　线形见处

学习体验	引导问题	评价证据
○活动1："睛彩亮相"游戏		
游戏导入 1. 游戏"睛彩亮相"，以学生三张代表性表情的眼睛局部照片导入。通过观察眼睛特写，猜测是班级中的哪位同学，并提供判断依据。学生关注眼睛的性格体现与情感表达，初步感受中国画的"点睛"意蕴。 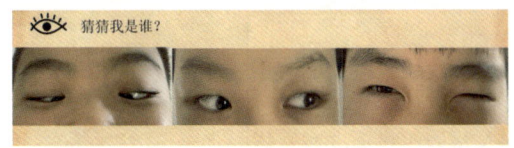 2. 观察《五牛图》眼睛局部，发现作者运用夸张拟人的线条，塑造的眼睛特征、表达的情绪性格等，引导学生带着问题进行探究学习。 	1. 观察眼睛特写照，学生猜测是班级中的谁，说明判断依据。 2. 观察五头牛眼睛的局部，作者用了怎样的表现手法？线条有哪些特点？作者借用牛眼神态想表达什么？	通过观察《五牛图》眼睛局部，初步感知"点睛"是牵动全局的关键。
设计意图：为《五牛图》解读做铺垫，画面中"点睛"是牵动全局的关键，画家将牛眼适当夸大，拟人的神态着意刻画，突出牛的性格借以表达自己的情感。		

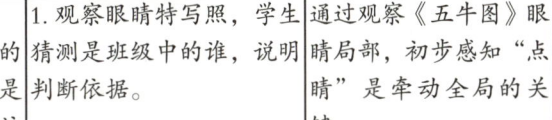

	○ 活动2：实践探究"线"形		
实践感知 1. 以小组为单位，抽取保留外轮廓的一头牛，分组用铅笔填充《五牛图》中的线条。  2. 五个小组，参考原作中牛的内部线条，用墨色临摹本组牛的线条，感受《五牛图》的线条形态，体验中国画线条的用墨乐趣。 	1. 请每个小组选举出一人进行填线实践分享。 2. 在铅笔填线的基础上，用墨色临摹过程中，发现中国画线造型特点，感受中国画不可涂改、一笔成形的用线特点。	结合指标评价说出实践感受，并能初步感受中国画"一笔画"的线造型特点。	
设计意图：以实践的形式对线条进行初步探究，通过画线条，感知中国传统绘画中"一笔成形""直写为画"独特的绘画表达方式。			
	○ 活动3：合作探究"线"法		
 **1. 洞悉《五牛图》的线条变化** 小组合作探究《五牛图》的线条组织，结合任务单，从牛的造型风格、如何处理线条的变化等方面进行思考。小组代表汇报总结。	1. 小组代表从线条方向、排列、粗细、浓淡等方面分享探究结果。 思考《五牛图》的线条组织方式。中国画中还有类似的线条组织方法吗？	从五头牛的线条组织中发现线条的各种变化特征，明晰中国画的线条组织是变化中的统一。 深入理解中国书法绘画中的"一笔画"的线条组织之法。	
2. 发现《五牛图》的线条疏密 学生代表分享本组线条排列观点。 教师从线条排列疏密变化、带有装饰意味的横竖变化等方面加以引导，对比发现牛颈部富有节奏的线描密集，与之全身空灵的状态，"疏"的地方可以跑开奔马，"密"集的地方连风都透不过去，达到一种"疏可走马，密不透风"的中国画独特书法韵味。 	2. 画面中线条排列疏密有什么变化？这样的线条布局与画面节奏的营造有何关联？ 如何理解"疏可走马，密不透风"这句话？这句话在中国书法和绘画中的应用表现方式有哪些？		
3. 探究《五牛图》的线条方向 学生代表分享线条方向的讨论结果。 教师引导学生发现，画线运笔方向由上至下，与肌肉的方向相同，向下垂，随着牛的结构变化从而使线的方向发生变化。 教师引导学生思考，牛背部富有节奏的波浪纹把牛身体向前推行。正面牛背部用画山石的方法来画出牛的厚重感、块面感。 	3. 整幅画面线条方向有何特点？局部有何变化？以牛的背部为例，单看一根线所呈现的形状？这样用线有何用意？		

4.分析《五牛图》线条粗细 请学生（小组代表）分享线条粗细讨论结果。 引导学生观察画面中笔法稀松的地方用线苍劲犀利（粗），笔触密集的地方清新飘逸（细）。粗重焦墨写出牛角与牛头，以此体现出牛打斗时强劲的态势。粗糙的线传达了牛毛的质感和牛的重量分布在重要的结构线上。 	4.画面中在线条粗细的处理上有什么规律？为什么这样处理？	从五头牛的线条组织中发现线条的各种变化特征，明晰中国画的线条组织是变化中的统一。 深入理解中国书法绘画中的"一笔画"的线条组织之法。
5.解读《五牛图》线条浓淡 学生代表分享线条粗细讨论结果。 教师引导学生识读牛的结构，受光背光相关，脚线条焦墨，稳稳地支撑身体，视觉稳定作用，主次分明画面浑厚而不失轻灵。 学生理解画面整体，五头牛或行、或立、或俯首、或昂头，将牛眼适当夸大，通过细节刻画、拟人的神态，把每头牛独特的个性加以强调，使它们鲜明地显示出各自不同的神情。 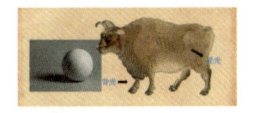	5.画面中线条浓淡变化有规律吗？这种规律和西方的哪一种绘画形式相似？对比素描分析《五牛图》中的光影表现。	
6.总结"一笔画"的线条组织 通过实践体验和合作探究，结合《五牛图》的线条的组织法则，综合上一节课内容，理解中国用线连绵相属、气势一贯的"一笔画"。通过对草书连贯一起的行笔运势特点引入绘画领域，达成用线条塑造物象的方式。 《五牛图》中的"一笔画"其实并非一笔，可以有千百条线和笔触合而观之，他们却又彼此呼应、一气呵成。 	6.总结以上五个板块的探究结果，思考：画面笔墨技法一致吗？整体用线统一吗？《五牛图》的线条组织如何实现变化与统一？ 结合上一节课所学"一笔画"，大家对"一笔画"有什么新的认识？	
设计意图：通过任务单探究，深入感知"线"在画面中的变化与统一，引导学生深入理解"一笔画"。		

○ 活动4：深入解读"线"意		
任务单：探究"线"中的"意" 1. 直抒胸"意"，以画明"志" 结合资料卡，从作者的视角思考《五牛图》的绘画立意，引导学生结合时代背景，探究《五牛图》所传达的"意"是什么。 总结"意"：这些线条既是客观物象的抽象概括，也是画家所赖以表达主观情感的有形载体，画家们都是情动于衷、心有所感、为情感所驱使行笔走墨，其点画线条，或深厚朴拙，或轻盈舒缓，每一根线条其轻重缓急之间都体现出画家特定的情感。 2. 线亦不"限"，象外之"象" 通过学习，你认为中国画线条的空间表现是有限还是无限的？说说你的观点并给出依据。 观察新时期表现牛的中国画作品，中国工艺美术大师韩美林爱牛，并自诩为"牛"，思考韩老师是看上了牛怎样的品质，奋进新时代背景下"牛"的精神如何传承和发扬。	《五牛图》中通过线条所传达的"意"是什么？结合时代背景理解作者如何借画直抒胸"意"，作者通过《五牛图》的"牛"达到何种借物明"志"。	参照任务指标。 中国画通过描绘对象，达到借画直抒胸"意"的思想感情，借物明"志"的政治抱负，表达浓烈的爱国情怀。
设计意图：从牛的象征意义理解中国画借画抒胸"意"，借物明"志"，表达浓烈的爱国情怀。		
○ 活动5：拓展研究——从形到色		
从《五牛图》的用线造型特点，拓展到用色技巧，激发学生对下节课《五牛图》的墨色的研究兴趣。	这些作品的用色方式有何不同？为什么？	参照任务指标。 对《五牛图》五牛之色的探究兴趣。
设计意图：探究韩滉《五牛图》的形形色色。		

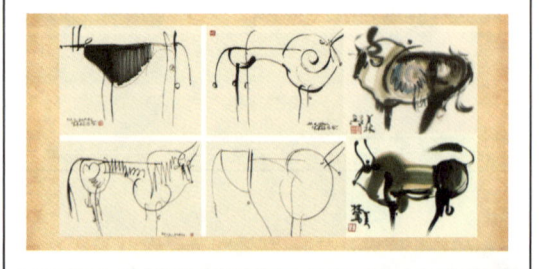

本课板书

疏密有致　线形见处
—— 《五牛图》

　　　　　"线"形
　　形　"线"法　色
　　　　　"线"意

主题三　线外之向　象以生焉

学习体验	引导问题	评价证据
○活动1：线之有型　大唐气象		
牛之型 1. 回顾生活中的牛，与《五牛图》中的牛在体形上有何异同。 2. 学生以小组为单位合作探究《五牛图》中牛的体形特征，韩滉如何用线表现体形。 3. 对比生活中牛的照片，了解韩滉将牛的体形进行夸张处理，表达得尤为壮硕，理解唐代以肥为美的审美趣向。 4. 思考古今社会的审美现象，了解"审美"扭曲的现象层出不穷，引导学生充分坚定文化自信，树立正确的审美观。	1. 观察《五牛图》中的牛在造型方面有何特点，韩滉为什么这么设计，说明判断依据。 2. 你是如何看待"裹足""特殊书写"这些现象的，这样好吗？说出你的理由。 我们应该树立怎样的审美观？ 生活中美的瞬间你有注意到吗？ 你被这个瞬间感动了吗？	通过实践发现《五牛图》在造型方面体现了唐代以"肥硕"为美的审美特征，能够描述"美"的行为。
设计意图：学生以具体任务为驱动，探究《五牛图》的牛之形，理解唐代的审美特征，梳理正确的审美观。		

○活动 2：线之有向　缰而向之		
1. 思考从左往右数，第一头牛与其他牛最大的不同在哪里。 	1. 从左至右观察，第一头在装饰方面与其他牛有何不同？ 打扮过的牛，你喜欢吗？为什么？	结合指标评价说出探究结果，并能初步分析缰绳对于视线的引导力，及色彩对于画面节奏的影响。
2. 以小组为单位，合作探究"缰绳"在本幅作品中的意义。 （1）了解缰绳对于方向的牵引力，引导观者的视线随着开卷的方式不断向左移动。	2. 哪个小组先分享探究的结果呢？	
	韩滉为何将有缰绳的牛放在第一个呢？如果换一下位置，还有这样的功效吗？	
（2）了解缰绳对于牛的束缚作用，理解"缰绳"对于自由的影响力。 （3）了解缰绳的颜色，理解"红色"对于画面色彩的节奏的调节。 	3. 这根缰绳的颜色你喜欢吗？作者为什么采用红色，而非其他颜色呢？	
设计意图：引导学生深入探究，看似有形的线，实则为无形的线条，深入理解韩滉通过缰绳传递出的对自由的向往。		

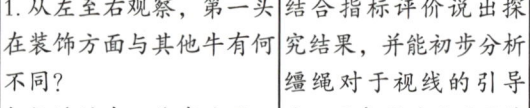

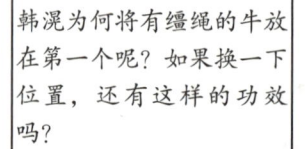

○ 活动 3：象之有像　间之有度		
《五牛图》中的"五色" 1. 观察画面，了解作品中牛在画面中的比例基本相等。韩滉巧妙地通过留白平衡画面。 2. 观察中间牛的位置，将画面沿着对角线折叠，中心点基本在中间牛的正中间。理解韩滉通过无形线条塑造了画面的平衡。 3. 学生沿着牛背部进行连线，了解韩滉通过牛背的高低起伏、牛的动态在布局单一的画面中创造的节奏感。	1. 牛在排列组织上有何特点？ 你能量一量每头牛的比重大概有多少吗？ 加上留白后有何现象出现？ 2. 将画面沿着对角线折叠，你有哪些惊奇的发现吗？ 韩滉为什么这样设计？ 3. 韩滉的《五牛图》，平衡之外，还有哪些神奇的地方？ 你可以将背部连一连吗？有什么发现？	能够总结出《五牛图》通过无形的线，塑造了画面的视觉平衡。
设计意图：深入实践探究，了解韩滉寓变化于平衡中，巧妙地通过无形线，创设画面的平衡及节奏感。		
○ 活动 4：节奏拓展		
画面中还有哪些无形的节奏线吗？以小组为单位进行探究并进行分享。		
设计意图：通过实践探究，体会画面中无形的节奏线。		
本课板书		
线外之向　象以生焉 　　　　　——《五牛图》 　　线之有型　大唐气象 　　线之有向　缰而向之 　　象之有像　间之有度		

主题四　像以线释　矾染再见		
学习体验	引导问题	评价证据
○活动1：初识五牛之色		
1. 实践感知《五牛图》中的色彩 （1）《五牛图》中线条是骨架，是灵魂，是中国画中笔情墨趣的重要体现。除了"线"以外，"色"也是画面中重要组成部分。 （2）学生尝试为《五牛图》赋色，在实践过程中感受色彩的运用，总结用色特点，并说明理由。 （3）观察画面中的颜色，尝试说一说这些颜色在中国画中的名称。	1. 初步实践体会画中的色有哪些特点，说明判断依据。 2. 总结画面中共有几种颜色。 在传统绘画颜料中名称是什么？	通过实践发现《五牛图》的色彩变化。
设计意图：学生通过艺术实践初步感受传统绘画的染色技法，为解读《五牛图》画面中的色彩做铺垫。		
○活动2：探究五牛之色		
1. 任务单探究 以小组为单位，仔细观察《五牛图》中的色彩，完成以下问题，讨论时间3分钟。 		色彩特点（浓、淡、过渡）	色彩明暗（规律、特点）	线与色（轻、重）
---	---	---	---
整体			
局部			| 2. 解读《五牛图》的色彩特点 请学生（小组代表）分享色彩特点讨论结果。 引导学生发现同类色的变化，根据牛体的凹凸施以不同的色彩，"凹凸晕染法"运用色彩表现物象的阴阳向背，丰富的色彩变化赋予画面独特的立体感、层次感。通过总结色彩的特点了解此画属于工笔重彩。	1. 哪个小组来根据任务单分享下已完成的探究结果？ 2. 五头牛的用色在整体上有何异同点？ 五头牛的用色在局部上有何异同点？	通过实践发现《五牛图》色彩变化。

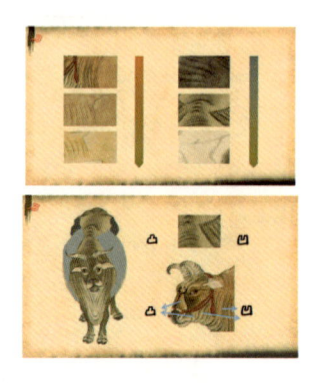

3.解读《五牛图》的色彩明暗 请学生（小组代表）分享线色彩明暗讨论结果。 引导学生观察画面中色彩明暗变化规律，思考色彩明暗变化中是否有墨色以及墨色应如何运用等，运用怎样的技法才使色彩变化如此自然，由此引入染色技法，如墨色分染、色彩分染、罩染等。 基本染法： （1）分染 工笔画绘制中最重要的染色技巧。一支笔蘸色，另一支笔蘸清水，色笔（只蘸色）在纸上着色以后，再用水笔（只蘸水）将色彩洗染开，形成色彩由浓到淡的渐变效果。 （2）罩染 在已经着色的画面上重新罩上一层色彩并局部渲染。 （3）复勒 设色完成以后，用墨线或色线顺着物体的边缘重新勾勒一次（局部复勾）。	3.五头牛的用色明暗有何规律？ 染色是否使用墨汁？染色时先染亮部，还是先染暗部？你了解传统工笔画染色的技法吗？	
4.解读《五牛图》线与色的融合 请学生（小组代表）分享线与色的讨论结果。 引导学生发现色彩明暗发生变化的同时线条的浓淡也发生变化，并对此进行探究。	4.根据线条的浓淡变化，色彩是否也有变化？规律是什么？画家如何将线与色相互融合的？	
设计意图：以实践的形式对色彩进行深入探究，感知中国传统绘画中用色的表达方式。		
○活动3：五牛中的"五色"		
《五牛图》画中的"五色" 1.画家韩滉把自然界色彩高度提炼，概括归纳到"五色"，即黄、青、白、赤、黑。 2.五色之中强调色彩关系之间的和谐程度。传统中国画的色彩，即使青绿山水，色彩也忌火、热、燥、烈，而是以和谐、纯净为上。 3.用色理念体现了孔子思想中的"中庸"思想。通过分析与实践，总结画面中使用同类色，画面用色和谐统一，染色使用同一技法，使得画面中线与色完美结合，画面中不仅线条连绵相属体现"一笔画"，色彩的和谐统一也是"一笔画"的体现。	1.自然界中的五色是哪几色？ 2.结合《五牛图》中的色彩，思考五色中最看重的是什么。 3.传统的用色方式体现什么思想？	能够总结出五色，观察出画面中色彩和谐统一，感悟画面中"一笔画"的色彩特征。
设计意图：深入感知"色"在画面中的变化与统一，引导学生理解怎样通过色彩体现"一笔画"。		

○ 活动4：色彩实践——"三矾九染"		
艺术实践 1. 示范视频 介绍工具、如何用笔，染色力度，如何清洗画面等。 2. 大实践 在上一节课《五牛图》的作品上进行染色实践。 3. 展示评价 着色后五头牛更加生动，目光如炬，炯炯传神，仿佛流露出人的眼神和情感。	色彩分染过深怎么办？如何为画面降噪？	参照任务指标。
设计意图：通过临摹实践，体验"一笔画"中的用色技巧。		
○ 活动5：拓展——不同色彩风格的"牛"		
欣赏绘画中"牛"的色彩，感受不同的画面效果和画家借牛传达的不同情感。	这些作品的用色方法有何不同？请举例说明。给你带来哪些不同的感受？	参照任务指标。
设计意图：感受不同用色风格的牛，体会不同的用色方法以及画面传递的不同情感。		

本课板书

像以线释　矾染再见

——《五牛图》

重彩　凹凸晕染法

五色（黄、青、白、赤、黑）

作者单位：

苏州工业园区教师发展中心　沈兰

苏州工业园区景城学校　李玥

点评

《五牛图》是2021年农历牛年中最"火"的作品。苏州市工业园区美术教师，在教研员沈兰老师带领下，坚持全区美术教师以同课异构方式，进行核心素养本位的美术主题大单元课程设计与课堂实践研究，经由大家共同努力，呈现出多个优秀单元主题课程设计。

埃里克森和兰宁指出："一个单元一条概括是不够的。一个单元所包含的内容往往需要一个以上的深层次理解。单元网的每一个分支都有一些重要的微观概念，这些概念暗示着不同的学习维度。因此需要由足够的概括来处理每个分支。"三个《五牛图》主题单元课程设计，都体现出"单元网"状的内容设计样态，每一个问题线索所构成的每一个分支，有着对作品不同的概念理解，需要学生们通过主体探究完成对作品意义的理解。这也证明，在核心素养本位的美术单元主题课程设计与课堂实施中，仅提炼一个观念的概括，是无法保证教师从传统教学转变到以观念为中心的教学的。因为，作品蕴含的学科思想深度呈现，需要学生在宽泛的社会历史问题中，由美术作品主题引发多线索思考，获得更深刻的认识与价值认同，逐步走向基于理解的深度学习。以同课异构教研方式，三个《五牛图》主题单元课程设计在如何实现学生的深度学习方面做出了较深入的实践研究。

《万山红遍》项目式学习教学案例

一、项目概况

学科：美术
年级：七年级
项目周期：8 课时

（一）项目构思

1. 项目立意

项目化学习主题《万山红遍》的选择是基于"立德树人"的新时代背景提出。中共中央总书记、国家主席、中央军委主席习近平指出，思想政治理论课是落实立德树人根本任务的关键课程。青少年阶段是人生的"拔节孕穗期"，最需要精心引导和栽培。办中国特色社会主义教育，就是要理直气壮开好思政课，用新时代中国特色社会主义思想铸魂育人，引导学生增强中国特色社会主义道路自信、理论自信、制度自信、文化自信，厚植爱国主义情怀，把爱国情、强国志、报国行自觉融入坚持和发展中国特色社会主义事业、建设社会主义现代化强国、实现中华民族伟大复兴的奋斗之中。"礼乐并重"的思想对于现代社会依然具有借鉴的价值，蔡元培先生说："文化进步的国民既要实施科学的教育，尤要实施美育。"今天的中国身处于全球化的时代潮流下，受到多元文化的不断冲击，固守本心在这个时代尤为重要。所谓"本心"，一是理解、认可并发扬本民族的优秀艺术，二是认同、尊重并传承国家的精神文化。《万山红遍》的诞生有着时代深刻的烙印，李可染先生从毛主席词《沁园春·长沙》中汲取灵感，将美术作品和党史巧妙地结合在一起，以壮阔恢宏的丹青画卷映照着共产党人的精神图谱，创作了这幅引领中国山水画变革的先锋作品，使古老的山水艺术获得新的生命。以《万山红遍》为本项目化学习主题，不仅可以引导学生从学科角度探究艺术发展的变化与规律，还可以拓展他们的视野，使他们关注自然、关注生活、关注社会，践行社会主义核心价值观。

2. 分析框架

本项目化学习的基本理念基于后现代课程观背景下提出，实施跨学科的综合课程设计和单元化教学。透过《万山红遍》这幅作品，利用图像识读的方式看文化、看历史、看社会，从而加深学生对《万山红遍》精神内涵的理解。在单元课程框架的设计上，一部分围绕着图像本身的审美元素展开，一部分围绕着"红色"革命的精神内涵展开。学习框架大致分为九个环节：（1）激趣生疑，归纳整理问题和兴趣点；（2）线上线下结合任务单自主学习；（3）图像识读高远立势，平远结境；（4）红色基因，研究作品色彩，传统文化中的红色；（5）为祖国河山立传，与文学、与时代同步，步入新时代；（6）技法实践；（7）户外拓展，带着任务单摄影，走访红色传人；（8）策展（文字、绘画、摄影、录音、视频等）；（9）评价。

整体单元课程的规划，依托皮亚杰、维果斯基等人提出的"建构主义"学习理论，基于学生学习和创设情境两点展开教学。首先通过设疑，把学生作为主体引入课程中，又让他们从生活实际和社会实践入手，引导学生自主学习、独立学习、合作交流、批判质疑，引领学生感受学习的过程，展示思维的状态，尝试问题解决。最后通过策展环节把学生的探究成果呈现出来，充分实现学生在内容、思维和实践方式上的提升。

3. 融合多媒体

本项目化学习还开发使用了多媒体技术，积极结合"互联网+"的教学模式。在"线上线下"的教学环节中，组织学生有针对性进行个性化的学习，通过关键词检索，筛查出关于《万山红遍》这幅作品的相关信息，再利用分类学进行一级纲目和次级纲目的归类，达到自主学习的目的。通过这些环节积极探索大数据的应用，将信息技术与学科教学深度融合，有效提升学生的信息素养。

4. 注重创新

谋创新就是谋未来，本项目化教学注重对学生创新意识的培养，充分利用社会大课堂的资源，积极探索和组织学生课外学习活动，如采访老红军，参观红色革命基地，加强课内外教学的有机融合，强调学生的创新性、参与性。重视学生对美术学科兴趣和特长的培养，搭建学生展示的平台，促进学生核心素养的提升。

（二）与高中美术新课程标准的对接

1. 与高中美术新课程标准要求的衔接

本项目式学习课程依据高中美术新课程标准（2017年版2020年修订），结合苏州区域特色和校园教学理念，在思政课程之外的美术课程中落实课程思政的理念，开展"欣赏·评述"学习领域的教学活动。《万山红遍》项目式学习，融合多学科，有机融合、联系生活、实践探究的教与学的方式，多维度发掘其中蕴含的思政元素，通过图像语言、文字、图像、视频、表情、动作等传递信息，同时帮助学生理解、尊重和传承本民族的红色文化、优秀传统文化，用新时代中国特色社会主义思想铸魂育人，引导学生增强中国特色社会主义道路自信、理论自信、制度自信、文化自信，厚植爱国主义情怀，形成正确的社会价值观、情感态度和行为，实现本项目的思政功能和育人价值，引导学生积极参与到中华民族伟大复兴的奋斗之中。

2. 落实美术新课程标准提出的目标要求

依据党的教育方针和立德树人的根本任务，通过以美育人，引导学生以自主、合作、探究的方式参与美术学习，学会在现实生活情境中发现、提出、分析问题，综合运用美术学科及跨学科知识与技能解决问题，增强社会责任感，实现知识传授、能力培养和价值引领相统一，形成中学生必备的图像识读、美术表现、审美判断、创意实践、文化理解等美术学科核心素养。

本单元课程按照由近及远、由浅入深、螺旋式上升的原则，共分为八个主题，有效地结合道德与法治课程、社会学、历史学、美学等学科的知识与理念，通过运用多种美术媒材、方法和形式进行记录与规划、创作与展示。

学生学会在真实的情境中发现和提出问题，综合运用美术学科和跨学科的知识与技能解决问题，了解美术与人类生存环境、传统文化和多元文化的关系。

3. 体现美术新课程标准中的课程内容

(1) "近"红

本项目式学习结合语文、历史、道德与法治、地理、自然等学科内容开展辩论赛，进行线上、线下资料搜集与整理、摄影、设计小报、创作作品，用图像、文字、声音并结合校园文化和社会时事，开展关于"万山红遍"主题的系列探究。学生在多方位的信息体验、交流中走"近"《万山红遍》项目式学习。

(2) "浸"红

本项目式学习课程设置具有情境性，追求在真实的问题驱动下，运用美术和其他学科的知识与技能学习红色山水代表作《万山红遍》。学生通过实地走访，考察并记录关于红色革命的历史知识，建立学习档案袋。学生通过《万山红遍》项目式学习，在多维度的深度学习中，浸润"红色山水"，厚植爱国主义情怀。

(3) "进"红

通过本课程的学习，感受特殊时代背景下的红色和当前时代背景下的红色之间的联系，表达对当前中国的社会文化的见解，增强民族自信心和爱国之情，养成适合终身发展、社会发展需要的必备品格和综合能力。在理解的探究式学习中，以"红"润心，为实现中华民族伟大复兴不断进击。

二、项目计划

三、项目实施框架

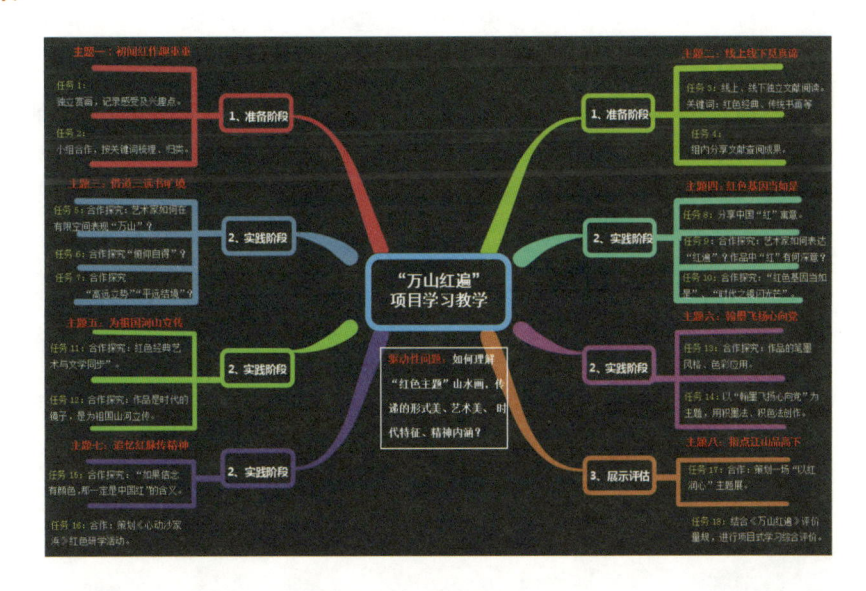

四、项目的预备工作

（一）项目资源

【教师准备篇】

1. 组织架构

（1）如何搭建螺旋式上升的研究框架？

（2）如何以项目式、序列化推进《万山红遍》研究性学习？

2. 成本安排

（1）完成本项目的课内外时间分别多久？

（2）完成本项目的材料经费预算是多少？

3. 入项出项

（1）如何以真实问题创设情境，引导学生入项？

（2）如何用所学回应生活，传承、发扬和创新《万山红遍》的红色精神，引导学生出项？

4. 项目实施

（1）学生是否需要在课前搜集有关《万山红遍》的资料？

（2）如何让学生感受并探究《万山红遍》的图像语言、技法、精神内涵？

（3）如何将《万山红遍》传递的家国情怀在生活中进行传承、发扬和创新？

（4）如何让学生以跨学科视角将《万山红遍》与《沁园春·长沙》结合起来鉴赏？

（5）在教学设计中是否需要将《万山红遍》的全部作品进行横向的比较？

（6）如何引导学生设计红色主题性展览？

（7）学生已经拥有哪些美术知识与技能，是否可以用于该项目实践？

（8）学生在学习过程中，是否需要安排图书馆、媒体中心、计算机房的使用？

（9）在学习的不同阶段，教师需要为学生准备哪些学习资料与材料？

【学生准备篇】

1. 学生的认知准备

（1）学生对项目化学习的认知、理解，对"万山红遍"这个项目主题以及实施过程中自己的分工有所理解。

（2）学生了解项目化学习是一种探究式学习，需要自己主动发现问题、解决问题。

（3）学生对即将开始的"万山红遍"项目主题中关于红色主题的时代背景和内涵有一定的理解。

（4）学生知道项目过程中要提出问题，课前搜集有关"万山红遍"的资料，要与他人合作分享交流观点，而不是被动等老师讲解。

2. 学生的情感准备

（1）学生对"万山红遍"这一系列红色作品的好奇心和憧憬的情感。

（2）学生对解决"万山红遍"这个项目问题的积极性。

（3）学生具备一定的红色情怀。

（4）学生做好内心的安全感建设，允许自己和他人提出不同观点，不嘲笑他人。懂得真心地倾听和赞美他人的想法。

3. 学生的行为准备

（1）学生会在小组中合作分工，并为自己担任的研究部分的工作负责。

（2）学生知道如何进行线上线下查阅文献，了解作品基本信息。

（3）学生会在小组合作中和其他组员分享想法。

（4）学生会按照"万山红遍"项目的规划时间进行实施。

（5）学生在项目实施上会遇到一些难题，但要有解决的信心。

（6）学生已经拥有关于图像识读、文化理解、审美判断的美术核心素养，可以用于该项目实践。

（7）学生绘画工具、手工工具的准备。

（二）问卷调查《万山红遍》

1. 你是几年级学生？（ ）
2. 你了解中国山水画吗？（ ）
   A. 了解　　B. 不了解
3. 你知道李可染吗？（ ）
   A. 知道　　B. 不知道
4. 你了解李可染的国画作品《万山红遍》吗？（ ）
   A. 了解　　B. 不了解
5. 对这幅画第一印象是怎样的？（ ）
   A. 看不懂　　B. 与众不同
   C. 大面积红色　D. 构图饱满
6. 画面中哪些内容最吸引你？（ ）
   A. 山　　B. 房屋　　C. 树木　　D. 山泉
7. 你对中国山水画中哪些内容感兴趣？（可多选）（ ）
   A. 画面内容　B. 构图　　C. 色彩
   D. 意境　　E. 时代背景　F. 基本信息
   G. 作品寓意　H. 情感
8. 你知道其他红色主题中国山水画吗？（ ）
   A. 不知道　　B. 知道，举例：_____
   _____
9. 画面的色彩让你想到什么？（ ）
   A. 火焰　　B. 国旗
   C. 红领巾　　D. 秋天
10. 你觉得红色主题作品有怎样的寓意？（可多选）（ ）
    A. 热情的　　B. 革命精神
    C. 爱国情怀　D. 歌颂社会主义建设
11. 画家想要通过《万山红遍》这幅作品表达什么情感？_____
    _____
12. 对这幅作品你有什么疑问？_____
    _____
13. 你有听说过艺术与文学结合的美术作品吗？如有，请列举！_____
    _____
14. 步入新时代，你认为还有学习中国画的必要性吗？_____
    _____
15. 作为社会主义接班人，我们可以从艺术中汲取哪些养分？_____
    _____
16. 回顾生活，有哪些细节让你感动？___
    _____
17. 回顾生活，有哪些经典时刻让你热血沸腾？_____
    _____
18. 爱国行，我们可以有哪些举措？____
    _____
19. 如果将《万山红遍》作为一个项目，可以从哪些方面进行研究？_____
    _____

(三)项目计划书及学习任务单

1.《万山红遍》项目实施点规划

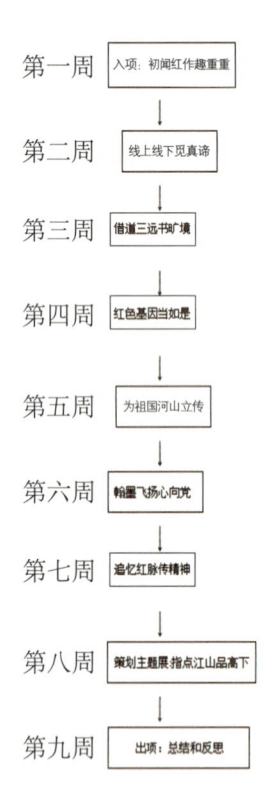

- 第一周：入项：初闻红作趣重重
- 第二周：线上线下见真谛
- 第三周：借道三远书旷境
- 第四周：红色基因当如是
- 第五周：为祖国河山立传
- 第六周：翰墨飞扬心向党
- 第七周：追忆红脉传精神
- 第八周：策划主题展 指点江山品高下
- 第九周：出项：总结和反思

2.《万山红遍》任务单详见各主题内

3. 注意事项

（1）对每一个阶段的检核点都非常清楚。

（2）做好学生分组工作，组内学生的能力要均衡。

（3）准备资源库，包括表单、PPT等，满足学生项目研究中需要的基本相关资料。

（4）确认活动场地，包括校内活动和校外参观学习的场所，联系活动需要的支持人员，进行项目化学习的研究和成果展示。

(四)必要的课件与材料

详见文件夹附件。（PPT、视频、音频、《沁园春·长沙》文稿、活动照片、任务单、问卷等）

五、项目的实施过程

(一)驱动性问题

1. 如何理解"红色主题"山水画传递的形式美、艺术美、时代特征、家国情怀？

2. 新时代如何继承、发扬和创新"红色精神"？

(二)项目式学习目标

知识与技能目标：了解以《万山红遍》为代表的红色山水主题性文献查阅的方法和策划主题性展览的方法；理解《万山红遍》高远立势、平远结境、色彩表达的艺术美、形式美及精神内涵；理解《万山红遍》在美术课程思政的指标点。

过程与方法目标：以学生感兴趣的话题设置真实情境，进入项目式学习；以任务为驱动，学生采用小组合作的方式，在观察、欣赏、分析、体验的自主学习过程中，以费罗门鉴赏四步法为理论支撑，采用描述、分析、解释、评价方法，深度探究并实践中国红色主题山水画《万山红遍》的艺术特点、家国情怀。

情感、态度和价值观目标：引导学生以《万山红遍》为起点，引导学生从党的百年伟大奋斗历程中汲取前进的智慧和力量，在缅怀革命先烈、传承红色精神的同时，感受中国传统文化的魅力，领略祖国大好河山的壮丽和祖国新时代的无限风光；培养个性心理品质，培养健康的审美趣味，提高艺术欣赏能力和树立正确的审美观。理解身处新时代，红色基因不变，参与到中华民族的伟大复兴中。

（三）实施过程

【第一阶段：项目前期——"近"红】
课时：2课时
具体实施：

主题一：初闻红作趣重重

小问题：
  1. 对《万山红遍》的兴趣点和疑惑分别是什么？
  2. 如何提取关键词对《万山红遍》的问题链、问题群进行分类整理？
  3. 如何将《万山红遍》分类方法运用于生活之中？

学生将知道：
  可以用问题链、问题群对《万山红遍》进行分类整理，构建学习框架。

学生将理解：
  红色山水代表作《万山红遍》，可以通过构图、色彩、意境、情感等美术语言及手段进行分类。

学生将能做：
  构建赏析《万山红遍》的关键词框架体系。
  能够用所学归类的方法迁移赏析其他红色经典作品，并将分类整理方法应用在生活中。

○ **活动1：无声观"红"巧入项**

（1）初问——情境创设
  在学习中国现代山水画的课堂上，教师展示出了《万山红遍》，很多同学疑惑："这是什么山水画？与我以前看见的山水画一点都不一样，有这么红的山水画吗？画得这么满，没有一点中国画的意境。"紧接着，附和的人更多了，教室顿时炸开了锅……

  问题：究竟应该如何赏析《万山红遍》？如何理解中国现代山水画传递的形式美、艺术美、家国情怀？

（2）独立赏析
  学生独立观看《万山红遍》，初步感受画面，将疑惑、兴趣分别记录于任务单一。

初闻红作趣重重——《万山红遍》任务单一	
兴趣点	1
	2
	3
	……
疑问	1
	2
	3
	……

(3) 提示性问题群、兴趣点汇集

1. 为什么作者用大量的红色描绘山的颜色？
2. 鲜艳的红色引人注目，一眼就能看出是秋季。
3. 红色是否有深层含义？
4. 山那么高大，高耸入云，占满了画面，是有什么特殊的比例吗？
5. 很多人眼里的色彩单调，是不是反而是作者的用意？
6. 这幅画在写实的基础上加了写意的色彩吗？
7. 这幅画为什么得到这么高的评价？
8. 作者是在什么位置观看的景色？
9. 水和山村对这幅画有何作用？
10. 作品名字叫《万山红遍》，为什么要画村庄？
11. 色彩的运用有什么变化？
12. 这幅画的作者是谁？
13. 作品的尺寸是多少，站在画前是不是更能感受到宏伟的气势？
14. 红色象征着喜庆，为什么要用来表现清幽的山庄？
15. 红色喜庆，运用在这幅画中为什么感觉有些忧愁？
16. 为什么山上的树没有山下的茂盛？
17. 作者在创作时是什么心情？
18. 这幅画是什么时候完成的？
19. 画家想要通过这幅作品表达什么情感？
20. 这幅画同时代还有哪些类似的作品？
21. 从作者的画中，似乎感受到了炙热的火。
22. 都说留白会给画面增添意境，为何这幅画留白那么少？
23. 平时的画都是近实远虚，这幅画远处的山颜色淡了，边沿却又深了。
24. 这幅画中大面积的红让我想到了国旗、红领巾等。
25. 画中山多、树多，隐约看见一条小溪，错落不一，有什么隐喻吗？
……

设计意图：真实情境的呈现，学生带着有深度的问题，带着兴趣走进课堂，为深度赏析作品做好铺垫。学生通过观画，形成对画面的初步感受，提出疑问，表达兴趣点，以问题群的形式和兴趣点引出探究方向。

○ **活动2：合作探究换观点**

以小组为单位，与组员分享自己对《万山红遍》的疑问及兴趣点。

设计意图：学生在合作交流中，分享自己的疑问及兴趣点，实现思想观念的碰撞与进阶。

○ **活动3：盘根错节巧归类**

(1) 梳理关键词

引导学生以一级问题为基础，发现关键词。引导学生发现如饱满、留白大小、比例、位置等属于"构图"知识点；红色、黑色、白色等

都属于"色彩"知识点；意境、含义、作者情感等都属于"情感"知识点。

（2）明确分类方向

学生结合关键词，进行构图、色彩、意境、情感等美术语言、美术手段等方向整合，明确《万山红遍》可以研究的方向，完成任务单二，初步列出小组的观点并进行汇报。

初闻红作趣重重——《万山红遍》任务单二		
一级问题	关键词	分类方向
1. 为什么作者用大量的红色描绘山的颜色？	红色	色彩
2. 鲜艳的红色引人注目，一眼就能看出是秋季。	红色、季节	色彩
3. 红色是否有深层含义？	红色、含义	色彩、寓意
4. 山那么高大，高耸入云，占满了画面，是有什么特殊的比例吗？	高山、白云、占满、比例	构图
5. 很多人眼里的色彩单调，是不是反而是作者的用意？	单调	色彩
6. 这幅画在写实的基础上加入了写意的色彩吗？	写意、色彩	技法、色彩
7. 这幅画为什么得到这么高的评价？	评价	艺术价值
8. 作者是在什么位置观看的景色？	位置	构图
9. 水和山村对这幅画有何作用？	水、山、村	画面内容
10. 作品名字叫《万山红遍》，为什么要画村庄？	村庄	画面内容
11. 色彩的运用有什么变化？	色彩	色彩
12. 这幅画的作者是谁？	作者	基本信息
13. 作品的尺寸是多少，站在画前是不是更能感受到宏伟的气势？	尺寸	基本信息
14. 红色象征着喜庆，为什么要用来表现清幽的山庄？	红色	色彩、寓意
15. 红色喜庆，运用在这幅画中为什么感觉有些忧愁？	红色、忧愁	情感
16. 为什么山上的树没有山下的茂盛？	树	画面内容
17. 作者在创作时是什么心情？	心情	意境
18. 这幅画是什么时候完成的？	时候	时代
19. 画家想要通过这幅作品表达什么情感？	情感	情感
20. 这幅画同时代还有哪些类似的作品？	同时代	时代背景
21. 从作者的画中，似乎感受到了炙热的火。	火、炙热	色彩、寓意
22. 都说留白会给画面增添意境，为何这幅画留白那么少？	留白	构图
23. 平时的画都是近实远虚，这幅画远处的山颜色淡了，边沿却又深了？	近实远虚	构图
24. 这幅画中大面积的红让我想到了国旗、红领巾等。	红、国旗、红领巾	色彩、家国情怀
25. 画中山多、树多，隐约看见一条小溪，错落不一，有什么隐喻吗？	隐喻	寓意
……	……	……

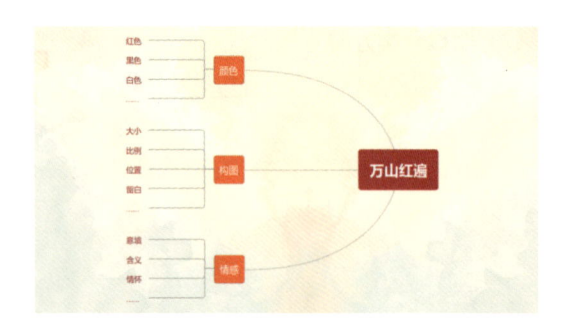

(3) 明确研究方向

学生逐级分类，整理观点，明确《万山红遍》项目式学习可研究方向分别为基本信息、色彩、画面内容、构图、作品寓意、艺术价值、时代背景、家国情怀等。

对比统计发现，对作品色彩感兴趣的占36%，对构图感兴趣的占16%，对作品寓意感兴趣的占16%，对基本信息感兴趣的占8%，对画面内容感兴趣的占8%，对时代背景感兴趣的占8%，对艺术价值感兴趣的占4%，对家国情怀感兴趣的占4%。

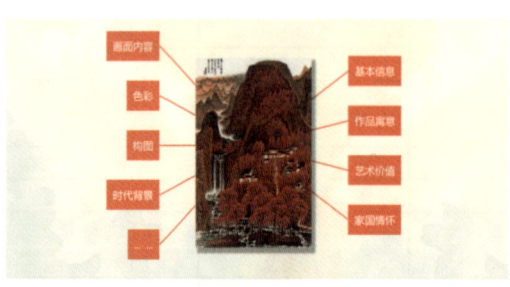

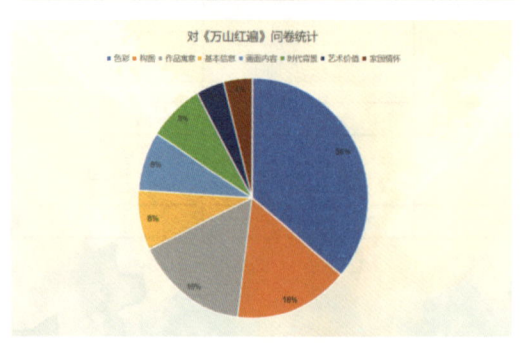

设计意图：引导学生从问题出发，逐级筛查关键词，整合问题，通过信息手段梳理学生的兴趣点及疑惑，明确研究方向。学生思维由低阶向高阶逐渐过渡，学生在知识维度中，将问题向事实性知识、概念性知识逐步转化为程序性知识和价值观。

○ **活动4：迁移红作验成果**

根据所学提问归纳的方法，尝试对董希文的《开国大典》进行问题群、问题链、问题组的归类，分享并思考分类在生活中的应用。

设计意图：运用所学设疑分类的方法，迁移赏析同类型红色经典作品，感受"红"的内涵。初步了解红色经典作品的鉴赏的方法。为下节课进入图书馆、线上资源深度学习《万山红遍》做好铺垫。回归生活，分类归纳的方法适用于学习、生活的方方面面。

主题二：线上线下觅真谛

小问题：

1. 如何对《万山红遍》进行线上和线下逐级文献筛查？
2. 怎样对查阅的资料进行信息整合与归纳、展示？

学生将知道：

可以用文献研究法、比较研究法、归纳总结法等方法对《万山红遍》进行有维度、有广度的探究。

学生将理解：

1. 红色主题的山水赏析，应该遵循循序渐进、螺旋式上升的原理。

2.《万山红遍》等红色主题山水具有显性教育功能和隐性教育功能。

学生将能做：

1. 通过图书馆、多媒体资源平台，查阅并规整《万山红遍》红色主题山水作品的相关知识。

2. 将归纳法应用到日常生活中和学习中。

○ **活动 1：线下寻踪红山水**

回顾上节课研究成果，学生思考并交流图书馆检索《万山红遍》的途径，了解可以从主题词"万山红遍""李可染""中国山水画"等不同的途径进行书籍、报刊、专著、论文等文献资料初步检索，以小组为单位完成线上寻觅真谛——《万山红遍》查阅清单（一）并进行展示交流。理解图书馆资源检索可以从"题名查询""责任者""主题词""分类号""索取号""ISBN"等不同的途径进行。从宏观层面了解《万山红遍》的基本信息。

线下寻踪红山水——《万山红遍》查阅清单（一）		
班级		组别	
组长			
组员			
查阅内容	万山红遍	
	李可染	
	中国山水画	
	……	
查阅途径和方法		
查阅结果记录		
备注：		

设计意图： 通过回顾旧学，了解本节课的研究方向。以任务为驱动，学生在自主线下文献检索中，了解《万山红遍》的基本信息，学会线下文献检索的方法，学会合作。

○ **活动 2：线上觅境红山水**

学生以小组为单位从基本信息、色彩、画面内容、构图、作品寓意、艺术价值、时代背景、家国情怀等方面在计算机房进行线上资源检索的自主研究性学习。完成线上觅境红山水——《万山红遍》查阅清单（二）并进行展示交流。学生理解线上文献检索，可以用直接法、追溯法、循环法等方法，从模糊到精确逐级别聚焦，学生从表象到隐象层层深入了解《万山红遍》的图像信息及传递的家国情怀。

线上觅境红山水——《万山红遍》查阅清单（二）				
班级		组别		
组长				
组员				
查阅内容	基本信息			
	色彩			
	画面内容			
	构图			
	作品寓意			
	艺术价值			
	时代背景			
	家国情怀			
	……			
查阅途径和方法				
查阅结果记录				
备注：				

设计意图：以任务为驱动，在更具体的任务探究实践中，从《万山红遍》的相关的美术语言、美术手段等方面记录、分析相关信息，深入自主了解并分享红色山水代表作品的图像语言、家国情怀。学会线上文献检索主要的方法，学会合作。

○ **活动3**：《万山红遍》我来说

学生以《万山红遍》和《唱支山歌给党听》为背景，结合线上线下检索的资源，进行《万山红遍》的小报初制作及展示。

设计意图：学生在红歌《唱支山歌给党听》的情境中，通过设计小报，初步表达对《万山红遍》的理解，为下节课从图像语言的深入理解做好铺垫。

○ **活动4**：红色经典我传扬

请学生思考：距离《万山红遍》的绘制已经过去数十年（创作于1964年），学习《万山红遍》的现实意义在哪里？学生初步了解《万山红遍》在艺术界的贡献，为中国传统文化的革新所做的贡献，理解优秀的传统文化、红色经典永不过时，我们要不忘初心，牢记使命，为实现中华民族伟大复兴的中国梦而不懈奋斗。

设计意图：回到现实生活，学生通过思考《万山红遍》的现实意义，理解作品传递的家国情怀，为下一个主题深度赏析作品图像语言传递的宏伟理想做好铺垫。

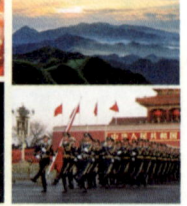

【第二阶段：项目实践——"浸"红】

课时：5 课时

具体实施：

主题三：问道三远书旷境

小问题：

1. 《万山红遍》是如何表现祖国山河的壮阔与辽阔的？
2. 《万山红遍》是如何置陈布势的？
3. 如何理解《万山红遍》的形式美与艺术美？
4. 李可染如何通过描绘风景表现爱国热情？

学生将知道：

李可染是如何在有限的空间里表现万山之势的。

李可染如何实现现实中的山与《万山红遍》作品中山的通融。

学生将理解：

高远、平远的呈现是为表现万山之势。

《万山红遍》在山的造型方面较传统山水画有创新。

李可染通过表现万里河山传递爱国热情。

学生将能做：

在鉴赏中，对"万山之势"进行描述、分析、解释、评价。

将爱国热情，落实在日常生活中。

○ **活动 1**：探究——万山之势

以小组为单位，结合资料包，合作完成任务：艺术家是如何在有限的空间里表现"万山"的？

> **提示信息**：
> 1. 请在画面标注"近山""远山""作者"的位置。
> 2. 从山的形状、大小、立体感、间距、明度等方面思考艺术家是如何塑造"近山""远山"的。
> 3. "近山""远山"分别给你怎样的感受？

设计意图：以问题为导向的任务驱动，学生带着问题，深度探究艺术家如何在有限的空间呈现万山的壮阔与辽阔，理解艺术家借助传统的绘画语言，抒发对祖国万里山河的热爱之情。

○ **活动 2**：解构——俯仰自得

（1）辨识画面结构，理解这幅画的主体为——山。

（2）学生观看作品中近景、中景、远景的山，思考不同位置的山在外形方面有何特点，思考这些不同样态的山分别是以哪种视角观察并表现的，理解艺术家采用了像飞鸟一样的视角，借鉴中国传统绘画中移动视点的方法进行创作。

设计意图：根据学生认知情况、思维习惯，从画面表象走近画面，以"无人机""飞鸟"

等学生感兴趣、容易接受的词语，引导学生了解作品呈现出更独特的中国传统文化中的移动视点思维构成画面，拉近学生与作品的关系。

○ **活动3：解构——高远立势**

（1）赏析作品，判断画面的视觉中心在哪里，思考此处山的山峰和山脚在造型方面有何特点，了解艺术家对于中景山在造型方面进行艺术化处理，即截掉了峰峦和坡脚，凸显山的陡峭程度。理解多座梯形山在视觉上带来的不断向上的引导性。

（2）游戏体验：描绘中景山的时候，人在何处？学生将人偶摆放至合适位置，解释摆放此处的理由。学生理解艺术家采用仰视的视角表达主体山的高大、雄壮。

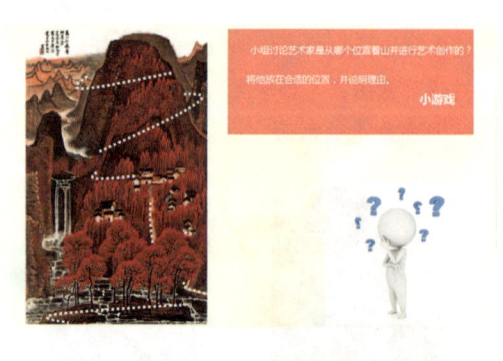

（3）对比赏析《溪山行旅图》局部图，思考两幅作品在表达单体山的空间感上有何异同。理解艺术家通过减弱山体透视，以浮雕的形式强化山的平面感，营造高山、险山带给观者的压迫感及震撼。

（4）对比赏析《万山红遍》和三维立体图，了解艺术家将主体的山的空间不断压缩，最后压缩到同一个平面，感受作品带给观者的气势。

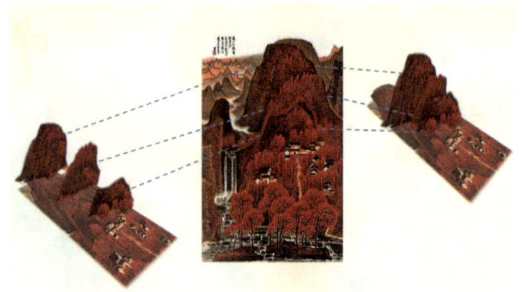

（5）对比赏析《溪山行旅图》全景图，理解作品采用丰碑式（或门板式）构图带给观者的震撼及视觉冲击力。

设计意图：学生在层层递进的学习中，理解《万山红遍》通过经营位置、应物象形、丰碑构图等，以"高远之势"塑造表达祖国河山的壮阔，理解艺术家对于中国传统山水画的继承，理解现代山水画在程式及技法上的创新。

○ 活动4：解构——平远结境

（1）赏析作品左上角的山在造型方面有何特点，思考此处的山是以哪种视角观看并表现的。

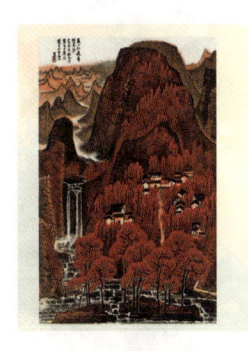

（2）思考左上角的山在意境的处理方面与中景的山有何不同，带给观者怎样的感受。

（3）对比赏析《千里江山图》局部，理解作品左上角作者通过平远手法表现辽阔意境的"远"势。理解作者通过不同视角和不同手法，表达近景及远景的图像，塑造了山势的壮阔与辽阔。

设计意图：通过对比，理解艺术家巧妙将高远与平远压缩在有限的空间，理解作品以平远结境，传递祖国河山的辽阔。

○ 活动5：拓展——红遍何为？

学生用成语、名人名言表达万山之势。理解李可染以高远立势，以平远结境，表现万山之势，表现祖国山水的壮阔与辽阔，使高大雄浑与深远幽邃合二为一。

思考：艺术家笔下的万山为何是红色的？艺术家又是如何表现"红遍"的意蕴的？引出下一个主题"红色基因当如是"。

设计意图：小结作品通过"高远""平远"表现万山之势，理解艺术家通过豪迈的笔墨塑造对祖国河山的自豪感，激发学生的爱国热情，顺势引出下一个主题，明确单元课程学习的目标。

主题四：红色基因当如是

小问题：

1.《万山红遍》在色彩应用及创新方面有哪些体现？

2.如何理解《万山红遍》色彩的时代性和意义？

3.如何发扬、传承、创新"红色基因"？

学生将知道：

《万山红遍》的色彩是对生活中山水色彩的艺术再现。

色彩可以塑造画面的层次和空间。

《万山红遍》的色彩是西学东渐基础上色彩的创新。

学生将理解：

色彩的表现具有时代性、民族性、精神力量。

中国红是扎根于中国人心中信念的颜色。

学生将能做：

应用四步法鉴赏《万山红遍》的色彩并实现迁移鉴赏。

观照生活中的自我，感受色彩带来的力量，并发扬、传承、创新红色基因。

○ **活动1：分享——红色我知道**

以小组为单位，分享课前关于"红色"的信息搜集，了解"红"在国人心中的特殊地位。

设计意图：通过课前信息搜集，链接色彩、生活、学生，链接传统与现代，链接中国文化与西方文化，让学生对本课的深度探究发生更多可能性。

○ **活动2：探究——红遍何所为**

以小组为单位，结合资料包，合作完成任务：艺术家是如何表达"红遍"的？作品的"红"有何深意？

提示信息：

（1）近景、中景、远景色彩是如何变化的？

（2）最亮、最暗、中间层分别画的是什么，分别在画面的占比有多少？

（3）对于本画的留白有哪些思考？

（4）观察山、树轮廓，思考光从哪里来。

设计意图：以问题为导向的任务驱动，使学生带着问题，深度探究艺术家为何、如何表现红色山水。

○ **活动3：解构——红色亦如是**

（1）圈一圈：作品中哪些地方用到了红色？

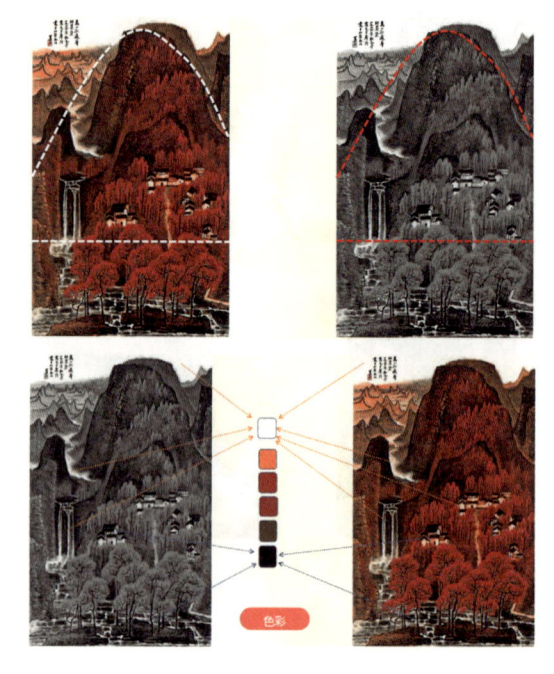

（2）数一数：作品用了多少种红色？

（3）对比黑白图片，思考远景、中景、近景在色彩明度上有何变化，理解艺术家通过明度的变化表现作品的空间层次。

（4）找一找：对比黑白图片，找出作品中颜色最暗、最亮、中间色的内容分别是什么。了解李可染借鉴素描的五度色阶：以纸张本身的明度为零，屋顶和树干为五，将绝大部分画面统一在四至五的深色阶上。

（5）思考《万山红遍》的色彩表达与生活中景物的色彩有何异同，思考艺术家这样用色的深意，学生理解艺术家希望通过积墨、积色的方法营造气势与意境，塑造静穆而崇高的精神空间。

（6）赏析不同时期的山水画，思考《万山红遍》在"留白"上与中国传统绘画有何不同。这样处理，对于作品在表达"意境"方面有何帮助？学生理解作品浓重的墨、色占据了画面

的绝大部分，在挤之又挤、不能再挤之下才留出了云气等极其狭小的空白。山体逆光的处理，使画面有了灵性，显得神采奕奕。祖国的壮阔河山，也由此被赋予了神圣而永恒的力量。

设计意图：通过对比等手法，了解艺术家通过不同明度的红色，采用积墨、积色的方法塑造红色山水。

○ **活动4：解构——光源反向来**

(1) 观看作品中山、树的轮廓色彩的变化，思考光源方向。

(2) 对比逆光照片、《漓江山水》等图片，感受作品应用到的逆光及表现的视觉效果。

(3) 思考《万山红遍》对于光的处理与传统中国山水画在光的处理上有何不同。

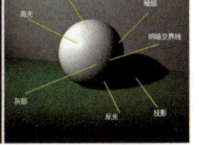

(4) 了解李可染结合伦勃朗、石涛、黄宾虹等艺术家的绘画方法，借鉴素描、山水画积墨法与西画逆光法的艺术语言体系，实现了对传统水墨画黑白关系的创新与发展。

设计意图：聚焦山石树木的轮廓，了解艺术家继承传统山水的笔墨，同时借鉴西方绘画"光"的处理，形成了特色鲜明的逆光山水。理解艺术家在西学东渐的影响下，对于传统山水画的创新。理解艺术家希望通过色彩的表达提升作品的精神力量。

○ **活动5：升华——红色基因当如是**

播放视频，了解李可染的艺术特色，了解西学东渐下的山水画发展，加深对于逆光红蕴、积色挤白的理解。

结合课前搜集的信息，结合国人对于红色的特殊情怀，再次思考红色山水传递的家国情怀。

理解"红色"在国人心目中的精神高度、文化高度，理解拥有家国情怀的作品最能感召中华儿女团结奋斗。

设计意图：在探究形式原理的基础上，深度理解艺术家在时代大环境下通过色彩传递爱国热情、家国情怀，理解有情怀的艺术最有生命力。

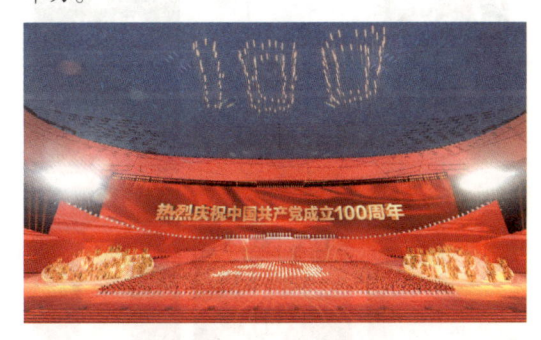

○ **活动6：评测**

(1)《万山红遍》这幅画的作者是____。
A. 范宽   B. 李可染   C. 王希孟
(2)《万山红遍》采用了_____的构图形式。
A. 直线型   B. 丰碑式   C.S 形
(3) 以小组为单位探究《游春图》《红岩》《井冈山》表达的审美情怀。

设计意图：知识的回溯、迁移，通过客观与主观题的监测，了解学生对于知识点的学习情况。

○ **活动7：拓展——时代之镜闪光芒**

理解时代变革、社会发展，感染和鼓舞着艺术家采用不同的艺术形式，抒发对新中国的热爱与赞美。

结合图片，思考主题转换、形式转变后，艺术是如何作为时代的镜子传递家国情怀的。思考：李可染为何会在那个年代创作《万山红遍》？引出下一个主题"为祖国河山立传"。

设计意图：带领学生回到当下，实现艺术与现实生活的融通，学生理解充满精神力量的艺术更有感染力和生命力。学生带着现实问题的思考，走进下一个主题。

主题五：为祖国河山立传

小问题：
1. 如何理解《万山红遍》的出现及现实意义？
2. 如何从美术、文学、政治、历史的视角理解《万山红遍》的精神内涵？

学生将知道：
《万山红遍》是对文学作品的艺术加工。
《万山红遍》在山水画发展中的艺术贡献。
传统山水画与现代山水画在题材选择、创作意图上有区别。

学生将理解：
《万山红遍》的审美功能、教育功能、社会功能。
《万山红遍》传递的家国情。

学生将能做：
从跨学科的视角分析作品。
感悟作品精神内涵，反观生活中的自我。

○ **活动1：导入——《万山红遍》何来之？**

学生结合前面四节课所学，思考李可染为何会创作《万山红遍》。

设计意图：学生在形式语言分析的基础上，思考作品的问世及现实意义。引出本课主题。

○ **活动2：了解——艺术与文学同步**

诗书美鉴：赏析作品的文字部分，了解"万山红遍，层林尽染"的由来，思考艺术家是从哪些方面对文学作品进行了艺术创作。

学生配乐诵读《沁园春·长沙》，感受艺术家选择浪漫主义色彩的词，追求雄强豪放的绘画语言与文学语言在气质上的匹配，了解中国现代山水画在审美趣味上的革新。

设计意图：学生在诵读、赏析的活动中，融通不同的学科，理解中国现代山水的审美特征。

○ 活动3：理解——画道革新当破雅

（1）亲近大师

学生通过艺术家擅长——山水、人物、牛；理念——可贵者胆，所要者魂；座右铭——用最大的功力打进去，用最大的勇气打出来等关键词信息，走进艺术家李可染。了解李可染在精神层面、艺术层面具有同样的高度。

（2）合作探究——何以为山？

学生以小组为单位，结合资料包，合作完成任务：山，是哪里的山？山，是怎样的山？山，为何是这样的山？

（3）解构——山，是师"造化"的山！

学生从山的造型、位置、色彩、光源等方面，对比赏析《万山红遍》与现实生活中的橘子洲头、漓江等地风景。

了解艺术创作源于生活而高于生活的创作理念，理解艺术家寓写生于创作，生成了充满浪漫主义的佳作。理解艺术家对于"万山红遍"的塑造不单纯是自然山水的再现，理解李可染师古、师自然、师心，表达的是心中的山水。理解艺术家通过写意性壮阔、辽阔的山水，表现祖国河山的雄伟，抒发并激励观者的爱国之情。

（4）解构——山，是"西学东渐"的山！

今昔对比：对比观看《万山红遍》《江山如此多娇》《鹊华秋色图》《山中早春图》等作品。思考中国传统山水画和中国现代山水画在创作

意图上有何异同。

从作品的图像、题材、尺幅、装裱形制、创作意图、功能性等方面，对比赏析《树色平远图》（局部）、《千里江山图》（局部）、《万山红遍》，理解中国传统山水画表现自然重于表现社会，现代山水画更注重作品的精神力量，追求创作为人民服务的艺术。

对比赏析《万山红遍》《一团和气》等，了解艺术家对于传统艺术、西方绘画艺术的借鉴，了解《万山红遍》在视觉形式上甚至借助年画、版画、浮雕、素描等，形成独特的视觉效果。理解西学东渐后的现代山水画《万山红遍》对传统山水画在图式、笔墨上进行了改造。

设计意图：学生在游戏互动中走近艺术家，了解《万山红遍》为浪漫主义与现实主义结合

的祖国河山，理解《万山红遍》是西学东渐影响下艺术家心中的壮丽山河。

○ **活动4：理解——为祖国河山立传**

对比赏析《转战陕北》《万山红遍》，从历史学、美术、文学、社会学等角度，思考为何这些作品会出现在那个时候。了解红色题材的艺术作品是主旋律与多样性的统一，理解艺术家通过浪漫主义与现实主义相结合的手法表现红色题材，激发中华儿女的家国情怀，感召中华儿女团结奋斗，实现中华民族的伟大复兴。

设计意图：学生在对比赏析的过程中，理解中国现代山水画与时代风貌紧密结合，具有强有力的精神力量。

○ **活动5：拓展——时代风华谱新章**

思考并交流：新时代，和平的环境，面对祖国的大好河山，我们应该有哪些作为？为实现中华民族伟大复兴，我们何所为？

设计意图：从作品中来，再回到现实生活中。学生思考步入新时代我们该有哪些作为。在深度思考与交流中，激发学生的爱国热情，文化自信，民族自豪感。

主题六：翰墨飞扬心向党

小问题：

1. 如何理解《万山红遍》中"线"与"色"的艺术特点？
2. 如何借鉴李可染"积墨与积色"的艺术手法进行再创作？
3. 如何通过"线"与"色"表现祖国的壮丽山河？

学生将知道：

通过对《万山红遍》的赏析与实践，了解山水画中的"五笔七墨"。

学生将理解：

理解《万山红遍》笔墨创造的意境。

学生将能做：

应用积墨与积色方法，进行艺术创作，抒发爱国热情。

○ 活动1：导入

观看《万山红遍》，结合已有的中国画学习经历，独立思考李可染的《万山红遍》与传统中国画在技法表现上有何不同。猜测李可染创作这幅作品的方法。

设计意图： 结合学生自己的学习经历，从表象上对比传统山水与李家山水的异同，了解李可染借鉴西方绘画对光的处理，形成了特色鲜明的逆光山水。

○ 活动2：深入探究笔墨

了解画面以墨作底，红色为主调，大胆创新，画面厚重有体量感，色彩具有装饰性。

1. 合作探究《万山红遍》技法

以小组为单位，合作探究《万山红遍》的技法，从作品的墨色比例、笔法特点、墨法特点等方面进行思考，作者如何将画面处理得具有体积感、厚重感。

《万山红遍》技法任务单			
墨色比例	笔法特点	墨法特点	笔墨浓淡

2. 技法解析

（1）墨色比例

对比观看《万山红遍》《富春山居图》《踏歌行》等作品，了解《万山红遍》摒弃传统山水"留白法"，形成了"密不透风"的艺术特点。学生观察并理解该作品虽然整体以"红色调"为主，

但重要的背景都用墨色进行衬托。

对比赏析，了解李可染用朱砂如用墨。通过远、中、近景对比，了解画面中朱砂略浅的地方，有墨色浮上；中间色调的地方，墨与色相融合；明亮之处朱砂比较厚重，画面整体呈现庄朴雄浑、古朴典雅的视觉效果。

（2）实践笔法

观看视频，了解李可染在线条和层次两方面分别向齐白石和黄宾虹进行学习，形成了独特的绘画技法。

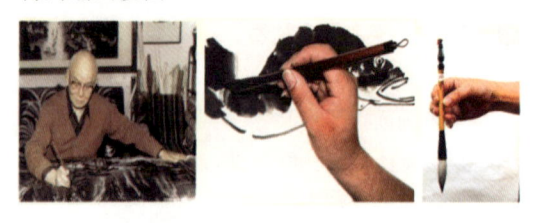

学生通过观看李可染作画的视频，了解李可染的作品带有素描元素，李可染注重变换笔锋，通过不同的用笔方法使画面变得更加丰富。学生观看教师示范临摹《万山红遍》的局部，理解笔法对于形象塑造的影响。

（3）实践积墨法

对比观察自己的临摹稿与《万山红遍》，思考李可染的用墨特点。了解李可染对于传统墨法的创新，理解李可染创新性地将素描的明暗关系应用到《万山红遍》的创作中，让山石的质感更强烈。

从上至下观看山石墨色的变化，理解李可染通过墨色的浓淡变化表现色阶变化，画面呈现明显的黑白对比，整体呈现凝重深厚的效果。

（4）实践积色法

观看《万山红遍》局部图和李可染创作视频，了解李可染在继承传统设色的基础上，借鉴西方油画绘画方法，以积墨为底，在墨底的基础上采用积色法，通过变化同一种颜色的纯度和明度，塑造立体形象，表达画面的空间感。

学生在积墨法的基础上，实践积色法，临摹《万山红遍》局部。

3．远近浓淡

观看《万山红遍》，思考作品中近景树干的笔墨特点。了解李可染改变以往顺势用笔的习惯，用逆势行笔来画树干。

对比观看近景、中景群山的边缘，了解李可染在表现远景群山时笔墨较淡，了解李可染结合了西方绘画逆光法的表现手法，实现了对传统水墨画黑白关系、光感的创新表达。

设计意图：学生以小组为单位探究《万山红遍》中墨色比例、墨法、笔法等特点，理解

李可染在创造中对中国传统绘画的笔法进行了创新，运用"积墨、积色"和西方素描方法创造性地表现了山石树木。

○ 活动 3：迁移鉴赏——七幅红作

学生观看并迁移鉴赏李可染的七幅《万山红遍》，理解画面因笔墨的变化呈现了"黑""红""白"强烈的视觉对比，理解李可染以大气恢宏的创作手法表达了对祖国河山的热爱之情。

设计意图：通过迁移赏析《万山红遍》系列作品，了解李可染在山水画方面的艺术主张及艺术理念，并通过创新实践，让山水画艺术获得了新的生命，理解李可染通过笔墨抒发对于祖国大好河山的赞美之意。

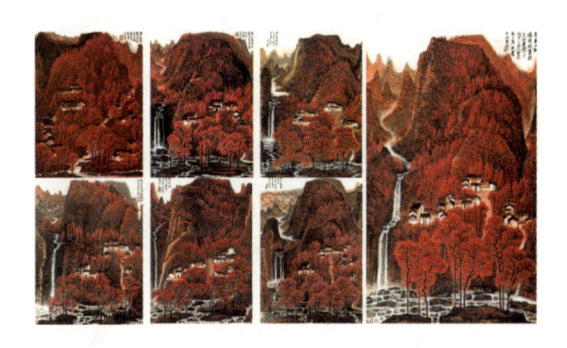

○ 活动 4：实践创作——翰墨飞扬心向党

学生以"翰墨飞扬心向党"为主题，用积墨法、积色法进行创作，表现祖国的壮丽山河。

创作说明任务单	
创作的动机	
创作的重点	
创作的方法（笔墨、构图、色彩）	
创作后总结	

设计意图：学生通过实践，体验山水画独有的魅力。感受传统与现代的碰撞与融合，创作以"童心向党"为主题的山水画，借助书画创作来弘扬中华优秀传统文化，陶冶艺术素养，培养爱党、爱国的情怀。

主题七：追忆红脉传精神

小问题：

1. 如何记录参观中的所见？
2. 当代青少年如何传承发扬"红色精神"？

学生将知道：

通过户外拓展实践，了解沙家浜革命史迹、英雄们的峥嵘岁月。

学生将理解：

参观革命区，访问英雄，理解今日的幸福生活来之不易。

学生将能做：

通过实践创作，展现当代青少年心中的红色山河。

○ 活动1：追忆——红色经典

观看《美术经典中的党史——万山红遍》，了解青年毛泽东的经历，引导学生不但要"风声雨声读书声声声入耳"，而且要"家事国事天下事事事关心"，要心怀天下。理解红色题材的文艺经典作品，是文学艺术的重要组成部分。了解《美术经典中的党史》用"以画为体，以史为魂"的结构方式，通过对经典美术作品的解读，礼赞中国共产党带领人民开辟中国特色社会主义道路、创造人类发展史上奇迹的光辉历程。

欣赏《开国大典》等红色作品，思考红色主题的美术经典创作背景及创作的现实意义，感悟幸福生活的来之不易。理解关注时代发展、关注现实、关注人民是新中国美术的重要创作主题。

设计意图：通过视频和经典作品的引导，

学生的视线从决胜千里的战场画面，到热火朝天的建设场景，再到日新月异的时代华章。学生在充满精神力量的美术经典中，了解波澜壮阔的百年风华，感悟幸福生活的来之不易。

○ 活动2：畅谈——晚舟归国

学生针对2021年9月25日孟晚舟回到祖国怀抱事件发表感想。学生理解孟晚舟归国时着装选择的深刻用意，理解"如果信念有颜色，那一定是中国红。"这句话的深刻含义。

理解中国红在中国人心中的特殊地位，理解中国红是可以让中国人提神振气的颜色。理解在中国共产党的领导下，强大的中国是中国

人民坚实的后盾。

设计意图：结合热点时事，引发学生共鸣，学生在真实的问题、真实的情境中，感悟祖国的力量，感悟中国共产党的正确领导，树立为新时代的中国奋斗的目标！

○ **活动 3**：回顾——红色之旅

学生回顾红色研学经历，理解红色文化是我们党和人民的灵魂所在、命运所系。

设计意图：通过回顾，加深学生对于"红色"的体会。青少年是祖国的未来，通过红色文化教育，可以让他们在感性与理性的互动中成长。

○ **活动 4**：实践——心动沙家浜

（1）学生阅读图文资料，了解沙家浜景区主要有瞻仰广场、浮雕墙等景点，了解沙家浜的历史。

（2）探访沙家浜

学生以小组为单位，探究沙家浜经典雕塑作品，完成《心动沙家浜》红色研学任务单（一）。

《心动沙家浜》红色研学任务单（一）					
作品作者		作品名称		参观时间	
所处位置				作品材料	
作品完成时间		作品大小			
作品最吸引你的地方					
作者基本信息					
作品基本解析					
作品与周边环境的关系					
我想通过美术课了解该作品的信息					
与作品的合影（粘在任务单背部）					

（3）走访红色传人

学生以小组为单位，走访革命英雄，聆听革命事迹，完成红色研学任务单（二）。

《心动沙家浜》红色研学任务单（二）			
班级		姓名		采访时间	
采访对象				采访方式	
采访问题	（至少写出 2 个有意义的问题）		
采访记录			
采访后记			

设计意图：以红色研学旅行的方式，组织学生到爱国主义教育基地考察、学习，了解并记录革命时期的光辉事迹，感悟幸福生活的来之不易。

○ **活动5：感悟——新时代**

学生观看影像资料，感受在中国共产党的正确领导下，中国发生了翻天覆地的变化，人们的生活水平大大提高，人们的幸福感也不断提升。

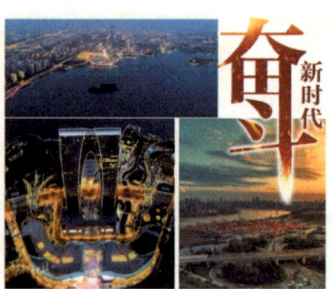

设计意图：引导学生了解中国共产党领导亿万人民团结奋斗，取得了举世瞩目的辉煌成就。引导学生传承红色基因，赓续红色血脉，积极投身于新时代中国特色社会主义事业建设。

主题八：指点江山品高下

小问题：

1. 如何收集整理《万山红遍》研究成果并策划一场主题展览？
2. 如何借助红色主题展览实现育人功能？
3. 如何将《万山红遍》传递的家国情怀在现实生活中传承、发扬、创新？
4. 如何通过达标式评测体系监测学生在中国现代山水画中核心素养的形成度？

学生将知道：

红色主题展览包含的设计、展示要素。

学生将理解：

红色主题展的时代影响力。

红色主题的艺术作品彰显革命热情，传递家国情怀，展现文化自信。

学生将能做：

策划并组织实施一个红色主题展览。

合作完成布展及观展后的个人反思。

○ **活动1：红色展览我策划**

学生将临摹作品、创作小报、观后感、解说词、过程性记录等材料分门别类，思考作品的展示形式。思考策划一场红色主题展览，包含展览主题、展览形式、时间地点、参展人员等元素。

展览准备	收集	整理	备注
基本资料	《万山红遍》画作复制品 红色小报、临摹作品、观后感 党史书籍、报刊文件	思维导图 海报	静态展示
延伸资料	朱砂、矿物颜料、文房四宝 奖章、书信等红色记忆的物件 中西绘画风格融合资料	海报 参观路线	
红色元素	革命前辈讲过去的故事 歌曲《没有共产党就没有新中国》、《我们是共产主义接班人》 影片《理想照耀中国》、《建国大业》、《建党伟业》	电子屏 话筒	动态展示

设计意图：引导学生策划一场红色主题展览，将自己的临摹作品、创作小报、观后感进行展示，通过展示这些滚烫的红色符号表达自己的炙热感情，向世界述说新时代少年的风采。

活动2：红展合作有条理

（1）明确主题

学生查找相关资料，成立红色主题展策划组委会，明确展览主题。

展览信息	
展览主题	《万山红遍》——以红润心红色主题展
展览形式	静态展示为主，动态展示为辅
展览时间	2021年9月18-2021年10月17，展期一个月
展览地点	苏州工业园区景城学校开放式图书馆及艺术连廊
参展人员	景城学校全体师生

（2）分工有序——邀请函设计

学生分工合作，分别设计制作邀请函和海报。在校门口、图书馆、食堂、电梯张贴海报展讯，向全校师生发出参展邀请函。

（3）分工有序——展厅布置

学生以小组为单位，从氛围营造、空间利用、展区设计、情感烘托等方面结合主题和展品，设计参观任务单。

	色彩选取	空间营造	情感烘托	信念升华
第一展区 万山红遍	◐	▮	★	★
第二展区 红色元素	◔	▮	★★	★★
第三展区 红色情感	●	▮	★★★	★★★

①时代底色

学生依据展览内容和展览主题，对比分析国旗的正红色在明度和纯度上的特点，确定主题展览展厅选择适合的红色。

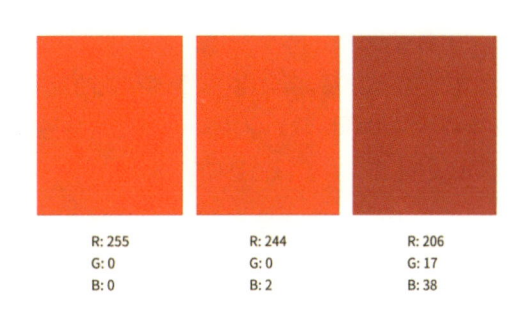

R: 255　　R: 244　　R: 206
G: 0　　　G: 0　　　G: 17
B: 0　　　B: 2　　　B: 38

②空间选择

结合学校硬件条件的光线、场地、延伸展区、分散人员、参观、听讲解、升华情绪等因素，探究本次展览的主场馆选择展区。

③功能分区

学生分别从内容、形式、情感等方面，理解按展示内容分为小报展区、书签展区、感言区；按形式分为静态区和动态区；按时代分为《万山红遍》衍生品区、红色革命纪念区、花开新时代区、强国有我立志区。

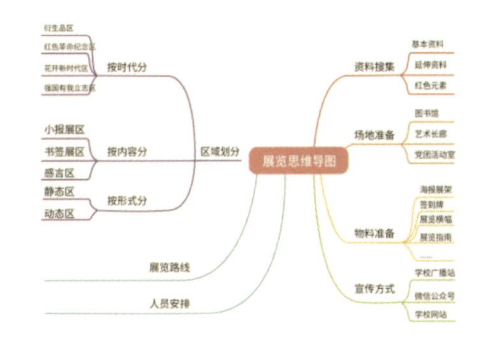

④参观顺序

按照静态作品、革命电影、强国有我的顺序，设计合适的参观路线。学生从视知觉和情感上渲染红色精神，并进行情感的表达。

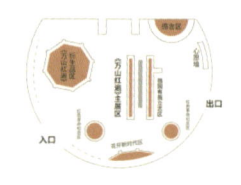

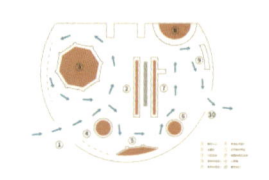

⑤布展

区域	设备	布置	讲解	维护
作品展区	作品装裱（美工组） 讲解设备（借老师）	展品固定（总务处） 标签制作（两组员）	五名讲解员，每周负责一天，共四次	课间维护一人 展览时间一人
影像展区	电脑投影（总务处） 宣传手册（各班代表）	电视架（总务处）		
心愿墙	队徽采购（总务处） 纸笔材料（总务处）	队徽发放（讲解员） 书写心愿（参观者）		

⑥礼仪教育

学生了解主题展览的意义，明确参展时候的注意事项。进入展厅前：传承红色，敬畏先烈，端正态度，穿戴整齐，精神饱满，整理好红领巾并脱帽。进入展区：保持安静，不嬉笑打闹，在展区拍照注意红色元素的构图，党旗、党徽等标志须拍完整等。

设计意图：基于学校图书馆的布局，结合红色作品、红色主题、革命思想、时代发展的脉络，学生根据展区的功能等逐级策划、布展、设计参观路线、观展，在实践活动中学会交流、分享、合作。

○ **活动3：爱国情怀驻我心**

学生观展结束，在"强国有我，共创中国梦"的心愿墙抒发自己的情感。

设计意图：学生在强烈视觉冲击力的主题展中，极大地点燃革命热情，产生强烈的民族认同感，萌生强烈的民族自信。引导学生对于主题展览进行深度思考，能够将感悟记录下来，并在生活中将红色文化进行继承、发扬、创新。

（四）《万山红遍》项目式学习评价量规

序号	主题	评价要点	具体表现	价值引领	核心素养
1	初闻红作趣重重	能够参与个人和集体的探究活动，表达对《万山红遍》的初步认知。能与同伴进行情感沟通和思想交流，增强同理心与团队协作精神。	1. 能从构图、色彩、情感等方面初步表达对《万山红遍》的认知。 2. 能将自己的观点与他人分享并进行归类。 3. 能够赏析反映我国时代精神的美术作品。	时代精神 文化理解 工匠精神 沟通交流 守护自然	图像识读 文化理解
2	线上线下觅真谛	能借助线上线下的文献资料，了解《万山红遍》的基础信息。增强对我国传统文化价值认同，理解工匠精神，激发民族自豪感。	1. 能从文学、历史学、社会学、道德与法治、美学的视角，进行线上线下查阅文献，了解作品基础信息。 2. 能够运用美术与科学技术相结合的方式，形成独特的创意并交流分享。	历史文化 文化理解 工匠精神 守护自然	图像识读 文化理解
3	借道三远书旷境	能够以描述、分析、解释、评价四步法赏析中国现代山水画。	1. 能够基本掌握美术鉴赏四步法。 2. 能够在图像识读的基础上了解作品的精神内涵。 3. 能够在赏析过程中，获得高峰体验。	党的领导 国家利益 时代精神 文化理解 审美情趣 工匠精神 沟通交流 身心健康	图像识读 审美判断 文化理解
4	红色基因当如是	能够以本画卷的赏析为基础，理解中国现代山水画的审美精神及时代特征。能认识传统文化创造性转化，理解艺术家工匠精神，理解红色山水传递的家国情怀，感悟文明交流创造的辉煌成果。	1. 能够理解西学东渐、时代环境对于中国现代山水画的影响，对具体作品做出自己的解释。 2. 能够理解中国现代山水画对于传统山水画的继承。 3. 能够理解中国现代山水画对于不同艺术形式借鉴后的创新及发展。	党的领导 国家利益 时代精神 文化理解 审美情趣 工匠精神 沟通交流 身心健康	图像识读 美术表现 审美判断 文化理解
5	为祖国河山立传	能够从美术、文学、道德与法治、历史的视角理解中国现代山水画的精神内涵。	1. 能够借助工具，融通学科，对中国现代山水画做出自己的审美判断。	科学理论 一体多元 国际视野 创新进取	图像识读 审美判断 文化理解

6	翰墨飞扬心向党	理解审美的价值本质和特征，能够学习李可染的艺术方法、工匠精神进行个性创作并分享。能理解中国共产党发展历程中的重要事件。	1.学习李可染的逆光、积墨、积色的方法进行艺术创作，感受祖国的壮阔、辽阔。 2.能够赏析反映我国社会主义建设的美术作品。	历史文化 时代精神 文化理解 工匠精神 创新进取	美术表现 审美判断 文化理解
7	追忆红脉传精神	理解我国传统文化价值体系、传统美术语言体系。理解中国共产党发展历程中的重要事件。认识与理解个人与民族、国家命运的关系。	1.能够用摄影、音频、书法、小报等形式，记录、探访红色足迹。 2.能够结合身边的红色事迹，做好红色传承与传播，通过不用的艺术形式传递家国情怀。	党的领导 发展道路 国家利益 历史文化 时代精神 文化理解 身心健康 沟通交流	美术表现 审美判断 创意实践 文化理解
8	指点江山品高下	理解工匠精神，形成健康的审美趣味与态度。	1.能够赏析具有红色基因的美术作品，加强传统美术语言的认同，增强对红色作品文化价值的体会。 2.能够参与集体创作活动，策划、展示和表达自己或团队创作的美术作品，理解他人创作的美术作品。	党的领导 国家利益 历史文化 时代精神 文化理解 身心健康 沟通交流 绿色发展	美术表现 创意实践 审美判断 文化理解

（五）《万山红遍》项目式学习作品归档

《万山红遍》项目式学习作品归档清单 （详见文件夹）	
1	调查问卷
2	学习任务单
3	展示汇报视频
4	解说词
5	文创、书签
6	小报
7	相关周边活动照片

（六）项目学习成果

1. 解说词

各位老师/同学，上/下午好！

  欢迎来到"以红润心——《万山红遍》"主题展的展厅，非常感谢大家的到来！

  本次展览由七年级11个班级联合举办，展厅分主展区和分展区，向大家展示同学们对于《万山红遍》的学习历程，以及七年级同学关于红色革命文化研究的项目式学习成果。

  首先，我们来到主展区，李可染先生创作的巨作《万山红遍》复制品映入眼帘，你是不是也被这强烈的视觉冲击力震撼到了？现在就让我们近距离欣赏一下，这幅画以"红色"为主，构图饱满，给人一种如同仰望纪念碑一样的震撼感。祖国的壮阔山河在李可染的笔下被赋予了神圣而永恒的力量，也让这幅画成为中国"红色山水画"的代表作品，作品中的"红色"不再简单地指画面中用的朱砂等红色颜料，而是代指红色的炽热的革命文化。

进入分展区，我们可以看到同学们自己的作品。在学习了李可染先生的《万山红遍》后，同学们感慨万千，将自己的想法以照片、图画和文字的形式表现出来。"红色革命区"以照片的形式重温革命先烈牺牲与斗争的历史。透过这一张张照片，你是不是仿佛身临其境，和他们一起经历了那些惊心动魄的大事件？紧接着，我们来到了"花开新时代区"，这里呈现的是同学们收集整理的中国特色社会主义新时代所取得的成就，你是不是不禁要为中国的发展速度和规模竖起大拇指？最后，我们来到了"强国有我立志区"，七年级同学在深入学习了《万山红遍》后，纷纷写下了自己的学习感言，从他们笔下的文字可以看出他们争当社会主义接班人的冲劲！

置身于红色展厅，眼前热烈的色彩、激昂的文字，你一定也深受感染。在展厅出口两侧，有一面火红的心愿墙，在这里你可以尽情表达。再次感谢大家参观此次展览！

2. 艺术作品

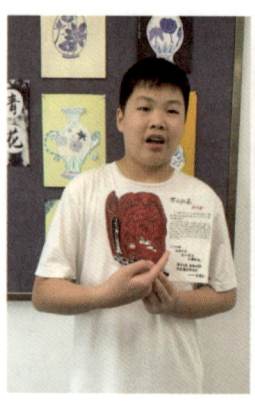

3. 学生反思

"看万山红遍，层林尽染"出自毛主席的词《沁园春·长沙》。这首词是毛主席重游橘子洲时所作的。画家李可染根据毛主席词句创作了《万山红遍》，和其他山水画作品相比，这件作品构图饱满，留白部分较少。从画面内容来看，第一眼看到作品时，就被一座座巨碑式的红色的山所吸引，这是画面的主体部分。仔细观察局部，画家还表现了山上的小屋和山下的瀑布、溪流。溪流一直延伸至画面的左边，与平远式构图的山谷相呼应，同时也不喧宾夺主。小屋在整个画面中偏右，横向或纵向观看，恰好位于图画中两个黄金分割比的位置。画家李可染将层峦叠嶂的山，创作在有限的空间里，凸显万山之势。

整幅作品以红色为主，红得有层次，红得有力量。自下而上，红色逐渐变深，在画面左上角，红色却越来越淡，营造出"层林尽染"的氛围。山上的小屋颜色与山体的红色形成对比，既避免了审美疲劳，又增添了画面的生机。同时小屋的墙面也有红色，让画面色调更加和谐。树之红在最下角过渡为岩石之红，既表现出岩石上被红透出的树叶覆盖的样子，又使岩石本身的黑看起来更加和谐。画面以留白表现瀑布、溪流，凸显了红遍的意境。李可染大胆设色，出奇构图，带给我们强烈的视觉冲击力，更带给我们炙热的爱国情思。此画红得热烈，红得纯粹，红进了我们的心里。

（七）项目意义

本项目化单元课程以山水画《万山红遍》为例，基于图像学和美术教育两个研究领域创设，既立足于现今中国中小学美术教育研究领域的现实问题，又与西方视觉文化体系中的教学观点展开对话，并结合中国传统美术的艺术价值，努力实现由技能型教学向审美养成型教学转变，由单一的知识性教学向多学科融合的教学转化，由学校型美育向社会型美育转化。

本课程以"万山红遍"为主题，不仅贴合时代的主题，弘扬社会主义核心价值观，又立足于中国绘画发展的角度，探究本民族艺术的发展与创新，同学们以项目化学习的方式，运用图像识读的方法，围绕着一个又一个驱动性问题从作品本身走向作品所处的时代，带着探究与发展的眼光走进自己所处的时代。

本项目化学习以培养核心素养为目标，结合美术学科的特点，通过图像识读将这三种素养落实到学科层面，让学生在八个任务学习中，获取信息、学习掌握、理解掌握、知识整合，最终形成审美感知、艺术表现、文化理解的学科素养。

《万山红遍》丰富的文化内涵和时代精神，可以在极大程度上帮助学生理解自身与这个社会之间的关系，形成对社会责任感、国家认同感和国际关系的理解，这也是本项目化学习开展的初衷。

本项目化学习遵循核心素养视域下的教学设计方式，设计模式逆向化、目标设计素养化、课堂教学学习化。本项目化学习是一个单元的综合性的学习过程，更倾向于通过不同主题的任务引导学生形成符合时代精神的核心价值观，因此在驱动性问题的设定上采取了价值驱动："如何理解'红色主题'山水画传递的形式美、艺术美、时代特征、家国情怀，新时代如何继承、发扬和创新'红色精神'"。但是，在提炼这个驱动性问题的时候也遇到了一些困惑，初步思路是围绕美术学科知识体系来提出这个驱动性问题的，经过反复的推敲与思索，觉得这个价值性的驱动问题应该基于更高一级、更宏观的概念下，因此选择更契合当今社会生活和时代主题的"红色精神"作为问题的出发点。单纯的学科性任务不能成为一个项目，学生研究对一个综合的有挑战性的问题，实施若干不同性的活动以完成驱动性任务才是一个完整的项目。

我们的学习还在继续，人只有在不断思考中才能向真理逐渐靠近。或许我们并不需要一个真正的答案，我们能够从学习中得到的是审慎理性、执着坚毅、孜孜不倦的学习品质。本项目化学习还没有结束，项目化的学习成果并不是结果，它的成果不是学到的某一个知识、解决的某一些问题，学生和老师更期待的是在这种学习形式中获得的体验，或许就是"活"的教育吧。

作者单位：
苏州工业园区景城学校　李伟
苏州工业园区教师发展中心　沈兰

点评

《万山红遍》主题单元课程，是一个基于项目化的大单元设计。围绕李可染作品《万山红遍》的创作背景，引导学生分小组对不同问题设置的项目化任务，展开全方位的主体探究。在整个单元课程设计中，紧密关注作品创作历史环境与时代、与学生视觉审美价值观的关系，明确以美术课思政教育作为整个单元课程设计的主线。本主题按照 8 个方向设计探究任务，形成以项目化方式引导学生对作品及相关历史背景、当今时代的意义等展开主题学习。本主题单元课程充分验证核心素养本位的美术单元课程理念所倡导的大单元、大项目、大任务、大问题、少而精的课程架构。学生在对这一主题任务的持续探究中，不断深化对作品意义的理解，形成深度学习。

该主题单元课程在学业质量评价、学生学习成果呈现、学生与教师反思等方面进行较充分的实践，特别是在项目学习成果中，对 4 个学生小组项目化工作进行全方位记录。这些课程实施研究报告，不仅鼓励美术教师更多地使用引导式教学和学生主体探究方式，适应新时代课程改革的方向，而且对于学校美术课如何开展和推进项目化主题单元课程有着示范意义，使美术课教学朝着更加清晰而有力的目标迈进。

说"年"品"画"单元设计

大观念：

民间艺术以不同形式给予中华传统文化无尽的精神力量。

基本问题：

1. 为什么桃花坞木版年画与人们的生活紧密相关？
2. 桃花坞木版年画用了哪些视觉艺术语言传递"年味"？
3. 如何利用桃花坞元素在现代社会中体现"年"的精神价值？
4. 当今社会发展下的桃花坞木版年画如何表达新的"年"文化？

主题一：桃花坞里探年画

小问题：

1. 桃花坞木版年画和人们的哪些生活紧密关联？
2. 桃花坞木版年画对普通百姓的生活有什么意义？

学生将知道：

认识桃花坞木版年画是依附于百姓生存方式产生的，是我国民族文化传承的重要载体。

学生将理解：

普通劳动者在当地民间美术中所传递出的对美好生活的向往。

学生将能做：

带着自己的理解和认识分析桃花坞木版年画的作品内容、象征意义和精神价值。

一、任务驱动

1. 桃花坞年画社需要举行桃花坞木版年画互动体验市集，向同学们发出邀请，希望同学们以小组形式的体验点参与此次活动。

（**设计意图：**根据问题情境营造氛围，提供引发学生主动探究兴趣的空间。）

二、问题探究

1. 发布课前调查单，学生填写并汇报分享。

学习本单元之前的我与"桃花坞木版年画"，请按下表要求进行填写。（如下表）

接触途径	从未接触		接触内容		接受程度	非常喜欢		理由	
	平时生活					部分喜欢			
	节日风俗					勉强喜欢			
	主题活动					完全不喜欢			

说明：第三方活动指参观主题展览或者参加主题活动（如民间美术作品展、民俗乡村游等）。

（设计意图：通过课前调查单普查班级学生对于非遗文化的认知程度，引导学生产生好奇。让学生对非遗文化进行初次评价，可与单元课程结束后的最终评价进行比对。）

2. 根据汇报统计，大部分学生对桃花坞木版年画并不熟悉，视频引入桃花坞木版年画历史来源，发布学习任务单：

观看视频，你能发现关于桃花坞年画的哪些信息？请按下表要求进行填写。（如下表）

年画还有其他的别名吗？	
桃花坞木版年画的起源来自哪里？	
桃花坞木刻年画可以分成哪几个艺术时期？	1. 2. 3. ……
苏州桃花坞木刻年画和其他地区年画的艺术特点有何区别，你能选出来吗？	A. 线条粗犷，鲜艳厚重，乡土味浓 B. 鲜明活泼，工笔重彩，喜气吉祥 C. 精细秀雅，有市民文化特征、装饰意趣 D. 明快艳丽，质朴浓郁，有鲜明的民族特点
看到这些年画你有什么感受？	
你觉得年画的作用是什么？	

小组汇报讨论

（设计意图：学生初步对年画进行认识，在学习单中了解桃花坞年画的历史发展、风格变化以及对年画的自我感受，引发对年画的理解。）

3. 初识桃花坞年画的历史来源后，桃花坞木版年画社邀请同学们游览参观桃花坞唐爷爷的家，发布参观学习单。

参观"桃花坞木版年画"之旅，请按下表要求进行填写。（如下表）

参观地点	大门	第二道门	房门	东墙	后门	中堂	厅堂屏风
你看到了什么内容的年画？你知道这个内容是从哪儿来的吗？							
你最喜欢的年画是在哪个地点发现的？为什么？							
你觉得在选择年画内容的时候是随意挑选还是有目的性？							

学生参观填写并小组汇报交流。

（**设计意图**：根据教师创设的课堂情境，学生通过游览老百姓的家拉近同非遗文化的距离，营造民间美术在民间的气息。在欣赏过程中根据任务单明确观察对象，锻炼学生的自主发现、归纳能力。观察在家中不同区域张贴不同类型的年画让学生可以理解过年时百姓选择年画背后的精神价值，不仅仅只是装饰喜庆。）

大门 　　二道门 　　夫妻房间 　　儿童房间

东门 　　后门 　　中堂 　　厅堂

三、讨论分析

1. 根据学生汇报结果，召开小组会议，提出思考疑问：

在参观这些桃花坞木版年画时看到过作者的落款吗？这些木板年画是谁制作的？他们是否具备专业的美术素养？是什么原因让他们坚持创作？

学生思考，分组讨论，陈述观点，允许争辩。

2. 自主探究，独立思考：

老百姓家中不同地方选择的年画内容一致吗？这些内容创作灵感都来自什么？为什么会有变化？在不同地方存在的价值一样吗？探究桃花坞木版年画是如何将年味和乡情在不同环境中呈现的。

3. 将苏州桃花坞木版年画与天津杨柳青木版年画以及两座城市的地理位置、建筑风貌等进行对比，发布赏析任务单。

按照此表要求比较苏州桃花坞木版年画和天津杨柳青木版年画的作品，将你的评价与同学分享，并展开辨析和互评。（如下表）

	苏州桃花坞木版年画 	天津杨柳青木版年画 
题材内容		
色彩提取		
象征意义		
地域特点		
民俗风情		

（设计意图：通过对比分析，让学生可以意识到苏州桃花坞年画与其他地域年画的不一样，这些不一样的来源都是本土"吴文化"的特点。这是民间艺术作品的独一性，也是苏州文化的独一性，让人对自己家乡文化产生自豪感。）

四、学习评价

根据今天所学知识，试着填一填下面的学习单。（如下表）

欣赏方法	欣赏记录
注意桃花坞木版年画作品的内容	
分析内容背后的象征意义	
分析这件作品会被百姓贴在什么位置	
分析年画到底什么价值更重要	

五、小结

桃花坞木版年画是一幅展示着民俗风情、人文历史和社会风尚的生动画卷，扎根于民间，蕴含着丰富的吴地民俗文化内涵。漫长而纵向的历史变迁，多元而横向的地域背景，独特而深刻的年俗底蕴，表达了那个漫长历史时代社会生活的全貌。那么民间艺人们是运用哪些艺术语言创作这些作品的呢？让我们期待下节课桃花坞木版年画"传神写照风格雅"。

主题二：传神写照风格雅

小问题：

1. 为什么桃花坞木版年画内容要采用寓意与象征的表现手法？

2. 为什么桃花坞木版年画的造型常常是变形与夸张的？

3. 为什么桃花坞木版年画在构图、色彩上有其浓厚的"年"文化特色？

学生将知道：

对桃花坞木版年画的艺术特点进行图像识读，感受其传递出的浓厚、独特的"年味"。

学生将理解：

学生能够感受劳动人民通过年画里的"画所知、画所见"表达自己质朴的情感，增强对民间美术的审美判断。

学生将能做：

能够进行图像识读，分析不同时期桃花坞木版年画里"年"的表达，并做出自我感受和判断。

一、探究艺术形式

1. 老师现场在教室张贴"福"字，问学生过年时是否在自己家中看过这一情景并分享张贴时有什么故事以及心情如何，以及为什么在过年时老百姓会选择贴"福"字。

2. 桃花坞木版年画会用"福"作为创作题材吗？如果会你觉得是什么样的？说出理由。(老师提示可从色彩、造型、构图分析)学生思考，分组讨论，陈述观点，允许争辩。

（**设计意图**：在学生思考讨论过程中对"福"字图产生探究真相的兴趣，为接下来的图像识读部分激发学习兴致。）

（一）造型

1. 发布"福"字图艺术特点观察任务单，并小组讨论交流任务单。（**如下表**）

按照此表要求认真观察，对你看到的东西进行归纳总结。

	在"礻"中你看到了什么图案？可以尝试着画一画吗？	在"畐"中你看到了什么图案？可以尝试画一画吗？
中堂 68cm×53cm 双色墨版 王荣兴画店		
斗方 76.3cm×76.2cm 墨版套色敷彩作 画店不详		
你知道这些图案画的形象是什么吗？		
和真实物体相比有什么不一样的地方？		
两件作品的造型有什么变化？		

（**设计意图**：学生直观观察不同时期的年画作品，了解桃花坞年画图案造型以夸张变形为特点。且不同学生对图案的识读能力不一致，在小组讨论环节中，学生可以互相帮助，探讨图像识读作品时遇到的问题。）

2. 老师介绍"福"字图里图案的故事，"礻"

包含赵元公帅图、麒麟送子图、一品当朝图,"畐"包含刘海金蟾图、和合二仙图、赐福财神图。这些故事从哪里来?为什么会将这些神话故事里的人物嵌在汉字中?

(设计意图:通过自主探究学生加深对文化艺术的理解,感受民俗文化里百姓的精神信仰和人文追求。)

(二)构图

1. 发布"福"字图构图观察任务单,并小组讨论交流任务单。(如下表)

按照此表要求认真观察,对你看到的东西进行归纳总结。

这些神话故事位于"福"字的什么位置?				
"礻"			"畐"	
赵元公帅图			刘海金蟾图	
麒麟送子图			和合二仙图	
一品当朝图			赐福财神图	
这些图案是单独存在的吗?有没有连接的图案?				

2. 对比赏析:学生完成探究活动后,出示连接主要图案的作品局部图,可以发现"福"字图左右结构的整体感,字的最底层以及图案连接处布满牡丹花、桂花,使整个画面衔接天衣无缝,整体感非常强。

(设计意图:通过去除年画里丰富的图案,让学生眼睛观看时,感受桃花坞木版年画中构图艺术设计感的强烈,超出了单个汉字书法作品的美感,胜于独幅画常规图像的单调感。把这些密集的形象用装饰手法和谐地组合在一起,于是欢乐、祥瑞、繁盛、饱满和装饰性成为年画最突出的特征。)

(三)色彩

1. 发布"福"字图色彩观察任务单,并与同桌讨论、交流任务单学习要点。

依据第一课时任务单(1—4),问题:你为桃花坞年画提取了哪些颜色?按照表中要求认真填写。(如下表)

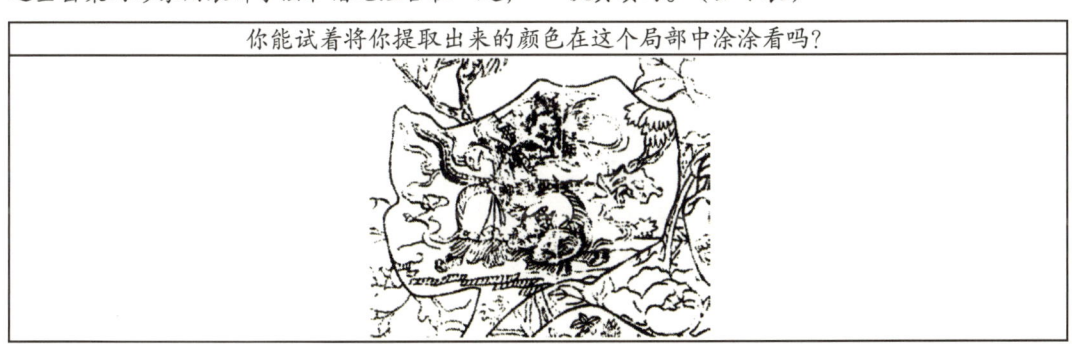

你能试着将你提取出来的颜色在这个局部中涂涂看吗?

学生填写完成后,汇报为什么会在这个局部中运用这些颜色,有没有什么特殊的想法。

(设计意图:学生尝试在观赏基础上分析描绘作品,唤醒自主欣赏意识,主动探究民间艺人在色彩上运用选择是否有深意。)

2. 展示"福"字图清晚期的色彩版,同桌讨论民间艺人在画面中运用了什么颜色点缀桃花坞木版年画,和墨色版对比视觉效果有没有

中堂 138cm×68cm 清晚期 墨版套色敷彩
王荣兴画店

中堂 68cm×53cm 清中期 双色墨版
王荣兴画店

不一样的感受。

3. 桃花坞木版年画中只有这一种"福"字图吗？其他类型的"福"字图之间有什么变化呢？发布对比观察任务单。

从下面两件"福"字图作品中，你发现了哪些变化？根据任务单要求仔细观察填写。（如下表）

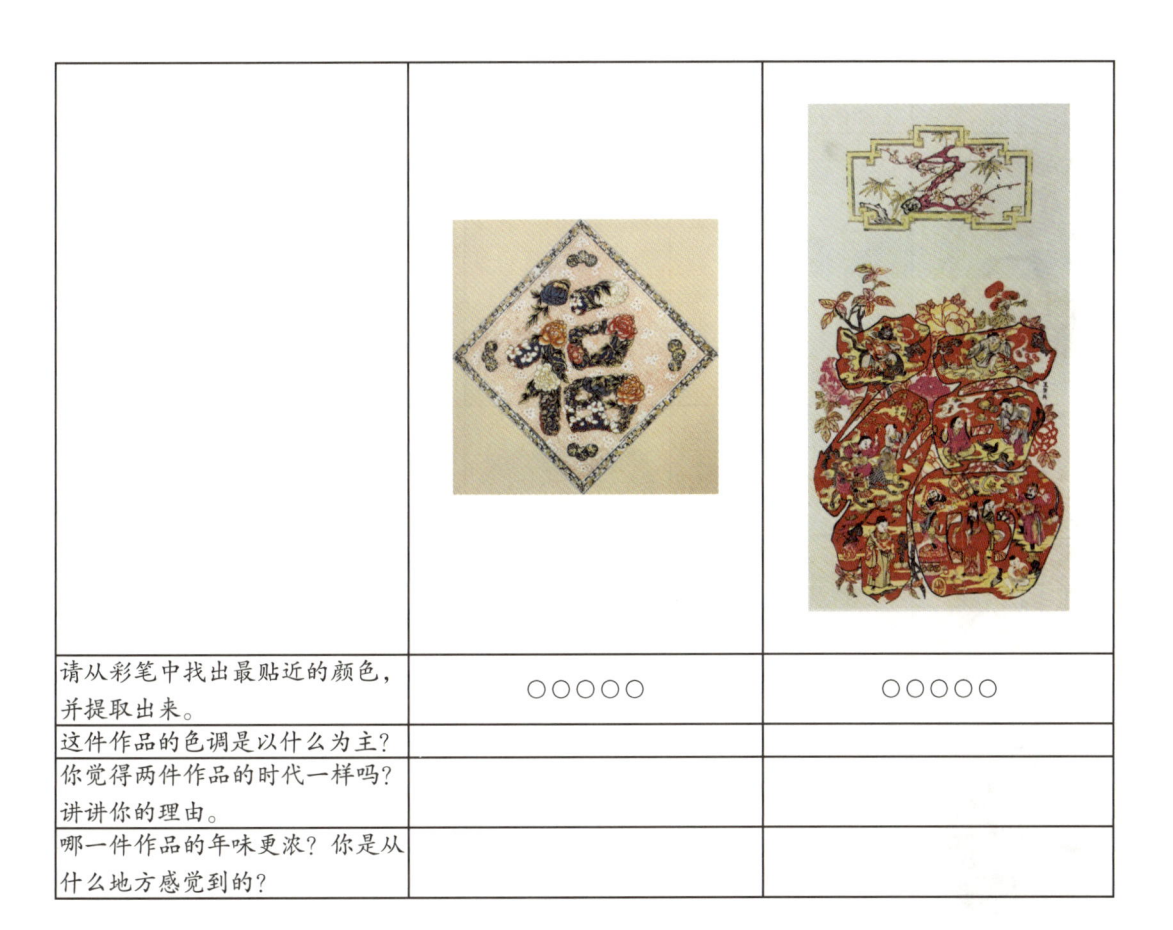

请从彩笔中找出最贴近的颜色，并提取出来。	○○○○○	○○○○○
这件作品的色调是以什么为主？		
你觉得两件作品的时代一样吗？讲讲你的理由。		
哪一件作品的年味更浓？你是从什么地方感觉到的？		

学生观察结束后，老师介绍两件作品，左图是清中期 76.3cm×76.2cm 的墨版套色敷彩作品，小组讨论为什么清中期到清后期的色彩发生了如此强烈的变化。（可通过展示清中期文人画提示学生）

4. 色彩寓意：学生思考为什么民间艺人会选择红、绿等对比色进行创作。这些颜色在生活中什么地方可以看见？红——红花、红盖头、红鞭炮（红火热闹），绿——绿叶、各种植物（生命自然），这些喜庆的颜色是百姓对生活、万物的总结提炼。

（设计意图：引导学生感受两件作品的色调变化，对苏州桃花坞木版年画色彩从"姑苏版"的精致古朴、色调雅致柔和风格，慢慢发生变化，以适应广大农村地区民众红火、热闹的年节心理。色彩运用上，转变为桃红、粉绿等鲜明强烈、相互对比的颜色，画面呈现花花绿绿，具有视觉冲击力，是独有的"年文化"色彩语言。）

二、拓展实践

你能为这组《一团和气》年画作品根据今天所学的艺术风格进行分析。（如下表）

《一团和气》	时代（请你用数字排序）	造型特点	主要色彩	你的感受

三、归纳总结

桃花坞木版年画独特而深刻的年俗底蕴最清晰地描绘了普通老百姓的精神天地，最炽烈地展示了老百姓的心灵向往。那么如此辉煌的桃花坞木版年画是如何制作出来的呢？以及拿出我们第一节课填写的调查单思考为什么现在的生活中已经不再有桃花坞木版年画的身影，让我们期待下节课"多才劳思巧创新"。

更好地为当今社会服务。

学生将理解：

让年画回归当代人文，融入生活方方面面的意义和价值。

学生将能做：

在即将消失的民间美术尊重文化、适应现代的基础上发布创新与传承方案草拟书。

主题三：多才劳思巧创新

小问题：

1. 怎样将桃花坞木版年画里特有的"年味儿"元素进行提炼？
2. 是否需要改变传统的载体，突破受众范围和使用场景的局限性适应现代社会生活方法？

学生将知道：

利用好民间美术元素里的"年"精神，能

一、问题探究

1. 根据前两个主题的学习不难发现桃花坞木版年画对以往普通百姓的生活十分重要，具有"年味"仪式感的手工艺作品为何在现在的生活中逐渐消失？学生是否见过年画的身影？讨论课前测评单。

2. 观看民间艺人制作桃花坞木版年画的过程，学生填写观察任务单。（如下表）

仔细观察视频里艺人的制作顺序，将你读取到的信息按照任务单要求填写。

木板板材		
刻板（刀具、工艺步骤）	（　　）	
	（　　）	
	（　　）	
	（　　）	
印版（颜料、工艺步骤）		
你觉得桃花坞木版年画为什么会逐渐消失？		

通过学生观察讨论，探讨桃花坞木版年画逐渐消失的原因：

（1）技法工艺制作复杂。

（2）曾经的载体消失，没有适应新载体的变化，失去了自己的位置。

（**设计意图**：通过了解桃花坞木版年画制作工艺复杂烦琐且细致，从而让学生体会非遗文化传承的不容易，感受现如今社会信息化改变给传统民间艺术生存空间带来的艰辛和不易。）

二、如何重回

1. 有这样一群热爱桃花坞木版年画的艺术家不忍心看到非遗文化就这样消失，所以对桃花坞年画发展出了新的传承方案。你在这些作品当中发现桃花坞木版年画了吗？设计师是如何表现、怎样提炼的？现在的载体都变成了什么？

设计师选取桃花坞年画中特有的元素如色彩、图案、造型、构图在更贴近现代人生活中的餐具、丝巾、海报等不同载体上重新创作。(展示桃花坞年画作品，学生对比分析，为后续创新提供设计思路)

2. 向学生提问：如何让即将消失的民间美术在尊重历史、文化的基础上传承与创新？发布保护和传承方案草拟书。

结合实际生活，你觉得如何才能让桃花坞木版年画重回生活？（如下表）

"让桃花坞木版年画重回春节"方案书	
我的建议	
可采取的措施	
为什么会选择这些措施	
有没有难以解决的问题	

学生重新分组，选择同种方案的学生组成新的小组，为最后实践选择合作伙伴。

（**设计思路**：通过方案讲解，检测课堂教学的有效性，提升学生创意实践、合作探究能力。）

三、任务准备

根据学生选择，将小组分成**传承组**和**创新组**。

传承组：学生根据提炼具有"年味"的桃花坞元素，利用橡皮章的线版以及套版合作体验完成桃花坞木版年画的印制。

创新组：学生思考各自产品的载体以及根据桃花坞木版年画里的元素设计提炼，利用橡皮章完成新的文创衍生品。

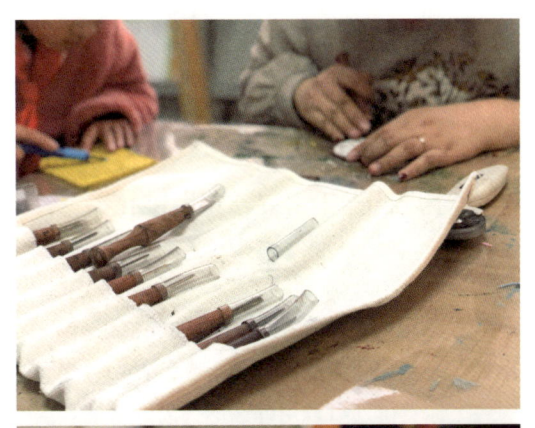

四、总结

保护和继承桃花坞木版年画及其印制技法的传承人年事已高，年画市场因为载体的消失也被破坏，发展也不能单纯地依靠复刻复印，真心喜爱桃花坞年画文化的人聚集在一起，组织成立桃花坞木版年画社。也正是他们邀请同学们参与到保护非遗的这样一个互动体验市集中，去创作有时代特性的、具有桃花坞年画文化格调的现代作品。那么下节课让我们一起期待"千里寻'年'桃花坞"。

主题四：千里寻"年"桃花坞

小问题：

1. 桃花坞木版年画的互动体验点怎样布置设计会充满现代人欣赏的"年味"？

2. 你觉得还可以用什么形式表达新的"年"文化精神？

学生将知道：

通过模拟桃花坞木版年画集市的互动体验点，感受家家雕刻木板、户户描绘丹青的"年"场景。

学生将理解：

能在看、声、做、贴、卖的过程中感受民间百姓的心灵、精神力量的向往和追求。

学生将能做：

在互动体验点的尝试中让传统的民间艺术以全新的方式、面貌走进现代人的生活。

一、布置准备

1. 老师展示百位非遗传承人齐聚襄阳北街古城时的非遗文创宣传片，学生观看视频，思考古城集市体验点里什么更重要？

学生讨论发现，集市摊位会选择不同的体验形式和内容，有活动展演、现场体验、文创设计等不同重点和装饰主题。

2. 发布体验摊位设计方案，小组讨论并按照要求认真填写。

根据视频观察，你们认为本小组互动体验点需要布置什么区域？（如下表）

（　　　　）桃花坞木刻年画互动体验点	
体验重点	
主要装饰	
年画主题	

小组汇报各自想法，并互相点评。

（设计意图：根据视频，小组探讨研究，让学生能够初步发现摊位布置考虑的第一层面重点是确定主题内容，为后续摊位布置进行铺垫。）

二、市集布置

1. 展示不同类型非遗市集摊位，学生进行逐个欣赏分析布置摊位需要考虑哪些要素。

符合主题内容布置——特色

符合主题文字介绍——醒目

符合主题构成设计——清晰

符合主题现场活动——互动感

2. 发布桃花坞木版年画互动体验点摊位示意图，小组根据任务单进行草图绘画。（如下表）

	文字设计	主要色调	装饰图案	现场互动

小组汇报展示各组设计的摊位草图，发现解决各组困难。

3. 根据大家的任务单，老师发现传承组大部分选择的现场互动是体验印制，创新组基本没有考虑现场互动。其实很多文献资料包括桃花坞年画作品里就告诉我们桃花坞年画的艺人们是一边唱一边卖年画，他们是怎么样编写民歌的呢？欣赏清晚期《无底洞老鼠嫁女》。

□□行来要求经，千辛万苦招世尊，
路遇奇妖来阻临，冰(应即"拼"字)此性命选□生。
行行□过妖怪穴，千年巨大老鼠精，
妖精一见心欢悦，央媒说合要连亲。
正备妆奁来送嫁，花花轿子闹音音，
老鼠堂上来拾嫁，吹吹打打不留停。
□请猫王来到此，安排花酒献荤腥，
老猫吃得哈哈笑，放你前去嫁唐僧。
观音大士来知道，立财就变老猫精，
来到洞口连声叫，老鼠闻言心吃惊。
洞底老鼠魂失休，心慌无主现原形，
天神押入你山底，唐僧见伏谢慈尊。
行者到中心欢喜，沙僧八戒喜欢心，
渡(疑漏一字)通天何(应即"河"字)中去，师徒五个到雷音。
拜伏求经回转朝，千秋说诵到(疑漏"如今"二字)。

以前兜售年画通常都是早出夜归，串村走乡用油纸裹着年画出门，每到一个村镇，再将年画摊放在油纸上，清清嗓，唱几句开场白：

我格物事难得到,我格物事顶细巧;

九个九也勿连牵,个个要卖老白钿。

("格"是助词,相当"的"的作用,"我格"也就是"我的";"物事"即东西;"勿连牵"指不靠谱的意思,"九个九也勿连牵"就是打九九折也不行;"老白钿"指铜元。)

百无禁忌家家要,头上戴起将军帽,身上穿仔八卦袍。

弹眼碌睛福气好,登勒当中咪咪笑。

手持黄旗飘勒飘,蚊子苍蝇全勿到,

邪气晦气勿敢到,种起田来三担白米稳牢牢。

撑起船来顺风飘,做起生意赚元宝,

养起蚕来三担茧子稳牢牢。

(弹眼碌睛,指神气的样子;登勒当中,在中间;稳牢牢,牢靠的意思。)

唱的都是吴侬软语——苏州方言,听见唱卖,男女老少便都赶来看热闹了,渐渐围成个人圈。学生尝试完成任务单。

问题:你能猜到下面这段民歌是哪一件作品的叫卖吗?

民间年画以及唱词都是反映或表达普通百姓的喜好之情,抓住了故事的主要情节,简明扼要,顾客在购买年画时能够听到一段悦耳的说唱,也是一件赏心乐事。

(**设计意图**:理解以民歌对传统木版年画叫卖创作方式,引导学生在实践体验中更有代入感、参与感,缩小和非遗文化的距离。)

三、模拟体验

1.大家在上节课制作的作品都可以摆在自己小组的摊位中,根据任务单中填写的方案进行布展以及展演活动。

2.根据本单元课程的学习,请再一次填写调查单。(如下表)

接触途径	从未接触		接触内容		接受程度	非常喜欢		理由		你觉得还可以用什么形式表现代人心中的"年"
	平常生活					部分喜欢				
	节日风俗					勉强喜欢				
	主题活动					完全不喜欢				

四、总结

桃花坞木版年画的兴衰演变都是与当时社会的经济文化、自然生态、价值取向、生活习俗脉息相通。时俗今风、世味古雅，桃花坞年画在人生礼俗、四季节俗、生产习俗和民俗信仰中从容静处。当它再一次为人服务，围绕人的生活，以开放的姿态保留住物质材料背后的文化来源，桃花坞木版年画背后的"年味儿"会以新的姿态重回当代人文生活，重回我们的春节。

作者单位：

苏州工业园区东沙湖小学

杨璐嘉　陆佳晨　马小芹

结语：基于理解的深度学习

◆深度学习的辨析

并不是给学生直接教授（传递）了所谓专业的美术学科知识，就是深度学习。也不是所谓的考试取得高分就是深度学习，如多年来，美术高考一直采用"背画"某某主题内容的方式，进行录取筛选。2016 年，中央美术学院率先进行高考改革，考题指向学生基于个体理解的独特思维方法的考量与测评。所以，深度学习与考试分数那种评价是截然不同的。单纯考试的评价，依靠的是记忆、背诵，这些都属于"低阶学习"状态。而且，考分对学生的激励，是行为主义方法（是训练小白鼠的方法）。如 2016 年，国家启动艺术（音乐、美术）学科学生学业质量监测，并不是对学生所学的美术学科知识、概念、技能、表现方法等某些"术科"名词、美术流派名称等的记忆性考试，也不是某些省进行的美术课"一课一测"学科知识概念背诵性测试，而是基于学生核心素养能力水平的评估。因而，美术课程中的深度学习，其"深度"并不等同于"美术学科知识和技能的深度"。

著作中所有案例分析、单元设计，充分体现核心素养本位的美术课程，学生个体之能够发生对美术文化的深度学习，是伴随着课程本身对学生的个性关照，尊重学生对学习主题感知基础上自我思维意愿的生成，伴随着学生在真实问题情境中身心主体的投入，主动的问题探索与解决问题的一种高阶思维。这也验证了教育家杜威的教育哲学论述，教育是经验的重组和改造，是个人当下经验与种族经验在生活情境（游戏）中体验、碰撞、融合、提升的过程。所以，每个学生在 9—12 年的学校美术课里，都可以而且非常有必要进入核心素养本位的美术课程，展开一定水准的深度学习。

再次强调，基于核心素养本位的美术课程，以及教学设计和课堂实施，直接指向美术教师自己的终身学习。问题的关键是，作为美术教师，究竟怎么理解深度学习。以往的美术课为何是浅层学习，就是因为教师采用的是灌输美术知识、技能的方式，学生依靠的是记忆、低水平临习、背诵，学生看似学了美术技法，其实从未探究美术技法的源头基于何种思想；学生看似完成了美术作业（作品），但没有探寻为什么需要采用某种创作方法，更没有理解是什么理念支撑这一创作方法，因此，有这样一句调侃的话："这些年来，有太多的美术教师，用了最多的时间，教了不应该教的所谓的美术学科知识和技能。"因为，单纯低水平临习的美术练习属于低阶思维的训教。核心素养本位的美术课程，与前者走的是一条不同的路径，用的是不同的评价尺度，美术课的学习目标、内容、过程给学生主体带来的切身感受是完全不同的。美术课为什么要这样上？苏州工业园区美术教师团队的单元课程系列，阐释了学生在美术单元课程中的不断思辨过程，有助于自己思想的进步、价值观的养成。而且，在核心素养本位的美术课程中，深度学习，是教师以人本主义思想和方法激发学生内驱力的方式，发生深度学习是学生对美术学科知识、技能的迁移、运用和创造，是高阶思维培养。唯有核心素养本位的美术课程，才能够形成学生对美术文化深度学习的场域。

美术技能技法类学习主题单元设计框架结构

主题：水墨画	主题：版画	主题：线描	主题：纸造型
从大任务的视角认识大情境，要回归到美术学科知识的本质。上述这些美术学科知识、技能从何而来？单元设计需要先补充美术学科知识、技能的背景，明确美术学科知识和技能的意义，今后的美术学习是意义学习、价值学习，而不仅仅是美术学科知识技能学习。			
◆课堂上学生的美术学科知识技能是如何发生的？ 需要创设问题情境，激发学生思维建构。	◆学习了美术学科知识技能将到哪里去（有什么用）？ 需要创设真实生活情境，感受美术知识的作用。	把美术学科知识变成主题化、结构化、活动化、情景化、递进化，以及迁移式、有成果诞生的活动设计	◆解决大单元教学教什么、学什么的目标问题 ▲解决怎么教、怎么学的问题 ●解决分课时实施和达成性评价问题
单元结构设计	任务一	任务二	任务三
学科核心观念	美术知识的意义	美术表现的原理	美术技能的创意
基本问题设计	问题一	问题二	问题三
活动设计	活动1	活动2	活动3
单元评价设计	单元主题前测	达成性评价	学业水平测试
美术技能技法主题大单元教学实施的重点并不是让老师讲、示范，学生跟随临习，而是让学生经历和体验美术学习活动过程中激荡心扉的视觉审美价值导向，感受美术学科技能表现方法的独特魅力，尝试体悟具体技能中蕴含的创意，并能够在日后生活中应用这些技能方法，解决某些问题。			

美术课要这样上的设计思路与框架结构

记住关键词	核心素养	美术学科核心素养	艺术课程核心素养
新时期深化课程改革，中小学美术教师必须面对的问题。课堂教学目标要从美术学科知识点、技能表现的了解、记忆、临习，转变为艺术课程核心素养的美术关键能力、必备品格与价值观念的培育。			
何为大单元	大单元教学，如同美术学习中的整体观察。先整体认知，随后分步进入，最后再整体建构。呈现总—分—总的课程教学设计整体结构。		
美术主题大单元课程教学设计与实施，基于核心素养本位的落地式学习，这是深化课程改革的主旋律。美术主题大单元课程教学设计是美术教师专业必修，要在大单元设计下实施分课时、高质量美术活动课堂学习，实现美术课为党育人、为国育才目标。			
何为大任务	他（它）是什么？	他（它）有什么？	他（它）带来什么启示？
何为真情境	例：十二生肖之虎 虎文化真实、动人故事	虎文化主题背景、起因蕴含的美术学科知识点、技能表现方法	如果自己作为虎文化主题中的主人公，应该如何面对？能获得什么？
从大任务视角下认识大情境	虎文化主题蕴含的美术学科知识从何而来：补充美术学科知识背景、明确美术学科知识意义	虎文化主题蕴含的美术学科知识如何发生：创设问题情境、促进学生思维建构	虎文化主题蕴含的美术学科知识到哪里去：创设真实生活情境，感受美术学科知识技能的作用
美术主题大单元来自大任务、大情境，基于情境和任务产生冲突、产生问题，基本问题不是美术教师书斋中抛的问题，而是基于学生生活中的真问题。 基于问题开展美术活动，在活动中让美术学习回归本质。美术学习本质不是听、记，不是灌输，不是单纯训练、临习，美术学习的本质是引导学生思维联结，是学生在美术文化情境中的经历过程与感受体验。			
美术大单元学习目标的确定	美术大单元学习目标以主题的学科核心观念（核心知识）为载体，指向学生美术学科思想和方法的理解，指向迁移应用所学美术学科知识、技能、方法解决生活中新问题的能力。 艺术课程标准要求 ─┐ 教科书主题内容 ─┼─ 初步确立大单元学习目标 ── 单元主题：虎年画虎 学科核心观念（核心知识）承载的核心素养 ─┘　　　确立大单元目标 ── 基于学情与学生发展分析，单元主题价值观指向		
大单元评价	知道—理解—做到	活动任务和目标之间的达成性评价	大单元设计评价优先

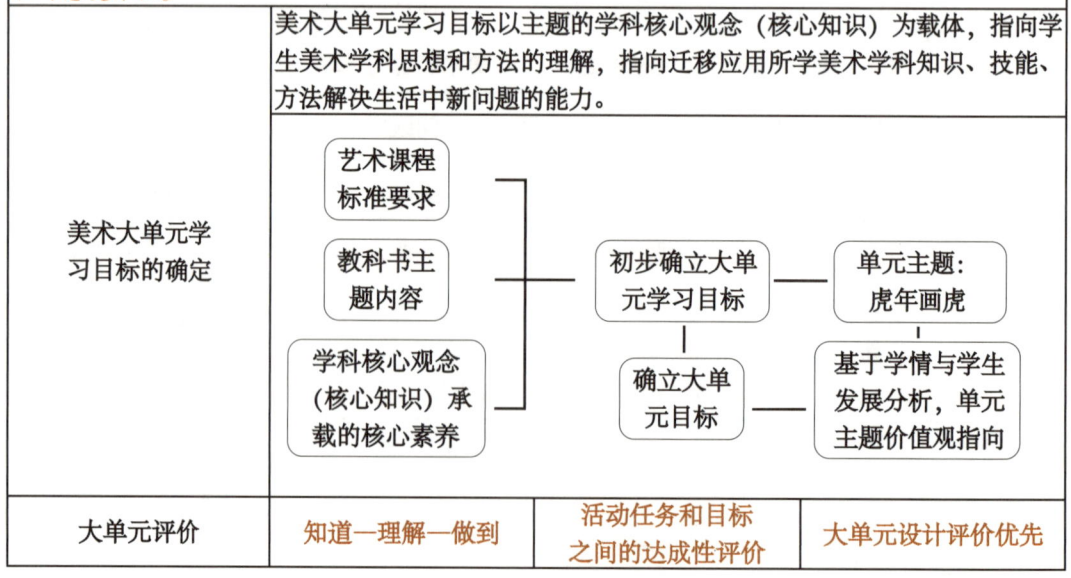

"课标"组长尹少淳先生指出："那样上"是惯性，是"顺水推舟"；"这样上"是陌生，是"逆水行舟"。力加先生，可着劲儿把大家往"这样上"的水道上引。

著作结束前，简要设计并奉献给美术教师两条"这样上"的"水道"（教学设计和实践实施解析图表）：一是基于美术文化主题的单元内容，二是美术教师普遍关注、存在困惑的美术技能表现课如何进行单元设计的问题。在义务教育新课标"素养导向"指引下，真正实现从学科到人、从知识到素养的转型。在核心素养本位的美术主题单元课程设计与教学实践的道路上，我将和大家一起认真研读《义务教育艺术课程标准（2022年版）》，不断学习、思考、实践、再学习。

参考文献

中华人民共和国教育部. 义务教育艺术课程标准（2022年版）[S]. 北京：北京师范大学出版社，2022.

中华人民共和国教育部. 普通高中美术课程标准（2017年版，2020年修订）[S]. 北京：人民教育出版社，2020.

中华人民共和国教育部. 全日制义务教育美术课程标准（实验稿）[S]. 北京：北京师范大学出版社，2001.

中华人民共和国教育部. 义务教育美术课程标准（2011年版）[S]. 北京：北京师范大学出版社，2011.

格兰特·威金斯，杰伊·麦克泰格. 追求理解的教学设计（第二版）[M]. 闫寒冰，宋雪莲，赖平，译. 上海：华东师范大学出版社，2017.

林恩·埃里克森，洛伊斯·兰宁. 以概念为本的课程与教学：培养核心素养的绝佳实践 [M]. 鲁效孔，译. 上海：华东师范大学出版社，2018.

张华. 论学科核心素养——兼论信息时代的学科教育 [J]. 华东师范大学学报（教育科学版），2019（1）.

崔允漷. 学科核心素养呼唤大单元教学设计 [J]. 上海教育科研，2019（4）.

余文森. 从"双基"到三维目标再到核心素养——改革开放40年我国课程教学改革的三个阶段 [J]. 课程·教材·教法，2019（9）.

李润洲. 继承与超越——"三维目标"与"核心素养"的异同辨析 [J]. 当代教育科学，2016（22）.

李润洲. 三维目标："整全的人"抑或"完整的知识"[J]. 当代教育科学，2016（12）.

李润洲. "三维目标"研究的回顾与创新 [J]. 教育科学研究，2016（9）.

李润洲. 学科核心素养的培育 [J]. 教育发展研究，2018（15—16）.

李润洲. 指向学科核心素养的教学设计 [J]. 课程·教材·教法，2018（7）.

图书在版编目（CIP）数据

美术课为什么要这样上：指向核心素养本位的美术单元教学设计与实践 / 李力加著. —— 南昌：江西美术出版社，2022.4（2024.7重印）

ISBN 978-7-5480-6254-7

Ⅰ.①美… Ⅱ.①李… Ⅲ.①美术课－教学研究－中小学 Ⅳ.①G633.955.2

中国版本图书馆CIP数据核字（2022）第056267号

出 品 人：刘 芳
责任编辑：刘 芳 危佩丽
书籍设计：梅家强 刘 展 先鋒設計 PIONEER DESIGN

本书由江西美术出版社出版，未经出版者书面许可，不得以任何方式抄袭、复制或节录本书的任何部分。
本书法律顾问：北京天驰君泰（南昌）律师事务所 黄一峰律师

美术课为什么要这样上
——指向核心素养本位的美术单元教学设计与实践

李力加 著

出　　版：江西美术出版社
网　　址：www.jxfinearts.com
邮　　箱：578736413@qq.com
邮　　编：330025
电　　话：0791-86566132
经　　销：新华书店
印　　刷：湖北金港彩印有限公司
版　　次：2022年4月第1版
印　　次：2024年7月第9次印刷
开　　本：787毫米×1092毫米 1/16
印　　张：25
ISBN 978-7-5480-6254-7
定　　价：118.00元

版权所有，侵权必究